Travel Classics Library

探險與旅行經典文庫

11

馬可孛羅

西藏旅行記

チベット旅行記

首位深入西藏的日本學問僧尋訪佛教經典的究竟之旅

河口慧海

吳繼文——譯

導讀

究竟之旅
河口慧海的《西藏旅行記》

西藏神祕國邊境不安

在藏史學者賀文宣所編的《清朝駐藏大臣大事記》（1993，北京）裡，光緒三十年條下正月二十日乙亥（一九〇四年三月六日）有分條記載：「裕綱奏陳藏人以英人欺凌無禮，力阻藏臣赴邊與印督會議，難于起程。旨著暫允藏人之請，檄馳委員等力阻入亞東關前進之英兵再進，俟有泰到任徐籌善策。」

這個條目內容展示的是歷史上某一刻一個緊迫危急卻又複雜微妙的處境，當中，心焦如焚向北京中央朝廷急報情勢危殆的是清廷駐藏大臣裕綱，而提兵已侵入錫金、西藏的邊關亞東，並躍躍欲試亟欲東進的是英國印督特使榮赫鵬（Francis Younghusband, 1863-1937），清政府不想與英國發生戰端，要求裕綱親赴邊境與英人談判，西藏十三世達賴喇嘛卻意有未平（他有俄國人在背後煽風壯膽），藏人執意要自行抗英衛土，而大清政府派來即將接替裕綱的新任駐藏大臣有泰已經在路上⋯⋯。

如果把故事景觀再放大一百倍，這是更大的歷史矛盾的一個小片段。英國設東印度公司始於一六〇〇年，也就是遠在鴉片戰爭之前，堅船利砲的大英帝國早已在中國一旁（印度）虎視眈眈了兩百多年，期間它逐步吞併了尼泊爾、布丹和哲孟雄（今稱錫金），清廷雖然在一八九〇年簽訂中英藏印條約，保住了西藏主權，但西藏南方屏藩盡去，邊陲門戶洞開，鎖國自守的香格里拉神祕國其實已經是岌岌可危，再也保不住了。

同樣的故事，我在〈探險與旅行經典文庫〉收入的另一本書：法國女旅行家亞歷山卓．

大衛―尼爾（Alexandra David-Neel, 1868-1969）所著《拉薩之旅》（*My Journey to Lhasa*, 1927）的導讀中就曾經描述：「在地理上印度緊貼著西藏，英國人想對西藏有更大影響力的念頭從未間斷；尤其到了十九世紀末，英國人擔心俄國人的影響力自新疆南下，恐將危及印度，更覺得需要控制西藏做為緩衝；兩個強權在中亞地區爾虞我詐地暗自角力，被英國作家吉卜齡（Rudyard Kipling, 1866-1936）稱之為『大競局』（The Great Game），更在小說《阿金》（*Kim*, 1901）中把它不朽地形象化……。」

除了吉卜齡目中無人卻又生動難忘的「大競局」一詞，也許近人英國史家彼得．霍浦寇克（Peter Hopkirk）筆下的通俗史書《世界屋脊的私闖者》（*Trespassers on the Roof of the World*, 1982）是另一個對當時歷史氛圍最佳的全景式描繪。總之，上面所說的孤獨無援的邊臣急報，背後有一個雄大奇詭的場景；西藏長年的閉關自守（只對中國、不丹、尼泊爾、哲孟雄等地開放），既不准外人入藏，亦不許藏人與外人往來（違者的處罰極其殘酷嚴峻），西藏內部佐國的政教合一高僧們不一定能夠瞭解十九世紀末世界帝國主義的複雜競爭情勢，對日益衰頹的大清帝國也有不服之心，而俄國人和英國人內心都有不可告人的算計，而其間更穿插了一群立意要探索西藏奧祕的旅行者與傳教士……。

熟悉近代西藏歷史的朋友可能已經知道上面那場「英軍進逼，邊臣告急」故事的下一回合，英人進軍當然不聽清政府的勸阻（他們好不容易才找到了藉口，不是嗎？），而揮舞著中古世紀武器的西藏僧兵肉身當然也擋不住新式洋槍洋炮，一九〇四年四月九日，英軍在骨魯地方大敗藏軍，四月十一日就攻抵江孜，並繼續往拉薩推進，儘管中間清廷與駐藏大臣都做了各種外交上的努力，也攔不住探險家軍人榮赫鵬的部隊和意志，八月三日英軍入拉薩，達賴倉皇逃離布達拉宮，有泰不得不率官員迎英軍，西方人眼中第一位抵達拉薩的探險家榮銜終於落到榮赫鵬頭上（那是他多年的夢想）……。

日本學問僧識見不凡

包括彼得・霍浦寇克在內的西方旅行史家，都傾向於認定榮赫鵬是第一位進入拉薩的「外國人」，而前仆後繼競相入藏的旅行家也至此終於有了結論，用霍浦寇克的話來說，榮赫鵬是「這場無與倫比大競賽的真正贏家」（really the winner of this extraordinary race）。

但，且慢！如果榮赫鵬是第一位進入拉薩的外國人，他們要如何面對另有一位異人在一九〇一年三月二十一日喬裝僧人漢醫率先來到了拉薩，整整比榮赫鵬早了三年有半？事實上，如果把印度人算進來，這位異人的藏文老師孟加拉人達思（Sarat Chandra Das）則早在一八七九年和一八八一年就曾經兩度成功抵達拉薩。

這裡說的異人指的是日本僧人旅行家河口慧海（1866-1945），俗名河口定治郎，他是出身黃檗宗五百羅漢寺哲學館（今日東洋大學的前身）的學問僧。他在讀破一切藏經之後，為了追求比漢譯大藏經更古老的梵文經文（日本語佛經都由漢文轉譯而來），發願入藏求經，三十二歲（一八九七年）自神戶出航，先至印度大吉嶺追隨達思習藏文，三年後決意假扮中國僧人潛行入藏。他從尼泊爾加德滿都出發，順利經日喀則進入拉薩。河口慧海在拉薩遍訪聖地、求法問道將近兩年，並以漢醫身分濟世治人。他的醫術高明，又對窮人不取分文，聲名乃逐漸遠播，遍交藏人權貴，甚至連達賴喇嘛十三世都聽聞有此一「中土高僧」，還多次接見了他（漢文流利的達賴十三世喇嘛並未識破這位冒牌貨）。

但薄紙終究包不住火，他的行醫善舉得罪了若干原本地位崇高的藏醫，拉薩又至少有兩位藏人曾經在大吉嶺見過他（他在大吉嶺是個名人，而且並未偽裝中國人的身分），他的祕密就逐漸有隨時走漏的風險。一九〇二年五月，他的真實身分傳到達賴喇嘛耳中，河口慧海立即面臨急切如風的追捕；他連夜動身，以十八天的時間迅速逃到錫金邊界，不久後，他就安抵大吉嶺他的師傅達思的住所。一場長達兩年不可思議的旅行就此落幕，只是可憐了在拉薩與他交往的藏人朋友，以及在逃亡路上幫助過他的藏人，後來都受到了嚴刑酷罰。

河口慧海在一九〇三年返回日本，隨即在報上連載他的旅行所見所聞，一九〇四年更以《西藏旅行記》之名由博文館出版；一九〇九年，他又將全書親自英譯為《西藏三年記》（*Three Years In Tibet*），風行一時，他的冒險行蹤乃為世人所周知，如今此書已經是瞭解西藏民族風俗與昔日旅行歷史的經典了。

回到旅行史上入藏競賽一事，西方史家主張不該把河口慧海計算在內；他們的理由，河口慧海是亞洲人，身分偽裝有了太大的優勢，而歐洲人不管藏文多麼流利，微服入藏的難度高太多了。譬如正當慧海居停拉薩之際，另一位歐洲大探險家斯文．赫定試著假扮蒙古朝聖者自北方入藏，在距拉薩五天的行程之外被識破，功虧一簣，可見競爭不公平。話雖如此，但我們別忘了稍晚抵達拉薩的女探險家大衛—尼爾，不也是假扮藏人成功混進入了拉薩？

也許我們不要太計較西方史家的小家子氣，河口慧海畢竟是識見、氣度都極不凡的東方旅行家，他的旅行條件也絕不是寬裕容易的，他自稱他的旅行方法是「頭陀乞食」（也就是沿途托缽）的，不是西方探險家那種駱駝成隊、挑伕成群的富人之旅。河口慧海又是一位敏銳的觀察者與忠誠的記錄者，他在西藏所見並不是一個和睦的理想國，而是一個神人合一的恐怖統治；而藏人特有的艱苦生活條件，以及從而衍生的獨特風俗，他也不畏可怖，一一據實以錄，部分內容恐怕不是腸胃不健康的讀者所能吞嚥。但也正是如此，他留下的紀錄的深度、準確和全面性都不是浮光掠影的西方探險者所能比擬。

東方僧侶旅行自有傳統，他們不是垂涎他人國土的侵略者，而是求法問道的自我追尋者；榮赫鵬進出西藏，在他國文獻裡充滿了倉皇恐懼的兵災急報，而慧海入藏取經，完全是孤獨來去的鬼影，他國文獻根本不曾彰顯。從今日生態的觀點來看，那高下是分明的。我必須說，這是法顯、玄奘以降的東方旅行傳統，我們在河口慧海身上，再度看見久逝的古風。

目次

第四部　直驅西薩首府

第五部　拉薩府見聞（一）

第六部 拉薩府見聞（二）

第七部 身分曝光

第八部　離開西藏

第九部　大團圓：回歸故里

譯者按語

一、《西藏旅行記》依據高山龍三氏校訂、講談社一九七八年版翻譯而成。

二、講談社版《西藏旅行記》乃是以明治三十七年（一九〇四）博文館版為底本，同時參考了昭和十六年（一九四一）山喜房佛書林版和一九〇九年印度馬德拉斯（Madras）版英譯本《西藏三年記》（*Three Years in Tibet*）。

三、印度、尼泊爾、西藏的地名和人名原文依英譯本表記，置於圓括號（）中；必要時圓括號中另以斜線（／）分隔現在的地名，或藏語發音的地名、人名。另外正文中的方括號〔〕乃是為了讓文意更加清楚而由譯者所加。

四、書中錄有許多作者沿途吟詠的詩句，由於文學性不高，又難以將其韻文之特性迻譯，故除首尾較重要若干首外，其餘一律略過。

五、原書段落劃分方式於閱讀上諸多不便，中文譯本略施重組；由於本書作者為僧侶而非作家，行文以詳實為重，較不講究鍊句，不免重複、冗長，中文譯本亦稍加刪削，但以不害文意為原則。

六、本書注釋為譯者所加。

第一部　出發

1．決心入藏緣由

我之所以遠赴西藏，主要是希望讓社會大眾能夠方便親近佛教經典。明治二十四年（一八九一）四月起，我摒擋一切雜務，專心一意在宇治的黃檗山[1]開始研讀《大藏經》，以迄二十七年（一八九四）三月為止。在那段日子裡我有個感想，就是為了讓一般人比較容易理解經文，我們將漢譯佛經再轉譯為日文，但是它的正確度到底如何呢？我們可以發現種種現象：一部梵文底本有時被翻譯成數種中文版本，當然彼此內容有相近之處，可是差異點也所在多有，甚至還有意思完全相反的，或者在某些版本出現的經文卻不見於他本；排列順序彼此顛倒的也很多。

儘管如此，那些翻譯梵文經典的人絕非有意虛構作假，所以這些現象應該加以重視並充分研究；譯者總是確信自己所譯的版本與原典一致無誤。果真如此，則原典本身或許也有各式版本流傳。還有一種可能，就是譯者為了適合特定地方、民情的需要而做了相應的取捨，以致造成文意上的出入。總之，如果不能見到原典也就無法判別經文的真偽，唯有取得原典才能徹底解決這個問題。

不過據我所知，如今佛經原典在印度已然無存。雖然錫蘭（斯里蘭卡）仍保有小乘佛典，卻不能拿來解決當前的問題；此時此地最需要的是大乘佛典。然而大乘佛典在其發祥地印度並未流傳下來，倒是聽說在尼泊爾和西藏還有不少的樣子。為了取得原典，非得去一趟尼泊爾或西藏不可。另外，據歐美的東亞學者研究指出，不管文法或語意，藏譯佛典都比漢譯來得正確而可信。這個說法在歐美學界好像已經被普遍接受。如果佛典被完整譯成了藏文，那麼即使梵文原典已然絕跡於世上，我們仍能從研究藏譯佛典一窺經文原貌。其次，比較研究藏譯和漢譯佛典的異同，在學術上是很有意義且頗具價值的事。

我認為，要做好相關研究，必須到西藏接受語文方面的訓練。這個想法成為我起意前往西藏的原因，時間上正好是明治二十六年四月，距今（執筆寫作之時）有十年以上，當時西藏仍然實施嚴厲的鎖國政策，許多有辦法的西洋人花了大量金錢與時間，做了種種萬全的安排與準備，結果仍然不得其門而入，像我這樣一個貧窮的僧侶恐怕更加做不到。而且就我個人而言，即使我不去從事這樁冒險，只要能夠擔任一個黃檗宗[2]寺廟的住持也能夠過著極其安適的生活。那時我已經是東京本所[3]五百羅漢寺的住持，其後在宗乘之內河口慧海也是一個常常被提起的名字，如果我的志向只是當一名黃檗宗所屬廟宇的住持，那真是有如反掌之易。放棄這樣的機會而甘冒生死未卜的危險前往一個陌生國度，確實有些令人難以理喻。不過那些都是世間一般人的想法而已；犧牲優渥生活以追求真理這種事是沒有道理可說的。

但當時我從父母、同胞、朋友處得到許多護持，歡喜接受我教示的信徒也不少；棄他們而去實在令人不忍。想來他們認為我此去必死無疑，一定大力勸阻，照說我應該聽他們的勸，可是這樣一來依照原典研究佛法的大事因緣就無法進行了。即使如此，如果不能下定決心說動他們的話，畢竟無法成行。自從我二十五歲出家以來，為了寺廟和宗門的事務，我其實並未在佛法修行上專心用功。即使在研讀《大藏經》期間，我也常常被叫去處理各式俗務，這樣子其實達不到出家的目的。要是能夠到世界最高的喜馬拉雅山中老實修行的話，就可以遠離人情俗務，專心一意修習清靜妙法。這個願望就是促使我翻越喜馬拉雅山入藏的另一個動力。

事之所至，理所當然……非做不可的事情，卻也有許多教人進退維谷之處，尤其是要前往國外，或者是面對難度很高的計畫時，對任何人而言都不是容易下決定的事。由於佛法的關係，世間一般人所困惑的對我倒不造成苦惱。通常若想起創一項事業，首先得有金錢做為資本，所以如果打算前往外國，照說也必須把錢先準備好才能出發。但是本師釋迦牟尼佛曾說過，一個人若是遵行他所教導的戒法，則不管去什麼地方，都不會因為凍餓而喪生。

因此，對一個佛教僧侶而言，持戒就是他的資本，也是他的旅費和通行證。尤其是遵行釋尊的教戒中最最謙遜的頭陀乞食[4]，根本不用擔憂旅費的有無，這就是我即使身無分文也敢於從事一趟大旅行的理由。特別是想到天上天下唯我獨尊的釋迦牟尼如來，捨棄了至尊的王位和金殿玉樓也就是天下的富貴，為了眾生拋棄身命、破衣乞食而出家修行，則一時的困頓勞累根本不算什麼，這樣一想也就很容易下定決心了。後來在西藏的旅途中雖然歷盡千辛萬苦，幸好我總是想起釋迦牟尼佛而安度一切苦難。

為了此行必須多瞭解印度，當時有一位剛從錫蘭留學歸來的釋興然法師住在神奈川地方，去他那邊學習的話應該可以知曉印度的一切，於是前往拜謁求教。起先他非常親切地教我巴利語的經文和各式文典；過了一年多時間，他告訴我：「小乘才是純正的佛教。在日本雖然稱之為小乘，其實小乘是大乘修行人所取的名字，小乘的原名絕非如此。純粹的佛教僅限於此（小乘），因此真正的僧侶必須穿著黃色的袈裟。欲正其心者必須先正其容姿，做為僧侶第一就是要穿上黃色袈裟。你最好也穿上黃色袈裟吧。」那時候釋興然師為了實行他的理念而創立了正風會。

聽了他的話，我回答他說，雖然我也修學小乘的教法，但我沒辦法遵從他的主張和方向，結果兩個人的意見老是不合；我和釋興然師於是產生了衝突。每當我說到大乘的教義，法師就反駁說那是一味空想不足取而與我不斷辯難，我也對興然師的小乘教義不以為然，認為是褊狹無知。因此在巴利語的學習上我以他為師，在教義的主張上則採完全反對立場，對興然師所說的話一句也沒有聽進去。興然師感到很不是味道，就訂下了一個「夸談大乘教義而不知遵從此一真實佛法的人不許常住此寺，未著黃色三衣的僧侶不許常住此寺」的內規並拿給我看。我就說：「如此一來我就不能在寺中繼續掛單了，不過如果今後我自己負擔伙食費、雜費，寺中我該做的工作也照做，能否讓我做一個僅僅是學習巴利語的弟子呢？」結果並未被接受。

這時興然師非常熱心地想說服我，他一再跟我說：「與其不切實際地篤信大乘教義並貿然前往西藏，還不如把握一件確實的事，那就是先去錫蘭學習真實的佛法。學了之後你就瞭解佛教的本旨，再也不會胡謅什麼大乘教義了。如果你以我弟子的身分前往的話，我不但幫你買船票，也幫你出學費，這樣不是很好嗎？我看你不管怎麼拚老命也湊不足出國留學所需費用的！」我則回答他說：「縱使可以得到可觀的資助，我仍無法背棄日本所急切需要的大乘教義而遵從您所篤信的小乘教法。到今天為止您的教誨我非常感謝，但我所接受的僅僅是語學上的教導，至於教義我自始至終都沒有接納。有關您所說的，很抱歉我必須拒絕。」法師聽了非常不高興，很快就將我掃地出門。這是明治三十年（一八九七）二月間發生的事。

【注釋】

1 宇治：位於京都南方。黃檗山：即日本黃檗宗大本山（總寺）萬福寺別稱。

2 黃檗宗：禪宗傳承中臨濟宗之一支派，由福建福州黃檗山萬福寺隱元禪師東渡日本開宗立派。

3 本所：位於今東京都墨田區。

4 頭陀為梵文dhuta之音寫，有抖落、拂除之意，引申為抖落煩惱、塵埃，捨棄貪欲以清靜之心專志於智慧之增進，原為古印度婆羅門階級人生四住期（學生期、家長期、林住期、遊行期）中，最後階段的遊行期所採行的生活方式，遍歷諸方，少欲乞食，一心求解脫之道。原始佛教僧團也引用同樣的修行型態，衣食住以少欲知足為旨，而行頭陀行，主要分為十二項目。今以頭陀做為托缽乞食之同意詞。

2・出發前的功德

由於被釋興然師掃地出門，我回到了東京，不過待在日本畢竟不可能瞭解關於西藏的一切，於是積極進行前往印度的計畫，也開始拜訪東京的友人和信眾，與他們一一道別。其中有些人提到要舉行餞別宴，問我的意見，我就拜託他們說，如果是個愛喝酒的人，就以戒酒來為我餞行，老菸槍就以戒菸餞行。以這種形式做為餞行的人共有四十位；從那時開始一直到現在都還堅持戒酒、戒菸之餞的還有好幾位，無法堅持的也不少。總之我認為這是一種美好的餞別。其後我又從東京返回大阪，在大阪也接受了很多相同形式的餞別宴。這裡面有三次很特別的餞別宴，我想對後來我在長旅中能夠保全性命發揮了很重要的作用。這三次餞別，東京、大阪和堺[1]各有一次。

在東京發生的事情是這樣子的。這是一位發明瀝青製造、名叫高部十七——現在仍健在——的人。他在東京地區也是個捕魚名手，據說只要這個人經過的地方，所有的魚都會被他一網打盡。他不但工夫了得，而且也真的很愛做這件事，偶爾身體微恙，只要出去撒個網就不藥而癒。當我正要出發之際，由於是非常親近的信眾，我特意去看他，他卻滿面愁容。我問他怎麼回事，才知道他所深愛的兩歲和三歲稚子最近先後夭折，妻子受此打擊瀕臨崩潰，他就算出去網魚也覺得很無趣。於是我再問他：「你因為失去愛子而感到哀傷，如果有人將你的愛兒捆綁起來，把他們殺了後燒烤或水煮來吃，你有什麼感想？」他答道：「這種人是惡魔，不是人！」

「這樣的話，那麼對魚類而言，你恰恰是惡魔啊。雖說是魚類，但牠們愛惜生命的想法與人類是一樣的。如果你為失去愛兒而傷痛的心情真實不虛的話，為什麼不停止殘忍的捕魚呢？如果捕魚是你賴以維生的職業，為了生活也許可說是不得已，但若說純為娛樂的話，你不覺得這行為太殘酷、毫無慈悲心嗎？」我慢慢向他詳細開示因果報應的道理，最後我勸他以不殺生為戒，做為我西藏之行的餞別。

他一開始面有難色，非常苦惱地說：「很難吶，除了網魚實在沒有什麼嗜好。」但經過我熱心勸誡，加上告訴他我這次不顧身命前往西藏，如果他能以不殺生為戒來餞別我將是很大的功德，他終於聽進去了，毅然決然站起來，把屋子一角掛著的一面大魚網取下來給我，說：「我聽從您的話，從今以後堅持不殺生戒，以堅持此不殺生戒做為您西藏之行的餞別。我把這面魚網交到您手上以證明我的決心，您要把這面魚網拿去賣了或丟掉聽隨您便。」聽到他這樣說，我就請他的女兒在一具大火缽中點火，然後將魚網丟進去燒掉；在場看到的人都嘖嘖稱奇。等到火勢熾燃，我合十念道：「願起愛護法界眾生以及其他生命的菩提心，盡燃殺生惡具！」接著我又面對高部氏說法：「這把燃燒網具的火，恰是將您的煩惱惡業一併燒卻的智慧之光。今後就以此智慧之光發心，去愛護法界眾生吧。」

這時在場的人中有一位高部氏的親戚叫小川勝太郎，他和高部氏一樣以捕魚為樂事，在一旁看了頗有感觸，當場發了個誓願：「我也以持不殺生戒做為您西藏之行的餞別。如果我違反了這個誓願，不動明王將賜我以死。」當下我好像自己的一條命被救活了般衷心歡喜。

在堺還有一位我青梅竹馬的朋友伊藤市郎，這個人也一向以撒網捕魚為樂；我拿勸戒高部氏的話說服他，所幸他也欣然同意，把魚網燒了來餞別我。大阪安土町的渡邊市兵衛是一位知名富商，現在專門從事股票仲介以及和朝鮮間的貿易，過去則是船場一帶以「泉清」為商標的大型雞肉供應商。這位先生平日熱中於禪學，他即使不做這種殺生的買賣日子也一樣可以過得很好，偏偏還是繼續經營雞肉供應的事業，我不時從東京寫信給他勸他罷手；這次往赴西藏之前也還是想說服他，他回我道：「如今突然要停下這個買賣確實有困難，不過我答應您，假以時日要是找到其他可行的事業，原來的買賣我一定立刻收山。」並以此約定做為餞別之禮。在我出發後一年多，他果然依約結束雞肉大盤商生涯，改行經營如今的事業。

這些事情在一般人眼中也許會覺得有些過度誇張，但對症下藥的時候，用藥量稍稍加重些，病也會好得比較快。應該要知道，對一般人說平常的道理，和對生了重病的人施以良藥的情況是不一樣的。由於這種種不殺生的誓約——燒掉每天取許多魚族性命的網具，或是終止雞肉買賣的事業——日後在西藏高原多次讓我從瀕死的危難中化險為夷。除了諸佛菩薩的庇佑之外，這些信而有徵的餞別方式也為我帶來了難以想像的法益，我永遠感念這些人堅定的信心。

出發在即，沒有旅費也是不能成行。我的存款約有一百多圓[2]，另外大阪的渡邊、松本、北村、春川，堺的肥下、伊藤、山中等諸位先生，他們總共熱心贊助了我五百三十圓做為送行之禮。我把其中一百多圓用在旅行的各種準備上，剩下的五百多圓帶在身上；終於能出國遠行了。

【注釋】

1 堺：日本發音為Sakai，位於大阪市南方的海港城市，面臨大阪灣；今屬大阪府轄下。

2 此為十九世紀末日本的幣值，下同。

3・走向探險的人生之路

當我要出發的時候，也有些人譏誚說：「這個人死路一條啦，腦筋有問題，自以為是，他瘋了！」連比較老實的人都當面對我這樣說，我想一定有人在背後預期我的失敗；我想這些人都是與我有緣，才會說出這些不中聽的話來，而且這些難聽的話終究也可以變成善因。在許多人的嘲笑聲中，也有人真心誠意地想勸阻我。在出發前夕，也就是六月二十四日晚，在大阪的牧周左衛門家裡，來了很多想阻止我成行的人。

勸阻我的人當中有一位極其熱心，他就是如今在和歌山擔任法官的角谷大三郎。他懇切地想說服我，說：「不要做一些會讓世人嘲笑的事吧，想想你在佛法的修行上已經小有成就，今後不是當專心一意濟度眾生嗎？何況如今日本宗教界缺少人才，你有必要非得往死裡鑽去嗎？」

我回答道：「我不知道這趟我將一去不返或是能活著回來，但最重要的是，一旦訂下了目標，不管最後達成多少，我都要先全力以赴再說。」

「如果死了呢，死了不就什麼目標都沒有達成嗎？」

「死不死這種事就不用想太多了，留在日本也沒有人保證不會死啊。走這一趟不一定只有死路一條嘛，盡人事、聽天命，有備而去，死了就跟軍人戰死沙場一樣；但為佛法修行而死是多麼值得歡喜的事！這一切都是我自己衷心期待的，死不足惜。」

我們就這樣對談了好久。他知道無論怎麼勸都是徒勞，於是留下一些旅費，在深夜離

神戶港的訣別

去。此外也有許多信眾眼見不管怎麼都留不住我了，於是噙著眼淚與我惜別。最後，我還是在六月二十五日早上從大阪出發，翌日在友人肥下、伊藤、山中、野田諸位先生的伴送下，於神戶碼頭登上「和泉丸」。那時曾寫下辭鄉之詩。

得到遙遠月上桂枝
回到天津日出之國

故鄉的親友、信眾站在隨浪濤起伏的小舟上，朝著我搭的輪船搖動帽子或手帕，輪船迅速向西疾駛而去。我從和田海岸一帶遙望東方金剛、信貴、生駒等熟悉的山巒，但我的心已經走得很遠了。船過門司，經玄界灘，航渡東中國海；還沒到香港，我已和船長、船員變得很熟，不時和他們說些佛教的義理。在香港上來一位英國人湯生，他曾旅居日本十八年，日本話說得很流利。他是個虔誠的基督徒，和我往來論辯，而我們在船上也大受歡迎；這真是件愉快的事。尤其船員喜歡親近佛法，使我感到很欣慰，又寫了一首短歌：

搭上航向我佛淨土之舟何其欣喜……

七月十二日抵達新加坡，我暫住一家叫扶桑館的旅舍；十五日那天到日本領事館打聽一些事情。那時的領事名叫藤田敏郎，他在我出發前就已經從和泉丸船長口中得知我前往西藏的路上將會途經這裡。

他一見面就說：「聽說您將前往西藏，不過您將如何前往呢？去西藏很難的。有一位福島先生都到達大吉嶺那邊了，結果說西藏行不得也，最後還是知難而退，我想真是去不得的。您是要帶一團軍隊前往還是一路乞討過去我不知道，到底您是怎麼打算的呢？」

我說：「以我僧侶的身分，想都沒想過帶軍隊前往的事，就算能夠我也毫無此意。出家人一路托缽前往是理所當然的，所以我將乞討而行。反正現在不管設想得多周到，到時管不管用還是疑問，隨機應變，自有方法吧。就此告辭了。」

聽我這麼說，領事拱手與我作別，一臉不安。

七月十八日在我所寄居的旅舍發生了一件意外。說來很危險，我是死裡逃生。做為一個出家人，我總是抱著「一切到處，皆歸道場」的理念，在旅舍裡不時為人說法，因此旅舍的老闆特別禮遇我，每天洗澡水一燒好，就讓我第一個進去洗，成了我寓居期間的慣例。這一天旅舍的女中也依例過來請我入浴。那時我正在讀經，馬上過去其實也不礙事，只是心裡不知道為什麼有些遲疑，於是當女中不久後又過來對我說「如果您不去洗的話，別人就要進去了，您還是請早吧」的時候，雖然我嘴裡應道「知道了，馬上就去」，人卻還坐著不動。

才沒多久，傳來一聲轟然巨響，整棟房子都搖晃了一下。我心想「不知道是不是地震，還是出去比較好」，就起身往外走。感覺並不像地震，但那聲巨響很嚇人，引起一陣騷動。我問了原委，才知道旅舍的浴室塌了。浴室在二樓，新加坡的屋子一般二樓有一丈高，浴室就是從那樣的高度塌了下來。由於我沒有進浴室，一名日本婦人就先進去洗，結果浴缸和那位婦人一起掉下來。又是柱子又是石頭的，以致那位婦人的頭部、身上都受到撞擊而昏死過去，聽說傷得很重，我感到很不忍，雖然去探望她的傷勢對她沒有什麼幫助，我還是去了醫院。後來這位婦人到底有沒有因為傷重而死我並沒有去查問，但知道有人深信凶多吉少。

如果當時我一聽到女中的通知馬上就進浴室去，恐怕非死即殘，西藏之行也變成不可能。所幸避過了這場災厄，事後想想，似乎就是後來西藏之行能夠一路逃過凶險、安返故鄉的前兆也說不定。覺得難過的是，那位婦人替我承受了那場災難。當我在大吉嶺的時候，聽說新加坡那家旅舍的處境非常困窘。原來他們只用泥土和油漆把地板、梁柱腐爛的部分加以遮掩，教人看不太出來，結果警方派人持槍來檢查，只要覺得不可靠的地方就要老闆換掉。這也是理所當然的事。

七月十九日，我搭上英國籍蒸汽船「閃電號」（Lightning），途經檳榔嶼，並於七月二十五日抵達加爾各答的摩訶菩提學會（Mahā-bodhi Society），在那裡逗留了若干天。摩訶菩提學會有一位名叫強卓・檗斯的幹事，他問我：「您來此有何目的呢？」

我回答他：「我要前往西藏，我是為了學習藏文而來的。」

他說：「西藏是一個非常美好的地方。有一位曾經在西藏修學、著有《藏英辭典》（*Tibetan-English Dictionary*）的薩拉特・強卓・達司（Sarat Chandra Das）居士現在正好在大吉嶺的別莊裡。您要是去他那裡，應該會很有收穫才對。」

我拜託他說：「這真是太好的機會了，能不能請您為我寫封推薦函呢？」

於是我拿著推薦函，八月二日在旅居加爾各答的日本人送行下乘火車北上，換搭蒸汽船渡過寬廣的恆河，接著又坐上火車，穿過椰子林和青翠的田野，一直往北方行進。許多故國難得一見的大型螢火蟲在水田上映出有趣的倒影，那是月亮沉入西方平野之後所看到的景象。這也讓我想起了昔日的佛陀：

佛光閃爍闇夜
猶如螢火翱翔

第三天清早，我在西利古里（Shiliguri）車站換搭小型登山火車。火車有如長蛇般迂迴盤曲而行，經過茂密的雨林，朝北方的喜馬拉雅山區緩緩攀爬；蒸汽火車頭發出的巨響像幾千隻獅子同時疾奔，震動了整個山谷。向上走了八十公里山路，在下午五點左右抵達大吉嶺，而這時加爾各答已經在六百公里之外。我從車站坐上轎子，即刻前往薩拉特居士的拉薩別莊。那是一座精美的房舍，我在那裡暫住了一段時日。

4・語學的研究

在我抵達薩拉特居士的別莊前不久，正好遇到印度阿薩姆地區發生大地震，大吉嶺也受到地震的影響，許多家屋被摧毀，到處都是繁忙的重建景象。第二天薩拉特居士帶著我一起前往位於昆帕拉（Ghoompahl）的寺廟拜訪一位蒙古老和尚。他是高齡七十八、滿腹經綸的大學者，法號色拉布・江措，意為「慧海」，正好與我同名。由於同名的巧合，他似乎很興奮，說了一大堆佛教修行的事，可惜那時我對西藏語一竅不通，必須使用粗淺的英語，經由薩拉特居士居中翻譯才能勉強溝通。我的藏語就是在老和尚跟前一字一句慢慢學會的。從此之後，我每天走五公里路到廟裡學習藏語。

在薩拉特居士那裡正好待滿一個月的時候，他對我說：「我知道您想去西藏，不過我勸您還是別去比較好；實在是一件非常困難的事啊。要是歷盡艱辛最後能達成目標也就罷了，不過我看基本上是絕望的，所以還是放棄吧。想學藏語的話，在這裡學就好了，學會之後回去日本不是照樣可以當個受人敬重的藏語學者嗎？」

我回答他：「我去西藏為的並不是想當一個受人尊崇的藏語學者，而是為佛法修行，因此非走這一趟不可。」

薩拉特居士又說：「雖說是非去不可，但明明無法達成的事，您做了也是白做啊。走這一趟無非是去送死。」

我問他：「但您不也去過西藏又回來了嗎？我不一定就去不成啊。」

他懇切地勸我說：「局勢完全不一樣了，現在那邊的鎖國政策實施得非常嚴格徹底，即使我現在要去也不得其門而入了。何況那時我是想辦法弄到一張通行證才成行的；現在根本申請不到通行證，所以你還是死了這條心，在這裡把藏語學好了就回日本去才是上上策。」

我說：「我反正一定要把西藏語文學好，不過除了用來研究藏傳佛教的藏文之外，也想學學日常生活用語，否則將來到了那裡也很不方便。希望在您指導下能夠學會藏人的生活用語。」

看我這樣請託，薩拉特居士不再說什麼，即刻答應了我的要求。

別莊下方有兩棟小巧的漂亮房子，是夏波增（Shbdung）喇嘛的家。不過喇嘛現在住到市場那邊去了，並不住在這裡。薩拉特居士特意找他來商量說：「能不能請您和夫人一起回來這邊住，然後將西藏的生活用語教給這位日本僧人？」喇嘛立刻答應了，不久全家都搬回這邊，我也住進了他們的家；學習藏語的費用則由我自己支付。此外我也到大吉嶺的公立學校上課，向藏語主任教師賜彌．旺敦學習正式的藏文。

所有這些與學問有關的費用都是由我自己負擔，可是膳食費卻是薩拉特居士替我出的。我覺得我應該給他一筆錢，於是拿了錢去找他，他怎樣也不接受，說：「供養您這樣一位清淨行者，正可以消滅我的罪業、增益我等福德啊！您就不要見外吧。」

我手上的錢確實不多，也確實是為了學問而來，對他的親切也就恭敬不如從命了。我抵達大吉嶺時，身上只剩下三百日圓，這些錢如果拿來付房租、學費、書籍費和其他零用，足夠撐個一年半左右；要是連三餐的費用也一併計入的話，每個月總共要五十日圓，那我就只能有五、六個月的學習時間了。

一切的安排都配合得很好：白天到學校研究學問上使用的藏文，晚上回到住處研究生活用語；此外上學之前吃早飯的時間也可以學到不少日常會話，因此生活用語方面的進步非常顯著。要學日常會話最好就是和當地人住在一起，特意聘請老師每天學個兩、三個小時畢竟成效有限；一起生活起居不知不覺間就學會了許多東西。學習日常用語方面，婦女比男人理想，而小孩又比婦女理想。我想不管學任何語言都一樣，只要發音有些微不標準，小孩子和婦女都會細心地挑出來糾正：你這樣發音是錯的，你這樣講不正確，一遍又一遍提醒。

說來有趣又有些難以啟齒的就是學習發音給對方聽。我是拚了命開口發聲，盡可能學對方使用舌頭、牙齒的方法，可怎麼學都不像。常常一天下來，我自己認為已經模倣得差不多了，他們還是說不行，成為他們每天的笑料。正因為成為人家的笑柄，反而讓我在日常用語的學習上進步特別快。

如此勉力學來不過六、七個月的時間，藏語基本會話已經不成問題，甚至比使用英語來得輕鬆自如。我在日本曾以兩年多時間加強英語，等出了國境才知道根本不管用。可是在我看來比英語還難學的藏語，卻僅僅花了六、七個月就學成，實應歸功於那些小孩和婦女的熱心教導。聽懂藏語之後，進一步瞭解關於西藏的種種就成了每天晚上必修的功課，加上夏波增喇嘛非常喜歡聊天，談得興起，還會透露一些不輕易為人知的事情。

他的上師法號叫申澄．多傑強（大獅子金剛寶），是西藏地位次高的法王班禪喇嘛的老師，在藏人之間頗負名望。大獅子金剛寶上師的修行成就很高，大家公認他的學問在西藏無人能及。聽說薩拉特居士以前入藏求法，曾有很短一段時間在上師的座下學習。等薩拉特居士回到印度後，在英國轄下的印度政府派人來向他問了很多有關西藏形勢的詳細資料，不幸這件事傳到了西藏，於是所有涉及薩拉特居士的官員，包括私底下發給他護照的人或沿途接待過他的人等，都一一被捕入獄；而這位大成就者、德高望重的上師，也因為牽連此案而被處以死刑。我聽了這件慘案的種種，不禁愴然淚下。我想在這裡談談事情的始末。

5．尊者的往生

聽到當時西藏首席高僧大獅子金剛寶被下獄、宣告死刑然後處死的經過，讓我對具足佛教諸種德行的上師求仁得仁的作為油然產生讚歎敬慕之念。我所說的不僅是從他的弟子夏波增喇嘛那邊聽來的，日後我成功入藏寓居拉薩府時，其他學者也向我描述了許多類似的內容，其中包括了不少令人感動的事蹟。

有關薩拉特居士到底回到了印度沒有，起先流傳著不同的說法。雖然那時大獅子尊者已經感知將有大禍臨頭，卻沒有避禍的念頭。他是怎麼想的呢？他說：「我的目的不僅僅希望將佛法傳播給藏人，更希望能散布到全世界；我教導他的無非佛法，這個人既不是為了盜取佛法而來，更不是為了蒐集西藏內部的情報，這就是我所知道的真相；我也沒有發覺任何跡象。如果我因為盡本分發揚佛法而獲罪的話，即使被殺我也無話可說。」據說他說這話的時候神態自若。

尊者實在是一位高尚的人，他主張將佛法傳布於印度的立場也是人盡皆知的。他抱持的想法是這樣的，他說：「佛法本來起源於印度，後來才傳入西藏。然而佛教如今在印度已經不傳，連個影子都找不到了，蒙受佛陀和歷代祖師之法益的我們怎能視而不見呢？所以我想將佛教的種子散布到印度各個角落去。」

他不僅是想想而已，還特別派遣了一些弟子前往印度。如今大吉嶺昆帕拉寺的蒙古老僧色拉布．江措（慧海）喇嘛正是其中之一。奉尊者之命來到印度的還有其他人，不過比較沒有顯著成就。尊者除了派遣傳法人員，還提供了經卷、佛像、法器等以利佛法在印度傳布。從這些事蹟看來，尊者所作所為完全不是為了宗派利益或促進國際關係，而是想將佛教最根本也最真實的意義傳揚到世界各地。

日本僧侶中持有到國外布教想法的人很多，但是在嚴密鎖國的西藏依舊懷抱這種想法則是非常難得。尊者由於心懷這種崇高的抱負，所以當薩拉特居士到西藏的時候，自然很樂意傳授居士佛法。可是政府內部難免有人嫉妒這樣一位學識淵博、德行堅固的尊者，只要有機會就想置他於死地的人聽說也不少。無風不起浪，一些不利於他的謠言在藏地流傳，因此之故，西藏政府派人到大吉嶺進行調查。尊者和域外的人往來本來就實有其事，而薩拉特居士也確實是受英屬印度政府委託前往西藏的。證實了這兩件事後，尊者立刻被逮捕關進監獄，而涉及薩拉特居士的一班官員也全部遭收押。終於，尊者的罪名確立，也被判處死刑，判刑的理由是「寺院中收容外國情報員，並洩漏西藏的機密」。

尊者被處刑的日期是明治二十年（一八八七）農曆六月的某日，地點在西藏東部康波地方的康波河畔。這條河其實就是布拉馬普特拉河（雅魯藏布江），流經康波境內時被當地居民稱為康波河。一如前述，當尊者的大弟子夏波增喇嘛向我描述處刑的情景時，哀傷之情溢於言表，讓我不禁邊聽邊掉淚。

尊者當天全身白衣縞素，端坐在康波河畔一塊大石頭上。那裡原來就是處刑之地，尊者只是靜靜地念誦經文。臨刑前處刑人問他：「您有什麼遺言且說無妨；另外若是想吃什麼也請吩咐。」尊者答道：「我沒有什麼話要說，不過經文還有少許沒有念完；念誦完畢時我會彈指三下，彈第三下時就請你把我丟進河裡吧。」就在處刑人在他手腳上綁繩子時，他這麼說道，然後一派神色自若地唱誦經文，一點不像馬上就要面臨死亡的樣子。他就是這樣平靜地念誦下去。

由於尊者乃遭人所嫉，以莫須有的罪名處死，根本是個大冤案，所以來送別的人很多。他們都俯伏在尊者四方，或是默默流淚，或是哭出聲來。不只是人人淚流滿面，那天空中也是烏雲密布，飄著綿綿細雨，好像是因為一個德行堅固的大成就者必須被殘酷地丟入水中處死而天地同悲。本來以尊者的身分應該身披紅色三衣袈裟，現卻因罪犯名義而必須穿著白色囚服，而且被五花大綁；即使如此他依然端坐誦經。當他終於念完經文，手勉強從繩索之間伸出來彈指，送別的人群突然「哇」地大哭失聲。

尊者彈指三響本來應該是處刑的信號，可是處刑的官員此時也不忍將尊者丟進河裡，臉上涕泗縱橫，和送行人一起哀嘆不止，整個場面真是悲傷慘澹至極。這時尊者說話了，他平靜地催促道：「時候已經到了，你們怎麼還不盡快將我丟進水裡？」監刑官於是哭著將石塊綁在尊者腰間，然後緩緩將他沉入水中。過了一陣子將他拉起來看，尊者好像入定似，卻沒有停止呼吸；於是再度將他按入水裡。覺得差不多該淹死了，就再拉上來，結果還是一副入定的模樣，人仍舊沒有斷氣。

看到這種狀況，送別的人都嘆息道：「難道沒有什麼辦法可以救他嗎？」死刑執行者也在一邊搖頭，沒有再次要將人沉入水中的樣子。這個時候尊者靜靜睜開雙眼，對官員說道：「各位千萬不要為我的死而悲歎，我的業力將盡於此，今日是值得慶幸的往生時刻，這是無法改變的；我夙昔所造的惡因惡業即將消滅，從今日起都將是善因善業啊。我絕對不是各位所殺。我唯一的期望是在我死後，西藏的佛教能夠更加昌盛。快將我放進水裡吧。」

經他催促，官員哭著將他放到水裡直到沒頂；這次拉起來的時候，尊者早已往生。於是開始切割尊者的屍體，將手、腳等分別放入河裡流走。

我聽了這則故事，悲傷難以自抑。如果今後還會有類似悲慘的事情發生，我想我將不忍前往西藏。從這個時刻起，我就衷心祈望到西藏以後不要發生這種慘事。一個高貴的人立意傳揚佛法，沒想到竟有如此奇禍臨身，並遭到殘酷的刑罰，可是他不但沒有怨天尤人，還能神態自若地往生，這是尊者無以倫比的至高境界，值得所有佛教行者景仰欽慕。

6・入藏的路途

明治三十一年（一八九八）一月一日，一如往年，我以讀經當作祝聖的儀式，並祝禱天皇、皇后兩陛下以及皇太子殿下萬壽無疆。

這一整年的時間，我不分晝夜專注地修習西藏語文，不論生活用語或學問上的研究都已經有些成果，估計這樣前往西藏應該沒有什麼問題了，於是決定次年也就是明治三十二年成行。

但是要循什麼途徑入藏，唯有靠自己蒐集資料來研判。由大吉嶺朝東北方向直走經亞東入西藏境內是一條路，與之平行沿桃溪（Khambu-Rong）走小徑也是一條路。還有往北方繞過世界第二高峰干城章嘉峰[1]西麓經瓦仁進入西藏國境也可以。除此之外，從錫金直走崗巴城也有路可通。路徑雖然多，但每條路上都有關卡，即使沒有關卡的地方也有警衛把守，要通過並不容易。

薩拉特居士建議道：「也許可以到亞東的入境關卡跟他們說，您是日本來的佛教徒，為了佛法修行而想進入西藏，請他們讓您通過，說不定他們會放您進去。」這樣做當然是行不通的。在我深入研究了西藏人之後，清楚知道不能採取這種模式。我還打聽到從不丹或尼泊爾兩國入藏的路線。

這兩國比較起來，我覺得走尼泊爾路線好處最多。不丹一方面沒有與佛陀相關的古蹟，值得研究的材料似乎也不多。雖然也有藏傳佛教高僧傳法的遺跡，但在我看來並不算特別重要。真正重要的是尼泊爾那邊許許多多的佛跡和梵文經典，即使進不了西藏，單就這些加以研究也會有不少收穫。尤其尼泊爾這個地方，從歐美去的人很多，卻從來沒有日本人去過。這是很值得研究的國家，所以選擇尼泊爾通路應該最為適當。

最後我決定走尼泊爾這條路。只要從大吉嶺直往西走就可以到達尼泊爾，沿途更有美不勝收的山水奇景，同時可以參詣佛跡，可以說非常理想，但也不是沒有危險。由於住在大吉嶺的西藏人都知道我為了去西藏而研究西藏語文，如果我往西藏方向走，一定有不少人會注意到，他們很可能緊盯我的行蹤，要不就將我殺了，要不就和我一起入藏，然後向西藏政府告密以領取獎金也說不定。因此為了避免被人跟蹤，我得想出別的辦法來才行。

首先，要到西藏去的祕密我只跟薩拉特博士透露，對其他教我藏文的喇嘛我的說法是因有急事必須回國，之後我就離開了大吉嶺。幸好這時國內的肥下、伊藤、渡邊諸氏辛苦募得的六百三十盧比寄到了我手邊，我就靠這筆錢先回到加爾各答。這是明治三十二年（一八九九）一月五日的事。

【注釋】

1 干城章嘉峰（Kangchenjunga）：標高八五九八公尺，在喬戈里峰（K2，八六一一公尺）發現之前，一直被認為是僅次於聖母峰的世界第二高峰。

第二部 借道尼泊爾

7・奇遇

我從大吉嶺前往加爾各答購買西藏之行所需要的各項物品，那時的尼泊爾政府書記官、現在是駐西藏公使的吉琶度爾（Jibbahadur）為了我到尼泊爾以後的方便，寫了兩封介紹信讓我拿去給一位尼泊爾的紳士。當月二十日左右，我參謁了菩提迦耶[1]。在菩提迦耶我遇到了法護（Dhammapala）居士，與他相談甚歡，談話中他對我說：「如果您要前往西藏，我想拜託您將釋迦牟尼如來的舍利獻呈法王達賴喇嘛。」說著就將一座供奉舍利的銀製舍利塔、一份呈遞書和一卷寫在貝多羅葉[2]上的經文一起託交給我。法護居士對我說道：「我多想去一趟西藏啊，但對方的許可總是下不來，所以一直不得其門而入。」

那個晚上，我在菩提迦耶菩提樹下的金剛道場打坐，身心感到無比輕安愉快。能夠在釋迦牟尼如來成佛的同一棵樹下禪坐，實在是一件非常幸福的事，我一坐就是一整個晚上。月光下樹影婆娑，在金剛座上輕輕搖曳，斯是美景，何其動人：

菩提樹梢月徘徊
空中曉星有所思

我在菩提迦耶待了兩天後，即搭火車北上尼泊爾。車行一日一夜，抵達尼泊爾國境附近的塞溝里（Sagauli）車站時已經是一月二十三日清晨。從這個停車站再走個兩天，就進入了尼泊爾國境，從那時起，不管英語、藏語都不管用了。如果能說印度話大概就不會有什麼問題，但是我印度話、尼泊爾話一概不通。不懂尼泊爾話，連買東西、問路都沒辦法，和啞巴沒兩樣，恐怕我無力達成此行的目的；我想，在這個車站停留一些時日，設法學些粗淺的尼泊爾話是非常必要的。

幸好塞溝里郵政局的孟加拉人局長同時通曉英語和尼泊爾語，我於是臨時抱佛腳開始跟著他學。我到目前為止專心一意學習藏語，根本沒有時間學其他語文。我把每天學的尼泊爾語記在筆記本上，然後一邊散步一邊看著筆記複習。就在我到達的第二天，正在邊散步邊複習尼泊爾語的時候，剛搭火車來到塞溝里的旅客裡走出一個穿著藏族服飾大約四十歲的紳士、一個同樣一身藏袍年約五十的老僧，以及兩個僕役模樣的人，四個人一起往我這邊走來。我心裡想：「這幾個西藏人來得正好，趕快去跟他們打個招呼，說不定還可以跟他們一起走呢。」

「我們要到尼泊爾去。」他們說。

「那麼，各位是打從西藏過來的嗎？」

「不完全對，」對方說道：「不過我們四個裡確實有人來自西藏。」

接著問我：「您到底是哪裡人啊？」

「我是中國人。」

他們又問：「您是怎麼來的，海路還是陸路呢？」

我想如果說是海路，他們一定會起疑，到時說不定連尼泊爾都去不了。主要的原因是，這個時期走海路的中國人都不會獲准前往西藏。如果說是陸路的話，大概就是從西藏過來的意思，因此我答道：「從陸路。」於是和他們邊走邊說，往我暫住的茅屋走去。我所住的地方是一間由竹柱子和茅草屋頂組合成的簡陋房子，對面也有類似的房屋。這是供行旅宿泊的地方，不用付房租，只需要付錢買柴火和食物就可以。紳士一行人也就走進對面的茅屋。這裡既沒有像樣的旅館，也沒有其他專供住宿的房子；這個只需買柴火自己煮飯吃的地方就是旅館了。

過了些時候，紳士和老僧過來找我。

「您說您來自中國，請問是中國什麼地方呢？」

「福州。」

「那您當然會說中國話囉？」

我硬著頭皮回答：「會啊。」

結果那位紳士大概懂得中國話，對我說了幾句中文。我中文根本不行，除了幾句簡單的會話什麼也不會。正在傷腦筋的時候，突然想到一招。我說：「您說的是北京話，我們福州話和北京話相差很多，您說的我實在不懂。」

於是那位紳士問道：「您總會寫中文吧？」

「沒問題，我們就筆談好了。」

說完我就拿出鉛筆開始寫將起來，他有的看得懂，有的看不懂，對我說：「看來筆談也行不通的樣子。」

我順水推舟說道：「那還是說藏語吧。」於是彼此開始以藏語溝通。話說著說著，那位紳士就問道：「您說您打陸路過來的，是從西藏哪邊過來的呢？」

「我是從拉薩府經大吉嶺到菩提迦耶朝聖去的。」

「住在拉薩府什麼地方呢？」

「我住色拉寺。」

「色拉寺吉札倉的堪布[3]，您認識他嗎？」

「怎麼會不認識呢。」幸好我從夏波增喇嘛那裡聽過這個名字，所以還應付得過來。

還好問的都是一些知道的事，不過為了防止露出馬腳，我試著先發制人以免對方再有問話的機會。我想到夏波增師跟我提過的一些祕辛，於是跟他談起這些日子一位叫霞札的年輕廈貝（宰相）為了擴張自己的勢力，似乎和丹吉林寺鬧得很不愉快云云，這樣一說，紳士就對我深信不疑了。夏波增師告訴過我的事情在這時派上了用場。這位紳士把話題一轉，問我：「您此去尼泊爾，是想去找誰呢？您去過那裡嗎？」

我說：「沒去過，所以帶了封介紹信。」

「那是什麼地方的哪一位先生的介紹信呢？」

「事實是這樣的，我在加爾各答的時候，尼泊爾政府的大書記官吉琶度爾先生給了我兩封介紹信；他要我拿去給尼泊爾迦葉波佛陀（Kasyapa Buddha）舍利塔的住持喇嘛。我忘了那位喇嘛的法號，不過信上有寫。這位吉琶度爾先生剛剛在西藏擔任過八年的領事，藏語說得非常流利呢。」

當我將取得介紹信的原委詳細說明後，這位紳士說道：「這可有趣了，寫介紹信的吉琶度爾先生是我的好朋友，但他想請您送給誰呢，能不能讓我看看？」

我說：「當然沒問題。」然後從行李中取出介紹信拿給他，他看了後愣在那裡，說道：

「太不可思議了，介紹信就是寫給我的！」

對尼泊爾人而言，以朋友相稱是很有分量的一種關係，幾乎就等同親兄弟。所以結為朋友的時候會舉行一種特別的儀式，跟婚禮一樣，準備了豐盛的食物，邀請所有親友來觀禮。詳細情形說來話長，簡單講如果這兩人都喝酒的話，就彼此交杯一飲而盡；連兩人的僕傭之間也要進行一些繁複的禮數。沒有經過這個儀式的話就不能算是朋友。這位紳士和寫介紹信的人之間就是這種朋友關係。

紳士正是迦葉波佛陀舍利塔的喇嘛。我說：「實在是奇遇一樁啊，那就請多多幫忙了。」

「那麼我們明天一起走吧，不過您準備騎馬或乘車前往呢？」

「我都可以。」

「難得有您這樣的旅伴，要是騎馬一路上就很難說話，太沒意思了。這一段路的風景大有可觀，如果用走的，一邊聊天一邊欣賞風景，我想一定會很愉快，您意下如何？」

「這真是求之不得的事，只要您覺得好就好。」

我這樣回答，是想到在聊天中也許可以順便打聽到進入西藏的路徑。這時紳士的兩個僕人慌張地跑過來，說道：「不好了，有小偷！」老僧和紳士聽了後立刻趕回去。後來聽說裡面放著衣服和三百五、六十盧比的行李箱被偷走了。簡易旅館的老闆告訴我，小偷本來是想偷我的東西，先過來查看了一下；結果本應是我遇到的麻煩卻讓紳士代受，實在覺得很不好意思。

紳士的大名叫覺金剛（Buddha Vajra），老僧則是拉薩府哲蚌大寺（Rebung / Drepung）的格西[4]，原是人家的養子，沒什麼架子。我們一行人在一月二十五日一大清早出發，往北

喜馬拉雅山區傳來懾人老虎吼聲

方的平原前進。第二天我們抵達尼泊爾國境上第一個關卡畢爾剛濟[5]，在那裡我以居住西藏的中國人身分取得簽證。隔天我們在離進入喜馬拉雅山區起點的海子大森林不遠處一座村子夜宿，接著二十八日我們走過席姆拉村，橫越十六公里寬的森林，然後在山岳與河流接壤處一個叫比恰戈里的村子休息。晚上十點一邊寫日記，一邊看著窗外，那時月光皎然，高掛樹梢，河水潺潺流著，頗有一種寂寥的味道。有時會聽到讓大地為之震動的吼聲；我問居處的主人那是什麼聲音，他說是老虎吃過肉以後來河邊喝水時發出的聲音。

此後兩日我們穿行於溪流、森林或山巒之中，最後抵達頻毗提（Bhimphedi）驛站。到這個驛站為止，馬車、牛車或騎馬都可以通行，從這裡開始山路急劇陡斜，只能依靠步行或乘轎才能前進。我們當然是徒步而行，清晨四點出發，爬上一個大陡坡，前面五公里就是齊斯帕尼關卡。這裡也設有一個稅關，進出物品都必須課稅；還有一座砲台，駐守著一大隊兵士。我們一一接受檢查，然後再登上齊斯戈里峰頂，這時喜馬拉雅山白雪皚皚的高聳峰巒盡入眼底，其壯觀絕非大吉嶺或虎丘（Tiger Hill）那邊所看到的山勢所能比擬的。

越過齊峰之後，當晚在瑪爾庫驛站夜宿；次日也就是二月一日清早開始攀登月之峰（Candra Giri），在峰頂再度得見喜馬拉雅山的銀白妙光；之後稍稍往下走一段路，眼前就是尼泊爾國首都加德滿都及附近一帶的全貌。同行的覺金剛師在山野中禮拜了朝虛空射出兩道金光的大塔，並指給我看說，其中一座大塔是迦葉波佛陀舍利塔，另一座是尸棄佛陀（Shikhi Buddha）舍利塔，我聽了不覺大喜，立刻五體投地虔敬禮拜。

下了陡坡後，來迎接覺金剛師的兩匹馬還有四、五個人也到了，我們一起騎了馬到得一座村莊外頭，又有二十四、五人來迎。從塞溝里停車站來到這裡約莫有兩百公里路。

【注釋】

1 菩提迦耶（Bodhgaya）：或作Buddhagaya，為釋迦牟尼在菩提樹下夜睹明星成正覺處。後人在菩提樹旁建一塔寺，而菩提樹下打坐處即稱金剛道場。現在金剛道場的菩提樹已經不是釋尊時代的同一棵，據說是第四代了。

2 貝多羅葉：梵文pattra原意為「葉」，特指多羅（tala，棕櫚）樹葉，簡稱貝葉或多羅葉，古印度用來書寫文件、信函，初期佛教經典在紙本流通前多以貝葉書寫。

3 吉札倉（Je Tatsang）：為拉薩色拉寺專收西藏境外僧侶的僧院，參見本書第六十四章。堪布（Kenpo）：指已完成佛教主要課程，如哲學、邏輯學、戒律等傳統科目之十年研習課程者；亦指寺院之住持或從其剃度者。此處指札倉住持。

4 格西：藏語dge bshes音譯，意為博士，乃在藏傳佛教格魯派各學問寺（如拉薩色拉寺、哲蚌寺）修完顯教課程並通過考試者，通常須經過二十年歲月；以色拉寺而言，每年獲格西學位的只限定二十名，因此所需時間甚至長達三十年。修畢顯教課程後，每年只有四、五位格西得以正式修學密教，因此一般人視藏傳佛教僧侶皆是密教修行者並不正確。參見許明銀《西藏佛教之寶》中「西藏佛教的特色」一文。

5 畢爾剛濟（Birganj）：位於加德滿都之南，尼泊爾與印度國境上城市。

8．研究入藏路徑

加德滿都的大塔村圍繞在迦葉波佛陀舍利塔四周，覺金剛師是這個村落之長，也是大塔的主人。迦葉波佛陀舍利塔在藏語中稱為揚布．垂天．千波（Yambu Chorten Chenpo）。「揚布」是加德滿都的總稱，而「垂天．千波」則是「大塔」的西藏說法。在西藏凡有大塔的地方都稱之為「垂天．千波」，但這座大塔真正的名字是「洽．倫．卡修爾．垂天．千波」，意思是「受命成就之塔」。

取這個名字是有其特殊緣起的，話說在釋迦牟尼成佛之前的古佛迦葉波佛寂滅後，一位名叫茶洽瑪的老太婆和她的四個兒子一起收納了迦葉波佛的遺骨；老太婆請求得建大塔以安奉遺骨，獲得當時的國王恩准。

老太婆一家於是卯盡全力開始建設大塔的基座，朝中大臣長老看到了都驚異不已地說，如果那樣貧困的老太婆都能建設如此大塔，那我們不是得建像大山一般高的塔了嗎？他們彼此商議，都認為應該設法讓老太婆中止做這件事，於是到國王那邊申明疑慮。國王聽了答道：「我已經答應老太婆可以將塔建起來；君無戲言，我不能收回成命。」因此之故命名為「受命成就之塔」。不過我想這座舍利塔的建成年代應該是釋尊之後的事了。

每年農曆九月中旬一直到翌年二月中旬，從西藏、蒙古、中國和尼泊爾國內都會有大量朝聖者前來禮拜此塔。由於夏天在喜馬拉雅山旅行容易感染瘧疾等病，所以大家都選擇冬天前來；朝聖客以西藏人最多，而藏人之中貴族或鄉紳之流很少，絕大多數都是貧窮的乞食朝聖者，他們一路乞討餬口，冬季來到大塔，夏季則返回西藏去。

我在這邊最重要的一件事就是要打聽到入藏的路線。西藏和尼泊爾之間一定有許多往來的途徑，我必須加以研究並找出最理想的一條可行之路。不過這件事可不能讓覺金剛師知道，因為這位接待我的居停主人認定我是一個要走幹道回拉薩府，然後再從拉薩府轉內地的中國人；如果讓他知道我要去西藏，他身為尼泊爾政府的藏語翻譯官，如果不向國王報告是有罪的，所以他一定會將這件事上奏國王，這樣一來我就去不成了。雖然覺金剛師是我的恩人，但這件事還是不能讓他知道。

社會上一般人稱覺金剛師為吉雅喇嘛，意思是「中國的上人」，原來他的父親來自中國，娶了個尼泊爾婦人為妻，後來成為大塔的住持喇嘛。這位喇嘛屬於舊教〔寧瑪〕派，因此娶妻生子不成問題[1]。吉雅喇嘛因此當我是中國老鄉，對我非常親切，幫了我很多忙。即使如此我還是得自己想辦法確定入藏的路線。

還好前來大塔參謁的乞食朝聖者多半來自西藏，入藏路線的取得一定得靠他們提供的資料，因此我必須對他們多做些金錢布施。我一次、兩次、三次地對他們布施，他們對我很是心服，認為這個中國喇嘛非常豪爽；等到他們對我無條件信任時，我就故意對他們說：「我很想去參謁一些佛教聖地，願意當我的嚮導嗎？」

他們說：「那當然好，一定幫您嚮導。」

我試著問路：「你們是西藏人，那麼是走哪條路過來的呢？」

他們有的說是從定日來的。定日這條路線一路上有三道乃至四道關卡，並不容易走；據說即使碰到關卡的時候抄小路走也還是很難過關。我還記得有人告訴我，就算是要正當通關，如果沒有拿錢疏通關節終究還是過不了。於是我對乞食朝聖者說：「別騙我了，你們絕對不是從定日通關過來的，走的一定是小路對不對？吹牛也不打草稿。」

他們於是告訴我：「您是內行人吶。坦白說確實有小路可以走，那是一般人不走的。」這樣子談過幾次話，大概就搞清楚幾條可行的路線了。我又把某一位乞食朝聖者提供的資料拿去向其他人問道：「你走過這條路嗎？」然後對方就會回答我「那條路我沒走過，不過聶拉木（Nyallam）倒是有條小路我知道……」云云。原來能走的路徑還真不少。即使如此，從尼泊爾首府到西藏首府之間漫長的路上，總有一、兩道關卡是非通過不可的。比方說如果走聶拉木那邊的小路，那就不必通過吉隆的關哨，可是卻有可能被對面的關哨逮個正著；另外要是走札郎布（Sharkongpo）方面的小路，大概就過不了定日的關卡。

經過各方面的瞭解、研究之後還是發現，從加德滿都到拉薩，如果不繞行較遠的小路，都有些難於上青天，勢必會碰到一、兩個檢查關哨。乞食朝聖者若想通過那些地方，聽說就是靠拚命懇求拜託加上送點賄賂品。可是我和西藏來的乞食朝聖者不一樣，在關哨被盤問的時候很容易露出馬腳，因此我認為走那些羊腸小徑實在太危險了。後來我漸漸琢磨出一條理想的路徑，只是這條路徑必須繞個大彎。一般來說當然是從尼泊爾首府往東北方向走，而我打算採取走西北方向的迂迴策略，從羅州（Mustang）出尼泊爾境，進入西藏羌塘也就是西北高原的阿里地區後更往西北前進，繞行聖湖瑪旁雍錯（Manasarovara）一周後再向東走到西藏首府，如此一來一路上就不會有檢查關哨了。我就此決定了入藏路線。

【注釋】

1 宗喀巴進行西藏佛教改革後成立的甘丹寺僧團稱為格魯派（黃帽派），嚴持戒律，不能結婚，有別於寧瑪（古派或紅帽派）、薩迦（俗稱花派）和噶舉（俗稱白派）等派，是為新教派。參見本書第三十六章注譯。

9・喜馬拉雅山中之旅（一）

路線暫時是決定了，但毫無理由而前往那一帶，覺金剛師一定會對我這個奇怪的舉措感到懷疑。這時我想到了一個很好的藉口。聖湖瑪旁雍錯就是佛經中所謂的阿耨達池[1]，雖然這個說法在學術上有些爭議，但一般的說法還是當它是阿耨達池。聳立在阿耨達池邊上的就是天然曼陀羅岡仁波齊峰[2]，為著名的佛教靈跡聖地；沒有比去朝覲聖地更好的理由了。

我有時故意跟吉雅喇嘛說：「我好不容易來到這裡，如果也只是順便經由西藏返回中國的話，實在太可惜了。漢傳佛教經文中提到西藏有一座瑪旁雍湖，也就是阿耨達池，岸邊上聳立的山岳藏人叫做岡仁波齊，我有一個願望，想要到那裡去朝山禮拜，不管路途多麼艱險，我都想試一試，您有何高見？能否找到挑伕呢？」

吉雅喇嘛答道：「去朝聖當然是再好不過的事了，不過我勸您還是不要去比較好。路實在太難走了，尤其羌塘高原一帶根本無路可走。我自己也好想走一趟，可是第一，吃的東西沿途很不容易取得，不先準備好充分的食物是不行的；其次路上盜匪很多，如果沒有和人結伴而行一定會被殺掉。就這樣我到現在都還沒成行。如果只帶著一、兩個挑伕同行，那等於是去送死啊。您還是死了這條心吧。」他不斷地想勸阻我。

我說：「如果去那邊就是送死，死了也就算了。人被生到這個世上來，總是難免一死。若是為了到與佛法有關的聖地巡禮而死，實在是求之不得的事。關於死我一概不擔心。當時刻到來，不管我是在西藏的曠野中遇到殺人的強盜，或是在這裡過著富裕安樂的生活，都一樣要面臨死亡，所以我真的不在乎。請您幫我找幾個挑伕吧。」

當我向他表示我的決心後，他說道：「既然您心意已決，我也沒有辦法，就去幫您找人吧。」於是去幫我打點挑伕的事。最後幫我找到兩個從喀木〔康區〕——也就是專出強盜的地方——來的乞食朝聖者，模樣看起來很老實。另外還加上一個也想去朝聖的老太太，年紀約莫六十五、六歲，但身體很硬朗，走山路完全沒有問題。本來應該就是和這三個人一起出發的，可是吉雅喇嘛為了確認這兩個人好不好，他另外派了一個僕從陪我們走到土窟澤（Tukje / Tukuche）去。

主從一行五個人就此踏上旅途。我騎著向吉雅喇嘛買的一匹白馬，這是一匹良駒，連險峻的陡坡都可以像人手腳並用一樣輕易爬上去。時間是三月初，從加德滿都出發，在山路上往西北方向前進，大概是一天爬坡、一天下坡的走法，十天之後來到三四〇公里外、群山環繞的城鎮波卡拉（Pokhara）。波卡拉是尼泊爾山區一座風景優美的城市，和日本山水明媚的地方一樣興建了許多別莊。成片的竹林，繁花盛開的山，新綠妝點著每一個角落，而源自魚尾峰[3]的水繞過城鎮周圍，並向遠方的山谷蜿蜒流去。這是我所到過的尼泊爾城市中最美的一座，但水流的顏色卻有如淘米之後的洗汁；大概是沖刷了山上土壤的結果。這座城市也是尼泊爾物價最便宜的地方，米穀等食糧都不貴，二十五錢可以買到四升左右的米〔約七・二公升〕，不像別的地方大概只能買到二升五合〔約四・五公升〕，可以想像其他物價之低。物產主要是銅製器物。由於要準備帳篷等相關配備，我在此停留了六天，只花了二十五盧比〔一盧比約等於日本的六十七錢〕就買到一頂大到可以在裡面煮東西的帳篷。

離開波卡拉之後再往北前進，山路更加陡峭，許多地方根本不能騎馬。因此常常要牽著馬在山路中彎彎繞繞大半天，才能再上馬背。有一天發生了一件事：由於平常都有挑伕走在前面引導馬匹，所以我不會特別留心道路，一心想著的都是未來的種種狀況，這樣走著走著突然發現眼前橫著一根樹幹；我來不及想什麼，直覺要閃避它，可是馬仍然繼續往前走，於是我整個人往後仰從馬背上摔下來。所幸馬也注意到了，停在原地不動，而我手上緊緊握著韁繩，雖然在岩石上摔得很疼，卻沒有進一步摔下山谷去。如果當時馬匹驚嚇而奔跑，我握不住韁繩的話，就要掉落千仞深淵而消失無蹤。

我覺得沒什麼大礙，沒想到腰部傷得不輕，根本站不起來。我請兩個僕役背著我走了一公里多路直到山頂，即使如此還是無法行走，於是在那邊逗留了兩天。幸好隨身帶著跌打損傷的藥膏，塗在腰部自己慢慢揉了好久，總算沒事。第三天讓馬匹繞道溪谷，我們則在名副其實的深山幽谷之間行行重行行，不時聽到「噶咕—噶咕—」的杜鵑啼叫聲。

這種在寂靜空山中的旅行，人與人之間如果只是一、兩天的相處，多半會比較拘謹，因此很難知道對方的個性，可是時間一長就不一樣了，個性自然而然流露出來。兩個挑伕中，一個長得十分高壯，性情也很果斷；另一位非常溫順，大概是有讀書識字的關係，個性上比較自負。這種自負很不為大高個兒所喜，所以兩人不時發生些衝突。朝聖的老太太個性很耿直，看起來對兩位挑伕非常瞭解。我對他們則是一視同仁。老太太好喝酒，每天一到歇腳的地方一定去買酒喝，挑伕就更不用說了。一路上如果有人施捨我們，施主因為看她年紀大，總是給得比較多。或許因為這個緣故，或許老太太看我一天只吃一餐，而且又不吃肉類，總之她對我相當恭敬，不像對待其他朝聖客。老太太有時好像想跟我吐露些什麼祕密，可是又因為兩位挑伕在旁而有些顧忌。

我察覺到這個狀況，有一天，我讓老太太先走，接著我才騎上馬，兩個挑伕徒步在後；挑伕因為負重而越走越慢，而我趕上了老太太的腳步。兩個人終於可以私下談談話了。老太太問我：「那兩個人落在很後面了嗎？」

我說：「估計總在八公里路後面吧。」

老太太說：「我早就想找機會跟您說一些事情的，因為這兩個挑伕對您來說都是很可怕的人啊。一個在康區幹的是殺人越貨的勾當；另一個人雖然沒做過這樣的事，但也因為和人吵架而殺了人。總之兩個都是殺人不眨眼的傢伙。那個比較溫順的大概還不至於怎樣，但另外那個到了羌塘高原之後，一定會殺了您取走您的財物。我無論如何也不能忍受像您這樣親切而值得尊敬的人被那種壞人所殺，所以才提醒您要注意。」

我說：「哪會有這種事？那兩位都是非常正直的人啊。」

這時老太太很認真地發誓道：「南無三寶！如果我所說的是假話就讓我死了吧。」這是西藏人之間很常見的立誓方式。

其實老太太所說的都不假，經我慢慢觀察後，發現完全是事實的樣子。這真是令人傷腦筋的事，我必須好好想個辦法來對應才是。

【注釋】

1 請參考本書第三十一章內文及注釋。

2 岡仁波齊峰：一名凱拉斯山（Kailāsa，漢譯「雪山」、「崑崙」），標高六六五六公尺。由於印度河、恆河和雅魯藏布江均發源於此山附近，故被印度教及藏傳佛教視為聖山；印度教認為是增長天（Kubera）及濕婆神（Śiva）的居所。山麓的瑪旁雍錯即被視為聖湖。印度教徒和藏傳佛教徒都希望一生中能至少來此朝聖一次，轉山（繞山行走或一路行五體投地禮）一周乃至數周而返。曼陀羅：見本書第三十一章注釋。

3 魚尾峰（Machipusa）：或作Machhapuchhare，標高六九九三公尺，其峰頂分岔如魚尾而得名，屬安那普那喜馬拉雅山系（Annapurna Himal），最高峰安那普那第一峰（Annapurna I）標高八〇七八公尺，為世界第十高峰，也是人類攀登的第一座八千公尺級高山。

10・喜馬拉雅山中之旅（二）

我一邊提防著兩個挑伕，一邊以六天時間走了一六〇公里路抵達喜馬拉雅山中的土窟澤村。那裡的地方首長名叫施巴・哈爾克曼，由於吉雅喇嘛的介紹，我得以借住他家。在他家住了一、兩天之後，吉雅喇嘛指派的僕從認為我接下來的路途應該不會再有什麼大問題，就告辭回去了。至於那兩個挑伕，我想如果不將他們遣走的話，西藏之行大概也無法實現。我聽說從村子往北經過羅州的那條小路上，三個月前西藏政府派了五名兵士開始設哨把守，外國人或形跡可疑的人一律不准通過。有一種傳言說其實不只這條小路，任何一條可以讓人通行的小路都分別派遣了五名兵士看守，我慢慢打聽之後，知道這都是事實，看來要從這個方向進入西藏高原似乎越來越不可能。

這時村子裡正好來了一位蒙古出身的博士（格西），法號色拉迦倉（慧幢），他的學問很好，除了教出家人學習經文之外，還是個非正式的醫生；他不時過來找我談話。

一天晚上，兩個挑伕喝了酒之後開始吵架，不知不覺間露出流氓本性，我聽到他們把對方做過的壞事一一數落出來。他們果真如老太太所說並非什麼善類，兩個人吵得不可開交，最後過來找我，跟我說要是對方還在隊伍中他就辭職不幹，我於是順水推舟，給了他們一筆報酬後斷然將兩人解雇；我也送了老太太一些零用錢和哈達絲巾，然後請她自己上路。

就我自己的既定計畫來看，現在應該馬上朝羌塘高原方向出發，可是事情並沒有那麼簡單；然而也沒有退路了。我唯一能做的就是等待適當時機。慧幢格西常常找我聊天，他不僅僅具備佛教上的學問，也頗有文學方面的修養，我們約定由我向他說明漢傳佛教的種種，而他則教我藏傳佛教和文學的知識。於是我跟他前往他所駐錫的羅州查藍地方，途中還順道參詣了秋米・加查亦即「百泉」——梵文名之為「穆庫提納特」（Mukutinath）——的聖地。

「穆庫提納特」意思是「收藏首級之處」，據說是安置摩訶提婆[1]首級的地方，為印度教極為著名的聖地，印度教徒和佛教徒都視之為靈跡而尊崇不已。取名百泉，不用說就是從一百個泉眼流出一百條河流的意思，這一帶也因為有薩拉・味巴兒（土中出火）、秋喇・味巴兒（水中出火）、多喇・味巴兒（石中出火）的景觀而聞名。我很好奇到底是怎麼樣的一個地方，走過去一看，在岩石之間一個高〇・六公尺、寬〇・三公尺左右的地方有一泓優美的清泉，比清泉水平面稍高處有一方石穴，從石穴裡面噴出火苗，火苗正好貼著水面燃燒著。不知情的民眾看到這個以為火苗是從泉水裡面燒起來的。

另外兩處景觀也是同樣情形，沒什麼不可思議之處，其實從這一帶的山岳輪廓看來，附近原來很可能是古代火山的噴火口。對面積雪地帶可以看到一座往昔火山口模樣的池子，此外岩石的質地也和一般岩石不一樣，屬於火山熔岩。結束聖地的參拜之後，往山下走到一條叫歌利恆河（Kaliganga / Kali Gandaki）的河岸，並在那裡過夜。

隔天我們沿河往上走。由於河水不深，我們就騎在馬背上踩著布滿細沙的河底渡河，沒想到馬才走幾步就深陷泥沙中一直到馬腹。我即刻從馬背上跳下來，格西也吃驚地下馬，他跟我說若救不了馬，希望至少能救回行李。

我趕忙把衣服脫掉，到附近山上搬了塊大石頭往馬身邊丟過去，馬以為我要丟牠神色很是驚惶。我這樣做是想把大石塊大量丟到泥沙裡，以便去拿行李的時候有踏腳石。我把大石頭一塊一塊丟進河裡，馬看到怕得不得了，當我又丟下一塊大石頭發出巨響的時候，牠突然用力一蹬就脫身上了對岸。接下來我和格西聯手為他的坐騎在河裡以石塊造一條通道，大約花了三、四個鐘頭我們兩人及馬匹才順利抵達對岸。

之後我們到了薩瑪爾（意為「紅土」）村投宿。第二天又回到山路上不斷往北行去。土窟澤之後的山區都是松、杉之類的植物，但越往上走，這一類的樹漸漸不見，主要分布的是常綠針葉樹種杜松。杜松長得比較高大，不少高達四公尺多甚至到六公尺，但除此之外就只有一些灌木了。在積雪的山區走了二十多公里路後到達的小村落基倫植滿了柳樹，其他景觀則沒有太大不同。這一帶住的已經都是藏族，不再有尼泊爾人，因此屋頂上到處插著白色風馬旗，旗子上面是木版印刷的真言咒語。有藏人的地方，即使只是搭個帳篷，都可以看到迎風飄揚的風馬旗。過了村子在雪山中繼續往北走，天很快就黑了。深谷之間杜松成林，月下杜鵑發出美妙的鳴聲，在幽邃的山谷中迴響。

行腳雪山宿孤月
天空寂寞杜鵑啼

當晚我們投宿積雪的福泉村，天亮後再往北走十六公里路，目的地查藍村在望。從這裡要進入羌塘高原只需不到一天的腳程；這一帶雖仍是山巒起伏，可是已經和羌塘高原一樣荒涼，看不到一棵樹。抵達查藍是在五月中旬，正好是麥子收割的季節。村子四周雪山環繞，村落坐落在東西十八公里、南北最寬六公里的高原上，西面的雪峰往東邊的谷地延伸，坡度比較平緩，沿著那條延伸斜線，是源自雪峰的溪澗。這是歌利恆河的上游。

溪澗繞過查藍村下方，往南面的雪峰方向蜿蜒流去，離河岸很遠的高處另有一座村子，村子的一部分是稍稍隆起的高地，高地上有羅州的酋長所住的城堡。廓爾喀族統一尼泊爾之前，羅州是一個獨立的領地。那裡也有一座和城堡相比大了許多的寺廟，屬於西藏舊教噶舉派。寺廟是西藏風格石造四方形大經堂，外面漆成紅色。緊臨大經堂而建的白色石屋則是僧人所住的屋舍。城堡和寺廟西側平地上可以看到大大小小錯落著三十棟左右的家屋。

【注釋】

1 摩訶提婆（Mahā-deva）：漢譯「大天」或「大神」，為濕婆化身之一。

11・山地村落中的修行

我和慧幢格西終於結束雪山中的行程，來到一處豎著門樓的廣闊平野入口。搭建這座門樓倒不是為了軍事用途，而是為了村民宗教上的目的：佛教節慶、神明祭典，或是防止惡神疫鬼等不好的東西進入村子。也因此門樓兩側並沒有延伸出去的高牆，有的就是一座門坊。門扉的高度有七公尺多，然後堆砌了與此相當的石塊建物，與日本傳統的樓門差不多。通過門樓之後再走兩公里路即抵達查藍村。

格西帶領我走進村中一棟較大的屋子，原來是村長的宅第。他們好像早已知曉我們的到來，共有十四、五個人在那裡把我們迎進了屋子裡。不管西藏也好這裡也好，比較講究的家庭都會特別設置佛堂，原因是對這一帶的人說來，最尊貴的客人無非喇嘛；讓喇嘛待在跟自己一樣的住處是一種褻瀆，所以特別搭蓋了佛堂，除了平日供佛，也當作自己最尊敬的喇嘛到訪時的招待所。

佛堂的建築法式也遠比自己的住家來得嚴謹而華美。佛壇一旁又設有藏經處，有時還把經文置放在佛像之中。這樣做與其說是用來讀誦，不如說主要是為了功德，也就是與供養佛陀一樣懷著恭敬的心供養這些經卷。我們常說，所謂臨濟三乘十二分教[1]，如果不理解其真實義理，則那些經卷也不過是一堆廢紙而已；我看藏人並不做這種想法。理解也好，不解也好，他們對佛法盡是尊崇之想，這是他們根深柢固的觀念。

我被他們安置在佛堂裡面。佛堂對面還有一間獨立小屋，格西就住在那裡。他們也指派了一位僕役照料我們兩人的飲食。村長名叫聶爾巴・塔波，是一位溫順親切的人，他的夫人不幸猝逝，留下兩個女兒。我們去的時候，姊姊年約二十二、三歲，妹妹約十七、八，兩姊妹帶領著一群男性和女性從事畜牧及農作業，她們的勤奮能幹教人印象深刻。村民最喜愛的娛樂就是入夜後群聚載歌載舞，中間也不時穿插「摩尼講」，也就像日本所謂「念佛講」或「觀音講」[2]的活動；摩尼講舉行的時候，由喇嘛摩尼（僧寶）為大眾宣講高僧故事或護持佛法的國王行跡，村民似乎將前去聽講當作一件無上樂事。

跟一般西藏人一樣，這一帶住民的衛生習慣並不好，比起拉薩府的住民，這裡的人甚至更髒。拉薩府居民不時會洗澡淨身，這邊的人在我為期一年的逗留中只洗過兩次澡，而且也不是徹底清洗全身，充其量只是洗洗臉、擦擦脖子，所以身體看起來總是油光黑亮。其實有些人好好洗洗也會變得很白，可是如果徹底淨身，讓一張臉變得漂漂亮亮的，就會被譏笑為不正經的女人。我在這裡領教了藏人的衛生習慣，如果我沒能習慣這些，後來也沒法在西藏生活。

他們一隻手擤完鼻涕，會用同一隻手擦碗然後把茶倒進碗裡。你如果覺得噁心而不喝，對方會感到非常不高興，因此只好勉強喝下。實際上還有比這更教人說不出口、看到了更加受不了的嚴重情況。有時實在髒得教人忍不住，只好偷偷把茶杯或碗拿去洗了再使用。

我在這裡每天早上固定去找格西上三個鐘頭的課；這三堂課教的東西並不容易，所以先得花時間預習，上完課又加以複習。此外下午也有三個鐘頭比較輕鬆愉快的修辭學（文法）或作文課，間或彼此做一些討論。

西藏修辭學裡充滿了與佛教相關的事物，如果是運用佛陀一般的教法也就罷了，西藏卻使用一種不可思議的卑猥方式來闡釋教理，充斥在修辭學中。談到男女之間的肉體關係，卻比擬為佛和陀羅尼（真言咒語），或說是金剛杵與蓮花；把肉體關係中產生的體液比擬為蓮花之露滴等。他們認為從汙穢不潔的行為中可以產生清靜無垢的悟境。我想這種修辭學恐怕來自古代印度，如今仍遺留在西藏文化中。我很注重修辭學的研究，可是像這樣的說明方式老是讓我和格西意見不合，還常發展為激烈的論辯。據說這種兩性交合的教法始創於蓮華生大士（Padma Sambhava），他是一位喝酒吃肉又娶了八個太太的出家人。藏人視他為清靜僧並尊奉他為救世主[3]。

我認為這是大魔王為了毀壞佛法而降生於世所造的教法。格西說蓮華生是佛的化身[4]，而我老是跟他意見相左。這一帶的居民篤信蓮華生所傳佛法，可以說都是舊教的信徒，沒有一個遵奉新教派。格西本來是接受格魯派教養的一名清靜無垢的僧侶，在色拉寺的最高教育機構裡學行並重凡二十年而獲頒格西名號，這是無可懷疑的，可惜為了一個女人而犯戒，無法回到蒙古去，即使留在拉薩面子上也不太好看，所以才流落到這座山村來；村民說他和幾個不潔的婦人有染，不過他確實是個博學的人。

【注釋】

1 臨濟三乘十二分教：三乘（梵文tri-yāna）指引導眾生悟道的三種教法：聲聞乘、緣覺乘、菩薩乘。聲聞乘以學習四諦義理，緣覺乘以觀十二因緣，菩薩乘以修六波羅密分別悟道。十二分教又稱為十二部經（梵文dvādasāṅga-dharma-pravacana），指佛陀所說教法依內容、形式分為十二大類，分別是：修多羅（sūtra，經）、祇夜（geya，重頌）、記別（vyākaraṇa，分別解說）、伽陀（gāthā，偈頌）、優陀那（udāna，讚嘆）、如是語（ityuktaka，或「本事」〔itivuttaka〕）、本生（jataka）、方廣（vaipulya）、未曾有法（adbhutadharma）、尼陀那（nidāna，因緣）、阿婆陀那（avadāna，譬喻）、優婆提舍（upadeśa，論議）。

2 念佛講：聚眾念佛的活動。觀音講：亦為集合信眾讚頌觀音德行的活動。

3 河口慧海對西藏風俗文化以及藏傳佛教的部分教義和傳統有些止於表面的理解，即使到現在也還有很多人對之帶著褊狹的看法及不必要的偏見；讀者應該可以從藏傳佛教得道高僧的開示或講義中得到比較持平而正確的認知。

4 藏文作tulkus，常被譯為「活佛」，但容易滋生誤解；「轉世者」為比較允當的說法。

12・山地村落中的修行（續）

一如上述，在修辭學上我和慧幢格西屢有爭議，有時格西一氣之下拒絕上課，說：「你根本是個外道，是前來破壞西藏佛法的惡魔！不管你付我多少錢，我也不想教導這樣一個惡魔。」然後停課兩、三天時間。我也不理他，結果蒙古人的個性是脾氣來得快去得也快，很快就忘了生氣的事，他總是先開口對我說：「哎呀，上次的事說起來您所講的也有幾分道理在；想想我的見解好像是錯的吶。不是要上課嗎？」

我就順水推舟說「那就有勞您了」。然後又重新上起課來。

有些時候上課的內容是無著菩薩的論部[1]。格西說著說著就斬釘截鐵地告訴我：「沒有比無著菩薩所說更上乘的佛法了。」我就回他說：「哪裡是這樣，無著菩薩固然了不起，但仍舊比不上龍樹菩薩的中道論啊。」[2]然後將我主張的理由講解給他聽，他聽了就說：「你這明明是在侮辱藏傳佛教，因為無著菩薩在西藏是非常尊貴的；當然龍樹菩薩也同樣尊貴，可是說無著菩薩的佛法層次較低簡直在侮辱藏傳佛教嘛。我要修理你這個惡魔！」說著右手拿起夾經帙用的木板，左手抓著我胸部的衣服，往我頭上打過來。

這時我大笑失聲。他看到我的反應愣了一下就把夾經板條稍稍放下，但仍緊緊抓著我的衣服。我就跟他說：「滿口無著佛法，心裡卻還有那麼多執著，不是很矛盾嗎？」格西像被這句話重重捶了一下，抓著我的手也鬆開了，只在那邊咬牙切齒，有好一陣子臉色非常難看。我覺得這是蒙古人普遍都有的毛病，住在蒙古地方的人大多是這個樣子。雖然不能一概而論，但我所遇到的蒙古人多半易怒，教我很傷腦筋。這也讓我充分理解到發怒這件事實在是很糟的行為，以致日後養成忍辱的工夫。

我們就這樣每天上六個鐘點的課，而預習時間更長達七個小時，甚至多到八或九小時，因此每天的讀書時間總在十二到十五小時。其他時間我吃一餐飯、喝茶，然後出外散步。

禮拜天完完全全休息，就往山中散步去。那段時間我不間斷地爬山鍛鍊，這種一個禮拜一次的大運動，是為日後翻越杳無人跡的雪山做準備，如果不加以鍛鍊，我將來一定無法背負重物登上空氣稀薄的高山。也因為這個緣故，我還特意背著石頭登山做練習。我感到肺活量越來越強大，身體也越來越健壯。不過對這裡的大部分居民而言，他們所認為的無上至樂還是搞男女關係、吃肉及喝酒；除此之外很少看他們遊山玩水，或是去做什麼比較有趣的事，頂多就是去聽聽僧寶說法，但這又不是每天晚上都會有的。

夏季大家都忙，肉慾上的事就少些，等夏天過去空閒時間一多，許多村民聚在一起談的無非很猥瑣的男女情事，有時想想簡直跟動物沒有兩樣。許多人心裡所想的全是吃飯睡覺的事，而衣服無論怎麼髒依舊照穿而不在意。大概每年才換一次新衣服，因此沾著厚厚一層犛牛油黑得發亮。在這裡，衣服要是能穿上兩年都不洗，還會被人稱讚了不起。

讓身體髒成那個樣子，但他們對吃飯睡覺可是很重視。許多人熱中於男追女、女追男的遊戲，而且從老人一直到少年少女都一樣，可以說淫風鼎盛。我很少跟這樣的人往來，所以一開始並不清楚這種現象。當村民知道我禮拜天休息之後，不時有人會來找我看病。還有一些人認為所謂喇嘛一定能預卜未來，所以也有不少人來問我關於未來的種種，他們想知道未來的命運，或者問我什麼事應該怎麼做等等。不管我如何拒絕，只要我不說，他們就不死心一次又一次來訪，浪費了我不少時間，這樣也不是辦法，於是我就跟他們說些不著邊際的話，他們才滿意地回去。我總是說得語焉不詳，看他們的樣子卻好像都聽得懂，真不知道他們在想什麼。

雖然只是應付應付他們，可是我在那邊進修期間，卻老是成為他們的話題。他們會說，那個喇嘛除了讀書，就盡是思考，要不就說我即使上山去也在打坐；總之就是認為我跟一般人很不一樣。又因為曾經拿藥治好村民的病，更加讓他們嘖嘖稱奇。在沒有什麼新鮮事的村落裡，我變成了主要的話題，而且我和格西之間的關係也很能夠讓他們馳騁想像，因為當我和格西激辯到最後格西向我丟擲東西時，我大笑的聲音驚動了四鄰。即使沒有動手動腳，我們爭論的聲音還是很大，附近的村民想，格西和中國喇嘛今天又吵架了，於是憂心忡忡地在外頭偷聽，最後聽到我們的笑聲知道沒事才放心走開。

由於村民看到這種事常常發生，也常常被驚動的緣故，發展出來的傳言也就特別有趣。他們說格西並不是在做佛法上的爭論。他們說是因為最近這個中國喇嘛把食物布施給了哪裡哪裡的窮人，卻沒有給格西，兩人才會爭吵起來；又說前些日子咱們把一升小麥拿去供養他們，喇嘛卻把小麥分給了乞丐，惹得格西大怒才會發生那些事等等；總之都是些無稽之談。本來我也不知道這些流言蜚語，等我在那裡住久了，房東的女兒常常為我送茶來，或者不時做些村人心目中最珍視的甜點蕎麥麵包請我吃，每一次她帶來那些東西，就會一一向我透露「上一次您和格西大吵一架，大家都說是因為您拿錢給某某乞丐惹腦了格西的緣故呢」之類的話。

我這才瞭解世間一些有趣的真相。我們除了自己所想的事情之外，是很難去揣想別人的內心世界的，這其實是很有意思的事。我只能說在這個世界上想要以純粹的好意來與人交往是非常難的，如果沒有利害關係或情感基礎的話，人際間好像很難處理得圓滿。我住在查藍村時所發生的種種事情令我深有所感，我平常不管對什麼人都是盡可能地親切，可是這樣的親切卻招致誤解，從而產生許多我作夢也沒有想到的流言蜚語。不過這些事實在不足為外人道也。

【注釋】

1 無著菩薩的論部：無著（Asa ga）與彌勒、世親並稱唯識派三大論師，為世親之兄。乃西元第四世紀北印度鍵馱羅國（今巴基斯坦白夏瓦地方〔Peshawar〕）出身，建立了唯識思想的教理基礎，著有《攝大乘論》、《大乘阿毘達摩論》、《顯揚聖教論》等。

2 龍樹（Nāgārjuna）菩薩：生卒年約西元一五〇至二五〇年左右，南印度人，由婆羅門轉向佛教，並移居北印度，修習當時的部派佛教與初期大乘，通曉諸經典，經過嚴格修行和透澈思索後，著《中論》、《大智度論》、《十住毗婆沙論》、《六十頌如理論》、《寶行王正論》等，為初期大乘的偉大論師，尤其確立了「空」的思想，其後大乘佛教完全在他的思想下發展；晚年回到南印度故里後辭世。密教將Nāgārjuna譯為龍猛，作為七世紀活躍的密教始祖之一，但此人並非龍樹。

13・北方雪山夏秋兩季素描

我在查藍村總共待了一年的時間，因此對四時風景的變化印象非常深刻。這一帶和西藏內地一樣，一年中可以說只有夏冬兩種季節。實際上也是這樣，這邊土生土長的居民裡不知道有春天或秋天的人很多。這座村子夏日風景絕美，住民自己也非常自得。麥田在四周環繞的雪峰之間放出鮮綠色光，其中有著粉紅色光澤的蕎麥花蕊開得最盛，成群的蝴蝶在花與花之間穿梭，翩翩飛舞於空中；自居華藏世界音樂家的雲雀發出悅耳的歌聲。一些身分較低的女性以美妙的聲音愉快地唱和，她們的歌聲彷彿樂器，而雲雀清亮的啼叫如歌，到最後哪個是哪個的聲音已經分不清了；中間還穿插著杜鵑「噶咕—噶咕—」的天然妙音，有如宇宙神祕深邃的真相本身。

麥田西邊數里遠之外，都是白雪皚皚的峰巒；夕照披上西方峰頂時，羅列在查藍村東面的雪山則因夕陽的反照而閃著珊瑚色華彩。當夕照緩緩攀上山顛，而珊瑚色會漸漸變淡轉為黃金色，但時間極短，不旋踵又化為銀白。此時整片天幕有如擦拭過一般萬里無雲，恍惚之間幽邃蒼茫彷彿兜卒天[1]上銀光殿的高聳雪峰後方，像是千萬顆珍珠匯聚而成的明月靜靜浮現了。月光映照喜馬拉雅積雪群山的光景，教人肅然無言。

冬日的月夜一如上述，若是大雪下個不停，不只染白四方的雪峰，也會把村落所在的平野覆蓋上一尺又一尺的新雪；再加上暴風肆虐的話，就成為嚇人的雪暴，還會引來山上的雪崩。那種雪的波濤和著暴風強襲平野地帶所發出的巨響，彷彿同時有幾千頭叢林獸王猛獅奮迅狂奔之勢。要是那種時刻有旅人走在山野中，很可能就會被雪暴捲走，墜入千仞斷崖，葬身幽谷深處。

暴風雪過後，有些田地被翻掘成滿布砂礫的荒地，平野也到處是如山的雪堆，盡失原貌，教人瞠目結舌。在暴風雪肆虐的時刻，我也曾試著出去瞧瞧它狂暴的模樣，但聞風聲咆哮，雪塊不斷撲向臉上，身體凍得手腳都麻木了，眼睛也幾乎睜不開來，到最後還是無法身歷其境。等到暴風雪止息，天上還是不斷飄著不知是帶著雪的雲或只是追隨暴風雪而去的雲，雲的下方則有極細的雪煙翻飛。在彤雲和雪煙的間隙偶爾露出臉來的朦朧月影，帶著淺鼠色，其詭異淒絕更是喜馬拉雅山區所特有，總是教人看得驚異不置。我在這樣的山地村落中住了大約一年時間，所見所聞都讓我感到非常充實而愉快，這是不管每天怎麼努力讀書都無法從書本裡學到的東西。

這裡的空氣固然稀薄卻非常清靜，此外每天都能吃到一頓極富營養的主食糌粑。動物性食物只有犛牛奶所製成的奶油〔酥油〕，而蕎麥的嫩芽和酸奶調製成的食品則既好吃又有益健康。陽曆八月左右盛放的蕎麥花美麗異常，那個時期我通常鎮日閉關佛堂讀經直到傍晚時分，當疲憊感陣陣襲來，空氣中漂浮著的濃郁香味總是讓我精神一振；剛開始不知道是什麼，待打開窗戶一看，從雪山吹下來的和風靜靜翻動著蕎麥田，盛開的花朵湧動如浪，才知道香氣所從來之處。

查藍村的居民共有兩百五十人，其中出家人就有一百十四、五名，女尼占五十名左右，男僧則有六十多位，他們全屬於舊教派，所以並不忌酒肉。女性出家人不用說是不能有男性伴侶，但五十位女尼中沒有男人的卻只有一位；而沒有碰過女人的男性僧侶也只有兩位，就

查藍村的夏季景色

是寺廟的住持和他的弟子，其餘都有染汙。這其中，尼僧和男僧同居的、在家女子與和尚同居的、尼僧和男性在家眾同居的都有，只要不生子，別人也不會說話。若是生了小孩則算是違背了戒法，犯戒的人就必須舉行懺悔式。

他們的懺悔式也很特別：先備齊大量的酒，然後邀請這一百十四、五位出家男女眾在大經堂的佛像前面排排坐定，每人手上拿著一只碗，旁邊有人負責不斷斟酒。一開始大家齊聲誦經充滿殊勝感，等到酒精開始發酵，誦經的喃喃聲變成陣陣囈語的嗡嗡聲，囈語又變為各式不潔的對話。這樣的景況真是讓我無言以對，第一次看到的時候幾乎昏倒；很難想像這就是釋尊弟子的集會。至於身為當事者的那對男女，如果是尼僧犯戒，兩人必須另外向寺廟各繳納五元罰金。若是和尚犯戒，則兩人的罰金變為一人十元；因為這被當作是發生在同胞兄弟姊妹間的犯行。

罰金以外，酒、肉、奶茶等供養費大概還要花至少二十五到三十元左右。氣派點則要四、五十元，基本上這樣做被視為很有面子的事，因為大家會讚美這是誠心懺悔的表現。如來以酒為不善之物，在家人尚且戒之，縱使這裡是查藍，僻處一隅，但視戒律為無物，在佛前飲酒、口出汙言穢語，未免太奇怪了些。當我目睹這樣的景象時，想到遙遠東方日本佛教社會多數僧侶諸君與查藍村的出家人又有多大差別呢，不禁悲從中來[2]。

【注釋】

1 兜卒天：梵文作Tusita，音寫又作「兜率天」、「睹史多」等，意譯為「知足」、「妙足」等，屬「三界」

（欲界、色界、無色界）中「欲界」之第四天，乃未來佛降臨這個世界之前度過其最後一生的地方，釋迦牟尼即從此處乘白象入摩耶夫人胎內；現為彌勒菩薩居處。《彌勒上生經》中以兜率天為彌勒淨土，詳細描繪其富麗莊嚴。

2 指日本佛教在院家傳統之下，出家人帶妻修行、喝酒、抽菸、吃葷、寺廟住持父子世襲等現象。

14．再度規畫入藏路徑

明治三十三年（一九〇〇）元旦，我一如往例，為了聊表祝意，在元日之前好幾天就開始蒐購這裡土產的一些美味材料，陸續調理許多此地居民罕見的油炸食品等菜式。元旦當天，我遙祝天皇、皇后兩陛下和皇太子殿下健康長壽。想到在山海萬里的阻隔中，我尚能夠在喜馬拉雅深山中為明治天皇陛下政躬康泰而祈福，實在是件愉快的事，也教人百感交集。祝賀式結束後，我將那些食品一一散發給村人，他們吃得津津有味，好像有生以來嘗到最好吃的東西那樣。我來到這座村莊才八個月，但村民把我當作出生於這裡的人看待，親切又帶著敬意。當然我帶來的藥品他們吃了很有效也是原因之一，這些藥品有不少是我的好友廣岡修造醫師給我的，其他也有很多是在加爾各答獲贈的，讓我得以充分施予需要的人。

也就是這樣那樣的原因，我被視作一個不可或缺的人物，不少人甚至不時透過格西跟我說，希望我在村子裡長住下來。慧幢格西和一般有學問的人不一樣，他精通人情世故，而且是很容易接受世俗價值觀的人。他左想右想，覺得要保證將我留住的最好方法無非幫我找個老婆，於是三番兩次勸說我娶房東的妹妹。但是我深信釋尊的教誨，若不能堅守這個教誨，我的生命將了無意義；我一再謝絕他的好意。格西幾乎用盡各種辦法，引誘我喝酒、在菜湯中摻肉片等等，所幸佛陀的光明加被於我，讓我得以免受誘惑。要是我和雪山中的土著一樣染汙了的話，現在大概已經變成喜馬拉雅山谷間的黑面禿驢了也說不定。

由於和村民之間彼此變得很熟稔，對於在沒有正式通道的山區要打聽可能的入藏路徑倒是很方便；只是單單就這件事特別提出來問人未免啟人疑竇。每個人都知道我帶著神奇的藥物，我的皮膚很白，而且喜歡優雅美麗的事物，因此對於我是不是歐洲來的人他們私底下議論紛紛，這時要是到處問人家怎麼進入西藏將是多麼危險的事，所以我必須設法很技巧地提問才行。

當他們來找我的時候，我會若無其事地說道：「去西藏一帶做生意，若走的是必須繳稅或賄賂官員才能通行的路實在太不划算。到底有沒有正路以外的其他走法呢？」

這時他們會告訴我：「以前是沒有繳稅之類的事，後來不時有外國人想進入藏區，才會在每一條可能的通路上設置五名兵士把守；想要走那些路的話，兵士們會囉哩囉唆，對行李貨物也會要求繳納通關費或什麼的，因此要是帶著比較貴重的東西，比方說綠松石或是西洋的精美用品前往羌塘高原一帶，大家都會走小路前往。」

「那是什麼樣的路呢？」我問。

他們會再詳細說來：「說不上是路，就是朝西邊的山谷一直走，越過雪山再往下走就會有一條河流。從那條河的某地點渡河，然後往某某山的方向走去的話，一路上都不會遇上什麼人。」

我把他們說的話一一記下來，等到有其他人來的時候，再拿這個話題問問他們的意見，於是他們會告訴我哪裡哪裡比較危險，或是提醒我注意雪豹，不小心可是會被吃掉等等。

路徑的研究雖然頗有進展，但是突然要從這個村子離開然後往沒有路可走的山地走去，這也是萬萬行不得的。我住在查藍也好一陣子了，若是要走，他們會非常關心我接下來要走去哪裡。要是知道我將毫無理由地向無人的山區走去，村民一定會好奇地追問到底。因此我暗中計畫，必須先往回走一段路，以避免村人心生疑慮，然後再偷偷走向沒有西藏士兵把守的小路；大致上是先橫越叨拉吉里峰[1]的北坡，經多耳波州（Thorpo / Dolpo），然後在沒有路徑的深山中走個三天左右，就可以抵達只有牧民往來其間的羌塘高原阿里地區。有人還告訴我，到了有牧民蹤跡的地方，再前進個一天到一天半的路程，就可以抵達格龍仁波切駐錫之地。

幾經考慮，我覺得這是最理想的一條路徑，從此鎖定這個方向做準備。接下來就是等待，必須等到陽曆六月才有可能通過積雪的高山地帶。六、七、八三個月都可以通行，一旦進入九月又是雪季，氣溫急遽降低。當然夏季的三個月不見得就不會下雪，但即使下雪也不至於凍死人，一路上危險性算是比較低的。

查藍村南邊的土窟澤村附近有一個叫馬爾巴（Malba / Marpha）的地方，那裡的村長名叫阿達姆．納林，他不但往來於查藍和阿里地區經商，而且在阿里放牧了四、五十頭犛牛，平常由長工在那邊住在帳篷裡看管。他自己也不時到那邊巡視，而且走的都是有士兵把守的路，不管什麼時候他都可以自由往來通行。有一次他又要出去巡視，途中來到查藍，住在一個我幫助過的人家裡。他請我過去為他講解佛理，他聽了後法喜充滿，就跟我說：「我從西藏請來了一部《大藏經》，供在佛堂裡，但是到目前為止誰也沒翻閱過；能不能請您光臨寒舍，幫我做一次誦經供養呢？」他誠摯地邀請我，我於是答應他不久後會到馬爾巴去。

【注釋】

1 叨拉吉里峰：指Dhavalagiri，或作Dhaulagiri，居尼泊爾境內的喜馬拉雅山脈，標高八一六七公尺，世界第六高峰。

15・生意人的流言

我和馬爾巴村村長阿達姆・納林相約於明治三十二年(一八九九)十月，不過隨後他說他因為生意的關係要到印度方面旅行，所以這件事僅止於口頭約定。再說點稍早的事。我為了怎麼處理那匹在尼泊爾購買的白馬有些傷腦筋，後來我知道查藍寺廟的住持念達克非常中意這匹馬；他是個不管什麼場合都要喝許多酒的人，為了讓他少說兩句，我決定將馬送給他。當我告訴他，要是他有什麼經書之類要送我的話我會樂於接受，他於是很高興地將深藍色底紙上印著金泥字樣的經文四帙、薩迦班智達[1]所製藏文佛教辭典，以及其他兩、三種書籍送給了我。這些物品如果換算成金錢少說也值六百盧比。他所贈送的經典、書籍成了我在查藍居住期間最喜愛的讀物。

明治三十三年三月十日，也就是藏曆二月十一日，我告別查藍出發了[2]。我在查藍的時候，有十五個人因為聽我的勸而完全戒了酒；另外這裡的村民也流行嚼菸草葉，吞食它的汁液，我以宗教上的觀點跟他們婉言相勸，結果也有三十個人左右中止了這個習慣。這些都是來讓我看病而且拿到藥吃的人，我跟他們約定以禁菸、禁酒來代替醫藥費。我在查藍共住了一年時間，整個村子沒有一個我不認識的人。臨走時許多熱情的村人送給我蕎麥、麵包、奶油、乾酪和杏脯等讓我路上食用，其中還有四、五個人送給我哈達和現金。

那天下午三點左右，兩匹馬馱著經卷和其他行李什物，我自己也騎著另一匹馬，由一位村民帶路，走到了村子頭，那裡有百餘名村人列隊禮拜，以接受我的按手禮[3]。等我一一行按手禮並跟他們話別完畢時，已經接近下午五點，時間上有些晚了，不過我仍計畫要到下個村子才過夜。我在一年前初抵村子時同樣一座門樓下停下腳步，回首前塵，心中默禱「願查藍村這些親切護持我的人們都能一心皈依佛道，離苦得樂」，然後作別。

我順著來時路往回走，在基密村住了一宿；次日則在歌利恆河河岸的楚古村歇腳。在那邊仍然有許多人渴望聽聞佛法，於是我也隨順開示；到了第二天早上我出發的時候，有二十個人過來請我行按手禮。我的師父慧幢格西在我從查藍啟程前不久去了別的地方，不意卻在楚古村中相逢；我懇切地向他告別，當天傍晚抵達了馬爾巴村阿達姆・納林村長的家。阿達姆・納林因為生意外出，他的父親索南・諾布將我迎到非常漂亮的佛堂中。佛堂中安置有藏文的《大藏經》和其他論部經典，同時也恭奉許多佛陀立像。房子隔為兩間，從前面那間的窗戶外望是一片桃子園。

這一帶地勢比查藍低了很多，因此農作一年可有兩穫；先是麥的收成，然後是蕎麥。田地另一邊約半公里開外，就是歌利恆河，河對岸的山岡遍生低矮的松樹。松林後方，就像別處一樣，是高聳的雪山。這實在是一片清靜無比的天地。主人但願我能長居於此為他們誦讀《大藏經》供養祈福，但我心裡清楚我只是在這裡等待可以攀越雪峰的時節來臨。我每天讀誦藏文的經典，或是抄錄一些要點；如今能夠自由閱讀藏文的佛經原典和論部著作，完全是慧幢格西每天六個小時、一年間毫不間斷教導我的結果，我深深感謝他。

我在查藍的時候，曾經託一位住土窟澤村並常往來印度、加爾各答經商的人幫我帶信給薩拉特居士；其中還包括要轉遞日本的函件。那位先生把信件送到薩拉特居士手上，當我在馬爾巴村住了半個月的時候，他又將薩拉特居士的回信帶來給我。回信中還夾帶了一冊摩訶菩提學會的雜誌。我在雜誌中讀到一篇譯自日本報紙的報導，才知道大谷派的能海寬氏曾經抵達西藏的邊境[4]，可惜最後還是被關哨的官員所遣返。那是與能海寬氏同行的寺本婉雅氏所寫的實況通信。薩拉特居士因此特別寫了一段話提醒我，說要進入西藏就是如此不容易，也許我已經想好了各種可能成功的方法，不過他還是希望我不要勉強行事而弄得命喪異域。

那位幫我轉信的商人同時也傳播了不少流言：他說我一定是英國的高級官員。他會這麼猜測，是因為我請他送信的對象薩拉特・強卓・達司居士乃英國政府的官員，每個月領取三百六十盧比的薪水，這在孟加拉人裡是很少見的高薪；會送信給這樣一個人無論如何令人感到奇怪。他說我這個喇嘛雖然自稱中國人，真實身分卻是英國人，從英國政府那裡支取高額薪水，從事地理調查工作；我這次是要進入西藏進行勘查，明顯的證據就是薩拉特居士也讓他帶了英文的出版品，證明我懂得英文。他說最好不要再讓我住在這個村子裡。

如果這些話僅止於八卦也就罷了，他卻原原本本告訴了接待我的主人。這時阿達姆・納林正好也回到村子裡來，聽了這些流言後臉色一變，對我說：「有人在傳播不利於您的話；要是人家所言屬實的話，我們也會遭受到連坐處罰。您看怎麼辦呢？」

由於阿達姆・納林是一位非常正直的人，所以我說道：「如果我對你所說的話，你能發誓三年內絕對不向別人透露，那我就把我的祕密告訴你。如果你沒辦法立誓，人家所說的那些事你就當作流言聽聽算了。反正尼泊爾政府早晚也會派人來，我們就等著吧。」

阿達姆・納林聽了立刻說：「好，我同意發誓。請您將那部佛經放在我的頭上。」於是他依照我所說發了誓。他經常往來印度做生意，稍通英文，我就把日本外務省發給我的護照拿出來給他看。

【注釋】

1 薩迦班智達（Sakya Pandit）：一一八二—一二五一年，著名西藏佛教學者，精通三藏，名聲遍傳印度、蒙古，一二四四年應邀赴蒙古傳教，獲元朝廷寵信，間接保護了西藏不受蒙古侵擾；他一直沒有回到西藏，逝於涼州。主要著作有《善說寶藏》（即《薩迦格言》）、《極明能解論典》、《三部律學》等。與他一起前往蒙古的侄子八思巴（Phags pa, 1235-1280）後成為忽必烈汗國師。

2 作者在本書第一三八章整理全部入藏行程時，提到離開查藍是四月六日，應以此日期為是。

3 按手禮：由修行成就者以手按信眾頭頂加持祝福的藏傳佛教儀禮。

4 大谷光瑞（1876-1948）為日本淨土真宗京都西本願寺派第二十二代門主，曾多次組織探險隊從事中亞地區勘查活動，其探險紀錄輯為《西域考古圖譜》、《新西域記》等書；能海寬、寺本婉雅即其隊中成員，後來更派遣或支助青木文教（1886-1956）、多田等觀（1890-1967）入藏修習藏傳佛教。

16・雪峰高處的險坡

我把護照拿給他看，跟他說：「這是日本政府發給我的護照。日本是一個篤信佛教的國家，我是他們之中一位佛教僧侶。我來到這片廣漠的山區是為了佛教修行的目的，接下來還要往西藏去，絕對沒有什麼見不得人的祕密。如果你想把這些話報告給你的政府，你就說去吧。要是需要將我綁起來送走我也無話可說。但是如果你認為佛法是尊貴的，而喇嘛也應該加以充分保護，那就請你不要將我今後的行蹤透露給別人知道。」

阿達姆・納林本來就是位篤信佛法的人，對我也一直深信不疑——尤其我還帶著護照。他說：「我絕對不會向別人洩漏您的祕密；既然您要去西藏就去吧。不過您想怎麼走法呢？」

我答道：「接下來我要先到多耳波州，然後稍稍往回走，拜訪位於叨拉吉里峰深處仙人所居的國度康不丹（Khambuthang）世外桃源；我想找個嚮導帶我去看看。之後是不是直接前去西藏也還不知道。總之盡量不要造成大家的困擾，一到七月左右我會馬上離開這裡的。」

聽我這樣說，主人也就變得很放心了。不過想想住在人家家裡還是會給人惹麻煩，我於是搬到村中的寺廟去，誦經度日。同時我也陸續備齊了一路上所需的衣物、食品、飲料等，行李總重約三十五公斤。六月十二日，行李由嚮導攜帶，經書自己背，我離開了馬爾巴村。此後將真正面臨如何入藏的難點，不過前面二十天左右我就讓嚮導帶著我在山路上迂迴前進；然後再走三天就會抵達沒有路的所在。從那裡要是走直線的話，十天左右就可以走到阿里地方。不過我想先到那一帶的佛跡朝聖，也想好好看看高山風景，然後再走上一條最有把握的路徑，因此我將行程預定為二十三天。

以天為蓋草為枕
雲水空山我獨行

不過今後的旅程可不像這兩句詩那樣浪漫，反而比較像是之前的狀況；未來應該是「以天為蓋雪為枕」，在積雪的巉岩間躑躅前進。

走出村子後朝西北方向沿歌利恆河往上走約四公里路，開始下起雨來，於是我就在一間小屋歇腳過夜。第二天早上七點出發，在岩石突兀崢嶸的窄徑上攀爬前進，走了八公里路來到一處有著狹長桃樹林的山谷。我在谷中吃了點東西，然後繼續走上陡峭的山坡，才走了不到十公里，就因為坡度陡急，加上空氣稀薄，身體覺得非常疲倦，呼吸也變得困難起來，實在走不動了，下午三點勉強走到丹喀爾村（Dankar / Dangarjong）就停下來夜宿。不知道是因為空氣稀薄的關係或是其他原因，整個人異常倦怠，所以第二天又多逗留了一天，到十五日才繼續前進。

現在則是朝北方爬上陡峭的山岩，約八公里路之後橫越一處結冰的山谷，然後又是更加陡急的山坡；往北爬了六公里才遇到一個比較寬闊的地帶。一路上都是高度傾斜的山徑，令人感到非常疲憊，到了上午十一點鐘就必須停下來休息，可是那邊沒有水，只有岩石縫隙間長著小草的地方有一點積雪。飢不擇食，渴不擇水，把草一拔就嚼起它的根部，味道非常酸；但我還是邊嚼小草，拌和蕎麥麵包吃將起來。

稍作休息後，即又朝北方往上爬，約四公里許折向西邊，就是恐怖的牟伽羅斷崖，一邊是千仞峭壁，一邊是深不見底的山谷；這段山路的險峻真是筆墨難以形容。路的左面羅列著有如劍齒般的雪峰，而我們必須在沒有路的情況下找出路來，像猿猴跳躍於樹枝間那樣在岩石與岩石之間移動；習慣於走山路的行李挑伕雖然背著重物，卻還是靈巧而快速地前進，而且看到我走得那麼慢還有餘裕回頭指點我。我自己則是拿著根木杖幫忙支撐身體，免得因為失去平衡或因為路上結冰而腳下一滑跌落深谷，那枝木杖的一端包著像鏢槍那樣削尖的鐵皮，其作用就像船伕的使槳，熟練以後，在岩塊上巧妙地點來點去，路也變得好走起來。有著厚厚積雪的地方其實並不難走，因為路面變得比較平坦，爬起來容易得多；沒積什麼雪的地方走起來就很危險。

一路在危險的山徑上走著，熾烈的陽光從雪地反射進眼裡，令眼睛非常疼痛；不僅如此，稀薄的空氣讓呼吸困難，胸膈被壓迫得好像快爆炸般，即使今天回想起來都還覺得很不舒服。嚮導兼挑伕跟我說：「在這樣陡急的山路上固然不能走得太快，但話說回來，如果走走停停，暴露在這種惡劣的空氣中太久，也會死人。」原來他並不知道是因為這裡的空氣較低矮處來得稀薄才會這樣。鼓起餘勇往上攀爬，爬得越高空氣中的含氧量越低，人的呼吸自然變得急促，氣管也因為用力呼吸而感到很不舒服，加上頭腦的半面好像著火那樣發著高熱，真有點生不如死的感覺。這一路都沒有水源，唯有靠吞吃積雪來潤喉。我好幾次幾乎都快不支昏倒，而風濕的宿疾更教我腳痛難忍，常常連一步都走不動。

17・進入西藏境內

有時因為不堪其苦，甚至想乾脆就在雪地上躺下來睡覺算了，不過嚮導一再提醒我，若是就地睡覺、在這種地方浪費太多時間的話，一定會有生命危險；他總是催促我上路。這一段路真是夠艱險的，可是比起日後攀越叨拉吉里峰卻又顯得容易多了。曾走到一個地方，由於嚴重雪崩，整個山腹上的積雪和岩石全部被刮走，只剩下裸露的沙質表土，教人看了心驚膽跳。這種地方很容易發生山崩，底下就是萬丈深淵，必須熟練地使用手杖以避免危險；我是越用越得心應手，不過仍遠遠比不上嚮導。嚮導走起來比猴子還靈活許多。

通過危險地帶來到較為平坦的岩山上時，不知道怎麼搞的整個人就是很想躺下來。見我站著不動，嚮導就激勵我說只要再往下走一段路就會有水了，可我無論如何就是跨不出下一步。於是嚮導幫我取了些水來，我喝了水，又服了點藥，感覺舒坦了不少；手上痛的地方則塗了些樟腦油製劑，然後稍事休息。這時天色已經向晚，昏暗中雪色映著星光，由於身體狀況好轉，於是就著那一點光在陡峻的岩坡上朝西北方向往下走，約莫六公里外，就是有著十戶左右人家的三達村（Sanda / Sangda）了。

這個村落一年中僅有三個月時間可以和其他村莊往來，其餘的九個月大雪封山，對外交通完全中斷。與外界往來的道路就是我們所走那條山徑。在這種窮山惡水中居然也住著人，令人頗覺不可思議。這一帶的雪山和巉巖的景觀可說是一絕，各種奇景之多也是無法一一縷述，我的身體狀況雖然很差，精神上卻湧生一種豪壯感，情緒頗為激動，也非常愉快，幾乎忘記了身體上的疼痛。不過第二天我確實有些舉步維艱，就在這裡多停留了兩天，到十八日才又上路。

這裡的居民吃的東西很特別，是有點像蕎麥卻遠比蕎麥來得粗糙的雜糧，他們叫「遢物」；這邊也只能長得出這種東西，而且一年才一穫。

從這裡再慢慢往西北方走去，才五公里遠又是一片山石崩落的陡坡；聽說去年有朝聖者因為遇上山崩而死在這裡。過了這片陡坡，迎面就是有如達摩禪坐般如如不動的雪山。從雪山前方走過，漸漸走下山谷，谷中岩壁間生長著樹齡古老的檜木，其形態之美令人難忘。沿著谷中一條不小的河流往西北方向攀登，走了四公里路，在上午十一點到達優美動人的榮光溪畔。

接著又走過許多猛獸往來的峰巒，以及稍有閃失就會成為深谷冤魂的山徑，由於有嚮導帶著走，倒是不虞迷路。那些走過的地方勉強可以說是路，卻常要手腳並用攀爬上下，實在很不好走。山谷裡不乏蔥蘢綠樹和好看的花草，包括無數藥草，還棲息著許多麝香鹿。那天晚上露宿在雪山環繞的山岩凹處，第二天也就是十九日同樣取西北方面前進，到達塔席拉（Tashila）山口，此處奇冷無比。

不只是冷，背上的行李越來越重又不能放下來，非常難受，不過景色卻好的很。雖然看了後會令人更加無力，但那些起伏蜿蜒、突兀天際的高大雪山互相輝映，具現了宇宙之真美，其中泰然安坐於東南方向的最高峰，正是叨拉吉里。聳立於眼前的高大雪山，彷彿盤踞虛空的毗盧遮那佛[1]，而圍繞在它四周的群峰，不異大佛四周的協侍菩薩。在身心俱疲中，仍教人為此莊嚴雄大的絕景而渾然忘我。這時嚮導又過來牽我的手，說：「在這裡待太久危險，還是趕快下去吧。」這一天往山的較低處走了約莫十六公里路，晚上還是睡在岩石之間，寒氣徹骨。

六月二十日又是一段可怕的攀登行程。這一帶分布了一種藏語稱為「納」的灰色斑紋鹿，多的地方常常兩、三百匹成群。漸漸往山的深處走去，也開始出現山犛牛，而遠處也可以望見雪豹和山狗「猖庫」之類猛獸的蹤跡。聽說這類猛獸偶爾也會現身，有些地方就散布著被牠們獵殺的動物骸骨。還有在雪地上也曾看過凍死的屍體，卻缺頭斷腳，因為有人死在路上，路過的人就會取走死者的頭蓋骨或其他部分的骨頭，將來可以用在法具上；常常被拿得只剩下肋骨。看到這種種景象，深感無常迅速，或許哪天我在某個不知名的所在也將成為一堆凌亂的白骨。一想及此，緬懷先逝者、哀憫後死者之心油然而生。

攀越這座山之後，二十三日來到查爾卡村。這裡的村民信仰的是西藏固有的苯教[2]。我在此逗留了兩天，然後到多耳波州各地的佛教聖跡參禮。無論走到哪裡，不只山中景致優美至極，而且常常能看到有如佛陀形象的天然岩石，珍奇的植物、動物也所在都有。有時在奇險之處刻意盤桓個一、兩日，以養我浩然之氣。這一段難於上青天的山路一直到七月一日才算走完，之後我就請嚮導回去了。期間已經消耗了許多食物，行李減輕了五公斤半多，只剩下不到三十公斤；今後就要靠自己來背了。

再往前走去，就是聳立西藏邊境上的高大雪峰了。我向我的嚮導兼挑伕說：「接下來我決定去一探位於叨拉吉里峰深處的桃源仙境，你就回去吧。」他說他希望能和我一起回去，而講到叨拉吉里峰，他面露非常驚愕的表情說：「那裡是去不得的，除了佛、菩薩，其他人是去不得的！或許您就是也說不定。但過去只有一個或兩個人曾經到過那裡啊。聽說那邊非常可怕，去者必死無疑。即使不是這樣，也會被把守在那桃源仙境外的猛獸吃掉。您還是不要去吧。」他殷殷力勸，我也耐心地跟他說前往那邊是我此行的目的，不達目的絕不回頭，他聽了流著淚與我辭別。

我在初一朔日之晨，看著他離去的背影直到消失不見，然後背起那三十公斤的行李，不是朝著世外桃源，而是往先前打聽到的北邊方向一路行去。此後的路程，其萬般艱辛之狀遠非語言文字所能形容；倒不是高山路況的險峻，崎嶇的岩石比以前少得多，走起來也比過去輕鬆，可是單身一人在積雪的重圍中踽踽獨行的滋味非常不好受。晚上常常露宿雪地，還好總有洞穴般的岩石凹處可以容身。我靠著指北針和人家告訴我的山岳形狀做為路徑的參考，一路向北面前進；終於和打聽來訊息分毫不差，在和挑伕作別之後，經過三天路程，翻越叨拉吉里北側的峰巒，來到位於西藏和尼泊爾國境上的隘道山口。

這是尼泊爾國土結束、西藏的國境展開的至高點，我最想做的事就是把肩上行李放下來。這裡到處是深可及膝的積雪，必須先找到一塊大石頭，把石頭上的雪推到一邊，才能卸下行李。我鬆了口氣，開始好整以暇地遠眺南方天際，就看到叨拉吉里銀白的雪峰聳立雲表；回頭再望向北方，西藏高原的群山有如波浪般羅列眼前，那兒將是我高山雪路中漫長苦旅的下一站。中間有幾條不知來所也不知去處的河流蜿蜒在山巒深處。儘管景色在雲霧繚繞之間若隱若現，但仍令人感到心曠神怡，我於是面朝南，遙對遠處釋迦牟尼如來成佛的菩提迦耶方向默念，追想昔日我也曾在彼處發誓願，一心入藏求法，如今總算平安來到了國境上；又想到當年辭鄉時，因為西藏之行的準備並不充分，於是估計至少得花三年時間才有可能進入西藏境內，沒想到出國至今正好和預計一樣已經過了三年。

明治三十年六月二十六日出發，明治三十三年七月四日抵達西藏邊境，對於預估的準確，我有些沾沾自喜。不過高興歸高興，身體卻異常疲憊，想要好好休息一下，可遍地厚厚積雪，根本沒有落腳處。

我從袋子中取出一把炒麥粉放入木碗裡，和著雪和酥油揉捏成糌粑，同時又在另一只木碗中放了辣椒和鹽稍加攪拌，然後拿糌粑沾著辣椒鹽吃將起來；那種美味，簡直連極樂世界的瓊漿玉液都無法比擬。

連吃了兩碗，這天就算是吃飽了。到目前為止都是日中一食；早上吃點杏脯或葡萄乾，中午吃兩碗糌粑算是正餐。碗頗大，吃完肚子鼓鼓的。糌粑的熱量非常高，大概寒冷地區所產的麥子營養含量特別豐富吧。我坐在雪地上一邊悠哉游哉地進食，一邊眺望四周風景，心情覺得無比愉快。寬廣天地間，前無古人後無來者，雖然接下來怎麼走毫無章法，但也只是想想並不擔心。

【注釋】

1 毗盧遮那：為梵文Vairocana的音寫，在《華嚴經》、《大日經》和《金剛頂經》及其他經典中被視為密教教主，有「光明遍照」之意，或譯為大日如來；《華嚴經》作盧舍那佛。

2 苯教：藏語發音為Bon po，起源中亞、流傳於古代西藏、結合了巫術的萬物有靈論信仰，祀奉喇神以招福攘災，並於死後祈求犧牲引導前往永遠的祖靈國度；教祖為先饒密波（gshen rab mi bo）。九世紀後因佛教興起而沒落，乃大量導入佛教化教義體系及教團組織，反之蓮華生大士、寧瑪派一系則大量採用苯教密儀咒法。苯教為了與佛教分別而使用逆時鐘方向的左繞禮（以別於藏傳佛教的右繞禮）、逆卍字符號等。今日的苯教與佛教已無甚差別。

第三部

赴聖湖瑪旁雍錯巡禮

18・雪中旅行

固然知道要往北方走，但要從哪一面下去才能到達目的地聖湖瑪旁雍錯真的不知道，唯一的辦法就是依靠指北針，決定先朝西北方向往下走去。從山頂判斷，這個走法應該比較理想，於是再度背起行李，手持木杖，踏上深雪緩緩前進。

到目前為止，所走的路多半在山的向陽面，由於曬得到太陽，積雪還不算太深，有些地方積了約五、六吋厚，有些甚至沒有積雪，或是雪已經融化，露出整片礫石的山野。但是現在開始走的路位在山陰，處處積雪盈尺，起腳一踏上去，馬上深深陷入雪中，估計至少有〇・四公尺厚，積雪即使沒那麼厚的地方少說也有〇・二公尺，腳一陷進去要拔出來就非常吃力，必須依賴手杖幫忙撐持，一步一步前行。厚厚積雪底下又有高低不平的石塊，有時腳一踏下去被夾在石縫裡，更教人進退失據。前進的速度異常緩慢，不過和往上攀爬不同的是，現在是下坡路，而且行李也少了五、六公斤，感覺輕鬆很多，只是當腳陷入石縫時還是很不好玩。

往下走了約四公里路後，積雪不見了，腳下是一片凹凸不整的礫石地；好不容易擺脫了厚雪，又陷入崎嶇的路面，情況實在好不到哪裡去。雖然腳上穿的是西藏靴子，可是在礫石地上走走也就破了。這靴子伴著我這麼長一段時日，到了這時候穿破了可說理所當然。靴子破裂，腳上的水泡跟著磨破流出血來，把石頭都染上紅色斑點，真是疼痛難當。如果踏的是渾圓石塊就罷了，最怕是有稜有角的石頭，有時又不得不踏上去，加上行李的重量，根本沒法輕輕地踏。有時眼看就要踏到一粒尖石，想閃躲，反而腳下一滑，又多一處傷口。靴子破了，腳底也傷痕累累。

走了八公里路來到融雪匯集而成的兩個池子，一座周長約八公里，另一座約有四公里，兩座水池並排在一起，一方一圓，水邊有幾隻美麗的野鴨。大大小小幾隻雜著茶色、紅色、白色羽毛帶些黑色斑點的鴨子在那邊自在戲水。這些池子是雪融化後的水集聚成的，所以特別清洌，透明度極高。看到如此優美的景致，我於是在岸邊上卸下行李，靜坐眺望，心境無比輕鬆，渾然忘了旅途的疲憊以及腰部和雙足的疼痛。不知道是否曾經有人來過這裡，突然想為池子取個名字，以慰孤獨旅程的寂寥，於是將長方形池取名「慧海」，圓形池則以我的別名「仁廣」命名，也算是遠道來到西藏境內的紀念。

不過這裡畢竟不是久待之地，何況時間尚早，於是沿著池岸走一段路，然後往西北方向下山。途中又遇到一座葫蘆形小池子，順便取名「瓢池」；池周看起來不滿兩公里。繼續往下走，視野中一直有一座雪山當前，那座雪山的西北面可以看到兩、三頂篷帳，很意外這樣一個地方也有人煙，應該是游牧民吧。

這時我突然有些七上八下起來。如果往有人跡的地方走去，他們看到我這個來自無路深山的外來客，一定會滿心疑惑，到時可能會影響我入藏的計畫；可如果要避開這些人，放眼一看到處是重巖疊嶂，根本不可能有路可通。那些在雪山腳上張著帳篷的地方，附近都是比較低矮的山丘，而且山勢也是往西北方向展開。有些地方似乎有小路的痕跡，初步打算往那邊走過去，但心意未決。這個時候我只有將行李放在一邊，好整以暇地坐下來，依照我自己的方法，以廓然無聖的清靜心試著進入「斷事觀三昧」[1]來尋求解答。

一般情形，我們只要依靠事物的道理加以窮究，很容易就可以得到好壞判斷；可是當遇到的是理論上無法加以推究，或者無從想像未來所將發生的事情時，就可以用「斷事觀三昧」來做個選擇。我一向依佛陀所教示的坐禪法門，先入無我之觀；在無我狀態中自然出現的意念很可能就是引導我們做決定的楔子。這個技巧無以名之，我姑且稱之為「斷事觀三昧」。總之依照這個辦法，在禪坐中趨入忘我之境，時間短長不計，終究會獲得解答。

【注釋】

1「三昧」：梵文作samādhi，漢譯為「定」或「等持」，指一心不亂的專注狀態，是開悟的先決條件。

19・入藏途中

我依照「斷事觀三昧」所得到的靈感看來，往深山方向走是不對的，往帳篷所在處走則是安全的選擇，於是扛起背包，慢慢走上既定的路徑。就一般的考慮而言，無論如何也要避開有人家的地方，可是沒有人家就表示沒有路，仍舊會陷入新的困境，所以不再躊躇，就「斷事觀三昧」的結果而採取行動。走到黃昏時分，已經極為接近帳篷了，突然跑出來五、六匹極為兇悍的猛犬對我狂吠。

生來即食肉與糞便長大的猛犬一張臉非常兇惡，體毛極長，其大小比最大的西洋犬還來得大，這樣的大狗五、六匹圍著我吠叫，感覺真不是滋味。不過有人教過我，不管遇到如何凶惡的犬隻，絕對不要打牠，只要把手杖的尖端對著牠的鼻子，牠是不會咬過來的。我照做了，結果也確實沒事。我朝帳篷方向打了幾聲招呼，不久一個老婦人走了出來，看到我的模樣就認定我是個朝聖者。

她一點沒有懷疑我的神色。我告訴她，我來自拉薩，想去岡仁波齊聖山巡禮，由於睡在外頭實在冷得難受，但願可以在帳篷中借住一宿；她一聽立刻請我進去，要我把行李也一起扛進裡面。她說這一帶應該不是在朝聖的路上，問我為什麼會走到這裡來，我就跟她說，我原來想去拜謁比丘尊者格龍仁波切，不意途中迷了路才走到這裡來的。她聽了馬上為我倒了一碗熱騰騰的酥油茶。酥油茶和日本茶不一樣，茶裡還放了奶油和鹽巴，風味很是特殊。喝的時候可不能像日本人那樣先捧到鼻子前面聞一聞，因為茶中透著一股奇怪的腥味，一開始

朝游牧民帳篷方向行去

其實並不習慣，等多喝幾次就越喝越順口了。

喝了酥油茶，她又要請我食用糌粑，我因為持「非常食戒」過午不食的緣故謝絕了她的盛意，這使得她很是感動，她說很少行旅會堅持非常食戒，您真是不簡單吶；接著她告訴我，從這裡要到格龍仁波切那邊還有整整一日的路程。她說，格龍上人是羌塘地方（指阿里地區）著名的修行者——羌塘原意為「北方的土地」，在藏人口中則是指「西方的土地」——能夠去到他跟前定得佛法大利益，既然從都城不遠千里而來，那就無論如何也要去見他一面。她又說，她的兒子馬上就要回來，由於路上的河水冰冷異常，徒步涉水非常困難，明天會叫她兒子帶我騎著犛牛過河；她還要我鼓勵她的兒子一起去謁見格龍仁波切。

這對我而言真是大好消息，問題是我眼前還有迫在眉睫的問題待解決：靴子破了，根本無法再穿著走路。我問老太太有沒有辦法找到人修靴子，她一聽就說：「這可有點麻煩，您得多待個兩天才能修靴子。」我問她為什麼要花這麼長時間，她說因為要先將犛牛的硬皮放在水裡泡軟，否則根本沒法縫合，而泡牛皮得兩天時間。

老太太又說，她明天雖仍待在這裡，但後天就要往別的地方移動，她建議我可以明天出發去找格龍仁波切，待個兩、三天，靴子應該就可以修好了。她讓我明天先穿她兒子多出來的靴子，等自己的靴子修好了再還她兒子即可。她說的也有道理。當晚我就在老太太的帳篷住下，正要睡的時候她兒子回來了，於是彼此談了些話，聽他說格龍仁波切是一位具有神通力的上師，具有他心通，能了知別人的心事，很會看人，也常常透露即將發生的大事給大家。他舉了許多例子給我聽。若是上師真具有如此神通力，我當然會特別欣喜，可是西藏真真假假的轉世者（化身）很多，有些人住在洞窟裡像個隱者，心裡想的卻是撈錢，這樣的偽出家人比比皆是，會不會這位別人口中的大師也是這種人，我想了又想，一整個晚上幾乎沒有闔過眼。

天一亮那個做兒子的就興匆匆地依照母親吩咐把犛牛牽了過來。犛牛的身軀比日本常見的公牛大得多；未成年的犛牛則和雌成牛差不多大。身高不算太高，但毛很長，模樣令人印象深刻。尾巴的形狀和畫中所見的獅子尾巴一樣，渾圓粗大垂在身後。這就是《法華經》中所謂「如愛犛牛尾」的犛牛了，藏語叫「亞克」（gyak），由於西洋沒有這種動物，於是英文逕稱為「yak」。雌犛牛藏人呼作「驪」（bri）。一張臉雖然像牛，但眼光凌厲，有時朝著人猛瞪，還挺嚇人的。

我一直覺得犛牛是那種會拿牠銳利雙角頂撞人的可怕野獸，沒想到牠的個性分外溫馴，是對人類幫助很大的家畜，比日本牛還聽話；而犛牛對全西藏的貢獻更是數說不盡。接待我的這家子人的兒子準備了三匹犛牛，一匹打算用來馱供養格龍仁波切的乳酪和酥油，另兩匹則當作我們的坐騎。老太太親切地幫我們將茶葉、糌粑粉、乳酪和奶油打包，這在羌塘地方可說非常豐厚。

我們朝喇嘛上人可能隱居的岩窟一路尋尋覓覓而去，朝西北方向往上又往下各走了兩公里，然後轉向東方那座山岳。這時降下漫天冰雹，根本無法前進，趕忙將犛牛背上的行李卸下來，並在上面蓋點東西以免被冰雹打濕，一行在路邊休息了兩個小時，我一邊又向我的旅伴探聽入藏的路徑，收穫良多。冰雹止息後，我們再度騎上犛牛，立刻遇到一寬約五十米的河流，但騎在犛牛背上很順利就渡過了。類似的河川共有兩條，渡過之後再攀登十公里路，遠遠就見到了一座白色洞窟。我將它取名為白巖窟。老太太的兒子指著白巖窟說，那裡就是格龍仁波切所在之處。

我們一路往上攀爬，在白色洞窟之前還有一座岩窟，顏色黑中帶灰，裡面住著仁波切的弟子。我先被帶進這座岩窟。我的旅伴對岩窟主人說，因為途中遇到降冰雹，沒辦法早點到這裡，不知道還能否引見格龍仁波切；這時是下午三點左右。弟子說，今天已經太晚了，明天吧。於是旅伴就把供養仁波切的物品拿出來，請那名弟子幫忙轉呈仁波切；他說他明天要移轉營地，沒辦法在這裡待到明天。說完把行李卸下就走了，留下我在岩窟中住了一晚。

20・白巖窟中的尊者

這座岩窟的主人也是一名喇嘛，在窟中禪坐靜修；說他打坐好像他其他事都不做，事實並非如此。這窟裡日用品、佛具一應俱全，有煮東西的地方，也有睡覺的地方。我把老太太送我的乾犛牛皮拿去泡水，在窟裡逗留了兩、三天，聽他說了很多話。

「從這裡要去聖山岡仁波齊巡禮並不容易，先要走兩、三天路到一個有人煙的地方，再走兩、三天又會經過一處村落，但之後的十五、六天走的都是杳無人跡的地帶，您可知道怎麼走？」

「我是一點也不知道。」

「那您要怎麼去呢？何況您穿得不錯，行李又多，一定會有盜賊尾隨著您。」

「有盜賊之流給他們些東西就是了，可不知道路怎麼走我就一點辦法也沒有；能幫我找個嚮導嗎？」

「這一帶人煙稀少，恐怕沒辦法找到嚮導。您運氣不錯先前還有那位老太婆幫您許多忙，才能來到這裡，現在您一個人上路，可此去一路上不見人影，也不會有人接待您；在這樣一個無人地帶行動，難保不會有事啊。您不妨看看，方圓幾里內根本看不到帳篷的影子，所以當然也不會有嚮導。」

我又問他，是否曾經去過聖山岡仁波齊，他說去過兩、三次。問他從這裡有路沒有，他說要走有路的地方就必須繞道，若是走沒有人跡的地方，從這邊倒是有個走法，如果我非去不可，他願意告訴我。於是他詳細為我做了番說明。

當晚我在洞窟中打坐，這個和尚同樣也做著禪修的功課；十二點左右入睡。當我舒服地又睜開雙眼時，和尚已經起來在前面生火煮茶。我趕忙爬起身，之後照說應該先漱漱口刷刷牙，但我連漱口也沒有，揉揉眼睛就開始誦經。沒漱個口就誦經實在很難受，但這是藏人的習慣，如果我不這樣做，沒有人會相信我是從西藏拉薩過來的；人家一定馬上起疑，因為藏人絕對沒有起床就刷牙漱口的習慣。我誦經的時候，他為我送來一碗加了奶油和鹽巴的酥油茶，我只好在還沒刷牙漱口前就喝將起來。那時我多少已經習慣這樣了，倒不會覺得喝不下口，不過真的很不喜歡這種感覺，所以只要在沒人看到的地方我一定先清潔口腔再喝，但這裡不行，只能忍耐點。

然後一如平日，糌粑沾和辣椒和鹽一起吃；真是好吃。接著我們交換一些佛法修行的體驗直到十一點多。十二點之前是拜謁的時刻，我就和二十個左右也是要去參詣的人一起往遠方的岩窟走過去。那座岩窟的主人在這一帶地方非常崇高，不管到哪裡都會聽到「格龍—洛桑—恭波—喇—迦布思—丘！」的頌詞，意思是「歸依比丘賢解主」。這一帶居民每天晚上睡覺前，一定面朝那座岩窟的方向如此念誦並行五體投地之禮三遍；還不辭辛苦從數十里外帶著珍貴的供養品前去朝禮，可以想像那位上師地位之高。朝禮的人一般都是先來到岩窟所在的山下夜宿，隔天的十一點到一點之間上去參詣；其他時間他是不見人的。岩窟外有一段牆垣般的東西，非會面時間會緊閉。當時間一到，上師就會走出岩窟接見前來朝禮的信眾。

有些信眾以金錢供養喇嘛，但大多是以各式物品。他們至誠地供養，請喇嘛開示，授與摩尼法寶。喇嘛先口誦六字大明咒「唵摩尼唄咪吽」[1]，信眾也跟著念誦，然後每有教示，信徒即三行五體投地之禮，起來後躬身吐舌致敬，走到喇嘛座前垂首，喇嘛即以右手撫按信眾的頭頂；若信眾地位較為特殊，有時喇嘛會用兩隻手。要是對方與自己身分相當，或高於自己，則會趨前以自己的額頭輕觸對方的額頭，口中唱念「唵摩尼唄咪吽」。這就是所謂的按手禮。

按手禮共分四種：一為額頭禮，以額觸頭之禮；一為按雙手禮，還有按隻手禮，以及按法器禮。前三種一如上述應可以理解，第四種除了首府拉薩的達賴喇嘛和日喀則的班禪喇嘛外一般並不使用。像達賴和班禪這樣尊貴的喇嘛不能用手直接碰觸俗人的頭部，於是以類似拂塵的法器碰觸信眾頭頂，是為按法器禮。遠看好像在敲人的頭。這是高級喇嘛對俗人所行的應答之禮。

岩窟中的尊者年約七十，滿頭華髮，但講起話來聲音洪亮，令人印象深刻。他整個人形容之魁偉、筋骨之健碩，一點也不像成天打坐禪定的人應該有的模樣，教人望之儼然，可是他的言行並不像外表那樣咄咄逼人，反而對人慈眉善目，使人感到即之也溫，真是一個典型的修行成就者；一見面我就被他折服了。像這樣一個修行成就者竟然出自半野蠻狀態的西藏地方，令我有些錯愕。這樣的人也許真能像老太太的兒子告訴我的那樣，洞悉我的內心。一想及此，不禁大喜過望，自自然然整個人忽然滿溢喜悅和勇氣；待後來與他說話時，真的也可以娓娓而談。

我首先彎腰吐舌走到他面前，把頭伸向他以接受他的按手禮。他所行的是和他差不多同等身分的人之間的按手禮。接著他注視著我，問道：「您前來這裡致意我不敢當，請問您有何指教？」

我說：「我是個行腳僧，為了佛法修行的緣故到各處的聖地朝拜；我聽說了您尊貴的德行成就，所以來到這裡想向您請教有關佛法上的問題。」

格龍仁波切又問：「是嗎，您想知道什麼呢？」

「我想知道您用什麼方法濟渡眾生，也想請您指出法門微妙之處。」

「所有這一切您不都已經知道了嗎？諸佛法門皆備於您自身，並不需要來問我啊。」

這已經有點像日本禪宗行者之間的問答了，於是我也以禪宗行者之姿相向，說道：「固然，一切諸佛所教示的真理本就存在眾生心中，但往昔善財童子也曾遊走天下向五十三位善知識請益[2]。善財所經歷的苦正是我等佛教僧侶應該景仰學習的楷模。我雖不才，也想效法善財童子的事蹟，為了修行而遠離家門，才來到您的面前。」

「我濟渡眾生的方便法門只有一個，就是依循《大解脫經》的教法，此外無它。」

由於我尚未得見《大解脫經》，於是說道：「能否授我以此經呢？」

這位白巖窟的禪定者聽了立刻走進岩窟拿出一部經書給我。我接下經書後又問他：「此經的真面目又是什麼呢？」

他答道：「這是一部融三乘於一乘詳細加以解說的經文。」

我將經文拿回去拜讀，感覺是一部與《法華經》近似，或者說是一部擷取《法華經》部分經文而成的經典。接下來由於必須設法修補靴子，所以我還是繼續在老地方借宿了兩天，第三天我又前去拜謁尊者，就研讀《大解脫經》的心得和他進行討論。整個過程幾乎就是中國和日本等北傳系統的佛法和藏傳系統佛法之間的激烈論辯；即使如此尊者仍是非常愉悅。

【注釋】

1 唵摩尼唄咪吽（Oṃ maṇ i padme hūṃ）：摩尼（maṇi）梵文意為寶珠，也常用來比喻佛法之珍貴；padma意為蓮花。六字大明咒為蒙、藏佛教徒最常念誦的蓮花手觀音菩薩真言，可譯為「啊，蓮花上的摩尼寶珠，請賜福」。

2 善財童子（梵文原名為Sudhana śreṣṭhi-dāraka）乃《華嚴經・入法界品》中一心求道的童子／菩薩，出身福城長者之家，自初入胎起始家中即生種種珍寶而得名，後得文殊師利開喻，發心南行求法，歷觀音、彌勒等五十三位善知識，最後在普賢菩薩處聽聞大願法門，具足普賢行位，得正覺、自在力、轉法輪、方便力，證入法界。善財求法之旅所呈現的正是一位菩薩行者修道的種種階段。

21・山中的艱難

七月七日我再度請見禪定者，然後開始修理靴子。我從來沒有修過西藏靴子，不免有些笨手笨腳，一不小心手指就被針刺中。有時洞窟的主人看不過去，也會過來教我，不過大都是我自己完成的。終於靴子又完好如初，七月八日我背著三十七、八公斤的行李再度出發。當時尊者建議我最好多帶些青稞粉，因為前去有好一段路將買不到食糧；即使有帳篷的地方，人家也很難提供，所以行李再重，還是要帶著，否則很可能餓死在半路上。尊者給了我好多青稞粉、奶油及葡萄乾。就是多帶了這些食糧，行李才會變成將近四十公斤重。真是奇重無比啊，可也沒辦法。背著這麼重的行李往下走，腳很快就又累又痛，等抵達一條河川的岸邊時已是十一點鐘。我在那裡吃了些糌粑，又將靴子脫掉，綁腿也解下來，把褲腳高高捲起，然後去試探水深，以便從水淺的地方過河。

腳一入水才驚覺凜冽刺骨，感覺全身都快凍僵，趕忙後退回到岸上；這水實在冰凍得教人受不了。想渡過這條寬達一百六十米以上的冰冷河面，說不定會凍死在河裡，於是在岸邊邊發抖邊想辦法。我突然想起一件事來。我的行李中攜有堺地方岡村商店出品的丁香油，於是趕忙取出油瓶，把油塗在身上、腳上。還好陽光普照，將身子塗上油後加以摩擦，頓時覺得暖和了很多。

我想這樣應該可以慢慢渡河，於是再度入水；仍舊冷得不得了。剛開始因為冰冷而覺得刺痛，不久就變得毫無感覺，連腳有沒有踏在河床上都不知道。唯一的依靠就是手上的兩支木杖，撐著身體往對岸慢慢移動。水流頗急，最深處水可及腰。當我終於上岸時那種快活簡直像到了煩惱漏盡的彼岸。由於把凍僵的地方搽上油再加以摩擦很有用，我等弄濕的地方讓太陽曬乾了，就準備搽油，整個人卻感到幾乎無法動彈。我把行李卸在一旁，就地躺下，試著讓身體暖和起來；等到整個人力氣大致恢復的時候已經是午後兩點。我想最好還是再往前推進一些，朝著山裡人家告訴我的進路走一段距離，於是站起來，可兩腳沉重異常有如虛脫，無論如何都走不動。

我顯然是凍壞了，肌肉的反應變得非常遲鈍，根本無法前進。我又休息了一陣，然後撐著木杖想慢慢往山上走，結果兩隻腳還是僵硬不堪。行李又比過去重了許多，走得非常辛苦，每前進個兩、三百公尺就必須將行李小心卸下休息片刻，否則根本走不動。儘管身子冰冷，卻走得腋下出汗，更加感到難受。我在想如果這樣不好走，也許可以將行李分成兩包，然後將兩支木杖合為一支扁擔，如此把行李掛在扁擔兩側挑著走，或許行得通。行李分為兩份挑將起來，走了一兩百米左右，這次輪到肩膀劇痛。不管怎麼挑法，重量並沒有改變，一下肩挑，一下又整個扛在背上，勉強走了七、八百公尺上坡路，然後再往下走去。由於下坡教人感到輕鬆許多，即使痛苦也尚能忍受，走了約莫兩公里下坡路後，又來到一條河流的岸邊。時間是午後四點左右，這時真的一步也走不動了，只能在此度過一宿。時間尚早，我先去撿拾犛牛糞和一種叫羌的野驢的糞便；這是拿來生火用的。

把行李放好之後，我把藏袍下緣捲起成袋形，這樣就可以裝撿來的乾糞。我先搬來三粒中等大小的石塊稍稍分開放成一個三角形，再把收集來的乾糞在石頭上面堆起來，接著拿一塊最乾的糞餅用手捏成粉末撒在底下空出來的地方。又找來一片乾葉充當火種，以日本傳統燧石起火方式生起了火，然後用皮製送風器慢慢加大火勢。送風的大小其實滿難掌握的，我花了好長的時間才生好火。用乾透了的犛牛糞來生火不難，若是半濕半乾的則常常得花上大半天工夫。

其次還有一件事也頗傷腦筋。但犛牛和北海道牧場飼養的馬匹一樣，是採用野放而不是圈飼，犛牛糞也就到處都是。將火種在圍成壁形的犛牛糞堆上點燃後，就要去汲水。拿了西藏錫鍋走到水邊舀水回來，然後掛在火上煮沸。由於高海拔的地方大氣壓力較低，所以很快就沸騰了。水沸騰後，把茶塊放在手中揉碎放進去，煮茶的同時又加入天然蘇打（出產於西藏山中）；這一煮至少要兩個鐘頭，茶的顏色才會跑出來。要是沒煮透，依藏人所言，是有毒的。等茶煮好了，再加上酥油和鹽，這時最好能夠將它們用力和在一起，可由於我沒有工具，通常就是拿手指攪一攪就喝了。茶葉是來自中國的茶磚，鍋子裡的水要裝滿，大約有一升容量。除了喝茶，我是過午一概不吃別的東西。

用撿拾來的犛牛糞或野驢糞將水煮沸後，我繼續將火燒得更加熾熱，然後撒上沙土輕輕覆蓋，以保持餘溫。當然整夜燒著火是最好了，因為猛獸見到火光就不會過來。在雪地活動的花豹是很恐怖的動物，牠的英文名稱為「snow leopard」，拉丁文學名是「Panthera unica」，而西藏人則叫牠「夕客」。另外在雪地中出沒的大貓也會危害人畜，不過只要有火牠們就不敢過來，所以心裡是很想繼續燒火燒一整夜的，可是這樣同時也會招引來強盜的覬覦，他們大老遠看到火光，知道有人，就會過來碰運氣。

猛獸的凶殘固然可畏，但人類加害別人的手段卻更加恐怖，因為猛獸來到有人的地方聽到呼吸或鼾聲還會打退堂鼓。所以我為了防止強盜的危害只好把火堆蓋上沙土，這樣一直到

上：花豹；下：露宿高原

以下。

第二天天亮仍會是熱的，再冷的夜晚也不虞凍死。早上所有的水都結了冰，氣溫當然在零度

我就在那裡住了一晚，正好是陰曆六月十三日的夜晚，皎潔的明月高掛凜冽的天空，並且在河面映上金光。身邊沒有一個可以說話的友伴，時時還會傳來猛獸的嚎吼，只有眼前流水的潺湲聲和月光安慰我旅途的寂寥。雖然成片的禿山、岩窟說不上什麼景致，但是看到水面上的月光仍教人感到非常愉快，不禁想起故鄉的種種，還隨口連綴了一首短詩。睡覺的時候，即使身邊就是火堆，可是背部還是寒氣深重，腰間一帶凍得很難受，根本無法入睡。

既然如此，再苦我還是決定起身打坐。半睡半醒間天很快就亮了。我拿樹枝在火堆中撥弄，發覺火還沒有熄滅，於是又去打水。清晨的水面結了一層冰，必須先加以敲打才能汲水。之後我回到溫暖的火堆旁整理行李和散亂的衣裝；等水有些熱了，我就喝了一點，再吃些葡萄乾，肚子不覺得餓了，就背起行李出發。問題是我突然忘了人家告訴我從這裡沿著河流是要往上還是往下走。我依稀記得人家說是要往上，可往上卻是非常高聳的一座山，背著沉重的行李根本爬不上那麼高的地方；即使到了山上有一條好走的路，但背著這些行李不死也去掉半條命。想想還是沿著河川往下走，但這樣肯定不是正確的路，因為行行重行行就是看不到人家所說雕刻在岩石上的大佛像。應該往上卻往下，當然不會看到。

22・月下的坐禪

一直沿著河岸往下走去約八公里路後抵達一處非常寬廣的平野，長約二、三十公里，寬約十五公里，心裡頓覺安心不少，因為背著這麼重的行李跋涉於崎嶇無比的山路實在苦不堪言。我拿出指北針一看，如果要往西北方向繼續前進，就一定要渡河。可渡河真教人傷腦筋啊，河水冰凍凜冽如此……站在那裡正不知如何是好，卻看到一位出家人從對岸涉水而來。那是一位和我一樣的朝聖者，為了拜謁格龍仁波切從康區遠道而來的。我向他問路道：「我想去岡仁波齊聖山巡禮，請問接下來該怎麼走好呢？」他告訴我：「是嗎，那麼您一定得涉水過河才行。過了河再走個兩天左右，可以抵達有人居住的地方，到了那邊再請教別人就可以了。雖然從這裡看不到，但您只要再往前走一段路，就可以看到平野當中有人搭的帳篷；到了那裡您一定有地方住。」

我請這位出家人休息一下，因為有事想求助於他；我送給他一大包杏脯，反正我也背不動這麼多了。這個和尚臉上一片錯愕與驚喜，又有些不好意思的樣子。我說不用客氣，我有事相託，我問他，能否幫我將行李背到河對岸去，我的身體已經不行了，腳步蹣跚顛躓，再背負這麼重的行李渡河，說不定會被急流沖走，請他無論如何幫我這個忙。他說沒問題，爽快地答應了。他看起來是個身體非常健壯的和尚。做為康區出身的人，要是沒有強健的身體大概也沒辦法出門朝聖。他臉不紅氣不喘地背起我的行李，又拉著我的手慢慢渡過河去。我真是感激涕零……之後和尚走上我剛才所走的路，而我則再度背起行李朝可能有帳篷的地方走去。走了很久都不見帳篷的影子，而身體的疲勞卻越發激烈不堪，呼吸變得非常急促，不知道是不是心臟病將發作的跡象；我趕忙做了幾下深呼吸，卻不見舒緩。我想這樣下去不行，就把行李卸下。整個背部因為負重而有多處淤血和裂傷，教人疼痛難忍。而更教人難受的是胸腔非常不舒服，好像被緊緊綁著那樣，強烈地想嘔吐，就取出急救藥丸吞了下去。

說時遲那時快從嘴裡吐出一口血來。或許是因為在空氣稀薄的地方活動太久，畢竟我並沒有心臟方面的宿疾，實在不明白為什麼心臟會難受成這個樣子，想來想去只能說是空氣中氧氣不足的緣故。西藏人因為長期處於氧含量較低的地區，所以都有很強健的心肺功能，我們一般人有他們的一半就很不錯了。在高海拔地區，人的肺部會受到壓迫，或者是腫脹也說不定，總之胸膈一帶會感到痛苦異常，卻也無計可施。整個人的感覺就像生了場大病，如果勉強前進，大概還沒到帳篷所在處就得死了。當下決定先在原地休息一晚再說。我又做起野營的種種準備，等第二天再慢慢走過去。這一天約走了八公里下坡路，以及四公里平路，總共才推進了十二公里。雖然停下來休息，可是病情一點沒有好轉的跡象，不禁有些憂心忡忡，連去撿拾犛牛糞的勇氣都沒有了，就地躺下來，很快就不省人事。大概是前一晚凍得幾乎一刻也沒睡的緣故吧。

睡到一半臉上突然被什麼東西用力打了一下，睜開眼睛一看，原來正下著大粒的冰雹。現在不只是臉，全身上下都被打得嗶嗶剝剝響。我想還是起來比較好，等坐起身來，發覺整個身體各部分都像關節炎發作那樣疼痛難當，只好靜靜坐著思前想後。心臟的鼓動、肺部的壓迫都已經平息下來，這樣的話首先死是不至於了；背上的裂傷還是一樣痛，腳上的繭和水泡也痛。背著那麼重的東西爬上爬下，肌肉、關節、骨頭真是沒有一個地方不痛。

看起來非好好休息不可，於是想原地再多停留一宿。唯一的問題是，沒有辦法走路去撿拾犛牛糞；身體的疼痛已經到了極限的程度……縱使有力氣去撿，可因為下過冰雹的關係，冰雹被地面的溫度融化後，會將犛牛糞、野驢糞都弄濕，仍舊生不了火，想想還是放棄了。我取了一件羊毛製有如大件睡衣的氆氌[1]從頭上蓋住全身，又以羊的毛皮做的氆氌毯子鋪在地上，然後專心一意打起坐來。雖然想喝點茶，但沒有可以燒的東西也只好作罷。

我就這樣坐著，偶爾想想事情，天色很快就暗了下來，這是農曆六月十四的夜晚，月光皎然映照著廣漠原野，要是身體沒有這些疼痛的話，眼前實在是一幅無以倫比的高原夜景，令人衷心感到愉快，因為廣袤原野的彼方積雪皚皚的高山在月光下看起來，恍若仙人下凡；在如此一片風景前，人不但渾然忘記了痛苦，而且還會湧起陣陣喜悅。可惜身體各部的疼痛實在太強烈了，即使想專心打坐，還是會因為痛苦而心煩意亂，而且痛苦只會更加明顯。一開始只是什麼也不想，但過不了多久，疼痛壓過了理性，於是更加肆無忌憚起來。我只是一心想以打坐壓制痛覺，並試圖進入本覺妙境，後來卻慢慢感到一種自在和愉快，非常有趣。我想起了在五條橋上打坐的大燈國師[2]所作的詩，而自己也試作了一首。我想要是大燈和尚也在這裡的話，也許會發出會心一笑吧；或者是對我發出洪亮的叱吒聲，要不就是賞我三十棒喝。想著想著進入忘我之境，身上的疼痛也就消失得一乾二淨了。在如此愉快的感受下，也就不再為夜來的寒氣所苦，對漫漫長夜也不那麼在乎，整個晚上打坐直到破曉時分。

天亮後我吃了些葡萄乾，又整理了一下行李，漸漸覺得身體各處的疼痛明顯減輕。雖然仍舊感到非常疲勞，可是繼續上路是不會有什麼問題了，於是扛起行李向東北方向走去。由於身體狀況好轉許多，路程也就推進不少，整個早上走了約十六公里路。到了一條小河邊，我停下來吃些糌粑，再渡過小河，前面就是一座小山。越過小山遠望，可以看見一些白色和黑色的帳篷。

黑色帳篷是理所當然的，但為什麼也會有白色帳篷我就不知道了。通常帳篷的原料來自犛牛毛，原住民將剪下來的犛牛毛含在口中，再用手拉、搓、捻成絲狀，最後織成布；將這樣的布縫合即可當作帳篷的原料，所以帳篷多半是黑色的。犛牛毛固然也有白色的但不多，要將白色犛牛毛紡成絲、織成布再做成帳篷幾乎是沒有的。我看到白色帳篷覺得有些訝異並不是沒有道理。雖然想不通，但還是朝著有五、六頂帳篷的地方一路行去，只要能到達那裡，今晚就可以在那裡面借住一宿。我甚至想，如果可能的話，多待個兩、三天好好療養一下病弱的身體。於是鼓起餘勇往帳篷方向走了八公里路，最後的兩公里又變得非常痛苦，但目標在望，撐著也就走到了，迎接我的照例又是西藏高原特產的五、六匹凶惡咆哮的獒犬；我也照例拿手杖指著獒犬的鼻端，這時從最大一頂帳篷裡走出一位西藏地方罕見的美女，她對我望了望。

【注釋】

1 氆氌：藏語發音如 tuk-tuk，裡層為紅色羊毛，外層則像是帆布的織品，多層縫合而成的厚實禦寒物。

2 大燈國師：一二八二—一三三七年，法號宗峰妙超，本為天台宗行者，後在京都大應國師（法號南浦紹明，1235-1309）座下修禪，一三〇八年開悟而成為大應法嗣。大應示寂後，大燈並不住進大寺，反而退居紫野草庵中虔修多年，偶爾外出化緣，亦多半在京都五條橋上托缽。其德行獲花園、後醍醐兩天皇之賞識，後者並為大燈建了有「護國禪寺」地位的大德寺。

23・美人的真面目

美人打開帳篷出入口的小門，請我進去，又大聲呼叱了眾犬，沒想到那些叫得正凶猛的獒犬一聽主人的命令，臉色一轉馬上變得很乖順，搖搖尾巴就跑走了，那樣子看起來既滑稽又有趣。我臉上帶著笑，跟這位婦人表示希望能收容我一個夜晚，她說得先等她問問家裡的喇嘛再說，於是回頭走進帳篷，不一會兒又出來，說沒問題，請我進去，我就跟著進去了。我一走到裡面，立刻感覺像是走進了極樂世界的蓮花之中那樣舒適無比。當晚我們講了些話就各自睡了；第二天我為了身體的休養繼續借宿了一夜，接下來還是又打攪了一天。期間我向她打聽了各種路況，知道從這裡騎半天馬的里程可以去到一條叫羌曲（野馬河）的河邊。這是一條很大的河流，為雅魯藏布江上游之一。這條河有個渡口，可是如果渡河不得法的話，很容易被急流沖走；她說必須等待特定的時機。

我休養了兩天後，身體狀況已經恢復得差不多，次日應該可以重新出發，不過因為渡河的方便時機還在隔天十三日，於是又多待了一天。十二日晚上，住在那邊的四、五家牧民請我為他們說法。我所借宿的那一家所供養的喇嘛覺得我是一個有德的出家人，有必要聽我說說佛法，於是又去邀集了別人一起來聽法，結果來了三十個人，我向他們說了一整夜的法。我也引述了藏傳佛教的種種發人深省的典故讓他們更加容易明瞭，最後授他們以三皈五戒。開示結束後，他們供養了我不少物品，其中一名少女將她自己脖子上佩戴的綠松石項鍊布施於我。

項鍊上有七顆像珊瑚珠的綠松石，之外還有一顆寶石。我先是接受了，然後告訴她，這於我是無用之物，我完全瞭解並接受她虔敬的心意，不過項鍊還是要奉還。少女面有難色地說，除此之外沒有什麼可以供養的，於是將項鍊上那顆寶石取下，請我無論如何要接受；旁邊的人也一致請求我收下，我不再堅持。我到現在都還把這顆寶石留在身邊以為紀念。

第二天，白色帳篷的主人拿了許多葡萄乾、杏脯、棗乾過來我所住的帳篷這邊，和這家的家長交易。交易什麼呢，無非是羊毛和奶油。對方是來自拉達克[1]的商人，所使用的藏語腔調很奇特，我勉強能夠聽懂一些。這位拉達克男子看起來是個篤信佛法的人，熱切地向我問了許多有關佛教的事，我也盡可能詳細地向他說明佛法的不可思議。他聽了後法喜充滿，就邀請我去他的帳篷，說要以茶供養。我過去後，他不但拿出許多葡萄乾和貴重的物品送我，也以最好吃的食物宴請我。他明天就要渡過羌曲到對岸牧民聚居點做生意，我打算與他同行。

至於我所借宿那家的喇嘛，其實是一位新教派〔格魯派〕的僧侶，既不能娶妻，也不許飲酒，應該是非常清靜的一個人；他名叫阿爾珠・圖勒古（Alchu Tulku），意思是阿爾珠的化身（轉世）。可是不曉得什麼原因，他卻和這一帶說來可說極為出色的美女住在一起，兩人成了夫妻關係，他清靜僧侶的身分也就因此有所染汙。他是一位秉性慈悲而寬大的好人，擁有五、六十四犛牛和兩百匹山羊，雖然算不上是巨富，但在此地也很可觀了；而他的妻子看起來是一位能幹的美人，一家和樂融融地住在一起。就俗世的眼光看起來，他是財富及其他種種都不缺的人，可以過著安逸的生活；我也覺得他很有辦法。

可當我從拉達克商人住處回去的時候，耳中卻傳來非常刺耳的吵嚷聲。不知道發生了什麼事，走進帳篷一看，那位儀容端整有如菩薩的美女變成了頭上帶角的夜叉，滿臉通紅，對著喇嘛大聲呵斥。從她口中講出來的話簡直不堪入耳，一下指責喇嘛和哪個不知羞恥的女人有染，又拿許多東西去討好人家，或者說他送給親戚過多的東西而親戚卻從來沒有回報等等，接著罵喇嘛是個畜生、是條狗，那樣子已經接近瘋狂。喇嘛只是默不作聲任她罵個夠，直到看見我回來，才作勢要給她一巴掌，這下可不得了，女人賴坐在喇嘛前面，閉上眼睛，大聲嘶吼道：「你把我殺了啊！刀子就在旁邊，你殺啊！你不是人，你是夜叉，來，你殺了我把我吃掉算了！裝著一副出家人的德行都是騙人的，惡魔！」

那種憎恨至極的聲音與表情，我到今天想起來仍不寒而慄。那時我深深感到做為一個僧人卻又娶妻生子實在充滿辛酸與痛苦，人前看來似乎很和樂，實際上卻有這麼不堪的一面，教人瞠目結舌。我遇上這種場面，說什麼也不能視而不見，於是先試著勸慰那位婦人，讓她先冷靜下來，又叫她先行睡去；接著我又請這位阿爾珠轉世的喇嘛到帳篷外面，指著拉達克商人的住處，要他到那邊借宿。事件總算平息下來。這種事不僅發生在西藏僧侶身上，日本那些娶妻生子的和尚也蒙受著同樣的煎熬吧；想到這裡，不禁為那些結了婚的出家人一掬同情之淚。

【注釋】

1 拉達克（Ladakh）：位於印度喜馬偕爾邦（Himachal Pradesh）和西藏之間，都是海拔三、四千公尺以上的山區，現屬於爭議性很大、動亂不止的查謨與喀什米爾區（Jammu and Kashmir），居民有伊斯蘭教徒和佛教徒，後者為藏族一支，信奉藏傳佛教。拉達克以「小西藏」別稱聞名於世。

24・一妻多夫與一夫多妻

隔天，我騎上向喇嘛借來的馬，行李則由拉達克商人的騾子馱著，朝河流所在的地方走去。這時的方向幾乎直指北方。一路是起伏的高原地帶，到處是一堆堆未融的積雪，也可以看到地上冒出些青草。在這樣的路上走了二十二公里左右，即抵達羌曲河畔。從河岸上遠眺西北方向，可以看到約八十公里開外的地方橫亙著一座龐然雪山，這條河就是從那座雪山的山谷間流出來的。再往它的下游看去，羌曲一路流向東南方一座山的山腳下，不知所終；河面較寬的地方寬約三百多米，水流也平緩些，但河道較窄的地方只有五十米左右的寬度。那些河道狹窄的部分，兩岸都有突出的岩石對峙著。

我們在河畔歇腳並吃中飯。拉達克商人一行五、六個人，他們分別去撿拾柴薪，我是客人，盡坐在那邊讀經。接著我把阿爾珠喇嘛送我的米拿出來煮；那是產自尼泊爾地方的稻米，一升約值七十錢，我總共獲贈了五合（〇．九升），全部一次煮了，分給同行的大家吃。好久沒吃米飯了，味道真好。

渡河的時候，如果能直接騎馬涉水就好了，可惜河裡泥沙很厚，馬的腳很容易深陷進去，不小心還會危害到馬的生命安全，所以必須先將行李卸下，換人來把它扛過去。因此我們也都不能騎馬渡河，還是要將衣物脫掉慢慢走到對岸。由於有熟門熟路的人在前嚮導，所以我們走過最深的地方也不過是肚臍高度。河面寬約三百五、六十公尺，水中有許多從上游流下來尚未融化的冰塊，不停擦撞腳上或腰際，很容易受傷；水溫之低之冰冷那更不用說了。等上到對岸，每個人都在打哆嗦，有好一陣子連一步都走不動。

幸好我可以趁別人上下馬背貨物的空檔稍事休息，由於有陽光照射，身體也開始回暖，我一邊等一邊摩擦自己的身體，直到貨物與行李都放好了為止。我們一行人騎著馬，沿河邊往西北方前進，走了二十四公里路後來到一個名叫那魯耶的牧民聚居。那天是七月十四日。那魯耶位於羌曲北岸，有七、八頂帳篷，我們一直走到最大一頂，是一個叫卡爾瑪的老人家住的地方。這一帶全是佛教徒分布的地區，只要他們不起疑心，我總是能得到他們優渥的接待。其中像阿爾珠喇嘛還送了我一匹馬，可以想像他們的心意。

卡爾瑪一家有些奇怪，在西藏可以說相當罕見。一般說來，藏人家庭裡不管兄弟有三位還是五位，卻總共只娶一位妻子：老大結了婚，其他兄弟也和這位嫂嫂一起住，而且彼此都有夫婦關係。這就是所謂一妻多夫制。西藏是個普遍貧窮的地方，如果家裡每個兄弟都各娶一個妻子的話，財產將不敷分配，我想這是遠在佛教傳入西藏之前就形成的風俗。可是卡爾瑪卻有三個妻子，他自己年約五十，大老婆是個四十七、八歲的盲人，第二個老婆三十五、六歲，最小的老婆二十四、五歲；最小的老婆生了一個兒子。

這種現象在西藏是很少見的，雖然不能說絕無僅有。我後來也常見到姊妹兩人或三人共同招贅一個丈夫的例子，可是一個人擁有三個老婆真的再也沒見過。他們邀請我到家裡去誦經，由於我身體尚須調養，所以非常樂意，在那裡一住就是兩天。我又多買了一雙靴子，以備不時之需。十八日那天我買了一頭西藏山羊，讓牠馱約莫十公斤重的行李，我自己則背大約二十來公斤。

這樣一來輕鬆多了，我拿犛牛尾捻成的繩子套在山羊脖子上牽著，背起行李，告別這一家人，向岡仁波齊聖山出發。哪知才走了一、兩百公尺遠，山羊就想要掙脫，用力地和我拉拉扯扯。山羊孔武有力，怎麼都沒辦法讓牠往前走，我拚命要拉牠向前，牠就拚命往後退；就算從後面拿木杖打牠、推牠，牠也是動都不動。牠力大無窮，不要說我拉牠不動，反而我還被牠拖著往後退。跟牠鬥到最後我真是筋疲力竭，心臟跳動非常快，呼吸也變得很急促。

身體的狀況已經惡化，這樣和山羊惡鬥下去一定會出問題，想想還是先回頭，問問別人如何駕馭這頭羊再說，於是又返回卡爾瑪家。卡爾瑪聽了我的狀況，告訴我：「這頭羊還不習慣和人在一起，所以不會聽您使喚。我想只要再買一頭，讓牠有個朋友作伴，應該就會聽話了。我這裡有幾頭已經習慣了人類的好羊，您想買嗎？」我說：「當然，請讓一頭給我吧。」這樣的羊一頭值一圓二十五錢；如果是個頭較小的羊，則一頭只要七十錢左右就可以買到。就這樣我擁有了兩頭羊。我把行李各分十公斤左右給山羊去馱，剩下我自己背的也差不多是這個重量，感覺輕快許多了。我想這樣繼續前進一定沒有問題。當天午後三點左右，本地所屬的霍爾德修區酋長萬達克帶著自己的手下過來看我。

他和我臨時居停的主人談了些話，也和我談了些話，不時拿銳利的眼光打量我，好像對我有些懷疑。我想如果讓他哪壺不開提哪壺地先對我發問，事情就很難收拾了，於是設法先打開話匣子。我談起格龍仁波切的事，正好格龍仁波切是酋長極為信服的人，他問我是不是見過仁波切，我說見過，而且還談了這樣那樣的話，他不但賜給我貴重的紀念品，也鼓勵我繼續完成菩薩摩訶薩的修行等等。這樣一來酋長對我的疑惑頓時冰釋，態度也變得很客氣，更邀請我第二天去他府上誦經。「佛來佛斬，魔來魔斬」，平日的禪宗修行在面對千鈞一髮的危急情況時果然發揮了不可思議的作用。

翌日我騎上馬前往萬達克府上，行李則有人幫我搬運，約走了十二公里路就抵達目的地。這是到處積雪盈尺的深山所在，酋長的帳篷規模非同小可，畢竟是霍爾德修部落的統領，財產甚為可觀。酋長又請我多停留了一天，我除了誦經，也向他問路。他說隔天一開始的十公里路程會派一個人為我嚮導，行李則另外由馬匹來馱，走完這段路後就沒什麼難處了；只要在野地裡住一晚，次日一定能夠到達有牧民聚居的所在。我依他所言，第一天晚上在一座池子邊夜宿，然後再繼續往前走。

由於行李已經分由兩頭山羊來馱運，我背上只剩下十公斤左右的重量，走起來分外輕鬆愉快，一路上還可以想很多事情；在辛苦備嘗的時刻，根本沒有餘裕做比較有深度的思考。我很順利就抵達另一座池子邊四頂帳篷所在的地方，照例有猛犬的迎接儀式；這種場面日後也是一再重演，我就不再重複了。我在其中一家借了宿。從那裡再走一天的路程，就是雅魯藏布的源頭馬泉河，藏語叫拉姆窮康巴（Tamchok Khanbab）。這是西藏最大的一條河，渡河時一定要有人嚮導，行李也必須託人幫忙運過對岸，否則非常危險。我試著找尋適當的人，可是不管我出多少錢，就是找不到人願意跟我走；即使把許多貴重物品都拿出來當作報酬，也同樣沒有任何人自告奮勇。

25・渡過大河

附近有一位被疾病所苦的老太婆，她過來找我，說身體很不舒服，希望我為她投藥，也要我診斷她什麼時候會死。我看她的模樣確實病得很重，應該是肺病的樣子，不過也不是我能夠治得好的；由於我多少有些肺病方面的常識，於是逐一告訴她攝生養病的辦法。但是不給她些藥物她就是不會安心，也就給了她一些。她大喜過望，說能夠從一個尊貴的人身上得到這麼多照顧實在是邀天之幸，一定要好好回報我。她聽說我渡河需要協助，就說不如派兩個人和三匹馬來幫我，明天一路送我到河邊，並將行李運過去；她又說山羊是不可能馱行李過河的，千萬不要這麼做。我說我正在傷腦筋，現在恭敬不如從命，接受了她的好意。

一切都安排得很妥當，我得到三匹馬和兩個人的助力，馬鞍上不但綁著行李，還依照藏人慣例上面坐著人；我的行李全部由三匹馬來分擔，山羊則由騎在馬上的人牽著走。於是三匹馬和牽著的兩頭羊一起來到馬泉河的大河灣。我們在清早五點出發，十一點抵達河灣，共走了約二十八公里路。我們取了雅魯藏布清澈的河水來煮茶，也吃了糌粑果腹，再渡這條西藏第一河。

河底的泥沙層仍舊很厚，所以馬匹不能下水。河流有水的部分寬約一公里半，而這一面沒有水的河床還有四公里寬，對岸也有兩公里左右的乾河床。實在是一條名副其實的大河。我們先得通過乾河床才到岸邊；我們就是在岸邊吃的中飯。我也不忘全身抹上丁香油禦寒，但是怕同行的人不瞭解我在做什麼，所以裝作要去方便的樣子，躲到一座小山丘後塗抹；塗好後我們就準備涉水過河了。同行的兩人各分攤一半的行李，引導我的那個人手上還牽著兩頭羊。河寬有一公里半，但較淺的地方其實深不過膝，而且清澈見底；不過腳一踏上去就陷入泥沙中，所以真正走的時候，水可以一直淹到膝蓋以上；若是較深的地方，則會淹到腰部一帶。

安全涉渡彼岸後，同行那兩人把行李卸了下來。我依照西藏習俗贈兩位以哈達表示謝意。哈達是純白色的薄絲巾，通常是送人東西的時候在上面放一條這樣的絲巾，不過單獨贈送哈達以示謝意也是有的。他們臨別前跟我說，此去只要從西北方兩座山之間的隘口通過並一直向前走去，就可以發現聖湖瑪旁雍錯和聖山岡仁波齊在望。不過他們也提醒我，從現在起大概有十五、六天的時間都不會遇到什麼人，希望我多加小心；又建議我誦經以防被雪豹所噬。說完作別離去。

想到還有十五、六天無人高原的旅程，我趕忙背上行李，通過礫石滿布的兩公里乾河床，又走上長達四、五百公尺有如堤防隆起的河岸，才到達平野。說是平野其實四處都是山嶺。到了這邊，必須放羊吃草，我也累了，於是走到有草的地方，把行李卸下肩膀稍事休息。遠眺雅魯藏布上游方向，一面都是巨大高聳的雪峰，層層疊疊，毫無止境，有如無數白雪的達摩禪師在打坐。這裡的山從山頂到山腳都披著厚厚白雪，這種景象在大吉嶺或尼泊爾是看不到的。這正是從西藏高原地帶四處眺望時特有的景觀。由高處往低處流去的河，則有如地表一面巨大的旗幟，一再蜿蜒曲折之後，最後還是消失在遠方雲深不知處。

等羊吃過草後，我又背起行囊朝西北山區攀登前進；由於背上行李不再那麼沉重，走起路來既輕鬆又快速。這一帶不管山與山之間或是平野上都有許多小湖泊，大的周長可達一公里甚至兩、三公里，小的則才有一百公尺左右。這裡的地名我無從知道，我想應該是屬於公珠地區；不過我另外給它取了個「千池之原」的名字。這一天一直走到午後四點左右才在一座小湖泊邊停下腳歇息，卸下行李，把羊牽到有青草的地方，然後才去撿拾野驢的乾糞。

這裡看起來不像是牧民會來的地方，所以也沒有犛牛糞可撿，有的只是野驢糞。這一晚就是燒著野驢糞度過的。夜裡冷極，根本一刻未曾闔眼。翌日又朝西北方向走了近二十公里路，在另一座湖畔吃過中飯，之後眼前就是一座高聳的雪山。雪山一看就知道攀登不易，到底要繼續前進越過雪山，或是改採東路經過沒有積雪的山峰，我一時無法決定，就打坐進入斷事觀三昧。結果答案又是正確的。繼續往前走去，再也看不到什麼池子、湖泊了。

沒有池子、湖泊，也就沒有了水，我一定要走到有水的地方才能煮茶過夜，但一直走到下午四點，越過一座又一座山嶺，就是沒有看到水的蹤跡；走到晚上七點也是一樣。這一整天幾乎走了四十四公里路，羊也累了，再走不動了。我的喉嚨乾渴異常，可一點辦法都沒有；倒是有草，可以讓羊吃個飽。決定今晚就在這裡夜宿。我沒有燒火煮茶，躺下就睡。由於前一晚沒睡好，這一天又走了四十多公里路，雖然半夜的氣溫仍舊冷冽異常，不過我多少已經習慣，不知不覺就睡著了。

26・缺水和狂風沙之難

我在次晨五時醒來，山羊吃得飽飽的，就讓牠們馱起行李；我也背起我的一份。遠望滿布砂礫的野原，感覺前方似乎有水，不過要走到有河流的地方至少還有十二公里路，但想到馬上就可以有水喝，還是奮力催趕山羊前進。我從前一天開始喉嚨就沒有進過一滴水，實在非常難受，即使拿薄荷片含在嘴裡也沒有用，一定要趕快去到有水的地方。一路快步前進，走到那裡，卻大失所望。原來遠遠望去很像河流的地方，其實水已經完全乾涸，只留下有美麗白色石頭的河床；正是那白色河床教我誤認為水流。

突然想起一個典故：餓鬼渴望喝水，看到水就去喝，結果水立刻變成了火，卻無可奈何。我渴望水，水卻變成石頭，令人大失所望。但我能怎樣呢，左探右眺、上下求索，只看見從砂礫地上長出來的小草，不見一絲水的蹤影。我想往西北方向前進或許會出現水吧，一路踱過去，沙漠般的原野發出閃爍光點，以為是水，興奮地衝過去，一接近又消失無蹤；無非海市蜃樓罷了。

我這下真的變成渴求一口水而不可得的餓鬼了。腹中飢渴如焚，可無論怎麼走就是看不到水的蹤跡，整個人痛苦異常，感覺要是今晚還是喝不到水，大概就熬不到明天了。雖然好幾次拿出薄荷片來吃，卻越吃越覺口渴。我繼續走下去到十一點左右，發現前面不遠好像有一處低窪的濕地，想那裡應該會有水，於是踏著砂礫地加快腳步走過去，一看果然有水。那種狂喜的心情真是筆墨難以形容！我一定要好好喝個過癮，然後再燒水煮茶。

我迫不及待地放下行李，從懷裡拿出木碗來汲水，一碰到水，水色立刻轉成深紅。不知道是什麼緣故，也許這是在西藏高原上積聚、腐敗了數百年之久的水坑。舀起來一看，裡面有好多微細的生物浮游其間，這可不能直接喝下肚，尤其對出家人而言更不許如此。我有些進退失據，不喝的話我連站起來的力氣都沒有，可喝下去就違背了佛戒，而且首先就危害到自己的身體。不知如何是好，在那邊左思右想了一陣子，突然憶起，往昔釋迦牟尼如來建立戒法的時候，就是規定如果水中有生物，一定要先將生物濾掉才可以飲用。我趕忙拿出一塊濾布放在西藏錫鍋上，然後以木碗舀水過濾。我以為這樣就可以得到清水，一看還是紅的，不過已經不見微生物在裡面游來游去了。我舀了一碗，一飲而盡，哇，那種滋味簡直連極樂世界的甘露都比不上！

第一碗是為了緊急解渴，但可不能就這樣一碗一碗喝下去，應該將水煮沸了再泡茶來喝才是。我四處去收集了些野驢的乾糞，等生好火開始燒水時已經將近正午十二點鐘。為了遵守過午不食之戒，水才微微有些溫熱，我就拿來和著烤麥粉揉成糌粑，沾點辣椒和鹽巴吃將起來……真是天上美味！接下來又在砂礫地上走了四公里路，到了午後三點左右，野地上開始吹起強風，漫天滾滾塵沙，行李被蓋上一層沙子，眼睛也睜不開，一想睜開眼睛認路，馬上就有大量沙子湧進眼裡。無可如何，只好就地坐下等時機。

狂風沙有如驚濤駭浪般一波波襲來，那種駭人景象在日本的時候連作夢都不會想到，沙地好像被整片削起那樣排山倒海激射過來。風暴之前立在眼前的沙丘轉眼消失了，而原來平坦的地方卻又生出新的沙丘來。在那樣的境地中進退維谷，只有坐著在心中默念經文。風暴歷經一個鐘頭時間突然消失不見，待一切止息下來，我才又重新出發，在沙海中緩步前進，五點左右來到一處小草、荊棘叢生的水池邊。那種帶刺的植物看起來有點像日本茶園裡的茶樹，因為酷寒的關係，葉子並不是翠綠色的，而是深黑。這是不錯的夜宿地點，有水，又有枯樹枝，很方便生火燒水煮茶。一整夜都沒有風，很是暖和，可以安心睡個覺。

沒想到第二天又有新的難題。我牽著羊繼續攀登山徑，到了半山腰放眼一看，一條蜿蜒於山野的河流之間分布著許多小水潭。河水來自雪山，也將注入雅魯藏布；河名後來才知道叫且瑪・雲增給曲（Chema-yungdung-gi-chu，「卍字沙河」之意）。河水斷斷續續，一下成為水潭，水潭的水一流動又成為河，結果就形成有如卍字的模樣。沒想到這樣一條河差點奪走我的生命，這是從半山腰遠望時想都沒想到的事，唯一的念頭是「非得渡過那條河不可嗎」此外無他，因為河水太冰冷了，涉越那樣的河就跟渡越地獄的冰河一樣，雖然我並沒有下地獄過冰川的經驗，想來其艱辛難受也不過如此吧。明知其困難，可每次還是要為此煩惱。慢慢走到河畔，時間是早上九點，水面還有未化的冰，想想不是渡河的理想時機，因為冰會割傷身體。我還是先停下來等，煮了茶，吃了中飯，到十二點左右才起身搽抹丁香油。試了一下水深，還真有些深度。我想先趕羊入水，但是兩頭羊好像知道水很深的樣子，無論如何拒絕下水。

27・冰河中溺水

沒有其他辦法，我將行李放著，想先牽兩頭羊渡河再說。我未經深思熟慮，把袍子拉到胸部，一手執木杖一手牽羊就下水了，沒想到水一直淹到肩膀，袍子全濕了。羊懂得游水，所以把頭伸出水面，連扒帶划往前游去；當然我得用繩子將牠們繫著，否則難免被水沖走溺死。好不容易到了對岸，我凍得說不出話來，把羊固定在岩石上，趕忙摩擦全身取暖。那條河寬一百來米，我花了一個小時取暖。因為衣服袍子全泡了水，只好脫下來放在河邊，以石頭壓著晾乾，我裸著身子再度入水回到對岸，在那邊又取暖半個小時，再在身上塗油，然後將行李放在頭頂上過河。

同樣一段河面，由於頂著行李增加了重量，我不小心踩到一粒大石頭打了滑，身體一歪，頭上的行李倒向一邊，我只能用一隻手頂著，木杖也抓不太穩。我稍懂水性，想以一手扛行李，另一隻手持杖，以側泳姿勢渡河，卻怎麼都行不通。那時我想，如果要保命，就顧不得那些行李了；可是失去了行李，同時就失去了食物。如果未來還有十幾天時間要在無人之境長途跋涉，這樣一來肯定會餓死在路上。我為了讓腳底穩固，拿木杖插入河底，卻不牢靠，慢慢被急流沖走，載沉載浮，喝了好幾口水。手腕和身體變得反應遲緩，而一百米開外就是一處很大的水潭，看來是會被沖到那邊去了。

難道我就要這樣喪生於這條河裡嗎？不過比起餓死，溺死也許舒服些吧，這樣一想，心中就默許了一個臨終之願：「十方三世諸佛、本師釋迦牟尼佛：即使未能得遂我本來的願

險些溺斃冰河中

望，但為了護持我不遺餘力的父母、朋友、信眾之故，請讓我再度轉生人間，以報佛恩！」然後就接受必死的命運任河水漂流。漂流途中，突然覺得手杖前端好像碰到什麼東西，於是試著再度把木杖插入河底，這次竟然可以牢牢杵著。這樣一來力氣也有了，加把勁將身子撐起來一看，水深只到胸部而已。這下沒問題了，我試著判斷水勢，發現水正朝對岸方向流去，只要我順著流勢漂過去，再兩百多米的前方就是可以上岸之處。

雖然身體僵硬無力，但我還是盡可能將行李舉高，不過實在太重了，舉不上去。所幸行李包是皮製的，不會透水，因此就算泡在水裡也不至於變得太重。慢慢地人和行李都漂抵水淺處，可以順利上岸了，沒想到無論如何就是沒辦法將行李從水裡提上岸來。不過想到維持生命的食糧就在裡面，還是拚盡吃奶的力氣，用兩隻手將行李撈了上來。我筋疲力盡地垮坐在岸上休息，看看若無其事專心吃草的兩頭羊的位置，知道自己被冰冷的河水沖走了兩百多米。

手腳痲痹到毫無知覺，到底是怎樣才將行李弄上岸來還是無法想像。兩隻腳凍得無法彎曲，也站不起來，只能用力摩擦全身。手掌冰冷張不開，只好以拳頭摩擦胸膈附近，慢慢地手暖了起來，手指可以動了，就開始用手掌摩擦全身，前後約一個鐘頭，身體變暖了，手指也能自由活動了。可這時候身體卻開始發起抖來，而且抖動得非常劇烈，一發不可收拾，即使緊咬著牙齒也無濟於事，躺下來也照抖，好像瘧疾打擺子那樣……一抖抖了兩、三個鐘頭。五點過後陽光減弱，不過發抖也和緩了許多。我把行李分成兩份，先背起其中一份，往拴羊的地方走去。即使只是半數的行李，但還是不堪負荷；記得過去監獄中有扛石頭的刑罰，想起罪犯的辛苦，不禁淚流滿腮。行李分兩趟背到了羊吃草的地方；當晚連火都沒有，但打濕的衣物行李還是要晾乾。我披上禦寒的大袍度過漫長黑夜，然而禍不單行。

28・山中大雪之難

第二天是個大晴天，我把打濕的衣物和經書拿出來曬乾。如今我手邊仍保存著帶有水漬的《法華經》和三部經[1]以為紀念。每次看到這些紀念物，還是會對當時居然能化險為夷而感到不可思議。到了午後一點，我把行李重新裝好，繼續往西北方向前進，由於前一天的折騰，加上行李並未全乾，所以特別覺得沉重；何況有時還得分攤羊背上的東西，而渡河時被河底石塊割傷的腳這時也變得異常疼痛。

每走一步都很艱難，但我告訴自己，只要往前多踏一步，就更接近目的地一步。走了八公里路後，開始下起雪來，風也颳得很凶，我來到一座小水池邊準備宿營，但根本沒有時間可以去撿拾柴薪。緊跟著閃電和雷鳴之後，就是鋪天蓋地的一場暴風雪，衣物和行李好不容易乾了些，這下又全被打濕了。到了第二天，因為沒有乾燥的東西可以生火，所以沒有熱茶可喝，肚子餓得很，只能吃些葡萄乾解飢；一邊還要晾曬濕衣服，稍稍乾了就重新出發。我沒預料到的是，這是多災多難的一天。

西北方向有高山聳立，從這邊看來根本沒有路可走，可是我又有一個念頭，如果能夠攀越西北方的雪山，就一定能夠抵達聖山岡仁波齊，也就是凱拉斯山。日後我問人家，才知道眼前這座山是標高六千九百公尺的公珠坎里峰。往這座山走去，坡度越來越陡峭，攀高十六公里路左右，約午後五點鐘，又有另一場暴風雪襲來。我想如果還是往上爬的話，很可能死於低溫；往目的地推進是一回事，暫時還是向山腳撤退再說，於是改朝東北方走向海拔較低的地方。雪越下越大，天色也暗得很快。

不僅如此，坡度之陡也讓下山變得無比艱難。四面都沒有適合躲避風雪的岩洞，一定要往下走直到找著這樣的地方，可天地之間都是雪，什麼也看不到；日暮途窮，連個坐下來躲雪的地方都沒有。積雪已經盈尺，不奮力找個安全的地方不行，就驅趕兩頭山羊上路；一定是累壞了吧，牠們動也不動。這是想當然耳，牠們背著那麼沉重的行李，中午之前是吃了些草，但之後都是寸草不生的窮山惡水，根本無從進食。我知道牠們已經走不動，但不走又不行，可憐我還是得用力推牠們、打牠們，用盡各種辦法，牠們盡是坐著……不得已只好使勁拉著繫在牠們脖子上的繩索，拖著牠們在風雪中勉強走了幾步，牠們再度坐下。

我已無計可施，但這樣下去只會在風雪中昏睡，而昏睡就代表死亡。我的兩手都失去了知覺，牽著羊繩的那隻手更是抬不起來，整個人痛苦到了極點，可是不能就這樣停下來等死，我又使盡最後的力量和兩頭疲憊的山羊拉扯奮戰，走了五、六十公尺，牠們終於倒了下來。兩頭羊痛苦地喘著氣，我也只能做最壞的打算。要是知道哪裡有帳篷，也許我會放棄這兩頭羊一個人摸過去，但我所知道的是這一帶荒無人煙，十四、五天內都不會看見人影，怎麼走都沒用。也許只能跟兩頭羊一起喪命於此了。既然無法可想，就將行李從羊背上卸下，拿出禦寒的大袍蓋住牠們，我也從頭到腳包上一件厚厚的雨衣，擠在兩頭羊中間的雪地上開始打坐。

兩頭羊似乎也喜歡這樣，溫馴地緊靠著我趴臥，這樣一來彼此都暖和一些。兩頭山羊已經習慣和我在一起，就像我的孩子般依偎在我兩側，我看看牠們，牠們也發出咩咩的聲音如泣如訴，真是可愛復可憐，然而我沒辦法為牠們做什麼，這一帶寸草不生，根本餵不了牠們。我自己則一向過午不食，只拿出丁香油塗抹身體以增加體溫。

塗過油的身體一方面可以抵禦外界冷空氣的入侵，又能保持體溫不會向外發散；帶著丁香油就是為了身體的保暖，也真的有效。讓呼吸速度遲緩下來或許也能夠維持體溫，否則一進一出之間體溫就會逐漸溢出。本來還有些暖意，但過了半夜十二點之後，寒氣浸透了全身，整個人的感覺變得遲鈍起來，昏昏沉沉的，我想一個人臨終之際大概也就是這樣吧，生命一寸寸流失。

【注釋】

1 三部經：指從大量經典中擇取相同旨趣的三部而成一經，如法華三部是《無量義經》、《法華經》、《觀普賢經》；日本較常見的三部經還有《法華經》、《仁王般若經》、《金光明經》組成的護國三部經，《大日經》、《金剛頂經》、《蘇悉地經》是為大日三部經，《彌勒上生經》、《彌勒下生經》、《彌勒成佛經》是為彌勒三部經，《無量壽經》、《觀無量壽經》、《阿彌陀經》是為淨土三部經。

29・山中大雪之難（續）

在雪地中陷入昏沉是非常危險的，可是如今擔心也沒有用，大概死亡就在前方不遠了。為了佛法修行而來到這個地方，目的沒有達成卻被埋在高山積雪中辭世，這一切無非因緣。追求真理的過程在半路上倒地不起也是不得已。我對自己了無遺憾，但想到未能回報父母、親人、朋友及信眾之恩，還是有些放不下。最後的意識中仍希望有機會再一次來到這個世界報答他們，之後我就失去了知覺。如果有人想形容那時的情境，我只能說，徹底的不知不覺，一種昏迷狀態；說是死亡其實也很接近了。在死亡的寸前，突然被身旁什麼東西碰了一下，眼睛自動睜開了。

原來是那兩頭羊正要把身上的雪抖掉，同時也動到了我身上的雪。我雖然回復了知覺，整個人卻仍像在夢中，這種感覺很奇特。我看到羊想抖掉身上的雪，也試著抖抖看，可身體僵硬異常，根本動不了。我慢慢加以摩擦，又抬頭看看天上，才下過雪的天空又是令人驚心的彤雲密布，太陽偶爾露出臉來。等知覺恢復得差不多了，我拿出手錶來看，上面指的是午前十點半左右，這到底是第二天的十點半，或是第三天的十點半，中間隔了多久我毫無概念。我想吃點糌粑，但沒有熱水煮茶，只好拿身旁的雪和了和麥粉就吞下去，還吃了不少；我也讓羊吃麥粉。

這兩頭羊原來只吃草，後來慢慢也願意吃麥粉了；那天牠們一定是餓壞了，吃了很多。吃飽後，我又讓兩頭羊背起一些行李，我也背一些，在雪地裡一步一步往低處走去。這下子我是沒有任何勇氣再向更高的地方前進了。我們在山谷中休息了一會，我身體狀況很差，必須繼續往下走；走了八公里路後，來到一條河邊。抵達河岸之前，棉花般大雪又下將起來。我想今晚大概真是渡不過去了，這時大雪中突然傳來一陣美妙的啼叫聲。不知道是什麼，注意一看，原來積雪的河邊上有七、八隻鶴在那裡徐徐踱步。那種美妙的景象，真是艱困旅行中的安慰。

渡過一百多公尺寬的河，漸漸往低處前進，這是一片山谷地，並沒有太多高低起伏，前面更浮現了數十匹犛牛的身影。以前曾經將岩石看成犛牛，不過仔細一看，那些影子還會動，八成是犛牛不會錯了。到了那邊，就遇到了幾位牧牛人，跟他們談了些話，知道他們昨天才來到這裡，而不遠處有四頂帳篷，裡面住了人，可以到那邊借宿。這簡直跟在地獄遇到了佛沒兩樣，我順著他們指示的方向找到了帳篷；照樣又是凶猛的獒犬來迎。我向帳篷的主人請求收容一宿。

不知道什麼原因，無論我如何解釋，帳篷主人說什麼也不願讓我借住；或許是我那時形容有些可怖吧。我兩個月沒有理髮，鬍子也沒有刮，又長又亂已經夠嚇人了，加上長期挨餓，臉頰凹陷，顴骨特別突出，三分像人、七分像鬼，也難怪人家不敢讓我進去住。無可奈何的我一面和獒犬對峙一面又去找別的帳篷主人商量，結果還是被拒絕。到了第三家，我拚命解釋我是如何如何已經七、八天沒碰見過一個人，身體情況很糟，請對方一定要救助我，還雙手合十拜求；但我懇求得越熱烈，對方的臉色就越冰冷，看到那張臉我連話都快講不出來了。我說只要讓我睡帳篷的一個小小角落就好，如果睡在外頭我會被凍死，希望他能救我一條命。他不但不答應，而且還喝斥我說：「你想來我家偷東西嗎？」

聽他這樣一說，我再也說不出拜託的話，只好閉嘴走出帳篷，心頭一酸，幾乎快哭出來。雖然還有最後一頂帳篷，可是我已經沒有勇氣去求人家了，茫然站在雪地中，我那兩頭羊也像陷入悲傷般哀叫著。我不想這樣自艾自憐，還是鼓起勇氣走進第四頂帳篷，裡面的主人一看到我的模樣，竟然毫不考慮就請我進去。本來我以為這些牧民是一群非常無情的人，沒想到還能遇到這樣一個好心人，趕忙將羊背上的行李卸下拿到篷內，把羊繫好後，我就在那裡借宿了一晚。身體疲勞到極點，兩腳也因為靴子破爛而疼痛不堪，但能夠待在溫暖的火爐邊，實在是無上的享受。第二天為了稍作休養，又和主人商量多住了一宿。

我得空便拿起筆來寫為救度眾生離苦得樂而發的二十六誓願，就在一心不亂的書寫當中，渾然忘卻了腳上的疼痛和身體的疲憊；這真是醫治痛苦的仙方妙藥。因為我堅信我的誓願未來可讓眾生免於痛苦折磨，於是心生歡喜，也就忘記了自身的痛苦。

隔天清晨五點我再度出發，這次改朝北方前進，在積雪的原野上走了十六公里路，才走到雪已融化而且還能看到一點青草的地方。我選擇一座大水池的旁邊歇腳吃中飯，一邊眺望池子對岸，發現那是一大片沙原，到處都是沙丘，而且這片沙原比起先前在且瑪・雲增給曲（卍字沙河）那邊遇到的還大得多。我想到要是遇上沙暴還是有被掩埋之虞，必須趕快起身趕路；這也是經歷種種困頓體驗後自然湧起的反應，使得我勇氣倍增，驅趕著羊隻走上廣漠的沙原。

30・趨近有人的聚落

在沙原上走了十公里路，接著就是一片草原；草原上林立著各種奇形怪狀的岩石，還有一座非常醒目的大山。日後我向人問起這座大山的來歷，才知道是苯教神祇所居之處。苯教是佛教傳入西藏前藏民固有的宗教信仰，到了今天已經相當式微；它的教義近於印度某一支教派。佛教傳入後，苯教影響日衰，於是一些苯教僧侶採用類似佛教的組織體系建立了新苯教，因此之故，除了仍舊以犧牲祭拜、僧侶可以娶妻和飲酒之外，苯教的教理幾乎和佛教沒有兩樣。西藏傳統信仰中的諸神並沒有特定的建築物以為其居所，而是以住在岩山、雪峰、池和湖泊等地方為主。走過那座山後，看到兩匹野驢向我們走過來。

這種寒帶高地動物在藏語中稱為羌，英語直接沿用藏語而稱之為「kiang」，學名則叫「Equus hemionis」，其大小約與較大的日本馬相當，背部為紅色中間雜茶色，腹部白色；背脊深黑，尾部細長有鬣毛。除了尾巴之外，一切與一般的驢沒什麼兩樣。牠非常強壯，速度也很快，較少單獨行動，通常是兩匹或者五、六匹甚至數十匹成群出現。牠們的性情很奇怪，從半里路外迂迴前進來到數百公尺遠的地方，突然又轉身向著來處，再像狐狸般回過頭來看了看，接著有如受驚了般跑掉；才以為牠們跑掉了，牠們卻又帶著狐疑眼神慢慢走近，總是和人保持一定距離。

牠們這樣忽近忽遠，我看久了也就不以為意，繼續走我的路，可是兩頭羊卻被野驢的動作所驚，將繩索從我手中掙脫逃跑了。我趕忙去追羊，可越追羊跑得越快，在寬闊的草原上繞圈子，我根本追不上，而野驢在這種情況下跑得更起勁，兩頭羊也因此停不下來。我累得幾乎快倒下，可是又不能就此放棄，把手杖一丟，拚命追趕起來；當然還是抓不到。我倒地大喘，讓羊跑個痛快；羊若逃跑了，我的食物也跟著沒有了。我靜靜看著這個荒謬的場面，野驢和羊也停下腳步靜觀其變。想想是我不好，亂跑亂追，羊當然要逃。追瘋子的人自己也像個瘋子，實在太可笑了，於是先休息一下再說。

然後我趁兩頭羊不注意時，躡手躡腳地將羊繩抓到手裡。羊終於不再跑了，不過其中一頭羊所背的行李卻不曉得丟失在哪裡，那裡面可是有對我而言很重要的東西，於是牽著羊到處找，但剛才那頭羊到底跑了哪些地方我並不清楚，所以像大海撈針那樣，繞了好大一圈卻一無所獲。

那包行李裡到底裝了哪些重要的東西呢，比方說手錶、指北針，還有印度銀元四、五十盧比，以及吃飯的木碗、葡萄乾、準備做為禮物的西洋製小飾物等。後來轉念一想，這裡已經接近聖湖瑪旁雍錯，很快就會遇到別人，如果這些人看到我隨身攜帶西洋製品，一定會起疑心，我也可能因此惹禍上身，所以應該是佛陀為了讓我遠離災難才故意讓這些東西丟失的。既然丟掉的是這些西洋製品，就不用再忙著去找了，比較傷腦筋的是損失了不少印度銀元；不過這些錢原來也是準備做為不時之需，其實並不會帶來多麼大的影響，所以不去找也沒太大關係。我整理了羊身上的行李，然後再繼續朝西北山區方向走去。這一帶是山岳之間比較寬廣的谷地，走了十二公里路之後，前面出現一條明顯的路徑。

看到這條路一開始有些意外，但想想以前人家告訴我的話，我判斷這是由前藏前往瑪旁雍錯的幹道支線；如此一來很快就會遇見別人。我朝前方又走了些路，在一條大河的岸邊看到了一頂黑色帳篷；我前往商量借宿一晚，主人毫不考慮就答應了。他們是一群朝聖者，共有五人，其中有兩位女性、三位男性；男性彼此是兄弟，女性之一是老大的太太，另一位則是兄弟之一的女兒，這讓我安心不少。我聽說帶著女伴的朝聖者多半是凶殘的殺人者，知道他們之間的關係我就不太擔心了。

儘管如此，當聽說他們是來自盛產強盜的地方，也就是康區附近的扎木賈碩時，還是不免有一絲絲擔心。據說他們有個謠諺：

不殺人沒飯吃，不朝聖罪難消；
邊殺人邊朝聖，邊殺人邊朝聖，走吧，走吧！

流行唱這種謠諺的地方的人，即使是女性，殺人就像殺羊般不當一回事，因此還是不能不有所防備。不過既然已經進入虎口，再想逃走也很難了。被殺的話也不過是變成朝聖者刀上的鏽痕，我不再想太多，硬著頭皮住下了。

31．阿耨達池神話（一）

雖然決心成為朝聖者刀上的鏽痕，但也不想就這樣睡去，還是對他們談了許多與朝聖及寺廟有關的感人故事，盡可能晚睡。次日就是八月三日，五位朝聖者一行將繼續往目的地進發；我也和他們一起沿著大河向西北方走去。這條河源自東南方的雪山，最後注入瑪旁雍錯，河幅寬達兩百多米，而且很深。

走了六公里路後開始上山處，有一道澄淨的靈泉，叫「恆河源泉」；我喝了泉水，然後往北方的山上攀爬，途遇一巨大如山的白色大理石，大理石山底下的岩窟中又有一泓靈泉，名叫「見歡自然生泉」。一如其名，真是見者自然心生歡喜。

從大理石中湧出玉色的靈泉，看起來實在令人感到莫名的愉悅；這些靈泉都是印度恆河的最上游。西藏人也好，印度人也好，都稱道這是真正的神奇之水。走過靈泉之後，西北方向可以抵達河畔，我們從河流最寬處渡向對岸，然後就在河邊宿營；這一天總共只走了十四公里左右的行程。從河邊向西北方遠眺，彼方可見一座高聳的雪山，那就是藏語稱岡仁波齊，印度語稱凱拉斯的聖山了。她原名齊塞雪峰（Kang Tise），是世界有名的靈場聖境，也是喜馬拉雅山脈的精粹，完全是由天然的曼陀羅[1]所形成。

面對靈場方向，我首先行一百零八遍五體投地之禮以懺悔己身罪業，接著誦讀我所立的二十六大願以為誓。能夠在如此獨特的聖地正式立誓，真是一件莊嚴的事。同行一夥人問我，為什麼如此虔敬禮拜，又以中國話讀那些東西，我於是向他們一一解釋二十六誓願的本

聖湖瑪旁雍錯與岡仁波齊峰

意，他們聽了，都很感佩中國和尚有如此深厚的道德心亦即菩提心，因而流下了法喜之淚水。當晚他們請我為他們宣說佛法，我說了一些淺顯易懂的道理，他們覺得非常受用，也很珍惜與我同行的機會，於是決定在岡仁波齊峰轉山的兩個月期間，一起供應我的食宿；他們說如此一來也可以消除累劫的罪障。佛法真是不可思議啊，視殺人跟切蘿蔔沒兩樣的人，卻能受到佛法的感召，從佛法得到利益，並甘心情願一起苦行朝聖，實在是太好了；看到他們熱淚盈眶的模樣，我也不禁滴下淚來。次日我們走在起伏平緩的山區，前進了二十公里路後，遙見曼里雪峰聳立眼前。

這是一座高達七千八百公尺長年積雪的大山[2]，巍然拔起於眾多波浪狀山岳之間，非常壯觀。走到山腳下的時候，閃電此起彼落，雷鳴聲在耳邊霹靂作響，接著降下大量冰雹，那種驚人聲勢震動著天地，彷彿連雪峰都快炸裂了似。那種驚天地泣鬼神的氣勢教人瞠目結舌，而抵達這樣一個淒絕而壯麗的靈場聖境也令人快慰不已。一直到今天，我每當想起那時的種種偉觀，仍感到極度興奮。霹靂與冰雹大作了一個鐘頭後戛然而止，然後好像被清洗淨化了一遍的曼里雪峰再度展現其雄姿，片片白雲冉冉飄飛於澄淨的空中，陽光普照著雪山和大地，一片莊嚴祥和。我真是被她的變幻自在、境涯莫測所降伏了。

我們繼續走到一片濕地邊，並在那裡宿營。我感到非常安適而滿足，坐在帳篷中的上座，不用去拾牛糞也不用汲水，只要專心讀經、打坐即可；天黑後則為他們一行說法。這樣一來，我身體的疲勞又慢慢恢復了。第二天，也就是八月六日，我們必須攀越一個大陡坡，他們體貼地說：「您還是騎著犛牛上坡輕鬆些吧。」我感激地接受了他們的好意。他們不但分擔了我的行李，也把羊背上的行李減到最輕。這樣走了二十公里路之後，終於抵達聖湖瑪旁雍錯。

眼前的聖湖真是廣袤而壯麗，清靜而靈妙，她的形狀就像一朵盛開的八葉蓮花，有如八咫神鏡[3]一樣金光晃曜；湖水清澄，在碧空下宛如深藍色琉璃。隔著湖面在西北方向聳立雲表的，就是靈峰岡仁波齊；靈峰周圍圍繞著一重又一重的雪山，就像是五百羅漢圍繞在釋迦牟尼佛四周聆聽世尊說法般。身處這樣一個神聖的場所，頓覺所有飢餓乾渴之難、渡河瀕死之難、雪峰凍死之難、重荷負載之難、荒野獨行之難、身疲腳傷之難等，都一應為此靈水滌除淨盡，整個人感到無比空靈自在，彷佛達到了忘我之境。瑪旁雍錯印度語稱之為瑪納薩羅瓦湖（Manasarovara），是世界最高的湖泊；藏語瑪旁雍錯（Ma pham g-yu mtsho），意為

「無能勝母湖」，梵文則名為阿耨達池（anavatapta），漢譯作「無熱惱池」，是非常神聖的一座湖泊[4]。她在佛經中曾被多次提及並做了種種說明，譬如在《華嚴經》裡即可見到有關於她的詩意描寫，而且說法非常有趣[5]。

依《華嚴經》所言，印度以及西藏的部分地區總稱之為南瞻部洲，而南瞻部洲之名就是得自這座湖泊。瞻部（jambu）是水聲的狀聲字。為什麼會有這個狀聲字呢？瑪旁雍湖的正中有一棵高大的寶樹，寶樹上結著果實，其果實即是如意寶珠，諸天人、阿修羅得到它都會非常高興。當果實成熟掉入湖中，其聲有如「瞻部」。由於印度四大河發源於此湖，因此稱印度為瞻部洲[6]。四大河依藏語分別是：往東流去的桑木張藏布（從馬嘴流出之意，即馬泉河）、南流的馬甲藏布（從孔雀嘴巴流出之河，即孔雀泉河）、西流的朗欽藏布（從象嘴流出，即象泉河）和北流的森格藏布（從獅口流出，即獅泉河）。四個出水口分別位在這座湖泊的四邊，由此而出的水最後流注於印度，潤澤了印度的大地，因此採用與這四大河發源地的湖泊有關的典故「瞻部」來做為印度地區總稱也是可以理解的。到今天，印度人仍舊視此四大河為聖河[7]。

經文中又提到說，東流的馬泉河中流的是琉璃沙，南流的馬甲藏布流的是白銀之沙，西流的象泉河中為黃金之沙，北流的獅泉河中是金剛沙。這些河先是繞行瑪旁雍錯七匝之後才分別流向四方。湖泊中央盛開著肉眼看不見的碩大蓮花，其大小有如極樂世界的蓮花，上面住著諸佛與菩薩。附近生長著珍貴的百草，還有每一聲啼囀都美妙如極樂淨土三寶的迦陵頻伽鳥[8]。

這裡被視為世上唯一淨土，而且湖西北的岡仁波齊雪山更是諸佛、菩薩所居，也是五百羅漢之居所；南岸的靈峰曼里雪山則是五百仙人所居之處。總之是一個被形容為天上人間的極樂淨土，雖然看起來與經典所言並不完全相同，但其景色之豪壯與清靜是無庸置疑的，畢竟是一個靈妙仙境。當晚皓月當空，映著瑪旁雍錯的璘珣水面，對面的岡仁波齊峰則像入定的佛陀般如如不動，其幽邃之狀令人恍惚忘我，盡滌心中塵垢。

【注釋】

1 曼陀羅：又作「曼荼羅」，為梵文maṇḍala的音寫。maṇḍala有「圓形聖域」的意思；Maṇḍa或解為本質、真髓之意，la為得到之意，曼陀羅作圓滿具足之形，因此可引申為「得到諸佛無上正等正覺此一至高悟境之本質」的意思。在藏傳佛教中，曼陀羅代表覺悟之場所，並以此概念而形成道場。在古印度以清靜泥土築壇，外塗白灰，上置諸尊塑像或畫像，修法完畢立即將壇、像摧毀無遺。在蒙、藏等地多以壁畫或唐卡表現，也有用彩色細沙描繪者。

2 藏語名納木那尼峰，最新公布之標高為七七二八公尺。

3 八咫神鏡：為日本神道教最神聖的三種神器之一，代表大神宮之本體。三種神器為日本皇位繼承的證明，由代代天皇相傳，除了八咫鏡，還有天叢雲劍和八尺瓊勾玉。

4 瑪旁雍錯湖面海拔四五八七公尺，面積四一二平方公里，最大水深八一．八公尺，湖心透明度十四公尺。

5 見《華嚴經．十定品》（卷第四十二）。

6 瞻部洲：在梵文中，jambu也是印度所產植物的名字，學名為Eugenia Jambolana（蒲桃），漢譯又作「閻浮」，為落葉喬木，花作淺黃色，果實可食。瞻部洲梵文作jambu-dvīpa，或譯閻浮提地。依《佛本行集經》，世尊年輕時第一次打坐冥想即在這種樹下，而且樹蔭沒有隨著太陽的移動而移動，一直遮蔽著年少的王子。

7《華嚴經》云：「其池四面各有一口，每一口中流出一河，於象口中出恆伽河，獅子口中出私陀河，於牛口中出信度河，於馬口中出縛芻河。」與一般說法有些出入，今馬泉河為雅魯藏布（縛芻河，即布拉馬普特拉河）上游，孔雀泉河（馬甲藏布）為恆河上游，象泉河和獅泉河則為印度河上游。

8 迦陵頻伽鳥：梵文作kalaviṅka，漢譯「妙聲」或「美音」，為一種想像的飛禽，其形作人頭鳥身。

32．阿耨達池神話（二）

雖然《華嚴經》中充滿想像力地描寫了四大河源出於瑪旁雍錯，其實並沒有任何一條河是直接從湖中流出的；發源地只在湖四周的崇山峻嶺中。所以也不可能看見所謂從馬口或獅子口湧流而出的景象。西流的象泉河、南流的牛泉河和北流的獅泉河其源頭所在位置大致可以確認，但東流的馬泉河則不然。

東流的河在印度語中稱為布拉馬普特拉，南流的河稱為恆伽，西流的河稱為蘇特雷吉，北流的河稱為私陀[1]。我不清楚歐美專家是否曾經實地來此測量過，依照我所見歐美人所製地圖看來，瑪旁雍錯比實際上小太多了。這座湖泊的周長達三二〇公里，而且地圖上的湖泊輪廓也完全不正確，她應該作蓮花形才是。當夜我借宿於湖畔名叫扎溝樓的寺廟，並從住持和尚口中聽到一段令人驚奇的談話。

這位喇嘛雖然沒有太多學識，卻是正派之人，不會說謊。當我向他請教一些修行上的問題時，他突然提到，許多西藏出家人的所作所為令人羞於啟齒。我問他怎麼說，他告訴我說，要是一般的出家人做了不端正的事情，別人不一定會注意到，可是瑪旁雍錯有名寺廟的阿爾珠．圖勒古喇嘛娶了一位美女為妻，並將寺產悉數往妻子家送，最後更把剩餘的東西席捲而去；聽說逃到霍爾德修一帶去了，問我有沒有碰到過這樣一個人。我著實嚇了一大跳，那位親切接待我、有個美貌太太的喇嘛，竟然會昧著良心將寺產與妻子家人私相授受，更把剩餘的值錢東西席捲一空逃到邊遠的鄉下，真是人不可貌相啊[2]。我也不想隱瞞，告訴他，我曾經向阿爾珠求助，蒙他收容，也幫了我許多忙。他說，這個喇嘛表面上非常溫和慈悲，其實是一位不折不扣的壞人，更不要說是什麼菩薩轉世了，根本就是惡魔的化身。

他含著淚說，那些毀壞佛法的惡魔，就是會出現在身披袈裟、剔光頭、一副殊勝模樣念誦經文和佛號的人裡面。我越聽越覺驚訝。在日本社會中，出家人再怎麼腐敗，也不至於有人那麼不道德敢於拿寺裡的公款去養老婆和老婆的家人吧。當晚我在寺中借宿，次日起身到湖畔四處漫步、眺望遠近景致時，遇到了來自尼泊爾及印度非常虔敬的印度教徒，他們從十點開始即在湖水中進行禮拜。印度教徒視瑪旁雍錯為聖地，對面的岡仁波齊峰則被尊為印度教三大神祇之一的摩訶濕婆（Maha-Śiva）的靈體而加以禮拜[3]。

這些印度教徒認為我是一位值得尊敬的佛法修行者，送給我不少難得一見的乾果蜜餞。那天晚上我仍舊宿於寺中，隔天則沿著湖畔朝西北的山地走去，十六公里之外就可以見到拉昂湖[4]。這是一座葫蘆狀的湖泊，比瑪旁雍錯小了許多。繼續往前走了十二公里山路後，可以望見拉昂湖的全貌。

瑪旁雍錯與拉昂湖相距四公里，中間有山牆隔開兩湖；那山也有一部分是低谷，感覺上低谷中的小河似乎與兩湖相通，其實不然。仔細一看，拉昂湖的湖面比瑪旁雍錯高出許多。後來我聽人說，每隔十年或十五年遇到豪大雨時，兩座湖泊會經由谷地連結在一起，這時拉昂湖的湖水會流向瑪旁雍錯。因此也形成一則有趣的西藏神話，說瑪旁雍錯是新娘，而拉昂湖為新郎，新郎每隔十年或十五年會與新娘相聚一次。在有關齊塞雪峰，也就是岡仁波齊的記載中，將兩座湖泊當作一對夫婦連在一起，就是來自西藏的古傳說。

我一邊看著拉昂湖一邊往下方走了二十公里路，來到一處平坦的原野，上面有一條寬

五、六十公尺而且水很深的大河流過。這樣的河有些段落一定寬達三、五百公尺以上。她就是馬甲藏布，恆河上游支流之一。河往南流，經過西藏邊境的山城普蘭，穿越喜馬拉雅山脈，然後在印度與來自哈爾朵兒（Hardwar）的恆河本流會合。現在的印度人雖然將發源於哈爾朵兒那條河當作恆河本源而加以尊崇，但古代確實曾有很長一段時期以馬甲藏布為恆河源。我們在河畔搭起帳篷夜宿，附近還有四、五頂帳篷，住的都是從山城普蘭來這裡貿易的商人。七、八月間因為來了很多牧民和香客，所以這裡的貿易非常興盛，而交易的方式相當有趣。

【注釋】

1 以羅馬字音寫分別為Brahmaputra、Ganga、Sutlej、Sita。私陀河即印度河（Indus River），原意為「冰冷之水」；蘇特雷吉河也是印度河支流之一。

2 見本書第二十三章。

3 三大神祇指大自在天（Śiva，濕婆）、毘紐天（Vrṣṇu，毘濕奴）和黑天（Kṛṣṇa，克里辛納）。

4 拉昂錯：為鹹水湖，瑪旁雍錯則為淡水湖。

33・山中的集市

西藏邊遠地區基本上是以物易物，很少用金錢來購買東西。就交易內容而言，內地西藏人拿的是奶油、鹽、羊毛、綿羊、山羊和犛牛尾等，而尼泊爾人和雪山地區的西藏人所提供的是來自印度的布類、砂糖、絲織品等。買賣羊毛和奶油的時候倒是會用貨幣，而通常使用的貨幣是印度錢。至於計算方法對藏人而言是很麻煩的，因為他們不作興筆算或珠算；他們用念珠。比方說要把二和五加總，他們就先數兩顆念珠放著，接著又數五顆念珠和原先那兩顆放在一起，最後再合起來從頭一粒一粒數，而得到七這個數字。雖然算起來很耗時間，卻是他們的習慣，要是我們用加減乘除的技巧馬上得出一個結果，他們一定不接受，不管怎麼說，他們還是要把念珠拿出來慢慢算，常常我們不需要一秒鐘就能計算出來的東西，他們卻要用掉一個多鐘頭。和藏人的生意如果交易量較大就更加麻煩，因為要使用很錯綜複雜的計算法。

這種計算法使用白石頭、黑石頭和細竹片等物品，當白石頭數到十的時候，就放上一粒黑石頭，黑石頭累積到十粒，就放一枝竹片；竹片累積了十枝，就放一枚貝殼，貝殼累積到十枚，就放上一個西藏銀元。藏人以這種十進位方式計算十、百、千或千以上的數字。如果我們動作快一點，一個小時可以做完的加減乘除，他們可以四個人算個三天時間，真的很不經濟。我在集市待了三天，期間發生了一件小事。

一起朝聖的那些人一直很信賴且崇仰我，常常對我讚譽交加，其中有一位未成年的少女看得出很在乎我，而且對我表現出很明顯異樣的態度，所以我很快就察覺到了。哎呀呀，這該怎麼說呢，婦女對權力或富貴常會表示傾心，同行的親人整天說這個和尚學問如何如何優秀、德行如何如何崇高，她當然會受到影響而對我有些幻想。我因此立刻對這種戀慕設下一道藩籬加以阻絕。這樣做也是佛教上的道理，因為一位真正的僧侶應該潔身自愛以廣植此世之福田，若是做了不清淨的事、犯了不該犯的錯誤，必將墮入無間地獄。如果美麗的少女聽到出家人對她講動聽的話，也要非常注意保護自己，否則耽溺於一時的快樂，其後終將承受長遠的痛苦；發生這樣的事實在是莫大的罪障。我不只把這種觀念說給那位少女聽，也說給所有人知道。我想這位少女並不像那位誘惑喇嘛還俗的女子那樣懷著不軌的意圖吧。

這個女孩十九歲，說不上非常美，但比一般人好看多了。我想她因為聽到別人稱讚我，於是起心動念，想說要是能將這個人帶回故鄉一起生活多好，此外應該沒有不好的想法。後來也陸續發生類似的事件，我因為有前車之鑑，所以都處理得還算圓滿。

這裡的地名漢字音寫為「阿里」，包含的地域非常廣闊，西邊一直到拉達克和庫努（Khunu）。其中最有名的地方是南方的山城普蘭，那裡也是一處神聖的靈場，供奉著文殊菩薩、觀世音菩薩和金剛手菩薩。

三尊菩薩據說是昔日從錫蘭傳來的，可惜在我到這裡之前半年發生了一場火災，燒壞了其中兩尊，只剩下文殊菩薩像。我很想前去朝拜，但路上會遇到關哨士兵的盤查，而且山城免不了有許多猜疑心重的商人，想了想還是遺憾地放棄了。不過和我一起的那些人倒是去了，而讓我留守帳篷；在他們去朝拜的兩天時間，我就用來坐禪。等他們回來後，我們又往西前進，直走到拉昂湖最西端，然後再沿湖轉向東北方面而去。從那裡望向拉昂湖的西邊可以看到三座小島，排列有如爐架，於是將她們取名叫五德島[1]。走了幾天之後，我們在八月十七日抵達姜葉馬市集。

這是陽曆七月十五日到九月十五日夏季兩個月間的臨時市集，來此的商人多半來自印度喜馬拉雅山區，做生意的對象則是西藏人。市集的規模不小，總共有一百五、六十頂帳篷，貿易商人大約有五、六百，主要交易貨品為羊毛、奶油和犛牛尾，和其他市集一樣。我們在那邊住下，也買了些東西；第二天又逗留了一天，隔天我們朝姜郭爾可市集往回走。因此，姜葉馬是我這趟旅程中西北方向所到達的最遠點。

到目前為止，以我的目的地拉薩而言，我都是在繞一條很遠的路；其實我雖然朝西北走，但實際上我越來越接近西藏的主要幹道，因此可以說我同時也越來越接近拉薩。我們在姜郭爾可又逗留了三、四天。這裡同樣有一百五、六十頂帳篷，而市況比姜葉馬還繁盛，是另一個經西藏政府同意讓印度人前來西藏羌塘高原做生意的地方。在姜郭爾可活動的有許多是喜馬拉雅部落的商人，但裡面有一個懂得英文的密爾姆商人。他私下邀請我去吃飯，而且完全把我當作一個英國政府派來進行國情偵查的官員。

【注釋】

1　五德島：日本稱火爐上的圓輪形爐架為「五德」，有三足或四足，用來放鍋子或水壺以加熱。

34．女性的誘惑

密爾姆商人把我當作英國的密探，然後跟我說：「我是一個貴國支配下殖民地的人，絕對不會做任何不利於您的事情，不過等您回到印度以後，希望您能多照顧照顧我。」我聽他說了些話，才知道他一直認為我是接受英國政府委託到西藏來蒐集情報的。當我說我是中國人的時候，他問我會不會說中國話；我說當然，他就去找了一個會說一點中國話的人來。我雖然有些心虛，但在尼泊爾遇到吉雅喇嘛的時候也曾發生過類似狀況，所以我還是處變不驚地見招拆招，發現對方根本不會說中國話；我又寫漢字與他筆談，才寫幾個字，那個人就笑著說，還是說藏話吧。

這樣一來密爾姆商人大大吃了一驚，說，那麼您是中國人囉，這樣更好了，中國是個大國，現在人在國內的家父也曾經去過中國，要是生意上有什麼可以效勞的地方絕對會盡力幫忙，然後就以英文寫下他的地址。我看他說的都是真話，不像是會騙人的樣子。既然他會回印度，何不請他幫我轉一封簡短的信給大吉嶺的薩拉特居士，讓居士知道我已經來到西藏內地姜郭爾可地方，然後再請居士聯絡堺市的肥下德十郎或伊藤市郎等人，告訴他們我還活著。我將這個意思告訴密爾姆商人，他爽快地答應了。

我在給薩拉特居士的信中放進要寄回日本的信，並拿了點錢給這位先生。後來回到日本，向肥下、伊藤兩位問起，知道他們確實收到了我此時所寫的信。這位先生確實是個可靠的人。

河口師苦口婆心勸勉達娃

我在這裡逗留期間，陪著我跋山涉水、歷盡艱辛的兩頭羊不見了。我起初以為牠們是逃走了，但很快就發現是三兄弟中最小的弟弟為了錢把我的羊偷去賣了。我裝作不知道的樣子，就算是送他好了。這是小事，最教我頭疼的是達娃（意為「月亮」）這個女孩。許多藏人把禮拜一（月曜日）出生的小孩命名為達娃，禮拜五（金曜日）出生的小孩命名為帕桑，禮拜天（日曜日）出生的則稱為尼瑪。詳細的情況稍後再說。

達娃常常會找機會來跟我說話，由於有心，總是想出很巧妙的方法來，娓娓訴說家庭美好的一面。她說她的母親是個非常慈悲而親切的人，又說家裡養了一百五、六十頭犛牛和四百頭羊，「茶牆、奔馬」過生活，日子很舒適；她是獨生女，還沒有遇上喜歡的對象等等。「茶牆、奔馬」〔音譯〕是茶和酒喝不完的意思；藏人把酥油茶和薄麥酒喝個不停當作無上的快樂，不是財產豐渥的人家是沒辦法這樣做的。大家不只認為茶酒生涯是快樂的極致，這還幾乎是大部分人生活的目標。以「茶牆、奔馬」來表示一般社會上所謂快樂的究竟狀態其實很傳神。

稍稍岔開談一下酥油茶的做法。把犛牛奶油、煮開了的熱茶和鹽巴一起放進約一公尺高的木製細長桶中，然後拿一支和桶子一樣高度的木棒，前端較寬，作圓圓的蕈形，然後就像日本消防用的水龍一樣上下抽動攪拌「咻咻」作響，需要很大的力氣，不是你我隨便都做得來的。在上下抽動之中，茶與奶油經過充分攪拌即成酥油茶，藏人單聽攪拌的聲音就可以判斷茶好不好喝。

再回到原來的話題上。這個少女不僅一五一十地告訴我她家境的良好，也提到故鄉那邊的喇嘛都娶了妻子。她說，做為一名喇嘛，身邊有個老婆，快快活活過日子是再好不過了；她覺得那些喇嘛做了最明智的選擇。她又嬌嗔地說，您為什麼不娶我呢，您實在太笨了。這時我突然想起了一件事。

釋迦牟尼安坐在菩提迦耶的金剛道場上決定成佛的時候，大魔王非常害怕，於是派了自己的三個女兒去誘惑釋迦牟尼，以各種充滿色慾的姿態、眼神試圖動搖釋迦牟尼成道的決心，以那個時代而言所謂三十二種誘惑的手段全使出來了，但釋迦牟尼泰然不為所動。於是三個女孩開始唱歌，歌的內容正好和達娃所說的話一樣，我試著將這首歌從藏文經典中翻譯出來。

長得優雅絕美、姿態妖嬈的女郎花，芬芳的嘴裡唱出動聽的歌謠，教愛人非常欣喜而戀慕。他住在極樂之境，如果又有動人的妻妾為伴，真是世上至高的幸福啊！

我無法像釋迦牟尼一樣圓滿開悟，本來就是一個笨蛋，現在就是再笨一些也沒有關係，於是盡全力加以拒絕，不過一味拒絕的結果，反倒有些像小說的情境出現，覺得很對不起達娃的一片心意。達娃則變本加厲地有事沒事就來找我談話。有回她的家長和兄弟都出去買東西，帳篷中只剩我們兩人，我覺得機不可失，苦口婆心地勸她。那時我正在修補靴子，我一邊修她一邊纏著我說話，實在礙事得很。我非木石所生，不可能毫不動心，但如果做了不該做的事，是違背自己身分的墮落行為，而且也愧對釋迦牟尼佛，這樣一想，即刻變得一心不亂。我對達娃說：「你確實是生於很美好的家，但你留在那美好家中的母親，你知道她還活著或是已經過世了？」這無疑是當頭棒喝，教她一臉驚詫莫名。

35．從女性的糾纏脫身

達娃訝然說道：「我確實不知道她是不是還活著，我已經離家一整年，跟隨父親走了許多地方。家母因為生重病，臨出家門時我請她一定要活下去，然後哭著告別；現在不知道怎樣了。」

我緊接著帶些誇張地說：「嗯，不清楚嗎？雖然你說你家非常幸福完滿，不過我可以告訴你令堂的安否。」達娃一聽，因為突然有些擔心母親的生死，戀慕之情一變為驚恐和愁憂。

在西藏，一般人迷信喇嘛都是具有神通力的人，達娃對我說的話有那樣的反應也是因為迷信。既然因為信我而情緒驟變，那我就知道該怎麼辦了。我懇切地說：「令堂不至於已經辭世，但在這個無常的世界中，令堂將先你而去還是你會比令堂早走是說不定的；我甚至也可能明天就死了。在這樣一個充滿危難、變動不居的人世，把有限的歡樂當作無上的幸福，實在太愚蠢了。」

她聽了又追問道：「到底留在故鄉的家母死了沒有，請告訴我真相。」問完就哭了起來。這下子我有點尷尬，於是跟她說了些似是而非的話矇混過關；後來達娃想念母親，對我的戀慕也就慢慢淡了。

我們在姜郭爾可逗留幾天後，八月二十六日又結伴啟程，朝東北方向前進。一路上都是沼澤地，到處有淺淺的水窪，走了四公里路後，橫在前方的是一座很深的池沼，試著用木杖丈量一下，根本不見底，涉水而過是不可能的，於是後退兩公里，改朝東走。不久即遇到從那座池沼流下來的小河，渡過三道這樣的小河，再前進十六公里，漸漸遠離沼澤地而接近山區；我們在山麓宿營。這一帶住了許多往來姜葉馬和姜郭爾可經商的人，放眼都是帳篷。同行的旅伴告訴我在這種地方可以做頭陀行，於是前往各帳篷乞食。雖然每個地方布施的東西不多，但乞討了五、六處帳篷後，一天要吃的分量就夠了；翌日在可以做頭陀行的地方托缽，晚上則一律向同伴宣說佛法。同伴在聽講後，心地變得溫和許多，否則我很可能會被他們殺了也說不定。儘管如此，在這段期間被殺的可能性其實很低，因為一方面往來的人很多，另一方面，人少的地方大多是靈跡聖地，再凶惡的人來到這裡，不要說強盜殺人，連獵都不打了。雖說現下安全無虞，不過一離開這裡還是充滿凶險危機，所以不好好改造他們一下不行；我全力以赴說法，他們也聽得興高采烈。

八月二十八日那天，我們攀越了三十二公里有如波濤起伏的山路，除了出發前喝了杯酥油茶外，途中滴水未進，也沒有吃糌粑。雖說喉嚨乾渴難忍，不過並沒有以前那種嚴重缺水時所嘗受過的餓鬼道之苦。傍晚時分我們抵達朗欽藏布（象泉河）上游。朗欽藏布英語稱為蘇特雷吉河，一如前述，迤邐西流，在印度與私陀河匯流而成印度河，注入阿拉伯海。當地人一般認為這條河源出瑪旁雍錯，我反問道：「瑪旁雍錯四面被高山包圍著，並沒有任何一條河水從那裡流出不是嗎？」他們反駁說，看起來是這樣，但岡仁波齊峰西北面深山中的楚古寺（Chugo Gonpa）東邊岩石上有泉水汩汩流出，她無疑是來自瑪旁雍錯的水；他們的意思是，起源於瑪旁雍錯的伏流到這裡才湧出岩表。

這是很有趣的想法，可是從位置的高低看來，這條河流的源頭比瑪旁雍錯的水面還要高，所以當地人的說法畢竟無法令人信服。到了河岸邊，我們照例搭了帳篷宿營。第二天因為要去此地很有名的聖地餓鬼之都普瑞塔蒲里[1]參謁，我們留下兩個人看守行李和帳篷等物品，我和達娃及其親長還有另一名女性共四人前往。沿著象泉河朝西往下走，穿過三百多米長岩壁夾峙的山路，又看到從北邊有一條河流來匯。同樣的河流在這邊共有三條，因此統稱為拓波．拉普森（三條朋友之河）。渡過其中一條，往上走百來公尺，就是一片廣大的平野，平野上長滿像茶園般的荊棘叢。一眼望去，有如走到了宇治的茶園[2]；其實是思鄉情切的關係。

從那邊再走兩公里路又遇到一條河，河名和前一條相同，渡河時也一樣水深及腰而且非常冷；這河漂著浮冰所以冰凍異常。過了河要再往上爬，我走了一會兩腳就痛得走不動了，於是向同行的三人說道：「我想在這裡休息休息，先灸灸一下雙腳再走，你們先走吧。」原來的計畫是，他們參謁了聖地後當天就趕回帳篷，我則在聖地留宿一晚，所以他們必須繼續往前走，而我只要順著他們的方向前進就可以。藏人身體很強壯，走起路來快得教人跟不上，我雖然想練到那種程度可就是不行；更不要說腳痛的時候。我取出火柴點燃艾草，然後放在膝蓋下方的三里穴薰灸，很快就覺得舒服許多。休息了一個鐘頭後，復起身朝西方前進，走了八公里之後平原消失，再沿著河岸往下走，就可以看到前方遠處有一座寺廟。這時沿途都是高大的摩尼堆[3]，像火車車廂那樣一堆連著一堆。這種景象在喜馬拉雅山區其實比比皆是，讓我想起產於喜馬拉雅山的一種奇異的鳥類，因為其啼聲恰如火車的汽笛。雖然此地並不產汽笛鳥，但看到摩尼堆像火車，又想到汽笛鳥，恍惚來到了文明的國度。

【注釋】

1 普瑞塔蒲里（Pretapurī）：Preta漢譯作薜荔多，意為亡靈或餓鬼；purī即都城、市鎮。Pretapurī原來是指統治死者的閻摩（Yama，或作焰魔、閻摩羅等）之居所，一如中國民間信仰中的酆都。本書中所提到的地名，則是一種借用，詳下文。

2 宇治位於京都、琵琶湖南方的丘陵地帶，以產茶聞名，遍地茶園景觀，產量曾占全國百分之四十，戰後因工業的發展而減產。

3 摩尼堆：藏人將經文或咒語刻於石頭上，稱為摩尼石，在行旅途中攜此石置於水邊、山口、道旁祈福避險，以上刻六字大明咒者最常見。

36．繞行天然曼陀羅（一）

有了來到文明國度的感覺，再往前面一看，不但有大經堂，還有僧寮，以及許多像石塔般的東西。在西藏，搬大量石塊來建造房舍是很不容易的事，而且要花很多錢。這裡就是餓鬼之都普瑞塔蒲里了，往昔阿底峽尊者[1]為了將真實佛教教義傳入而來到西藏時，經過這個地方並命名為餓鬼之都。這個名字很特別，也許是因為土著惡劣的衛生習慣有感而發吧。後來在此地建寺，許多有修行成就的喇嘛上人先後來到這裡，其中楚葛巴派（Dugpa / Drukpa）的迦爾瓦．勾倉巴上師將這裡建設成完全的道場，也就是我們今天看到的樣子，僧寮有四、五棟。我來到其中一棟，並在那裡掛單；那時與我同行的那幾個人已經參詣完畢回去了。吃過中餐，我請寺中僧侶帶我參觀各種聖蹟，他先領我到面寬四間、深五間左右的大經堂，全部是石頭所建，非常堅固，不過並不像其他藏傳廟宇那樣有兩層或三層。在這棟單層建築中，最受尊崇奉祀的是釋迦牟尼佛和藏傳佛教古派開宗之祖蓮華生大士肖像。

關於蓮華生大士有許多令人難以相信的傳說，可以說是一個詭異的佛法中人，連今天日本的墮落僧聽到他的行為恐怕也會感到驚嘆不已；不過今天就不細說他的故事了。但我看到這裡將怪僧和世尊奉祀在一起，老實說覺得很反感，因為蓮華生大士是惡魔轉世來穢亂佛教的僧侶。在放置肖像的須彌壇下遮著一塊帷幕，如果交藏銀一章卡，就被允許看帷幕後面的寶物。原來是古派開山祖蓮華生大士來到這裡時，面對一塊岩石的影像直接就留存在上面。當然藏人是不會毫無顧忌地瞪著岩石看，因為上面的模樣栩栩如生，他們相信如果這樣做眼睛會爛掉。我很仔細地瞧了瞧，發現不過是古代奸猾的僧侶在石頭上加以雕刻，然後再用畫具適度描繪過的圖像。如果能夠技巧地將它做成很像天然的東西，一般人不仔細看確實難以辨別真偽，但我眼前所看到的卻是一個拙劣的成品，根本是出自人工的作偽。在佛教如此盛行的西藏，居然有人以此狡詐手法騙人錢財，真是教我感到意外。我聽說日本做類似事情的墮落僧侶不少，一想到西藏和日本的僧侶都一樣會做這種欺騙信眾的事，不得不為佛教而慨嘆。即使如此，這個道場確實是不可多得的天然好道場，藏人有這樣的諺語：

不見普瑞塔蒲里，等於沒見過齊塞雪峰；
不繞公珠湖一周，等於沒繞過阿耨達池。

可知是個很重要的聖地。這個諺語的意思是，如果沒來參詣普瑞塔蒲里，就不能說是參詣過聖山岡仁波齊，而不去繞行阿耨達池東南方的公珠湖的話，也就不算是真的繞行了聖湖瑪旁雍錯。從這裡自然天成的格局看來真是一處很好的道場，底下就是浩浩湯湯西流的獅泉河。隔著河流的對岸滿布形姿詭奇的岩石，顏色各異，有黃色、紅色、非常爽眼的天青色，還有綠色，以及一點點紫色，呈現猶如虹或彩霞般難以言宣的美麗模樣。尤其岩石突兀多變的外形更是和色彩之美相映成趣。

寺廟所在的一帶也有很多天然奇岩，被僧侶取了各種名字，什麼降魔石、馬頭明王夫婦像、齊塞雪峰石、觀音菩薩自然像、迦葉波佛陀大塔等等。由於先前看到偽造的蓮華生大士像的影響，對這些天然美景變得沒什麼感動，對導覽僧侶所說的話也聽不進去，甚至反感到想揍導覽僧侶一拳，不過還是忍著走完全程。從叫做神石窟的岩窟沿河往下走兩百多公尺路，就有三座大規模溫泉池。另外也有幾處小溫泉，泉溫都很高，手不太能放進去。溫度到底多高並不清楚，但至少有攝氏五十五度以上，沒有比較低溫的泉水，水質皆無色透明。附近也有很多硫磺等礦物質的結晶，白色、紅色、綠色、藍色都有，像石灰般凝固著，來參拜的信眾認為這是聖地所產的藥材，都會帶一些回去，做成可以治病的藥。我聽了種種的說明，當晚繼續在寺裡掛單，打坐度過夜晚，第二天一早才離開。

走著走著不知道怎麼回事就在開闊的原野中迷了路，無論如何就是走不到河流所在處。我自己也想不通，照說走三個鐘頭就一定會來到河邊，現在已經走了五個鐘頭卻看不到那條河的影子。注意一看我正朝山的方向走去，這可嚴重了，趕忙改向東南方走，好不容易才走到河邊。渡河的時候天色漸漸暗了下來，這一天什麼都沒有吃。後來才知道，回到帳篷的那些旅伴很擔心我的安危，以為我被水流沖走了；當我一步步走近帳篷時，看到達娃牽著羊出來。達娃見了我大喜過望，說不知道我是生是死，現在正要去找我。次日我們繼續往東方的山區前進，直抵拉昂湖東北、瑪旁雍錯西北的高原。高原屬於聖山岡仁波齊周圍台地，從那裡往湖泊方向朝南走六公里的路，就到達大金驛站。台地從岡仁波齊峰朝湖水緩緩傾斜，開闊而平坦。我們在那邊宿營，接著就要開始聖山岡仁波齊的朝聖之旅了。

【注釋】

1 阿底峽尊者：指覺臥阿底峽（Paldan Atīśa, 982-1054），寂護弟子，一〇四二年自印度超岩寺

（Vikramasilā，或作超戒寺 Vikramaśīla）入藏，提倡小乘、大乘、金剛乘（密教）之會通與統合，影響深遠，宗喀巴（Tsong kha pa, 1357-1419）繼承其理念，改革藏傳佛教，成立格魯派（黃帽派）。

37・繞行天然曼陀羅（二）

在當晚的談話中，他們並沒有答應讓我和他們一起繞行聖山岡仁波齊巡禮，而是說要各走各的，理由是他們計畫以四到五天的時間轉山三遍，由於一趟路有八十公里長，我根本沒辦法和他們一天走個七、八十公里路，必須途中找個地方歇歇再走。他們是從半夜十二點開始出發，到第二天夜裡八點左右繞一圈回來，所以大概是以五天時間繞行三遍的計算；女性則繞行兩遍。我聽了很是訝異，我只想繞行一遍，於是背了四、五天份的食物走上繞山巡禮之路。我們繞行（以順時鐘方向右繞）位於正中的聖山岡仁波齊，是釋迦牟尼佛法身，也繞行環繞其四周的雪山，那是諸天菩薩和五百羅漢所居。

圍繞著聖山有一條道路，到處是險峻的陡坡，有時甚至要攀爬到一座山峰的峰頂才能通過。這一條路稱為齊廓（外環）；另外還有八廓（中環）和南給廓（內環），不過那是給天神和諸佛走的。大部分的人繞行齊廓，轉山二十一遍之後才准許走八廓，它位於齊廓內側，雖說看得出路徑，但險阻異常，一般人是不走的，因為到處是冰天雪地或突兀的巉岩。南給廓則是雲深不知處，充滿難以理解的神話傳說。我沿著齊廓朝詣一座座廟宇，在巡禮之路的四個角落各有一座寺廟，總名為聖山岡仁波齊四大寺。

我先到西邊主祀阿彌陀如來的念波利宗寺禮拜。這是聖山一帶收入最多的寺廟；在日本，奉祀阿彌陀如來的寺廟收入總是比較多，沒想到在西藏也是一樣。夏季短短三個月時間，這座寺廟的香油錢收入可達一萬圓[1]，這在一個貧瘠的地區而言是相當可觀的數字。這些錢全部獻納給不丹國王，說來有些不可思議，聖山岡仁波齊和境內的寺廟都歸不丹管轄。照說應該是屬於西藏法王所支配的地方，但因為歷史上不丹楚葛巴派的僧侶和這座山的關係最為密切，於是才將這座山劃歸不丹。

進入寺中朝拜阿彌陀如來，雕像是由純粹而帶著光澤的白色寶石所造，以西藏的工藝水準而言可說非常完美了。臉上的表情充滿西藏佛像風格，極為祥和慈悲，教人感到激動又安慰。雕像前豎著兩支象牙，長約五尺，非常巨大。繞到雕像後方，書架上擺著西藏《大藏經》的〈佛說部〉約百冊[2]。這些藏經並不是供人閱讀的，而是為了供養諸佛菩薩而擺在這裡；經典應該是讓人親近閱讀，卻被高高供著，真是難以理解。當然如果把佛經當作廢紙那是無知，可是拿來供養也實在太罕見了。不過比起一些日本寺廟把讀都沒讀過的佛經束諸高閣，深鎖在經堂中，拿來供養還算是比較好的。我禮拜了阿彌陀如來，並讀誦了一卷《阿彌陀經》，才出去走訪寺廟附近的靈跡；我要去的是這個天然曼陀羅中非常純粹的一個所在，名叫賽爾辛，也就是「黃金之溪」的意思。

當然並不是真的有黃金，但見各種奇形怪狀的岩石鬼斧神工地劈入虛空、對峙聳立，岩壁之間可以望見遠方白玉般的雪山。單看到這樣的景象，就足以讓人勇氣倍增；而岩石與岩石之間幾道倒垂千尺的瀑布就像雄峙碧空之劍，其壯觀的模樣無有可以比擬的。有幾座瀑布面距非常寬，最大的總共有七座。從瀑布出奇的形狀看來，就好像從雪峰上一躍而下的蛟龍。有一些瀑布像是拉著一匹白色布疋般流洩，有的則像白旗蜿蜒流注，我暫時在那邊打坐，同時眺望風景，專注的結果教人頓時一陣恍惚，進入茫然無我的境地。我試著將此地七處瀑布命名為聖山岡仁波齊七龍，心情非常愉快。道路左側也掛著瀑布，上方則是積雪的高峰，但比起右側的風景又顯得不算什麼。只要看到這樣絕美的景色，所有旅途上的艱辛就都有了代價。這時很想寫首詩，但因百感交集而寫不出一個字。接著又慢慢繞山而行，終於抵達其正北方一帶。

這個地方有一座直熱布（犛牛之角所在處）精舍，精舍的取名起因於往昔金剛佛母化為犛牛之形帶領僧侶來到這一帶，任務完成後即隱於此岩窟，正要躲起來的時候牛角觸到岩石而掉落其一；那支角後來就留了下來，此地也被取名為犛牛之角所在處。這座精舍的收入僅次於阿彌陀寺，而僧侶則更多些，但也就是十五個人而已。前一座寺廟只有四個人。我抵達這座精舍時天已經快黑了，於是向他們借宿，精舍裡一名執事好像很信任我的樣子，打開他自己的房間，跟我說這個房間的門外正好可以望見聖山，到了晚間還可以看到非常美麗的月影，請我在此住下。我覺得很快慰，進了房間才剛坐下，僧侶又為我端來酥油茶。他們也是跟我一樣不吃晚餐，所以茶裡面特別加放了許多奶油。

我邊喝茶這位執事邊跟我說明與我遙遙相對的那座山的種種。門前也就是南面的方向，正中巍然聳立的大雪山岡仁波齊就是釋迦牟尼佛的法身，聖山前方較小的一排雪峰當中，偏東邊是文殊菩薩，中間是觀世音菩薩，西邊是金剛手菩薩；他又一一向我說明這些雪山以外其他規模更小山岳的歷史，等於告訴了我整個聖山岡仁波齊的靈異誌。那個晚上真是令我感到愉快無比。雪峰前方流水潺潺，明月投影在漣漣的水面，碎裂的光點特別耀眼迷人。耳中聽著水流聲，意識無比平靜，有如在極樂世界中，吹響樹枝的風聲無非正法之聲，這裡的水聲也像是奏著佛法的無上妙音。聽著聽著我的心也進入一種深沉而靈妙的境涯。當然世尊說過，真實靈妙之境就在自身清靜的心中，不過我畢竟只是凡夫俗子，來到靈地而有所感悟，心地自然澄明。

【注釋】

1 這是十九世紀末的日本幣值；作者出國從事這趟旅行身上帶的旅費是六百多圓，可引作參考。

2《西藏大藏經》譯自梵文佛典，顯教部分譯於九世紀前半，密教部分譯於十一世紀之後，分〈佛說部〉（甘珠爾，bka' 'gyur）和〈論疏部〉（丹珠爾，bstan 'gyur），所收經典種類為所有《大藏經》版本之冠，尤其許多密教經典及論書乃中國、日本所未見，保留印度佛教晚期佛教發展的第一手資料，先後有那塘版、北京版、拉薩版等五種版本。

38・繞行天然曼陀羅（三）

接著我又多住了一天，以便對當地多加研究，晚上則仍舊享受禪定之樂；那時的快樂我終生難忘。翌日必須攀越所謂逃脫三途[1]的大陡坡。那位執事親切地說可以將犛牛借給我；他和我似乎有深厚的宿世之緣，對我極盡體貼，又送我許多吃的東西。我騎上犛牛，在一個人帶領下開始攀登那個教人不寒而慄的坡路。不知道應該說是藏人的迷信或是正信的力量，為了向佛陀懺悔自身的罪業並積聚善業的決心著實教人驚訝，在如此陡斜的山路上還是有人以一步一拜的嚴酷方式前進。通常這樣做的都是比較年輕的男女，年紀大的人是沒辦法的。對我而言單單往上走都是樁難事，像那些年輕人那樣我根本做不來；即使騎著犛牛都不輕鬆。逃脫三途之坡爬了八公里之後，由於空氣稀薄，我感到非常疲勞，呼吸也很沉重，於是停步休息一下想吃點藥，不意聽到很有趣的話。

我休息的地方有個人正對著釋迦牟尼法身岡仁波齊峰行五體投地之禮，他來自所謂強盜大本營的康區，從外表看來確實頗為獰惡而壯碩，眼神也令人害怕，我想即使在強盜堆中他也算是個狠角色。他大聲懺悔，不過所懺悔的事著實夠怪異的。一般我們說懺悔，是對此生到目前為止所做惡事有所悔悟，因而尋求赦免，並誓言今後不做惡事；但是這位仁兄的懺悔讓我大開眼界，後來有人告訴我康巴以這種奇怪的懺悔為當然，每個人都這樣做，實在太匪夷所思了。

他怎麼懺悔呢？他說：「啊，岡仁波齊聖山喲，釋迦牟尼佛喲，三世十方的諸佛菩薩喲，我到目前為止殺了許多人，搶奪了許多財物，又偷人家的老婆，和人吵架也把人打個半死，這些種種大罪惡業我都在這裡向您們誠懇懺悔，我相信就此我的罪障將會消失；同時對於今後我殺人、劫財、騙色、鬥毆的所有罪業現在也先在這裡懺悔了啊！」

再往上走就是解脫佛母[2]之坡，往坡頂爬上去，右邊可以看到諾爾疆（Gyalpo Norjingi Phoprang，意為善財童子所居）雪峰，沿著雪峰走到解脫佛母坡頂，即有一天然岩石狀如度母像，而其東北邊則有雲霞狀岩叢聳峙，一一皆作人像之形，當地人稱之為二十一度母像。這裡是齊廓（外環）的最高點，和聖山岡仁波齊幾乎不分高下，因此這邊的氣溫特別低，空氣更加稀薄，我即使只是一動不動站在那裡，心臟也跳動得非常厲害，整個人感覺很不舒服。幸好我是騎犛牛上來的，所以還不至於嘗到無法忍受之苦，若是用自己雙腳爬上來的話，我想今天一定走不到這個地方來。

西藏人擁有強壯的心肺功能，在高原地帶爬上爬下、履險如夷，我們一般人的肺活量恐怕不及藏人之半，要徒步爬上這個地方幾乎是不可能的。從那邊往下走個三百來公尺，就有一座大池子，池水已經結冰。關於這座池子有一則有趣的神話。從前善財童子曾在這池子洗手，由於那時節正當夏季，水並未結冰；後來有一名朝聖者背著他的孩子來到這裡，看到潔淨的池水想洗個手，當他俯身向前，背上的小孩不小心就掉到池子裡淹死了。從此以後，山神因為不希望再度發生不幸的事故，於是讓池子常年結冰。所以說池水的凍結是出自神明保護我們的美意。這裡還有許多奇岩都有名字，但就不細述了。由於坡度極陡，沒辦法騎犛牛下坡。

往下走到聖山東面，就來到一個叫仁澤迫窟（幻化窟）的名所，這是由最受藏人推崇的密勒日巴上師[3]闢建的道場。密勒日巴是一位著名的苦行僧，也是能夠巧妙彰顯佛教真理的大詩人；這樣的一位大詩人在西藏是前無古人後無來者的。他的傳記以詩歌的形式完成，而他的思想也充滿幽邃的詩趣；最近已經有歐美學者將他的詩歌摘譯成較為淺顯的文字。後來我重回大吉嶺，將密勒日巴的事蹟說給一位認識的俄羅斯博士聽，於是他也用俄文迻譯了密勒日巴的作品，最令我欣慰的是，俄文譯本是完整版。

在這裡掛單一宿，第二天沿著含芬吉曲（落鞋）河往下走到南邊的剛塔寺；這座寺廟奉祀白金剛母。寺廟位於幹道彎進去一公里半的深山中，幹道上則有個叫大金的驛站，羅列著三十間石造住屋，附近還有十二、三頂帳篷，是這一帶主要的市場之一，也是收取貨物稅的地方。我在一戶人家借宿，同時讓陪我來的人和犛牛坐騎稍事休息。當晚我還是打坐度過，翌晨十時左右本來和我分頭走的旅伴也抵達了這裡。大金位於瑪旁雍錯西北角和拉昂湖東北角之間傾斜的平原上，從這裡往瑪旁雍錯西邊方向走了一天一夜，來到鵬里（Bon-Ri）雪山腳下。這裡有西藏傳統苯教的聖蹟，山上也建了規模不小的廟宇，卻不屬於苯教，而是新派（格魯巴）的寺院。寺廟在深山中顯得特別威嚴壯觀，不過我並沒有走到那裡。這一帶沒有樹木，濕地上卻長了許多水蕈、黃色蘑菇等菌類，同行的婦女採摘了不少，放在奶油中炸熟，吃的時候撒點鹽，真是美味。

由於這裡和聖地有些距離，同行朝聖者於是開始他們的老本行——打獵。照說他們應該是去獵鹿，可是三個兄弟一起行動，我很懷疑會不會幹的是襲擊行旅並搶奪他人財物的勾當。雖然和他們一路走來，卻越來越感到生命受到威脅，很想就此和他們分道揚鑣；可突然說要分手，反而容易招致他們疑神疑鬼，說不定會被他們殺了。我必須等待適當時機。第二天我們走到一座山的邊上，同伴當著我的面開槍殺了一頭他們叫做羌庫的動物；然而他們並不是為了要吃牠，純粹只為過癮。

這隻動物像狗般大小，毛很短，夏季毛色赤茶非常美麗，冬季則變為灰白。我看到的都是茶色，並沒有看過灰白的模樣，但藏人都這樣告訴我。牠的雙耳直豎，表情非常凶殘，看起來很嚇人；聽說有時還有落單的行旅不小心被牠吃掉。當時有五、六匹羌庫出現在對面的山頭上，兄弟三人陸續開槍射擊，狀甚愉快。看他們以殺戮為樂，不禁教人想到若殺的是人，他們也同樣愉悅。想來令人毛骨悚然。

【注釋】

1 三途：或作三塗，指地獄、餓鬼、畜生三惡道。地獄為火所燒即火途，畜生相食為血途，餓鬼以刀相殺即刀途，合稱火、血、刀三途。

2 解脫佛母（Dolma-la）：又稱「度母」，源自梵文Ta-ra-，漢譯作多羅或救度母，Dolma為其相應之藏文，意為救苦救難之女性，被視為觀音菩薩化身。在西藏較著名的度母有白度母和綠度母。

3 密勒日巴（Jetsun Milaraspa）：一〇四〇—一一二三年，或譯為彌拉或米拉日巴（貢塘地方的米拉日巴），噶舉派（白教）創始人、大譯經師瑪爾巴（Mar pa, 1012-1097）弟子，苦修而得大成就者，其所作《十萬歌集》普傳藏地。密勒日巴傳衣缽於《大乘菩提道次第論》作者岡波巴（sGam po pa, 1079-1161/1154?）。

39．兄弟鬩牆

第二天下著雪，我們在原地宿營。同伴所攜帶的獵犬到外面抓了野兔回來，殺戮的情景又在眼前搬演。隔天是九月十五日，我們慢慢朝東攀越一座波狀山，幾乎爬到山頂上。在那裡同伴告訴我，不久就該是分手的時候了。我問他們原因，他們說現在瑪旁雍錯在正西方，而湖泊正中往南也可以看到納木那尼峰，我們一行已經遠離了聖地，他們也該開始幹活了。一行人紛紛向我禮拜作別，並希望他日再度前來朝聖時還能再見；我也向他們一一回禮，同時感慨萬千。

我冒著極端的困難、越過山海的阻隔不遠千里而來，成為拜訪瑪旁雍錯的第一個日本人，如今卻又不得不和這座神聖的湖泊告別，心中真是百味雜陳。我們從那裡繼續往下走，越過好幾座波狀山嶺，來到鵬里寺所屬有著十二、三頂帳篷的部落附近。我走向部落，準備修頭陀行向他們托缽去。我的用意不只是為了取得食物，同時也想看看這邊住的到底是什麼樣的人、過什麼樣的生活。如果我像散步那樣走過去是不行的，必須以乞食的身分前往，不管要不要得到東西，都可以好好研究他們。這是我出門的時候常常採取的形式。第二天一行人留了下來，白天那幾個兄弟出去打獵，我則在帳篷中誦讀漢譯《法華經》，隱約聽到老大的老婆和達娃（老二的女兒）在外頭說話。

一開始說什麼聽不清楚，但喇嘛長喇嘛短的知道在說我，不經意聽到達娃說，那個喇嘛講我母親似乎已經不在人間，我追問他是不是真的，他卻語焉不詳。另一個女的笑著說，哪裡是這樣，分明是因為你對人家有意思，人家不勝其擾所以說這些話來搪塞你，你不必當真。那個女的又說，前一陣子我丈夫說，如果那個喇嘛不願和我的姪女成親，就把他宰了吃掉。我想我丈夫是太生氣了才這樣說的，你還是再去跟那個喇嘛問問看有沒有可能吧。

我聽了非常驚訝，不過並不心慌，覺得若是為了守戒而被殺實在是很好的事。有生以來，我曾犯了許多過錯，但也一一懺悔改過，今天才能來到這個地方。當然歷盡艱辛好不容易才有今天，卻因落入魔窟被人所殺而落個一場空，這並非我所願。我只希望我的本師釋迦牟尼佛能夠瞭解這一切苦心，並且讓我早早超生。這樣一想，就一心不亂地努力讀誦《法華經》，結果那天什麼事都沒有發生。隔天向對面走了八公里路，來到一座山的邊上，往遠方望去，就可以看到很像建築物的東西。我問那是什麼，他們說就是托欽達桑（驛站）。我照例前往那邊乞討，回來的時候只見到達娃，不見其他人影；達娃告訴我他們打獵去了。我突然瞭解了一切。啊，或許就在今夜，我就要被他們料理掉了。我充分感覺到危險的逼近。

然而我和達娃之間一定有什麼不解之緣才會發生這樣的事，所以我決心盡可能向她宣說佛法的好處，讓她明瞭她對我有不好的想法是何等錯誤，並繼續安坐不動。達娃當天一早還是出去採摘水蕈，因為知道我喜歡吃她親切地做了不少給我。我吃過糌粑和蘑菇後，正準備開始讀誦《法華經》，達娃示意我先不要讀，說有很可怕的事情一定跟我說，否則她會良心不安……我其實知道她要說什麼，但還是佯裝成毫無所悉地聽她說，果然就是我所聽到的那件事。

我對她說，這樣的結果也很好，因為無法與她結合而被她父親的兄弟所殺，也是一件不錯的事；我已經到岡仁波齊朝過聖，今生的大願已經完成，死並不可怕，毋寧說求之不得。

我會在極樂淨土的彼方佑護她、讓她過著安樂的生活，請你們今晚就把我殺了吧。我化被動為主動，達娃變得非常害怕，向我做了種種解釋，然後又把話題一轉，說這樣子死去太不值得了，我應該跟她如何如何等等，我一概以正法為念，堅決地一一破解她的說辭。到了下午四點左右，出去打獵的四個人回來了。才剛抵達帳篷，三兄弟中最壞的小弟就對達娃破口大罵，說她一心向著我，對我透露許多不該說的話；好像他們在帳篷外聽到了什麼。沒想到達娃的父親卻對這個弟弟發起飆來，說達娃又不是你女兒，也沒吃過你一口糌粑，就算她做了什麼也輪不到你來教訓。兄弟倆就這樣吵了起來。

40・辭別兄弟等人

兄弟倆越吵越兇，一個說你是強盜、在哪裡哪裡殺過人，一個說你曾計畫竊取西藏政府的錢、事機敗露才逃出來等等，說了許多不知道是真是假的事；兩人罵到最後，弟弟氣急敗壞地開始動手毆打哥哥，還拿大石頭丟他哥哥。我不能坐視不管，衝過去想抓住那個弟弟，沒想到他在我臉頰上重重打了一拳，我應聲倒地，感到痛徹脾肺。達娃和她大嫂在一旁哭泣，最後老大出來收拾殘局，真是一片落花狼藉。我沒辦法做什麼，倒在地上一時也爬不起來，不久天就黑了，吵架也到了尾聲。

一夜無語，第二天大家決定各奔前程，老大和他的妻子一塊，達娃和父親一起，小弟則自己一個人，和我一樣。我馬上感覺到的不便是沒有了可以幫忙背行李的羊，所以又花錢買了兩頭。和他們道別後，我開始往東南方走去，他們則有的朝北行、有的往回走。照說別人先前告訴我接下來應該朝正東方走，但我為了防止他們有人會從後面追殺我，所以故意往東南方的山裡走。

如果能夠免遭他們的毒手，那在他們吵架時挨那麼一拳也就值得了。當晚我走到一處山腳，就在積雪的草地上睡了；由於有好一段時間都住帳篷，現在突然在雪原露宿，覺得特別冷，根本一夜未能闔眼。第二天九月十九日還是在雪地上朝東南方前進，不久抵達了紐喀車地方的小小寺院夏辰康巴。在那裡住了兩宿，以便修補靴子和衣服。寺院只有兩名僧侶，我想大概不會有人追殺過來了，心情輕鬆許多。不過在那邊逗留期間死了一頭羊，覺得好難

勸架不成反遭重拳

過，祈禱時特別為牠祈福。另一頭羊說什麼也不肯再走，我只好以半價賣掉；死掉的羊也給了人。我送羊的那四個人剛去過托欽達桑繳納羊毛稅，因為有羊肉可以吃感到很高興，談話間問我接下來要往哪裡去，我說是霍爾德修，沒想到正好與他們順路，他們說可以幫我運送行李。

這伙人帶著好多犛牛，把我所有行李全讓犛牛背了。從寺院繼續朝東南方走，六公里後來到方圓約一公里的圓形池沼。沿池沼右側再朝東南方走，又遇到一座更大的池沼，就是公珠湖。這座湖泊東南、西北方向很長，東北、西南方向很窄，周長約六、七十公里。湖泊四周的山脈多是黑色岩石，上面積了雪，呈現各式各樣有趣的圖案。沿湖泊邊爬上一座山，俯視湖泊形狀並遠眺另外一座小池沼，公珠湖一直往西北方向蜿蜒而去，直抵那個圓形小池，看起來很像蛟龍戲珠，而兩岸黑色岩石山壁上妝點著白色積雪的條條斑紋，則像是飄飛的雲，非常有意思。沿著公珠湖左岸朝東南方向走二十八公里路就是湖的尾端。同行這些人並沒有攜帶帳篷，所以大家只好露宿雪地。我感到非常疲倦，可又冷得睡不著，這個時候打坐是減輕痛苦的最好方法；如來方便法門的妙用，我是點點滴滴感受到了。

翌晨，九月二十二日，我們必須爬上東南方陡急的山面，那種險峻艱難的狀態，連走慣了的人都會喘不過氣來，我因為有犛牛可騎，比較起來就沒有那麼辛苦。從高處往南走下去約六公里路程後即是平地，這是公珠州所屬地界。平野上可以看到純白色很像是池沼的地方，照說那邊並沒有積雪，後來才知道那是鋪托，也就是天然鹼〔soda，碳酸鈉，即蘇打〕湖。抵達湖邊，我們採集了不少天然鹼塊，裝到犛牛毛袋子裡讓犛牛馱著；這種東西煮茶時用得著。我們接著又在高低起伏的山區升升降降，然後來到我先前險遭不測的且瑪・雲增給曲（卍字沙河）下游。由於時序已經進入秋末，水位降低，渡河變得容易多了，何況我騎著犛牛，更加沒有問題。

這段期間我們每天大概走四十公里路，在空氣如此稀薄的高原地區，要是沒有得到犛牛之助我是不可能走這麼遠的。夜裡照舊冷得睡不著；天亮後（九月二十三日）一行人朝東南方又走了四十公里，前方即是過去也曾涉渡的雅魯藏布。在這裡他們又把這條河叫做馬爾藏給曲或廓貝曲，主要是根據地名而來。雅魯藏布也因為水淺而輕易得渡，我還是騎著犛牛過河。河對岸就是我的旅伴們的帳篷，我們在那邊夜宿。我疲憊到了極點，不過夜裡還是勉強到帳篷外走走。這時節雖然沒有月亮，但夜空卻有無數明星閃爍；星光映在水面上，好像一條星星之河。遠方是喜馬拉雅山脈的不知名雪峰聳立在朦朧夜色中，頓時有一種永恆無限的感動之情湧現，興起還吟詠了五、六首詩。

第二天這些人將前往不一樣的地方，於是我和他們辭別，一個人背起沉重行囊，沿著河岸朝東南方再度踽踽獨行。走了八公里左右漸漸感到行李難以承受之重，這陣子輕鬆慣了，所以現在特別難受，走走停停，停停走走，一步步向前走去。

第四部

直驅西薩首府

41・剽盜之難（一）

正處於困頓無援、進退失據之際，來了個牧民牽著一頭犛牛，我趕忙跟他商量，希望他幫我將行李運到他要去的地方，我會給他一些薄酬，他答應了。一起走了四、五公里路，突然前方出現三名看起來非常剽悍的騎手，他們每個人背上都扛著一把長槍，右手持長矛，肚子前方還掛著一把刀，頭上則戴西藏式獵帽，意氣風發地奔馳過來。從外表看來，他們都一臉凶惡，身材也比一般高壯的藏人魁梧幾分，我看我多半是遇上了強盜。

如果是香客，通常是以馬匹或犛牛馱負必要的食物和行李，而不是這樣的一身配備；也不像做生意的，因為生意人會帶著馬隊，少則八十匹、多則上百匹，上面滿載貨物。他們只有三個人三匹馬，沒別的東西。牧民更不會做這樣的打扮。跟我一起的人這時滿臉驚慌，眼前這三人一定是強盜無疑了。既然遇上就認了，衣服、行李他們要什麼就全拿去好了，不用跟他們推推攘攘，這時候最重要的雖是生命，但對方可不將人命當一回事。如果他們要就什麼都給了吧，我有相當的覺悟。跟我一起的人非常害怕，設法避開對方的視線，我卻一直往強盜的方向走過去。

那三個人來到我面前，問我：「你從哪來的？」

我說：「我剛去岡仁波齊朝聖回來。」

「從岡仁波齊到這邊一路上有沒有碰到一個生意人模樣的？我們有一個朋友來到這附近，我們到處找他。」

「並沒有碰到你們所說的那個人。」

「你看起來像是個喇嘛，如果真是喇嘛一定會算卦對不對，快幫我們算算我們的朋友大概在哪裡！」

我瞭解他們的意思，哪裡是想找朋友，根本就是想知道哪邊有多金的生意人可以讓他們大幹一票，所以要我卜個方向告訴他們。遇到像這樣的大盜反而不用太害怕，因為他們並不把一般人放在眼裡，他們的目標是那些有錢的生意人，等趕上就趁夜裡把他們殺了，然後奪走所有財物跑掉。他們遇到我這樣獨行的僧侶，一定會要求卜筮，因為方向對他們非常重要，也因此對僧侶反而特別禮遇。強盜禮遇僧侶，聽起來有些怪怪的，但對方真的向我行了個禮。我無可如何，只好隨便指一個沒有人蹤的方向，很當一回事地告訴他們往那個方向一定可以找到他們的朋友，他們聽了大樂，說：「今天沒辦法表示一點心意，不過後會有期。祝你一切都好！」然後就離開了。

當我和強盜說話的時候，同行那個人在一旁直打哆嗦，後來他才問我：「你都跟他們說了些什麼呀？」

我說：「他們要我占卜，我就幫他們算了算。」

「你跟他們說的是實話嗎？」

「跟他們說實話不就害到別人了嗎？」

我們邊說邊沿著河岸走，約十二公里後來到一頂帳篷前面，正是同行這個人所住的地方；附近也有兩、三頂帳篷。因為疲倦，我在那裡休息了兩個晚上，到九月二十六日我買了頭山羊幫忙馱行李，就從那裡出發了。一出發就遇到大雪，而且越下越大直到寸步難行。我穿的藏袍濕透了，而且根本無從判斷前進的方向。指北針也丟了，像無頭蒼蠅般亂走最是危險，正不知如何是好，奇蹟般地從漫天大雪中走出一個騎馬的人。

那個人看到我就說，下著這樣的大雪，你今天晚上肯定無法睡覺；在這種天候下，死也許不至於，但一定會嘗到死亡般的痛楚。看起來您是要前往拉薩府，雖然有些不順路，不過還是請您到我帳篷那邊過夜再說吧。我彷彿絕處逢生，即使走回頭路我都願意；不過雪下成這個樣子，就算想往回走也不知道怎麼個走法。我分了點行李到他的馬上，之後手牽山羊緊跟著他在大雪中抵達他的帳篷。第二天，我的救命恩人要到別處，但其他帳篷中的人則與我同路，所以我就和這群人一起在雪中向東南方走了二十多公里路。

雖說和一伙人同行，但彼此並未交談過，我想下著這樣的大雪，他們應該會讓我借住帳篷才對，所以一路與他們同行。他們到了宿營地後把雪掃到一邊，就將帳篷搭在沒有雪的地方。我先是靜靜站在一旁雪中眺望附近的景致，等他們搭好了帳篷，才過去找他們商量讓我借住一宿，沒想到卻被拒絕，無論怎麼強求都沒用；又到其他帳篷拜託，結果還是一樣。

走了五、六頂帳篷，好話說盡，千拜託萬懇求，就是沒有人肯收留，我有些不知所措。他們多半當我是不值一顧的牧民了。到了最後一頂帳篷，這頂帳篷中只有一名老太太和一名少女，我拚了命求她們，說在這樣深的積雪中睡覺一定會凍死人，何況半夜還可能降下更多雪來，請她們幫幫忙讓出個角落給我睡；我還說會給她們錢。她們異口同聲說：「這裡有七、八頂帳篷，你不去男人住的帳篷找人商量，偏偏到我們的帳篷來騷擾，是不是覺得女人好欺負？你還不走嗎？再不走就打你！」說著就拿起鐵製火撥作勢要打我，我只好離開她們的帳篷。

42・剽盜之難（二）

沒有人願意收容我，我也無可奈何，後退了幾步，望著這五、六頂帳篷，耳邊響起釋迦牟尼如來「難度無緣眾生」的感嘆。這些人當真與我無緣，所以我才會被他們所拒，夜裡只能看著他們溫暖的帳篷露宿野地了。可我轉念一想，無緣之人經我這一求也算有緣了，也許有一天彼此會結善緣，為了將來他們能夠接受佛法，我應該為他們誦經祈福，於是就地念起經來。這是體現佛教真實廣大的慈悲心，我輩佛教僧侶當然應該這樣做。

正當我專注一意誦讀經文時，剛剛我請求過的帳篷裡那位少女探出頭來看了一下，即刻轉頭跟她母親說，那個喇嘛因為我們不讓他借宿而生氣，現在正念誦惡咒，想作法殺死我們或教我們疾病纏身。她的語氣充滿了憤怒，看樣子她那迷信的母親也怕了，說這可不得了，叫她女兒趕快請我進入帳篷不要再作法害她們。女孩走到我面前，請我不要再施咒，進去她們的帳篷休息，她們今晚會給我各種供養。事情的發展實在有些令人匪夷所思，但我的善意回過頭來幫了自己的忙，雖然對方的理解方式很不好，不過佛法的教諭確實讓我脫出困局，心裡還是很高興。夜裡我仍是打坐，天亮後早早就離去，往東南方的山區才走了四公里路，照說杳無人跡的地方卻從路旁高高的岩石後面出現兩個人影，並出聲喝止了我。

他們的模樣並不像強盜，可兩人腰間都掛著一把刀，看起來好像本地人，正要前往哪裡的樣子，我不加思索就停了下來。他們從岩石上走下來，問道：「你帶的都是些什麼東西？」

我回答：「我帶的是佛法。」

大白天遭強盜劫奪

他們聽不懂，又問：「你背上扛些什麼？」

「是吃的東西。」

「衣服裡鼓鼓的又是什麼？」

「是錢。」

他們聽了就走到我面前，二話不說先將手杖搶過去；我知道這兩個傢伙肯定是強盜了，於是覺悟地問他們：「你們想要我的什麼東西嗎？」

「那還用說！」說完他們就作勢要對我下手。

我說：「好吧，不過你們不用急，要什麼東西我都會給你們的，慢慢來，你們想要什麼？」

「先把錢拿出來！」我把錢包遞給他們，他們又說：「你背上背的好像有不少值錢的東西，放下來！」

「知道了。」我把背包卸下，他們又命令我：「山羊背上的東西也一起卸下來讓我們看看！」我也照做了。他們兩個商量了一下，把經書、不需要的禦寒大衣等一些比較重的東西還給我，其餘他們覺得值錢的東西和糧食則全部取走。被他們這樣劫掠一空，接下來日子將會很難過，我必須向他們要些回來。

我先前曾聽人講過，在西藏遇到強盜打劫的時候有個規矩，首先把他們要的東西全給了，然後念一段經文，請他們至少留下食物，於是可以跟他們要到三天份的糧食。我就照著做，說道：「我懷裡帶著的東西裡有一只裝了釋迦牟尼佛舍利的銀塔，這是我受印度法護居士之託，要呈獻給西藏法王的禮物[1]，只有這個請不要拿走。」

「這東西你不給？」

「是這樣的，你們如果要拿去也無妨，不過我恐怕你們拿著這東西對你們不好。一般俗人拿了佛舍利是得不到護佑的，對你們更是沒有好處。當然你們堅持的話就拿去吧。」於是我取出舍利塔，說：「你們可以打開看看。」然後拿給他們，也許我這樣做出乎他們預料，他們反而不敢拿，只說：「如果是那樣難得珍貴之物，那就請你在我們頭上放放，給我們一些功德福分吧。」

聽他們這樣說，我就把舍利塔分別放在兩個人頭上，授與三皈五戒[2]，並祝願他們的惡業早日消滅。當我站起來正想跟他們要兩、三天份的糧食時，遠處山腳下突然又出現兩個騎馬的人。兩個強盜也同時看到了他們，趕忙站起來拿了我給他們的東西後就跑，兩個人像脫兔般往山上逃逸無蹤，我想追都來不及，也就放棄了。這時我想或許可以和剛剛出現的那兩個騎馬的人打個招呼，跟他們多少要點糧食讓我撐個兩、三天，可是那兩個人不知道為什麼並沒有走向我這邊，反而朝另一邊山區走去。

我提高聲音叫喊，同時用藏人打招呼的方式以右手向內繞大圓圈，不知道他們沒聽到或是有其他要緊事，並沒有回應我的呼喊。我貼身藏著的印度金幣八枚並沒有被發現，我背的行李失去大部分，山羊背的則全沒了，我分了點行李給山羊，開始走上山去。山路坡度很陡，走了十一、二公里天就暗下來了，只好就地露宿。次日只要朝東北方走就可以抵達一處驛站，但是身上沒有指北針，方向抓不準，本來應該朝東北去，結果我走的是東南向，後來更是朝南方直走。走了很久到了下午三點開始下起雪來；我一直走到天黑，就是看不到任何有人居住的痕跡。肚子餓極了，喉嚨又乾，沒有什麼可以吃，只好抓起雪就食。

雖然我一天只要吃一餐就能撐下去，可如果什麼都不吃就真會餓得發昏。天全暗下來了，肚子又餓，根本走不動。雪越下越大，我不知不覺走進一個凹下去像池子的地方，將地上的雪撥一撥將就睡了。在廣漠的荒野如果下雪同時又遇上暴風的話，就很可能凍死，所以我必須非常小心，以禪定的呼吸法盡量讓出入息不要毫無遮掩地暴露在冷空氣中，這是在風雪中過夜的最好辦法。天亮後醒來，四周積雪很深，但已經不再飄雪，太陽也露臉了。

我看看這一帶山容，發現很像我先前走過的牧民聚居的納魯耶地方，會不會我又走到了那裡，慢慢向前走，果然走到了也很眼熟的一條大河羌曲（野馬河）的岸邊。真是太好了。往納魯耶方向走去，就會抵達牧民的居地，所以路上說不定會遇到人，我特別多繞了些路，走了約八公里，結果什麼也沒遇上，眼前除了雪還是雪，真是失望到了極點，因為肚子已經餓得受不了，口乾舌燥，身體覺得非常難受。行李被搶走一大部分而變得很輕，所以沒有了負重的痛苦，可是反過來卻被空腹之苦襲擊。我只好拚命吞食積雪，全身有氣無力，我在這個人跡罕至的地方再度陷入了絕境。

【注釋】

1 見本書第七章。

2 三皈五戒：三皈或言三歸依，只皈依佛、皈依法、皈依僧；五戒梵文作pañca-śī，指不殺生、不偷盜、不邪婬、不妄語、不飲酒之戒。

43．眼病之難

從這裡往回走，渡過羌曲再一直走過去，就是阿爾珠喇嘛所住的那個地方；他和其他游牧民不一樣，不會做遠距離的遷徙，只會在同一個地點稍作移動，所以我想他應該還在那一帶。往那邊前進是我如今的當務之急，於是先渡過羌曲，渡河地點在上次的上游十來公里處，水位僅及先前的五分之一，已經慢慢結冰中。我選擇中午時分行動，拿著手杖探路，從結冰的間隙涉水過河。如果結冰已經很厚，過河倒是十分方便，但像現在這樣薄薄一層隨時都有可能融化，腳也很容易被冰塊邊緣割傷，所以還是有相當危險性。

安全渡過羌曲，就一直朝南走，走著走著才發現山羊背上僅有的行李——羊皮鋪毯、靴子、藥品等不知道什麼時候掉了。我到處找，可是滿山遍野的雪，根本不知道掉在什麼地方，大海撈針，一無所獲，只好放棄搜尋，繼續前進，多希望今晚能抵達有帳篷的地方；如果再這樣子每天睡在雪地裡，命都快沒了，所以決定再晚也要繼續往前走，強忍著飢餓一直走到晚上八點過了，共走了三十多公里路，這時兩只眼睛卻因為長時間蒙受雪地強烈反光的刺激而得了雪盲，開始劇烈疼痛，痛得好像眼睛就快瞎掉。野地上積雪很深，到了半夜又下起雪來，又凍又痛，全身冒冷汗，難受到想打坐行個觀法都做不來的程度。我把身子放倒下來看看，頭部幾乎全陷入雪中，反而弄得疼痛加劇。我拿了雪貼在兩眼上止痛但無效，而且發現全身漸漸凍得痲痹沒有知覺，只好閉著眼睛拿丁香油拚命塗抹身體。雖然眼睛閉著卻根本睡不著，只能背誦佛經，沒想到突然詩意湧現，吟詠了一首詩，妙的是在這種時候作詩，身體的疼痛竟然減輕了許多。

雪原雪褥雪為枕
以雪為食雪所困[1]

自己也覺得這首詩很好玩，心情稍感安慰，也輕快許多。第二天就是十月一日，我想在原地繼續待下去不是辦法，清早六點就起身出發。這時雪霽日出，雪上反射的強光讓我的雙眼更加疼痛起來。

我試著閉上眼睛走路，卻寸步難行，只好微睜雙眼，卻疼痛難忍。身體也因為精神恍惚而一下仆倒雪上一下跌入草叢，而三、四天沒有任何食物下肚，全身苦不堪言，走起路來像個醉漢般搖搖晃晃，隨便踢到個小石頭也會跌倒，不過因為雪很多，行李又輕，倒還不至於受傷。飢餓、眼痛、腳殘，整個人進退維谷，最後終於身體失去控制在雪中坐倒，覺得死亡已經不遠。可是意識非常清楚，精神上並沒有認命等死，我知道只要還有一絲力氣我都會盡可能多走一些路程，可惜心餘力絀。正在這時，遠處不可思議地出現一個騎馬的身影。

我用力掰開眼睛確定是否是錯覺，可仔細看了又看，眼前確實有一名男子騎著馬向我走來。我趕忙站起來向他招手，想叫他卻發不出聲音來，好像喉嚨被束緊了似的。拚了命勉強發出兩響叫聲，手則搖了又搖。不久，他似乎確認了我，策馬前來，我那時真是欣喜莫名。

他很快來到我身邊，問我為什麼一個人在雪原上如此狼狽，我用力說話，告訴他我遇上了強盜，幾幾乎被劫掠一空，僅剩的東西後來在路上也丟失了，到現在已經餓了三、四天肚子，請他給我一點吃的。這名年輕男子顯得很擔心我，歪著頭想了想，說他身上不管糌粑或什麼都沒帶，不過倒是有樣東西，說著就從懷裡拿出一片奶油糖給我。那是將牛奶煮沸冷卻後，將上面凝固的薄薄一層奶油收集起來，摻上紅糖製成的甜點，在西藏羌塘一帶是拿來送人或招待貴賓的上等食品。

我兩三下就把奶油糖吞進肚子裡，根本來不及分辨它好不好吃，然後又問這位年輕男子這一帶有沒有可以收容我住宿的地方，另外我也需要補充糧食。他說，他自己也是香客，而他的父母和同行夥伴就在山那邊，他要我到了那裡再說，到時總會有辦法，但他現在有急事必須先趕回去，說著就騎馬飛奔而去。走到有人煙的地方才四公里路，可是途中我幾度因為跌倒或眼痛難忍而不得不停下來休息，而又渴又餓也必須吃點雪，所以總共走了三個鐘頭才抵達目的地，已經過了上午十一點鐘。那位少年一看到我就趕忙出來把我迎進帳篷裡。

他們看到我的模樣非常同情，把西藏最上等的加了紅糖和葡萄乾的酥油飯端出來招待我。我真是感激得說不出話來。我吃了兩碗酥油飯，不敢吃太多免得腸胃受不了，只再喝一點牛奶。當晚因為眼痛而睡不著，可是沒有藥物，我無可奈何，只能拿布包覆雪放在眼睛上止痛，痛楚只是稍稍得解，仍舊很難受，所以即使有很好的床可以睡，我還是無福消受。

第二天他們必須出發繼續朝聖行程，我只好跟著上路，不過到真正出發還要不少時間，因為要收帳篷、整理好行李放到犛牛背上，做起來挺費事的。我喝完茶出去一看，每一家都在忙著收拾帳篷，我走到比較遠的一頂帳篷附近，又是七、八匹獒犬圍著我狂吠。

雖然被獒犬包圍了，由於眼痛，我沒辦法像平日那樣對付牠們。我只能勉強睜開眼睛，兩手各執一杖在前後保護自己，可是突然的一陣劇痛讓我慌了手腳，不知怎麼回事後面那根手杖被一匹獒犬叼走了，這時另外一匹又從我身後緊咬我的腳，我跌倒在地，大聲呼救，附近正在整理帳篷的人趕忙跑過來，拿石頭丟那匹獒犬，又把所有狗隻都趕跑，為我解圍。我一看腳，鮮血淋漓，而且新血還不斷湧出來，我拿左手按壓右腳的傷口好一段時間，一個老太太拿藥出來給我，說是治狗咬傷最具神效。我把藥敷在傷口上，試著想起身，卻怎麼都站不起來。

【注釋】

1 第五個「雪」字在作者原詩中以日文片假名コキ（音yuki）標示，與「行」諧音，而行這個字有方向、前途之意，因此為雪所困也同時可解為「為前途茫茫而煩憂」。

44·白巖窟再訪

腳被獒犬咬傷，我連站起來都有困難，可是盡坐著也不是辦法，或許可以請他們幫幫忙，於是問他們阿爾珠喇嘛是不是住在這附近；他們知道我認識阿爾珠喇嘛後，其中一個人就說，既然如此，因為是我的狗咬了您，那您就騎我的馬去阿爾珠喇嘛那邊吧，喇嘛是個醫者，既可以療您的傷，也可以治您的眼病，趕快到他那裡才是上策，說著就親切地將馬借給我，還吩咐一個人幫我牽馬。

我用手杖用力撐起身站起來，騎上馬走到有兩頂帳篷的地方；那帳篷比阿爾珠喇嘛的小很多，下去一問，才知道不是喇嘛的帳篷，而是他岳父母的家。我請他們帶我去找阿爾珠喇嘛，正好這時喇嘛的妻子回來娘家，聽到我的聲音，說這是前不久前往岡仁波齊峰朝聖的尊貴的喇嘛，就出來跟我會面。

我問她：「阿爾珠喇嘛在哪裡呢？」

她答道：「就在東邊四公里遠的地方。」

「我想去那裡見他，不知道有誰方便帶我過去一下？」

「我已經不跟他在一起了，所以沒辦法帶您過去，如果您要去找他，我可以跟馬伕說，您騎著馬過去就得了。」

「可是你怎麼不回自己的家了呢？」

「沒有比他更壞的人了，我想跟他離婚。」

我勸她不要這樣，也問了許多他們之間的事；在她家用過中餐，然後前往喇嘛住處。到了那裡，除了一個幫傭的人外沒有別的人影；直到晚上阿爾珠喇嘛才回來。我跟他解釋，一路上遇到了強盜，然後又在哪裡被獒犬咬傷，問他有沒有什麼好一點的藥。他很親切地拿藥給我，又說恐怕要多留幾天否則沒辦法走路，因為有些獒犬非常毒，必須徹底消毒免得毒菌散布全身。我說一切拜託他了。在那裡逗留期間，或許他的藥真的有效，連眼睛的疼痛也減輕了不少。

這一路真是多災多難、禍不單行，今後也不知道會遭遇什麼不測，可是能夠一步步往目的地前進，心裡還是感到很欣慰。

第二天我問喇嘛，為什麼妻子回娘家去了，喇嘛就跟我說了許多對妻子不滿的話。他們兩個公說公有理、婆說婆有理，我也搞不清楚到底誰對誰錯，不過我還是勸他身為一個男人還是要寬宏大量些，多多禮讓女性才是對的；我建議他去接太太回來，也跟他說了許多佛法的道理，他若有所悟地同意了，派兩個人去接他的妻子。

他的妻子在當天傍晚終於回來了。第二天我向他們講解「淨土三部經」中的《無量壽經》，經裡講到「五惡」那段並不見諸西藏流傳的經文，他覺得很精彩，希望我能詳細傳授給他，於是我就每天跟他說這一段經文。所謂「五惡」那段經文，講的是五濁惡世中的壞人用盡一切手段所行惡事，全部被歸在五大類中[1]。我每天懇切地講解給他們聽，這對夫婦總是邊聽邊流淚，懺悔自己的罪業，有時悔恨自責之心強烈到我不停止他們就受不了的程度。

為了自己所行罪業而悔恨自責真的是很痛苦的事，不過能夠如此也不壞，因為在體會噬心之痛後，就開始知道要當個好人行好事，所以懺悔是很重要的。我在阿爾珠喇嘛那邊待了十天，在夜裡，一片冰天雪地的景致特別賞心悅目，尤其是明月當空的時候。見到冰光明徹裡的一輪寒月，懷鄉之情不禁油然而生，而天地淒清之狀也激發我寫了許多詩。

這樣過了一段快樂的日子，傷口和眼疾漸次痊癒，身體也變得強健許多。阿爾珠喇嘛提議再去拜謁白巖窟的格龍仁波切，我欣然同意，於是三個人騎著馬，又帶著我的行李和致贈尊者的供養物，加上僕傭三名、馬七匹，一隊人馬向南進發，真是有些浩浩蕩蕩。

二十來公里路轉眼間就走完了，時間還不到上午十一點，必須稍候才能見到尊者。十一點到了，要拜謁尊者的人共有三十多名，一個個輪流向尊者行禮、請尊者開示並呈獻供養物品後才離去。我本應和同伴夫婦一起回去，沒想到尊者說今天還想跟我談談，要我先別走，於是我當即與喇嘛夫婦殷殷話別，因為從這裡就可以直接走上前往首府拉薩的路。

我坐到尊者旁邊，等他開口，但尊者陷入一陣沉默。我多少可以推測尊者想跟我說些什麼，因為在阿爾珠喇嘛家暫住期間聽到了一些甚囂塵上的傳聞：「那個自稱是中國來的喇嘛，並且說要去岡仁波齊峰朝聖的人，其實不是中國人，而是英國人，他是為了偵探西藏國情而來的。」阿爾珠喇嘛雖然到處聽人這麼說，但他還是寧願相信我，認為對一個虔誠的佛教修行者編造一些充滿惡意的謠言實在愚不可及。我想這些謠言也傳入了尊者耳中，這會兒他正在沉思找個可以對我開口的端緒。

果然尊者第一句話就問道：「你克服萬難想盡辦法要前往拉薩，請問是什麼緣故？」

「我是為了修習佛法以濟度眾生而來。」對於尊者的實問我來個虛答。

尊者又問：「你又為了什麼而要濟度眾生？」

「並無任何個人的原因，只因為眾生受著種種苦。」

「那麼，你在這個世界上有看到『眾生』這種東西嗎？」

這是很高段的提問，我也就高來高去地回應他：「既然無我，豈有眾生？」

尊者聽了一笑，又改口問道：「你到目前為止曾為色慾所苦嗎？」

【注釋】

1《無量壽經》漢譯本中說現世五惡，即違背不殺生、不偷盜、不邪淫、不妄語、不飲酒等五戒之行為；談五惡之前，也言及三毒（貪欲、瞋恨、愚癡），這兩段經文將人類的愚蠢與惡業做了徹底的描寫，令人印象深刻。不過這兩部分經文並不見於梵文本和藏文本中。

45・走上官道

針對尊者問我關於色慾的問題，我回答他：「曾經為此非常煩惱，如今總算克服了；我更希望可以永遠不再為色慾所苦。」

接著他又問及遭逢盜賊的事。「遇到盜賊時會心生憎恨嗎？盜賊離去後會因為憎恨之心而行咒法加以報復嗎？」

我答道：「由於宿世業緣所以才有盜賊強奪之事，所以無須憎恨對方；何況我一定造了遭逢罪劫的業因，所以該被憎恨的毋寧是我自己。我為了能清償前債高興都來不及，哪還會施咒懲罰他們？要是那些人以奪取我的財物而種下因緣，即使今生不能，尚望來世得入真道，成為一個有用的人，一個度眾的菩薩。」

尊者聽了又對我意有所指地說道：「你這樣說我都瞭解了，不過今後恐怕還是免不了會遇到好多次盜賊之難，我建議你最好還是打消前往拉薩的念頭，否則一旦為盜賊所殺，你濟度眾生的目的就無法達成了。你還是取道尼泊爾回去吧，要返回尼泊爾你可以從羅州進入，從那裡就有很好的路可以走；你就早點朝那邊出發吧。如果你繼續一意孤行，恐怕只有死路一條啊。」然後語氣變得很嚴厲，說：「為了達到目的必須不擇手段，然而如果以前往拉薩為目的，那大可不必。如果你真心以濟度眾生為意，那就不能不回轉尼泊爾！」

我覺得很訝異，說：「我沒辦法接受那種曖昧的事，為達目的不擇手段的說法我也歉難苟同。《大日經》云『方便即究竟』，行最誠實無偽的方法即是達成最究竟的目的。一如前往極樂淨土並不是降生為人的目的，到達拉薩也不等於完成了人生的目的。一切萬事唯有抱持誠實無偽、純粹而坦然的方法做去，這才是究竟的目的，此外無他！」

「那麼，你將繞什麼樣的路、往什麼地方去呢？」

「不用說我將經由山路前往西藏首府。」

尊者一聽氣急敗壞說：「你這不是很奇怪嗎？與其非走有必死之虞的路，你不如回尼泊爾算了。你這是有勇無謀啊！我能預見，你要是不聽我的勸，下場只有一死。」語氣已經帶著威脅。

我正色答道：「是嗎？可惜我不知死，也不知道所以生；我只知道坦誠而行。」

尊者俯首想了想，忽然話鋒一轉，談起摩尼也就是藏傳佛教的種種祕密內容，由於彼此問答事涉專門，我就略而不錄了。兩人意興湍飛地談論佛法直到黃昏時分，最後尊者對我的疑念徹底冰釋，說道：「唉，都是這裡的俗物很沒水準地捏造了許多謠言，你確實是一個篤實追求佛法的人啊。」他狀甚輕鬆愉快，說對我而言現在最需要的就是金錢與食物，於是贈與我西藏銀幣二十章卡、茶磚一塊、青稞粉一大袋、西藏銅鍋一只，還有其他許多旅行必備的物品。

一應總值約五、六十章卡的贈禮，我惋卻道：「這樣一大堆東西我真是沒辦法拿走，請給少一些吧。」

他說：「不不，從現在起你一路都會遇到我的弟子，只要讓他們看看這袋子就知道是我送給你的，他們一定會幫你扛，不用擔心。」他這樣說我才恭敬不如從命地接受了。由於他答應隔天要將摩尼祕法祕密傳授給我，我帶著滿心歡喜睡了。

睡覺的時候我想了許多事，我對尊者說我將取道山路前往拉薩，可是山路沿途尊者的弟子很多反而危險；雖然尊者非常信任我，但弟子中也許還有人對我懷著疑慮，因此決定稍稍繞個遠路，取官道而捨山路。第二天早上，尊者依約傳授我摩尼祕法，中午時分我才與他告別，背著行李往下才走不久，就漸漸覺得有些不堪負荷。我並不是走尊者指示我的山路，而是想上官道而逕朝北方前進。走了八公里後，看到兩頂帳篷，從裡面走出一個在那一帶而言非常體面的牧民，很恭謹地迎接我。

實在不可思議，這一帶我並沒有認識的人，這個人我怎麼也想不起來曾經見過。受到陌生人的迎接，感覺有些怪怪的，不過我還是進去了。裡面竟然是阿爾珠喇嘛。原來阿爾珠喇嘛昨晚住在這裡，並且將我先前跟他講授的佛法一一說給這邊帳篷裡的人聽；他們知道我會經過這裡，特別迎接我並請求授他們以三皈五戒，我答應了。之後我繼續前進，他們派了一個人和兩匹馱行李的馬陪我一路沿著名為噶爾藏吉曲的河岸朝東向下走去。

這條河是前此我離開白巖窟尊者前往岡仁波齊聖山時所渡過那條河的下游。沿河邊走了十二公里，下午六點停在有帳篷的地方借宿一宿，一路送我過來的人把行李從馬背卸下後就回去了。當晚我設法打聽前往官道的可能路徑，結論是非得再次涉渡到雅魯藏布對岸不可。要渡江的話我一定要有挑伕兼嚮導才行，於是雇了一個人，第二天往東邊沼澤地帶走了十六公里，再越過一處四公里長高坡，即來到雅魯藏布岸邊；我在嚮導帶領下渡了河，來到一頂簡陋的帳篷前面。

原來這裡專門收容迷路的犛牛，帳篷是為了看管的人而設的，裡面有一個老太太和一個少女，我就在那裡借宿。隔天我一整天做些縫縫補補的事，到了十月十六日才又踏上沼澤地帶繼續朝東前進。沼澤到處是積水的窪池，非常泥濘，上面長了些草，水窪有深有淺，但並沒有形成真正的水潭，真是名副其實的濕原。走了十六公里後又遇到一條河，名叫納瓦藏布，她是流經北方的高原後注入雅魯藏布的一條大河。渡河的地點我曾經問過，那裡的河底泥沙層很厚，腳會深陷其中，並不好走，幸好安全到達彼岸。

河寬約兩百公尺左右，水深可達胸部，水流甚為湍急，由於扛著重物，好幾次差點跌倒。過了河走沒多遠就有一頂很大的帳篷，我請求借宿獲得允許，夜裡打聽了許多路況，知道東北方八公里處就有官道，那裡正好有個叫托克森的達桑（驛站）。在這個高原地帶，大約每隔四天到五天路程就設有一個驛站，往岡仁波齊聖山方向離托克森達桑四天路程處又有一個達桑，名叫薩姆藏達桑（Satsan Tazam / Shamsang）。由於我將走上官道，所以帳篷裡的人就詳細向我描述驛站的情形。翌日我仍採東路前進，走東北方向固然能抵達托克森達桑，但要多繞些路，所以還是逕朝東走；再次一日還是同樣方向前進，然而卻遇上了大麻煩。

46・終於走上官道

走在沼澤地帶，一下子得涉過淺淺的水窪，一下子得走進泥濘地。如今遇到一處泥淖，我先拿木杖試試，發現相當深，為了不深陷其中，決定找距離最短的地方走。那裡水很淺，軟泥上覆著沙子，感覺上泥淖並不會很深。拿手杖探了探，雖然沒入部分稍多，不過走過去應當不成問題，何況距離不到八公尺；但等我踏足泥淖，可不得了，才走第二步，整個人就陷得很深，斜斜向前倒了下去。幸好手上還有木杖，就用力撐著，站是勉強站住了，卻進退不得。

我只好將木杖用力向下頂，試著將身體從泥淖中拔出，多少有些進展。接著我把行李放到泥淖上，然後拿起一件先往背後移動再朝前丟擲出去，我用同樣動作將行李一件件丟到前方。行李都上了對岸後，我又將身上濕透了的衣袍順序脫下向前丟，直到赤身裸體，那時真凍得七葷八素。我突然想到小時候看過的一種足上功夫的特技，雖然不知道現在管不管用。

這種時候急不得，否則情況只會更糟，我想好應對法，於是先在木杖上使力將自己身體提起，讓傾斜的身體直起來，接著將一支短杖橫放在前方較遠處，大約後腳可以踏上去的程度；然後右手扶著長一點那支木杖用力向下頂，直到身體差不多可以脫身出來的時候，將後腳迅速拔出踏在長杖上，當長杖往前傾斜將倒未倒的時候，藉著長杖短暫的承載力，這隻腳再用力一躍踩到更前方橫躺的短杖上。就一再重複這招，在前面一隻腳還來不及深陷前向前踏出後腳，由於身上重量輕了許多，終於無事跳上泥淖的對岸。

身陷泥淖進退不得

跳上岸後雖然冷得直打哆嗦，心情卻很興奮，因為沒想到小時候看過的特技卻在這時派上用場。衣物全濕，只好先擰乾，但實在等不及乾透，雖然濕濕的也將就穿了，然後往距離官道不遠的帳篷走去。所幸在那邊遇到一些香客，讓我得以安睡一晚。天亮後，我終於踏上了官道。

所謂官道，看起來很平整，卻不是特別派人修的，而是原本就是容易走的路徑，於是馬匹、人群就大量往來其上。說得詳細點就是，這條路徑因為商人、公家人、軍隊和牧民頻繁往來，上面不太長草，碎石頭也不多，於是就被稱為官道了。如果是沙漠地帶，那被叫做官道的路徑只要風吹上一陣子，上面就清潔溜溜。在西藏真正稱得上是公路的大概拉薩附近還有一些，其他地方根本沒有，頂多只能說是人、馬自然踩踏出來像是公路的通道而已。說到公路或官道，也許大家會以為有汽車在上面奔馳，其實西藏專門跑人力車或馬車的馬路一條也沒有。關於這點有一件趣事。尼泊爾國王從加爾各答買了一輛四匹馬拉的歐洲造型豪華馬車送給當今的西藏法王，結果西藏根本沒有適合行走豪華馬車的道路，達賴喇嘛本來想還回去，但因路遠不易往還，最後只能放在法王的宮殿中當裝飾。

這才不過是四年前的事，因此西藏路況的惡劣並非一時一地的事；就算最文明開化的拉薩、日喀則也沒有所謂公路。總之走上官道就安心多了，途中不會再有哨所盤問，想到從這裡一路到拉薩都可以大搖大擺走過去，就覺得很好玩。這天穿越了沙漠地帶，來到一處帳篷，裡面是一間酒店；在這種地方竟然會有酒店實在有些奇怪。這是從羅州蒙丹（Mondan / Lo Mantang）地方來做買賣的，在這裡待到這個月底左右。

這一帶是鹽、羊毛、犛牛、馬匹的集散地，酒店就是以這些商人為營業對象，賣的當然是青稞酒……管它賣的是什麼，既然到了帳篷前天已經黑了，還是進去打個招呼要求收留一晚再說。意外的是，我認識裡面的人：賣酒的是我在羅州查藍山村居留期間認識的一位老太太。她看到我喜出望外，問我這一向去了哪裡，很高興能夠在這裡再見到我，也想知道我今後會不會回去查藍。我有些含糊其詞地說還沒有決定，當晚就在酒店借宿。這一切際遇實在太順利了，然而禍福相倚，我還是得處處留神，不過這位老太太很單純善良，一夜無事地度過了。

次日老太太讓她的幫手牽著犛牛將我的行李馱運到東南方二十公里處一個叫吉雅朋的人家裡，老太太傳話說我是一個高貴的喇嘛，希望他們能接待我。這位吉雅朋是本巴州地區地位次高的長老，擁有犛牛兩千匹、羊五千頭及其他財產無數。他的帳篷為四方形，每邊各有十三、四公尺長，一旁還有石砌佛堂；另外還有一頂普通大小的帳篷，以及一頂當作遊戲間的小帳篷。走進最大的那頂帳篷一看，大量物品都被當作壓帳用，而每堆物品上面都一一覆蓋西藏氌氆斗篷。

氌氆底下都是些什麼東西並不清楚，多半是酥油、青稞、小麥或羊毛。住在這裡面的主人吉雅朋年約七十五、六，他的夫人則八十歲左右，兩眼失明。他們並無子嗣，連養子都沒有，關於他們財產的繼承，在西藏地方的不成文規矩是，必須由吉雅朋的近親或兄弟的兒子中，選一個與本人關係最親的人來繼承；養子在西藏是沒有繼承權的。所以並不用特意安排，時候到了自然就有一個與自己最親近的人出來繼承財產，沒有正式的法令規章，而是由傳統習慣自然形成的制度，也沒有人會提出異議。

47・官道上的旅程

兩位孤獨的老人向我詢問了許多佛法上的事，我為他們一一詳加說明，他們聽了很滿意，請我為他們死後的回向供養誦經，說他們現在除了死後的事其他一概無所求。這段期間我的身體極度疲乏，如果繼續趕路只會讓身體情況惡化，正好有兩位老人的請託，我可以有好幾天時間誦經順便休養。不過他們更希望我能夠在這邊待個一年半載，慢慢向他們講解佛法，這我就沒辦法答應了。逗留太久的話，從我在羅州出現以來所流傳的關於我的謠言將會越傳越盛，到最後難免危及自身；此外我也擔心這裡寒冷的氣候，不論我穿多少衣服恐怕都抵擋不住。

剛抵達這裡的時候，我已經快受不了那種冷，向長老商借了兩件皮衣穿著，到了夜裡還是覺得寒氣徹骨，等過些時候天氣更加嚴寒，我不知道我還能不能在這種帳篷裡住下去。因此不管他們怎麼請求，我都只好狠心拒絕，但想到兩個老人態度如此懇切，我心裡很覺過意不去。

在這裡滯留期間，我的身體明顯出現嚴重的病徵，有一次只是和平常一樣到外頭散散步，忽覺喉嚨有塊狀異物，不以為意隨口一吐，吐出的竟是血塊。接著又是激烈的一陣咳嗽，血從鼻孔、嘴巴大量湧出。難道我染患了肺病，可我的肺一向很強健，實在沒有理由得這種病。血流不止的時刻，我就在草原上打坐調息，讓出入息減到最低程度，果然出血的規模小多了。這種時候能夠身心鎮靜以對，不得不說是禪宗歷代祖師的庇佑，教我越是痛苦反而越能進入甚深禪定。

血終於不再流了，放眼一看嚇了一跳，身邊處處是一灘一灘深紅色的血，我很難想像怎麼會有這麼多血可以吐。回到帳篷中，吉雅朋長老看到我，問我臉色怎麼青成那副樣子，我跟他說明原委，他說他也常聽到中國人或其他外邊的人來到這裡，因為不適應稀薄的空氣而吐血；他說他有特效藥，就去拿來給我服用。

經老經驗的長者這樣說，我才知道原來不是得了肺病，而是長期在空氣稀薄的地區旅行有以致之，覺得安心不少。然而三天後我再度吐血，不過量少了很多；長者說，只要再吐個兩次，以後就沒事了。果然我後來即使在拉薩府居留期間也沒有再吐過一次血。想想也理當如此，這一帶的海拔達四千五百多公尺，而拉薩府則為三千六百多公尺，所以在拉薩府是沒有理由會吐血的。長老給了我許多犛牛奶，讓我在那邊靜養了七天。

第八天我再度出發，出發前長老跟我說，給你別的東西也許派不上用場，就送你一種叫「羿」（yi）的雪豹皮吧。那是一種生息於雪地的貓科動物，胴體比貓稍長，牠的毛皮非常柔軟保暖，是西藏價值最高的皮草。長老送我的是以這種毛皮縫製成的帽子，其帽沿長可披肩；後來我聽人說這種帽子貴得不得了。除了帽子，他還送我少量酥油及十章卡銀幣，又派了馬匹和僕從陪我一程。走了十六公里後，即抵達此地一個部落統領阿久普的家並留宿。

能夠在吉雅朋家前後待了一個禮拜實在是非常幸運的事，若是走在半路上時吐出那麼多血，我很可能活不了，因為一直吐血卻沒能補充營養的話，對身體傷害太大。十月二十九日辭別阿久普，又是一個人背著行囊，走在東南方向的沙漠地帶；十六公里處就是雅魯藏布。這時節水面已經結了不少冰，在陽光下閃閃發光。照說這不是正常的方向，這是一條小路，如果是官道應該朝東邊走，朝東南方走主要是因為前一晚阿久普跟我說，若是朝東則一直到扎東達桑（Tadun Tazam / Tradom）為止都是看不到牧民的無人地帶，而走東南方向則一路都會有牧民往來；果然江邊就住有牧民。

我前往商量借宿，主人阿沛非常親切地接待了我。他說他們明天也要跟我同一個方向移動，因此可以同行，而且讓他們的犛牛幫我馱行李。第二天我們就一起沿河朝東南方向往下走。這是一片河床形成的沼澤，走了六公里後到達一處白色沙海。沙層很厚，腳一踩上去立刻深陷，必須很費力才拔得出來，阿沛看了就說，如果我不介意，可以騎他那無鞍的馬；我說當然沒問題，就騎了上去。

剛開始還好，但很快臀部就被馬背的脊骨弄得很痛，非常難受。我學西洋女性乘馬的樣子，將兩隻腳抬起放在馬的脊骨上，才走不到一公里，腳也開始痛了。無可奈何只好下馬走那難走的路，不過不用背行李，還是輕鬆不少。走了八公里沙海後，又來到穿行於突兀岩壁間的雅魯藏布江邊，河面變窄，水流甚急，我們小心翼翼踏著跌落水中的岩石走到了對岸。眼前是三座拳頭狀山巒，山與山之間有三道河谷，雅魯藏布流向東南方那座山的河谷。

我們並不走那邊，而是朝東北方的谷地而去，因此漸漸遠離雅魯藏布，攀越了東北方的大雪山後，眼前是非常廣袤的平地。在山與平原接壤的地方有一頂帳篷，我就在那裡借了宿。這一天只走了二十八公里路，同行的阿沛一伙因為要往另一個方向去，我們當天就分手了。夜裡我問主人從這裡到扎東達桑之間還有沒有河流，說是有一條，由於那是一條危險性頗高的河流，沒有嚮導不行，於是第二天我雇了一名嚮導，在寬闊的平原上朝東南方向前進，十二公里後就遇到寬約百來米的一條河。那時才早上十點鐘，冰還沒有融化多少，嚮導告訴我，這個時候渡河腳很容易被冰劃傷，不如先煮茶、吃中飯，慢慢等冰融化。我們到十二點才敲掉河岸邊的冰，涉足入河，融化中的冰摩擦到腰部和腳上，造成輕微的割傷。上了對岸後，寒氣徹骨，皮膚根本毫無知覺。又走了十餘公里路後，當晚我們住在小帳篷裡；隔天十一月一日早上九點剛過再度出發，到中午十二點渡過一條小冰河，又走了八公里多，就到了西藏羌塘高原最著名的塔臣寺（塔臣意為「七髮」，相傳有七佛的頭髮埋在寺中而得名）。寺廟建於小山頂，邊上有政府的稅收稽徵所。這裡也是羌塘高原的驛站之一，有一點市鎮的規模，住著不少生意人。寺廟裡收藏有許多珍貴的寶物。

48．路上的苦心

第二天我前往寺中參拜寶物與佛像。這個地方正好位在我先前曾居留了一整年的羅州查藍村正北方一百公里處，所以除了附近的人外，遠從查藍一帶也有很多人前來做買賣；不過我並不知道。參觀了寶物之後，我在寺中蹓躂一陣，正想回到宿處，不意半路上碰到了一個認識的人。這個人是個酒鬼，在喜馬拉雅山區土著口中也是惡名昭彰的賭徒，常常背後說一些我的壞話，說我是英國的官吏，是密探等等；我跟他只是點頭之交，但他的家人生病時我照樣提供藥品，所以他對我還算有點分寸。這個人藉酒鬧事的惡名可說響叮噹。

我一看到他，心裡就擬好一個腹案。如果我對他視而不見，他一定會向官方告密，這樣難免影響我達成最終目的，於是我很客氣地跟他打招呼，又說久別重逢，想請他喝酒；我自己雖然不喝，但這是驛站，可以買到好酒，我要買最好的酒請他，一敘闊別之情，問他意下如何。他一聽有酒喝，很快就跑來我的住處。我跟住處的主人打過招呼，請他幫忙買了許多好酒，然後大家一起喝。我向來滴酒不沾，只好裝作拚命喝酒而且喝得醉醺醺的樣子；一直喝到深夜四點。這人牛飲之後大醉，睡得很死。

我也假裝睡了一下，五點半主人起床，我跟著起身，向他說，睡著的那個人是我的好朋友，我留給你一些錢，今天請你和他再盡情喝幾杯；另外我也會給你錢表示謝意。我拿了錢給主人，又跟他說，絕對不要讓他出去，他醒來後若是問我去哪裡，就告訴他我朝查藍的方向走去了。交代完畢我就趕忙整理行李，六點左右出發。說往查藍去只是障眼法，其實我是走向東南方可以直抵拉薩的官道。

之所以如此，乃是因為那個酒鬼在喜馬拉雅山區居民中可算出名機靈，他清醒過來後一定會問我到哪裡去了，要是聽說我去查藍，肯定馬上想到我根本就是要去拉薩，請他喝酒只是想灌醉他，也就會去驛站向收稅的官吏告發；稅官騎了馬立刻追過來，我就算跑再快也逃不出他們的手掌心。半路上我很想把身上所有的錢拿出來，盡可能雇用挑伕或租一匹馬以加快速度，但在那種空曠的野地，哪有人或馬的影子，只好放棄這打算。我一刻也不敢停留地在官道上趕路，突然看到後方出現大隊人馬惹起的滾滾煙塵，一直往我這邊接近，注意瞧好像是一支大規模的隊商。

等他們走近了一看，馬有八、九十匹，人有十六名。我和其中一人打招呼，跟他商量能不能把我的行李放到馬背上，我會付他錢。那個人大概只是個僕役，不敢做主答應我；我轉而向後面看起來像是主人模樣的男子提出要求，他也說現在不方便，不過他們今天要在前面山腳下宿營，我可以跟他們一起過去，雖然辛苦些，但是到了那裡大家一起商量，總會有辦法的。我求之不得，他們的態度也讓我鼓起勇氣，不論如何都要在今天走到他們的營地；下午八點左右，我終於抵達山腳下兩頂白色大帳篷所在處。這一行人裡有一個帶隊的喇嘛，他旁邊則坐著地位居次的另一個喇嘛。原來是一支僧侶組成的商隊。

他們熱情招呼我喝茶，也要拿他們正煮著的肉給我吃；我接過一碗茶，但婉卻了肉。他們好奇地問我為何不吃肉，我逐一向他們解釋我不吃肉的理由。那位帶隊喇嘛聽了似乎很感動，問我：「您是什麼地方人氏？」我答道：「我是中國的和尚。」那位喇嘛好像懂得中文，跟我說了些中國話，我趕忙說，您說的是北京話和我講的不一樣，然後和他繼續用藏語交談，免得露出馬腳。接著他又寫了幾個中國字要我念出來，我不但念了還跟他解釋那些字的意思；他這才相信我是中國人，但多少還有些將信將疑。他們又是什麼人呢？原來是來自西藏西北部與喀什米爾東境拉達克地方接壤的日土，他們正是日土地方龍圖布寺（Lhuntubu-choeten）的喇嘛。領隊的喇嘛法號叫洛桑根津，副領隊叫洛桑揚貝爾。負責生意方面事務的人名叫宗彭；宗彭的意思就是「商將」。要我跟他們來這裡的就是宗彭，其他人的身分不是僧侶就是在家的僕役。

這支商隊將喀什米爾地方所產的杏脯、葡萄乾、絲織品及毛織品運到拉薩府，然後從拉薩府帶回茶磚、佛像、唐卡（佛像卷軸畫）等物品；如果我跟著他們走一定有許多便利，於是想辦法跟他們套套交情——但一開口就請他們幫忙將我的行李一起運到拉薩反而不好——我只希望他們能接納我和他們一起穿越羌塘這個空曠廣袤的牧場。這時洛桑根津喇嘛問我學的是什麼宗派的佛法，也想知道我理解的程度；漸漸他的問題就集中在藏傳佛教方面。我先對佛法的不可思議讚歎了一番，然後說我曾在羅州查藍地方向色拉迦倉（慧幢）喇嘛學習了藏傳佛教的義理，然後又提出一些我曾經特別加以研究的經文；我甚至跟他們談了許多他們聽都沒聽過的內容。

洛桑根津喇嘛相當吃驚，又針對藏傳佛教經典問我許多問題。他雖然對經典稍有涉獵，卻不太深入，尤其他們多半無法以系統分類法研究佛典，對內容自然一知半解。我向他們詳細解釋了佛典上的重要法義，他聽了很滿意，希望我能和他們同行，他說今後他們每天從早上走到午後兩點，兩點之後就休息宿營，空閒時間很多，如果我能為他們講解佛典，他們將非常感激；又說他們不會忽略該有的禮數，也會提供我一路上的飲食，問我能不能考慮一下。哪還需要考慮，我是求之不得啊，當然很爽快地答應了。

49．同伴的質問

第二天清晨四點左右我醒來時，已經有同帳篷的幾個人在那裡以犛牛乾糞餅生火煮肉和茶了。不久所有人陸續醒來，其中七、八人出去找昨晚放牧在外的騾子和馬匹。由於必須野放這些騾子與馬整夜吃草，一個晚上下來，有些跑到山的另一邊去，最遠的還可能跑到兩、三座山的後面，只好出去搜尋，最快也要一個鐘頭才能找齊，有時甚至一找找了三個小時。不過這些馬或騾子是不會逃走的，牠們一看到有人來找就知道該回去了，因為營地那邊有好吃的豆子等著牠們。大家把騾子和馬群從四處牽回來後，就拴在木樁上，然後用青稞粉拌和煮爛的豆子捏成一團團餵給馬和騾子吃，吃的時候就把貨物、行李裝到牠們背上；每五、六匹由一個人負責照顧。

他們在裝載行囊的時候，也輪流去吃早餐，他們一般吃的主要是綿羊、犛牛或山羊的肉；到城市的時候偶爾會有豬肉吃。行李裝好，飯也吃過後，就開始將帳篷收起來也同樣放到馬背上。個人騎的馬各自裝上馬鞍，騎上馬後在後面趕著自己負責看管的五、六匹牲畜前進。與我同行的雖有十六個人，但只有十五個人有馬騎，另外一個要去拉薩府修學佛法的出家人則一路徒步，原來他只是同樣來自日土，得便和商隊同行，但並不屬於他們一伙。我和他一起步行，最好能提早出發，所以不待那些人收拾好行李，我們就先行喝茶，之後朝東南方向慢慢走去。

俗話說「人要知心馬要騎」，我這位同伴對自己的學問挺自負的，認為自己是個了不得的學者。他的確讀過不少書，不過對佛法的要義所知甚少，對佛法中的微細分別也沒什麼概念，只是籠統有些認識而已。不過就旅行而言他還是個不錯的友伴，所以我還滿快樂的，和他一路上有說有笑；不過有說有笑的是我，他對我卻有些不悅，而且這種不悅感越來越強烈。他之所以對我很不以為然，起因於前晚我談論藏傳佛教經典。他雖是個自視甚高的學者，卻不懂得藏文文法；但他又認為懂得文法卻不理解佛法的真諦也沒有用，意思似乎說我不過是個自以為是的人而已。我想他大概對我起了忌妒之心，所以相對於我的喜悅，他只是表面應付我一下罷了。

當天我們越過一座大山，共走了二十八公里路，然後停在一個濕原上夜宿；夜裡我還是向他們講解佛經。第二天也就是十一月五日，我仍舊與那位出家人一起跋涉過砂礫地帶。這個出家人到了拉薩後生活非常困窘，有時連吃的東西都沒有，我反過來濟助他許多東西，幫他度過難關；這是後話。一路上我們談了許多與佛教有關的趣事，最後他開始試探我的底細，想知道我是不是英國人；他認為即使我不是英國人也一定有歐洲血統，因為我的皮膚很白，對我的疑慮也就不斷加深。不過對這些他感興趣的問題我還是想辦法應對釋疑。在沙原上走了八公里後，來到雅魯藏布江邊。那時刻結的冰已經融解迸裂，一塊塊往下游流去。

冰塊彼此摩擦產生相當大的聲響，聽起來令人非常愉快，而冰上折射的陽光五彩繽紛，十分美妙。沿著河岸朝東往下走了十二公里後，即轉而順著雅魯藏布的一條支流往東北方攀爬了十餘公里，之後騎上馬渡過這條河；河北岸不遠處就是名叫紐克達桑的驛站。不過我們並沒有經過那個驛站，而是從它南邊繞過去，在它東邊四公里處的山腰宿營。這天共走了三十六公里路程。這支商隊一直走到哈而結達桑之前，從不在驛站或村落宿營，因為驛站或村落周圍沒有理想的草場可以放牧牲畜。所以我們的路線總是與驛站保持一定距離，找到理想草場就在那邊就地夜宿，一路上也就都沒有在羌塘高原的驛站停留過。

當晚我想到一件事。這裡離塔臣已經有一百公里以上，被那個無賴漢追捕的可能性大概不大了，但當時卻滿危險的。那個人酒醒後如果對我起疑而告到官裡，因為告發我可以獲得大筆懸賞，他一定會從後方追緝我，還好設計了一下，讓他沉浸酒鄉中一、兩天，讓我得以走到安全距離外。這樣一想就安心多了。

我還是繼續對一行人講解佛經，有天剛剛結束講經，那位對我疑心很重、自視甚高的出家人開始發難了，他以猜忌的眼神看著我說，你是從印度過來的，印度曾經出過一個想來西藏探險的人叫做薩拉特・強卓・達司，你見過這個人吧？這個人正是我的藏語老師，我當然見過，但我佯裝沒聽過，問他那個人住在哪裡；我說印度有三億人口，並不像西藏這樣，哪裡有個德高望重的人都可以設法見到。我故意問他那是個什麼樣的人，他就說了，這個薩拉特・強卓・達司在二十二、三年前以欺騙的手段向西藏官員取得旅行簽證，得以進入西藏，把西藏的佛法盜取回印度去；後來事跡敗露，連累西藏最好的學者兼最有名望的人申澄・多傑強（大獅子金剛寶）上師被處以死刑，又有許多僧侶和在家眾同時遭難，也有不少人的財產被沒收充公，云云。他說，薩拉特・強卓・達司在印度是知名度很高的人，你不可能不知道，多半是裝糊塗罷了。

他的話實在令人氣憤不過，但是我只輕描淡寫地回他道，英國女王的知名度也很高啊，但是我也沒見過她。就這樣嘻皮笑臉打發他的質問，免得徒增困擾。關於薩拉特師的事情在西藏到處都聽得到，連小孩子都朗朗上口，但藏人大多不知道薩拉特・強卓・達司這個名字，而稱他為「校長」。他的事蹟如今被加油添醋成傳奇，說當外國人嚮導者都會被殺，知情不報的人都會被沒收財產等等。這件事家喻戶曉之後，藏人看到外國人自然就生起懷疑之心，像警察或偵探般監視著外來客，並流傳一些穿鑿附會的謠言。這讓我非常警覺，即使只是一句玩笑話也很小心。不過這個出家人問得很高明，雖然我想打哈哈矇混過去，他卻又潑頭發出一些尖銳的問題，惹得原來就很多疑的其他藏人也開始用異樣眼光看我，讓我感覺像是在強敵環伺中孤軍奮戰。

50・險惡之路

情況有些危急，我突然將話頭一轉，問他們心目中到底比較認同釋迦牟尼如來，或是比較認同藏傳佛教的開山祖師蓮華生大士。我會這樣問是因為藏人常說「比釋迦牟尼佛尊貴的蓮華生大士」（Padma Chungne），意思是舊教派的創立者蓮華生大士比釋迦牟尼佛還偉大。這個問題當時在藏人之間爭議不休，經我這一提問，大家開始熱烈討論起來，不再一味地向我問東問西，不過我早已嚇出一身冷汗。好不容易來到這裡，一定不能出什麼差錯，必須異常小心才行。

蒙古人提到藏人，會形容他們為「暹納克波耶巴」，意思是說「黑心的是西藏人」，據我的觀察，藏人很喜歡追根究柢，生氣的時候臉上也會帶著笑，背後再捅你一刀。當然不是說所有藏人都是這樣，但我遇到不少這樣的藏人。「波耶巴」是西藏人的意思，為什麼稱西藏人為波耶巴呢？波耶（Poe）是西藏的國號，是藏人稱自己的國家，他們可不知道他們是「西藏」（Tibet）。「波耶」在藏語中意思是「呼叫」，其出典為何呢？

傳說中藏族的始祖是帖烏通瑪兒（意為紅臉猿猴，男性）和塔克辛摩（意為岩窟鬼女），帖烏通瑪兒是觀世音菩薩的化身，而塔克辛摩為瑜伽女的化身。瑜伽女要求與帖烏通瑪兒結為夫妻，然後從六道即地獄、餓鬼、畜生、修羅、人間、天上各叫來一人成為他們的六個孩子，因此就以「呼叫」也就是「波耶」來稱呼這個國家。我想這大概是後世的喇嘛附會佛教而創造出來的神話。印度人也不說「西藏」，而說「波達」〔Bodha，漢譯「菩提」)；波達意思是「道」，另有一個意思是「覺」。有些印度學者認為「波耶」是「波達」的音轉。

印度人又稱西藏為「餓鬼之國」，這是前面曾經提到的，阿底峽尊者將一座西藏城鎮取名為「普瑞塔蒲里」(餓鬼之都)。關於西藏國名，另外還有兩種說法，不過這裡不再多費筆墨了。至於波耶巴的「巴」字，意思是「人」，因此「波耶巴」就是「西藏人」。

次日(十一月六日)取道東南方向，越過好幾座波浪狀山岡，上上下下走了三十二公里路後，終於在一座大雪山腳下歇息；七日沿著雪山邊緣向東前進，八公里後到達折規藏布(鐵索橋河)。顧名思義這條河上曾經架設有鐵橋，不過倒不是什麼壯觀的鋼鐵大橋，而是兩岸岩壁之間牽了一條鐵索，讓人可以像盪鞦韆那樣滑行到對岸。聽說在拉薩附近有兩道這樣的橋，牽了鐵索讓行人往來河流兩岸；鐵索橋河大概就是其中之一。水流很急，上面有很多流冰，不過我騎著騾子得以輕鬆過河。接下來我們在兩山之間的平原上跋涉；這一帶的山都光禿禿的、一棵樹都沒有。

不但看不到一棵樹，連草也不多；有水的地方會長些青草，此外就是岩石禿山。在平原地帶由於水坑不少，所以草地分布較廣。不過總括來說這一帶的風景極為單調，一點也無法慰藉旅途的困頓。在兩山之間走了六公里後，又有一條小河；向東南方再前進六公里，我們就在薩嘎這座城鎮西面沼澤地的邊緣宿營。薩嘎城堡建於山頭上，其格局和寺院並沒有兩樣，唯一不同處只是多了為防衛目的而增設的一些設施。不過這邊現在並沒有駐軍，遇事時住在裡面的兩百多個平民就自動成為士兵。

就在我們到那裡的兩年前，藏北高原某部落前來攻城掠地，戰死了二、三十人，犛牛被

遇上兇悍山犛牛

奪走兩千多頭；西藏政府到現在還在處理這件糾紛。可以說這座城砦是為了防範牧民的侵攻而建造的；另外也設有稅捐稽徵的單位。

第二天我們一路上都可以望見聳峙左方的珠穆勒哈里大雪山[1]，當晚就夜宿雪山腳下。隔天繼續在單調的山區前進，走了二十多公里後攀越一座山來到一處谷地。這時遠處出現了一隻體型龐大的動物，形狀酷似犛牛，但又不是犛牛。我趕忙請教同伴那是什麼，他們說那是眮亞克（山犛牛），非常兇悍，體積為一般犛牛的兩倍半甚至三倍大，身高不及大象，但也有兩公尺以上。牠望著我們的眼神看起來挺嚇人，頭上的角長約一五〇公分，其基部周長約七十多公分粗。這是日後在拉薩府得見山犛牛的角時加以測量才知道的。山犛牛也是草食性動物，不過發脾氣時會飛奔過來用角頂撞其他人、畜，嚴重可以致死，而牠的舌頭長滿小劍般利刺，經牠一舔，任何東西都會碎裂。

後來我曾看到曬乾的山犛牛舌頭被拿來當作刷馬毛的刷子；他們說那只是小山犛牛的舌頭，即使如此已經非常大。同行的夥伴中有個老實人這時顯得很害怕的樣子，跑來請我卜個卦，看今晚能否平安無事度過。我料他是因為山犛牛出現所以感到害怕，結果他說不是，而是去年這一帶發生了一件事。他指著一、兩百公尺外的地方說，有六個商人在那邊被強盜殺死了；他請我占個卦，看今天晚上是不是必須一整夜保持清醒不能睡覺。為了讓他安心，我占了個卦，然後安慰他說絕對不會有事。說是這樣說，但看那頭山犛牛一副要往這邊走來的樣子，覺得這裡還是叫人心裡毛毛的。不過當晚倒沒有發生什麼事。第二天我們在山區行進了二十多公里路，然後在一個沼澤地宿營，那邊牧草較多。十一日也走了大約同樣里程；十二日越過陡峻的庫拉山口[2]，當晚也是在沼澤地紮營。

這段期間，同行那個高傲的出家人看到其他虔誠皈依佛法的同伴對我的同情和支持越來越深，也就是說站在我這邊的人比較多，深恐我的支持者責說他，也開始對我表示親熱。不管他動機如何，對他的親切視若無睹是不對的，過去與他反目是不得已，如今他對我好，我就對他更好。整個情勢變得非常圓滿，我也不用再擔心有人會陷害我了。

【注釋】

1 珠穆勒哈里（Chomo-Lhari）大雪山：作者譯為「尊母神山」，見本書第一三〇章。依照地圖看來，此處這座山應該是位於今薩嘎縣境標高五六五六公尺的馬日棍納山。

2「拉」為藏語「隘道」、「山口」之意。

51・初見麥田

十三日我們越過兩處大陡坡，然後在岩石崢嶸聳立的一座山邊宿營，接下來的兩天沿溪行四十餘公里，走出山區，進入平原地帶，向東前進了十二公里左右，即抵達杰多驛站。這個驛站和前面幾個驛站比起來多了許多石砌的房屋，人口也比較多，計有四百人左右，家屋六十戶，居民的生活形態迥異於羌塘高原的游牧民，而近似城鎮風貌。牧民比較粗野，講起話來不知修飾，這裡的居民不一樣，所使用的語言和城裡人差不多，雖然還殘存著一些地方口音……。

我在那裡買了些日用品，又隨隊商向東南方的山中前進，夜裡在河邊宿營。這時已經是陽曆十一月中旬，入夜非常寒冷，還好同行的人一到達就撿拾了大量犛牛糞，營地可以一整晚都燒著柴火，加上我為他們講解佛經，兩個帶隊的喇嘛非常禮遇我，借給我墊被和毯子等物禦寒，所以還不會冷得太難受。天亮後我們攀越了兩個陡峭的山口（路程約二十來公里），即來到平原地帶，再走了六公里，看到平原中央聳立著兩根靠在一起的巨大岩柱，岩柱上頭是一座寺廟。岩柱高約三百多公尺，在上頭建寺，雖然沒有東京淺草的凌雲閣那麼壯觀，但還是高得令人咋舌。寺廟名叫偕松貢巴[1]，屬於寧瑪派系統。我們走過它底下，當晚在沼澤地宿營；第二天在山路上走了三十餘公里，來到桑桑驛站，不過我們並未在那裡停留，而是在它東邊的平野上夜宿。夜裡氣溫降得很低，營地上徹夜燒著熊熊營火，天亮後一看，四周白茫茫一片；雪還沒有降，是枯草上結了一層霜。

我們繼續朝東南方山區前進，走了六公里後抵達山腳下三棟民宅所在處。往裡一看，竟是非常可怕的景象：他們屠宰了許多羊，被剝了皮的幾十具羊屍成排掛在那裡；裡面還正在宰殺犛牛。西藏人一到秋末就屠宰牲畜，然後將畜肉風乾貯存起來；由於氣候乾冷，肉乾放久了也不會腐敗。對藏人而言，肉乾風味之美無與倫比，後來我常看到有人到了夏天，因為肉乾吃完了而焦慮不已。牛羊經過一整個夏天飽食鮮美的青草後，膘厚肉肥，到了秋天宰殺製成的肉乾，據說非常好吃。不過他們認為在自己的村落或篷帳附近屠宰並不好，所以會載運到這三間小屋來，讓這裡的人操刀，因此他們一次不是宰殺一家的牲畜，而是集中整個村子的牲畜一起宰殺。

我稍稍打聽了一下，那天他們共要宰殺綿羊、山羊計兩百五、六十頭，犛牛三十五頭；犛牛已經殺了二十頭，現在正要殺剩下了十五頭，他們跟我說，犛牛的叫聲難得一聞，問我想不想聽聽。怎麼忍心去聽那種叫聲呢？不過為了目睹那種情景，還是跟他們去了。犛牛被緩緩牽了出來，還有兩個人在後面推，到了屠宰房，四隻腳立刻被緊緊綁住。犛牛被牽到同伴的血腥中，好像知道自己也難逃被宰殺的命運，眼眶中含著淚水，我看了著實不忍，若是身上有很多錢，真想買了放生，現在卻無計可施。這時有個僧侶手持經文走出來，邊走邊念誦，然後將經文和念珠放在犛牛頭上表示超度之意，希望犛牛死後能順利投胎，並且屠宰者也不會因犯下殺戮罪業而受因果報。屠宰行為真是殘酷無比，安排了誦經祝禱讓人感覺好受一些。

不過看著誦經祝禱的情景，我悲從中來，淚流不止，不敢再看下去，離開了現場。不久屠宰房傳來犛牛頭落地的聲音。銳利的藏刀在犛牛脖子上用力劃下一刀後，鮮血大量湧出，他們會用一只桶子承接，之後煮熟貯存起來，據說很好吃。即使在平時藏人也會在牛脖子上割個小洞放血煮來吃，不過好像屠宰時的血更好。目睹這種牲畜一次被大量宰殺的情景，覺得實在太殘酷了，等日後我居留拉薩府期間才知道這種場面只是小事一樁，在拉薩府每年十、十一、十二這三個月被宰殺的綿羊、山羊、犛牛等各種牲畜合計超過五萬頭。

我懷著哀傷的心情，和一伙人走上一條陡峭的山路，越過山口，在二十多公里外一條河的岸邊紮營；次（十九）日從古派〔寧瑪〕大寺塔爾桑貢巴所在處的山腳通過，在溪畔夜宿（這一天共走了三十二公里）。第二天在山路上走了八公里後抵達一座叫馬努依湖的小湖泊西岸的昂仁村；湖泊周長二十公里，水極深。在昂仁之前一路上很少看到農田，這裡的一側則都是小麥田，田野四處可以看到不少農舍。

【注釋】

1 貢巴：即藏語的「寺廟」。

52．經過第三大城拉孜

時序已經入冬，這些麥怎麼種出來的我並不清楚，聽本地人講，這一帶的麥作一斗種子可以有四斗的收成，如果能夠有六斗就算是豐收而且非常滿意了。在拉薩府附近一帶，好的時候一斗種子在年頭可收八斗甚至一石，但六斗就算不錯了。由此可知他們的耕作方法還相當落伍。不過仔細看這裡的田地更加讓我驚訝，原來田裡遍布石頭，數量之多簡直好像種的是石頭；這並不是我說話刻薄，不管到哪裡都是這個樣子。

我有時會給藏人忠告，說把石頭清除收成會比較好，然而他們說從來就是這樣種的，並不聽我勸。對藏人而言，所謂習慣就跟命令沒兩樣，每件事情都受習慣所支配。城市還好，居民比較能夠接受進步的觀念及輸入西洋產品，鄉下地方的居民則一切以習慣是尚，即使石頭明明會影響田地的收成，只因沒有撿石頭的習慣就放著不管。我從那裡的鄉紳口中還聽到令人難以相信的一些做法，初聽以為人家尋我開心隨便說說，後來到了拉薩府問了別人，才知道所有人都這樣做。

那是一種奇怪的量田法。有田地當然要課稅，但田地到底多大面積卻說不上來；前面我曾提過，藏人的算數觀念很差，說是沒有也不為過，因此要正確測量田地大小幾乎是不可能的。於是他們就以兩頭犛牛犁田的時間為單位，如果犁半天就把田地犁完，就以半天為單位課稅；一天才犁完，就課「一天」大小的田租。

我在那裡聽了許多關於西藏風俗和僧侶品行的話，然後繼續向前走直到湖泊盡頭，當晚就在一條溪流注入湖泊的地方紮營。十一月二十一日走在極為狹隘的山谷裡，八公里後又來到一座人池子邊，池水清澈，池名南錯葛嘎，大小和馬努依湖相當。沿池北岸東南行，有一溪名先給倫（獅子溪），因為兩側岩壁作獅子狀而得名。沿溪走了十二公里即是先給倫村，不過我們並不在那裡過夜，而是更前方的納科謝村。當天共走了四十公里以上。

為什麼只有這一天的里程如此不規則，主要是此後旅行的方法必須做較大的轉換。到目前為止我們都是走在羌塘（意為「牧場」）多草地帶，必須早早歇息，讓牛馬有充分時間吃草；現在走在人口較密集、田地也較多的地區，牧場變少了，牧草必須用買的。每到一處住宿的地方，就跟主人購買如小麥稈、大麥稈、豆梗等糧秣來餵牲畜。在西藏，這種糧秣並不便宜。一匹馬一個晚上要吃掉不少糧秣，有時還得餵豆子和奶油，因此在西藏往來做生意不只風險高，成本也不低。

十一月二十二日我們攀越一個相當高的山口，再度來到雅魯藏布北岸。這一帶的雅魯藏布和上游不太一樣，河寬雖只有兩百米左右，但水色深藍，水深難測，總之連馬匹都無法涉渡；若是夏天水漲，河面變得更寬，也更深。還好這裡有渡船，形狀是印度風格的長方形平底船，船首正中有蛇頭雕刻向前伸出，大小可以一次載二十匹馬或三、四十個人。上了對岸，就是西藏第三大城拉孜[1]。到了這裡，第一次感覺已經真正進入了西藏的內部，從這裡到西藏第二大城日喀則只需五天的行程。

上了河南岸，就有一間中國人建的旅館。說是旅館，其實只是個可以住人的屋子，並沒有人管理，是為了中國人來這裡做生意或士兵行軍路過時有個遮風避雨的地方而建的。房子很大，我們一大票人全住了進去。我的那些同夥因為終於平安走過羌塘高原地帶，既沒有遭遇盜匪打劫也沒有受到猛獸侵害而欣喜莫名，當晚還找女人飲酒作樂，鬧了一個晚上。這種場面和日本沒什麼兩樣。我在拉孜又待了一天，但也到了要跟他們道別的時刻了；為了感謝他們一路照顧我的恩德，我為他們誦了一天漢文的《法華經》。然而那天我那群同伴還是放縱自己的獸慾，其情狀之不堪我實在不想在這裡描述。

第二天也就是二十四日，我和另外兩、三個人將一起走上前往薩迦派本寺的路，隊商一行人則走官道經由彭錯林前往日喀則。臨別前，帶隊喇嘛為了答謝我這些日子來為他們講經的辛勞，贈送我十章卡銀幣；其他人也因為感佩我不辭辛勞來朝聖，合送了我一些錢。要和我一起去薩迦大寺的是大領隊、二領隊兩位喇嘛和一名僕役，我不用自己扛行李，還能和他們共乘馬匹，往薩迦本寺的行程非常輕鬆愉快。當天我們朝南在麥田間走了八公里路，看得出這一帶土地非常肥沃，因此雖然藏人不太講究耕作技術，收成還是不壞。

由於盛產小麥、青稞、豆子、酥油等，拉孜是西藏物價最便宜的地方。穿過麥田，翻越一處陡峻山口，再朝東南方走十八公里路，我們就在仁多小村夜宿，隔天再沿一條河走三十公里，就看到了壯麗的薩迦大寺。寺廟四周圍著長寬各兩百多公尺的高牆，中間就是高大的寺廟本體。走近一看，所有建築物都以石塊砌成。正殿高十八公尺，東西寬六十多公尺，南北長七十二公尺，所有石塊均塗成白色，牆作拱形，最上方有一城堡樣建築，屋頂呈黑色，好像貼了層層檜木皮般。屋頂最高處的最勝幢幡和陽台都泛著金光，特別顯眼。不管內部如何，單看外形的森嚴肅穆，就讓人恭敬之念油然而生[2]。

【注釋】

1 作者將拉孜誤作江孜，江孜才是當時西藏第三大城。

2 薩迦寺始建於公元一〇七九年（宋神宗元豐二年），十三世紀中葉始由八思巴擴建為南北二寺；如今北寺已毀，只存南寺。

53·薩迦大寺

我投宿寺廟附近的旅店，並請店主帶我去參詣大寺的正殿和其他偏殿。從高近六公尺、厚達兩公尺的石牆入口走進去，經過大大小小許多房間，來到了正殿。正殿從外看起來為四方形封閉性建築，到了裡面才知道有採光的中庭。正殿玄關兩側各有一高七、八公尺的青色和紅色金剛力士，力士的造型和日本的天王不太一樣，右腳稍微彎曲，左腳斜斜前伸，右手探向空中，左手平舉，看起來非常威武。就美術上的表現而言，力士的肌肉處理得非常生動有力，無疑是西藏佛教美術的精品。接下來右邊是高達九公尺的四大天王巨像並排而立，左側則是諸天菩薩的巨大壁畫。他們先在石壁上抹一層泥，再塗上西藏的天然石灰，然後以各種技巧描繪出精彩絕倫的畫像。這些壁畫的尺寸極為龐大，但中間全無裂痕，整幅作品細緻而精美。

建築本身非常古老，但保存得相當好，走過正殿後，就是東西寬九公尺、南北長十公尺餘的中庭，由石板鋪成，是地位較低的僧侶誦經、喝酥油茶、吃糌粑之處；地位較高的喇嘛則在正殿用餐。中庭過去西邊方向又有一道正門，房間裡供奉著本尊，可以說是正殿中的正殿。房間裡有兩條通道，南面通道是寺裡的僧侶走的，北面通道則供一般參拜的人出入。從這個北面通道走進去，眼前一片金碧輝煌、目不暇給；唯一可惜的是佛像的排列沒有章法，讓人不易興起敬肅之念，氣氛只像是佛像、佛畫和佛經博覽會。即使如此，抬頭一看，天井上覆蓋著五色金絲彩緞，其下就是諸佛、菩薩及天王、金剛、護法等共三百多尊，都是金光燦爛；那種金色質地精美，梁柱也包覆著金色織物。正中安置著十公尺高的釋迦牟尼金身，裡層為泥塑，外表塗上金漆及其他顏料。佛前七只水盤、燈台、供物架多是純金打造，其他次要地方安放的器皿也是純銀製品。所有這些佛像、佛具及裝飾的金幔等相互輝映，金光赫赫，令人目眩神迷。不過我還是有些意見，畢竟過度裝飾，而且秩序紊亂。

供奉佛像的正殿後方則是非常精彩的地方，儘管沒有奪目的光彩；這是一間藏經殿。經殿高度十八公尺，寬達七十二公尺，裡面擺滿了各種佛教經典。經典以藏文或梵文用金泥書寫在深藍色棉紙或貝多羅葉[1]上，古代創寺的薩迦班智達從印度帶來許多經典，後世也不斷派遣僧侶赴印度取經，因此不難想像這裡蒐集了大量足供我輩參考的重要經典。據說這裡放的都不是刻版印刷的藏文經典，而是手抄本。走出藏經殿，繼續在正殿各處繞行參觀，這時才發現空氣中飄浮著難聞的氣味。

這種味道走到任何西藏廟宇都會聞到，對日本人而言非常不習慣。西藏的油燈點的都是犛牛油，其次僧侶在廟裡喝酥油茶時奶油和茶多少會潑濺到地上。地上鋪裝的雖說是石板，但材質近似石灰，濕氣很重，因此殿中滿是酥油腐敗發出的異味。藏人很喜歡聞這種氣味，但外人恐怕就很難欣賞了。正殿外面兩側也都是佛堂，裡面安奉著各式佛像。其中特別引人注目的是藏傳佛教古派創始者蓮華生大士像，像和台座都是由同一顆寶石雕刻而成。四周牆壁、庭院也鋪著寶石，雖然不是鋪得滿滿的，只是點綴性鋪裝上去，但其華麗還是教人大開眼界。正殿外圍建有許多僧寮，據聞常住僧侶有五百名左右。南面高大的樓閣上住的是領導本寺五百僧侶的大教師強巴・帕桑・秦磊（Chamba Pasang Tinle）堪布[2]。

【注釋】

1 貝多羅葉：梵文pattra音寫，原意為「葉」，特指多羅（ta-la，棕櫚）樹葉，簡稱貝葉或多羅葉，古印度用來書寫文件、信函，初期佛教經典在紙本流通前多以貝葉書寫。

2 堪布：藏語mkhan po音譯，相當於漢地佛寺的住持，必須有格西學位，因此也可稱之為大教師。

54・抵達西藏第二大城日喀則

我們前去拜詣堪布，他的房間也很可觀，他本人端坐在兩層的台座上，非常威嚴而且丰采迷人。我本來想向他請教薩迦派[1]與其他宗派相異之處，但才談沒多久，他就說今天還有事要忙，要我明天再來。我已經決定明天離開，但也只好向他辭出，明天看情況再說；從二樓下來，走到高大石牆外頭，看到南邊遠處柳樹枯林中有許多宮殿般建築。同行的人告訴我，那就是薩迦大寺的住持薩迦法王柯瑪仁波切的住處，一定要去看看，於是我們就一起走過去。

柯瑪仁波切意為「至寶」，藏人也稱中國的皇帝為柯瑪仁波切，所謂東有中國柯瑪仁波切，西有薩迦柯瑪仁波切，民間傳說中形容兩人有如太陽和月亮般尊貴。像這樣尊貴的人，不管誰見了都會行禮如儀並且獻上難得之物，不過在我看來他不過是個俗人罷了。由於他承繼的是薩迦班智達的血胤，當然是個俗人，吃肉、娶妻、飲酒樣樣來，怪的是西藏純正的僧侶也會來禮拜他。然而他所作所為畢竟有違釋迦牟尼如來的教誨，所以我見到他時雖然恭敬地行了禮，卻沒有跪拜，因為沒有僧人向俗人跪拜的說法。不過我還是要說他是個威儀堂堂的人。

見過薩迦法王後，同行喇嘛在回去的路上責問我為什麼沒有行三跪拜之禮。我解釋說，我並沒有輕蔑法王的意思，只是遵守釋迦牟尼的教導所以沒有跪拜，因為做為一個僧侶，即使想對俗人跪拜也於禮不合。他們聽了，對中國和尚的擇善固執頗感驚訝。次日再訪薩迦大寺，見到那位尊貴的教師身邊有個十二、三歲長相可愛的沙彌，正親暱地和教師說話。看那個孩子乖馴的樣子，很像那位教師親生的小孩，可他是位純粹的僧侶，並沒有娶妻生子。但兩個人狎近的模樣又顯得很不尋常。我當時覺得有些不對勁，後來到了拉薩知道許多內情後才終於瞭解是怎麼回事。

本來我預計在大寺停留兩個禮拜，盡可能多學些薩迦派的佛法大義，可是一想到要跟這種腐敗的僧侶學習就覺得渾身不舒服，所以隔天就提早離開了。我又像過去一樣，一個人背起行囊，沿東南方的溪流前進，再攀越一道山口，然後在山間的一家民居借宿。這天我背著行李共走了二十八公里路，顯見身體已經健朗多了。次日又登了一個高坡，走沒多遠遇到下雪，行李衣物都濕了，變得很重，只好在附近人家歇腳。第二天是十一月三十日，運氣不錯遇到趕著四、五十頭驢子的七、八個運送業者，我付他們一筆錢，託他們代為搬運行李，然後一起沿著塔兒河北行；我們走了二十四公里後，在一處村頭宿營，這些趕驢的貨運業者也不住村子，而是紮營在田野中。在那裡他們將所有貨物從驢子背上卸下，圍成三邊有如牆垣，人在其中燒火煮茶，和前一陣子同行的隊商比起來簡陋多了。

十二月一日沿河東行，又轉而上山，十六公里的地方有一處非常險峻的紅色岩壁，藏語稱蘭喇，我們就露宿其下。天亮後走過一道山口，八公里處就是規模不小的康昌寺。我們在寺南的原野中紮營，這一帶都是農田，我看貨運業者趕著牲口在農地上橫行，難道不怕挨田地所有人罵，問他們，他們說絕對沒有人會罵，因為這是休耕中的田地。休耕在這裡指的是什麼呢，他們解釋道，種了一年麥子後，第二年完全不種什麼，也就是兩年才收成一次；這跟拉薩府一帶不一樣。不過即使不是休耕，冬天的田裡本來就什麼都沒有，愛怎麼走就怎麼走沒關係。我們露宿野地，夜裡我為他們講經。

隔天向東走了十二公里後，看到山上有一座西藏政府正在興建的大規模寺院。我問為什麼由政府來興建寺院，他們說因為工地底下有個泉眼，一位勘輿師之類的巫者向大家警告，這個泉眼相當於龍的嘴巴，如果泉眼破裂了，整個西藏就會沉入海中；因此興建此寺將泉眼堵塞住，合當有事。這件事情被大家議論紛紛的時候，從中國傳來一份奇異的預言書；我想那是一名修道之人為了特定目的而編造的。

我把預言書拿來一看，裡面是說，當今之世世風日下，無道之人行不德之事，將導致世界陷溺於末日大水中；在末日之前，還有大饑饉和大兵燹，云云。上面又說，這是上天所賜之聖書，如果有人狐疑不信，將立刻吐血而亡。不過我讀的時候就說「騙人的」，卻也沒有吐血。雖說造這東西的人心裡並沒有惡念，但內容充滿怪力亂神，稍有見識的人都不可能信它。但在西藏卻有許多人信而不疑，還有人把它譯成藏文，以致西藏各處都看得到。不過堂堂一國的政府輕信外道所言，拿國家大筆預算去建造寺院，實在匪夷所思。如果聽信外道的胡言亂語只此一樁也就罷了，但全國上下遇到沒有把握的事動不動就要去問外道，實在迷信到了極點。

從新建中的寺院底下走過，又看到山頭上有五、六隻恰各波（禿鷹）的蹤影，同行的人告訴我，將死者屍骸運到這邊行天葬儀式的人家並不多，所以這些食屍鳥都餓得發慌，日喀則扎什倫布寺（Tashi Lhunpo）的廚房於是提供俸祿給這幾隻鳥；所謂俸祿就是肉類。鳥也有俸祿，這是第一次聽到；這些禿鷹平日是在天葬時專吃死者的屍骸。關於天葬的風俗在我談拉薩府所見所聞時將詳加說明。

當晚我在那塘寺附近的紐因內哈岡（Nyun ne Lhakhang，持齋堂）借宿。同行夥伴留下我的行李，繼續朝日喀則府方向前進；我因為需要留下來查閱一點資料，所以想多待一天，於是和一伙人作別。這持齋堂是當地僧侶或在家眾行八關齋戒的處所，他們到這裡閉關，一日之間完全不食肉、不言語。西藏的僧侶並非全部茹素，但持戒的時候則一律不能食肉。

翌日我前往那塘寺[2]參詣，並拜見該寺鎮寺之寶——《西藏大藏經》的全套木刻版；《西藏大藏經》分為〈佛部〉和〈祖師部〉[3]。另外寺裡也收集了很多喇嘛上師語錄的木刻版。安置刻版的藏經室相當寬敞，寬達五十四公尺，進深十八公尺，裡面擺了滿坑滿谷的木版；此外還有幾間同樣大小或稍小的藏經室。

由於這裡就是《西藏大藏經》刻版放置的地方，必須擔負印刷《西藏大藏經》流通的責任，所以本寺常住三百多僧侶同時也是刻版印刷職工。我也拜見了本寺的堪布，他是由扎什倫布寺特派的，以辯經（佛法問答）聞名，我和他終日談論的都是與佛教有關的話題，獲益良多，而他對我也非常熱情。次日（十二月五日）朝東南方平原地帶前進了二十公里，即看到岩山山腳下有金光燦爛有如宮殿的屋頂，旁邊盡是白堊牆壁的僧寮，中間偶爾出現有紅牆的佛殿，整幅畫面看起來非常美觀壯麗。

這就是日喀則最著名的扎什倫布大寺。「扎什」是光榮的意思，「倫布」是塊狀的意思，扎什倫布就是須彌山[4]的別名。由於寺院所在山岳形如須彌山，所以創寺的根敦朱巴上師以此命名[5]。寺中共有三千三百名僧侶，但還不是西藏最大的寺院；以規模而言只算中等寺院，惟其地位等同法王達賴喇嘛的寺院。寺院前方是日喀則市區，據說居民共三千四、五百戶，人口包括僧侶共三萬餘人；不過這並不是精確統計後的數字。我走進寺院，到處找專門收容羌塘高原前來朝聖的信眾或僧侶的毗次康村（僧寮）大院，找到後即在此掛單，逗留一些時日，向此間的格西、學者、德者參學。

扎什倫布大寺當今的主人可以說是西藏的第二號人物，雖然沒有實際上的政治權力，但中國皇帝賜予的封號甚至比達賴喇嘛位階還高。每當達賴喇嘛圓寂後，在尋獲轉世者之前，札什倫布大寺的主人就暫時成為西藏政權的代表人，不過並不實際執政。本寺大喇嘛的通俗名稱是班禪仁波切[6]。這一世班禪喇嘛法號曲吉尼瑪（大主護法日）[7]，我在那邊的時候他十八歲，藏曆水羊年所生，被認為是阿彌陀如來的化身。我很想去朝覲他，但這時他人在離宮，所以不能如願。儘管如此，我每天還是忙著向許多喇嘛、學者及格西請教佛法。

【注釋】

1 薩迦派：一〇七三年款氏（khon）的寶王（dkon mchog rgyal po）在後藏薩迦開創密教道場，以大乘的見地整理了密教的「道果說」。後薩迦班智達接受釋迦室利跋陀羅（Śā-kyaśrībhadra）教法而集其大成，自此成為顯密兼修的宗派。薩迦班智達及其侄子八思巴獲元帝國寵信，後者且統治全藏，使薩迦派勢力達到巔峰。此派在佛學研究上與格魯派相抗衡，曾陸續出現過許多大學者。

2 那塘寺：西藏歷史上第一座著名的噶當派寺廟，位於今日喀則曲美地方，於一一五三年倡建，曾出過多位大學者。最早的《西藏大藏經》刻版存於此寺；本寺另外還藏有珍貴的釋迦牟尼本生唐卡印版、宗喀巴生平唐卡印版及其他古文物。

3 或作〈佛說部〉和〈論疏部〉，參見本書第三十七章注譯2。《西藏大藏經》共有五種版本，那塘寺所藏即

「那塘版」，翻譯整編於十四世紀初期。

4 須彌山：梵文作Sumeru或Meru，漢譯須彌、蘇迷盧或妙高山，為佛教宇宙觀裡做為宇宙中心的大山。依《俱舍論》所說，世界由外而內乃由廣大無盡的風輪（虛空）、水輪、金輪為基礎組成，金輪最外圍即鐵圍山，而須彌山位於金輪中央，高十六萬由旬（yojana，一由旬約七公里），頂上為帝釋天宮殿，山腰住著四大天王；人類則居住於東西南北四大洲的南贍部洲（閻浮提），位在鐵圍山內側的鹹海中。

5 扎什倫布寺建於公元一四四七年（明正統十二年），創建者根敦朱巴（Gedun Truppa, 1391-1474）即達賴喇嘛一世。

6 仁波切：意為「寶石」，可引申為「佛法之寶」。

7 此為第九世，全名曲吉尼瑪・班禪・額爾德尼。

55．大喇嘛與語言學者

有一天我去拜訪班禪喇嘛的親教師藏千巴老和尚。老和尚七十四高齡，很親切地向我講解佛法義理。我聽人說他在文法與修辭學上的造詣也是這座寺院的佼佼者，由於我在文法的研究上下了許多工夫，所以向他請教了許多問題，沒想到他說，這可難倒他了，不過在去拉薩府路上有個叫演貢的地方，那裡的醫生是很了不起的學者，他多半可以幫我解惑。其實我向他請教的並非我完全不懂的問題，只是想聽聽他的說法引為參考而已；不過既然這樣，我就沒有再問下去。古來西藏從印度傳入了「五明」，也就是五種科學：聲明是語言音韻相關的科學，醫方明是醫學，因明是邏輯學，工巧明是工程力學，內明是宗教學與哲學，不過能夠貫通這五種學問的人極少，甚至可以說沒有，所以專治文法的人並不多。政府官員因為需要處理文書工作，多少學了一些，但也只是最基本的詞章義理之學而已。能夠在佛教哲理的講疏上精進的人難得一見，堂堂格西被問到有關歷史或科學的事卻瞠目不知所對者也所在都有。雖多停留了幾天，但好像已經沒有繼續住下去的必要，正準備離開那一天，聽說班禪喇嘛要從離宮回到扎什倫布寺，於是決定留下來看看他的人以及法王的人馬與排場。

這裡沒有真正的馬路，不過就是被許多人走過就成了道路，路兩旁排放了許多圓形郵筒般的東西，原來是香爐，在法王到來之前僧俗大眾已經在爐裡焚香。當法王的行列經過時，多數人不是站著參觀，而是伏在地上行五體投地之禮。我注意了一下，馬隊有三百騎，法王則坐在有金碧輝煌織錦裝飾的寶輦上，那頂轎子真是絢麗異常。隊伍最前面是西藏傳統樂

日喀則扎什倫布寺

隊，有嗩吶、鑼鼓等。整個隊伍中並不見持槍砲刀箭的武裝士兵，反而持法器者占大多數。

如此盛大的場面確實值得多逗留一天。當晚我應借宿僧寮裡僧侶之請，為他們說十善戒法[1]；他們聽了告訴我，很少有人能夠將佛法講得如此深入淺出，平日聽講佛法都是枯燥無味居多，只會讓人想打瞌睡，即使是出家人也提不起興致，今天才真正領略佛法的精妙迷人之處。由此可知西藏一般僧侶對佛法還是一知半解。不過我後來聽說這座寺院對僧侶的管理非常嚴格，唯一的例外是飲酒；他們還是常喝。

關於這件事有一則趣聞。拉薩府的達賴喇嘛跟此地的班禪喇嘛抱怨說，我這邊的出家人很多染有菸癮，很頭痛；班禪喇嘛說，我這邊的和尚喜歡喝酒，不知道怎麼辦才好。當時還有許多出家人在辯論到底吸菸和喝酒哪一樣罪較重，可知在達賴、班禪面前這已經是公開的祕密，卻無法遏止。為了禁酒，僧侶上街回來經過大門口警衛時必須張口讓警衛聞有無酒氣，如果聞出酒氣就要關起來。那些好飲酒的出家人也不是省油的燈，即使喝到走路搖搖晃晃、兩眼惺忪無神，就是有辦法讓警衛聞不出酒味。祕訣就是拚命吃大蒜，大蒜味可以壓過酒精味。既聽了這種荒唐事，倒也聽到不少高僧的感人事蹟，我在十二月十五日早上十點離開了這座玉石混淆、良莠不齊的道場，穿過日喀則街上，四公里外就到了桑巴夏（東大橋）。

桑巴夏長三百多公尺，寬七、八公尺，她不像日本的長橋那樣以橋桁支撐，而是每隔八、九公尺就用石頭堆一座橋墩，橋墩間再以等長的木梁連結，上頭鋪設石板再加一層泥土而成橋面；欄杆也是木製的。這座三百多米長橋橫跨一條叫藏曲的河流。過河之後北上，六公里後又遇到雅魯藏布，就沿江朝東而行，當晚在二十公里外沛村的貧窮農家借宿。在那戶農家裡有個不太一樣的景象：爐子旁邊堆放的不是木柴或犛牛乾糞，而是還連著泥土的野草根莖，他們曬乾了來燒火，這是這一帶常用的柴薪。

爐火旁坐著一個十一、二歲的孩子正在學寫字，他手上拿著小黑板，上面撒了層白粉，然後以竹枝當筆書寫；寫滿了後，大人幫他改正錯處，完畢就把字擦掉，重新撒上白粉再寫。我看了很感動，問他們這麼窮的家庭為什麼還是讓孩子學寫字，他們答道，這一帶都是佃農，每次繳田租給地主時，如果不認識字就會被地主欺騙，所以必須學寫字和算術。窮人家的小孩學寫字只有這一帶才有，拉薩府那邊的貧窮農家幾乎都不識字也不懂簡單的算術。當晚我也為他們講解佛法。翌日沿大河東行，河邊的山勢非常險峻，等來到比較寬闊的地帶，發現右手邊遠處的山上有兩座大寺院，其中一座就是扎什倫布寺老僧告訴我住有一位優秀文法學者的演貢寺。

我捨官道而不由，特別上山去探訪演貢寺，走四公里坡道就到了。在較高處的是男性僧侶的寺院，稍低那座則是尼寺。男僧有二百三十名，尼僧有七十二名，這是極為古老而著名的寺廟。我在一位僧侶的小僧寮掛單。我很想立刻去拜見寺裡的學者，但當天不能如願，於是多留了一天。次日我見到了那位格西，他向我解說了一些佛法相關的事，但文法和修辭學同樣沒研究；他建議我去找安東噶桑醫生。這位安東噶桑才是老僧跟我提到的那位修辭學大學者。

我去到大學者住處，送了他相當的見面禮，然後稟明來意，他就問我是否學過文法和修辭學。我說只學過三年，從剛開始學藏文就非常留意文字和語法方面的問題。學者說，只學個三年恐怕所知有限吧，於是問了我兩、三個問題；由於都很簡單我立刻回答了他。接著我說，能否向他請教修辭學上最難的一些問題；他說他不懂修辭學。我又問他，關於西藏的語言學，他採用的是哪個學派的學說；他說關於西藏語言學他採用的是一個叫額爾曲（Ngul-chu）的不甚完整的學說。我懷疑他沒跟我說真話，於是追問他難道不採用對西藏語法做了精確剖析的錫度（Situ）喇嘛的學說；他說聽過錫度的名字，但還沒讀過他寫的東西。

接著我向他提問一個在西藏文法學者間被熱烈討論卻仍未有定論的所謂西藏字母母音的問題。我首先問他西藏字母有幾個母音。這個問題似乎不值得一問，其實不然，因為談到西藏語言學一定要從這個問題入手。他皺了皺眉頭然後告訴我梵文母音的數字：十六個。他這回答很奇怪，因為西藏字母的母音通說有五個；我問他是否贊成這個說法，他才很不好意思地說，哎呀，我告訴你的是梵文母音的數量，藏文母音應該是五個沒錯。其實說西藏字母母音有五個是絕大的錯誤，那是西洋人講的，許多人就以訛傳訛。

創造了西藏文字的屯彌三補札（Thumi Sambhota / Thon mi sambhota）的原著中說西藏文字只有四個母音。他這是對的。由於也有人主張應該是五個母音，所以西藏語言學者對這問題莫衷一是。像他這樣連初步概念都不太具備的人，怎麼可能是語法和修辭的大師呢。我本以為他是選擇性說謊，可是我再問他一些非常簡單的語法問題，他還是一無所知；他只知道些很皮毛的常識。

這樣一個人被當作西藏境內的語言學大學者、修辭學的格西，實在是「蜀中無大將，廖化作先鋒」，他的程度低得令我驚奇不置。回到掛單處，負責管理僧寮的僧侶問我去找醫生說了些什麼話，我答談了有關語法的問題，他很認真地說：「那位醫師是藏地唯一的文法和修辭學者，如果只是與他談一、兩次話，是不會瞭解他真正意思的；如果你真的想瞭解西藏語法，留在這座寺廟向他苦學個兩、三年，應該就會懂的。我始終跟在他身邊，卻一點也不懂。」我聽了他幽默的說法，不禁大笑失聲，他可不懂我為何出笑。

第二天（十八日）我朝東南方越過山口抵達雅魯藏布江畔，再沿河岸向東走去，對面山間建有一座叫彭波柳澈（Pombo Ri-o-che）的寧瑪派寺院。從那裡又走了四公里左右，野地上突然有人喊住我。

【注釋】

1 佛法中以身、語、意三方面十種良好行為稱為「十善」，即不殺生、不偷盜、不邪婬（身）、不妄語、不惡口、不兩舌、不綺語（語）、無貪、無瞋、正見（意）。

56・異國的元旦

我不明白為什麼有人叫住我，放眼一看，兩個長得很魁梧的男子出現並向我走來，而且手上都提著把西藏大刀。到了我面前，我問他們有何指教，其中較年輕的一個惡狠狠說道：「給我閉嘴！」然後撿起一粒大石頭作勢打我。我瞪著他們直瞧，他們又威脅我說：「你敢跑，你跑就殺了你！」我心想又遇到強盜了，就在路邊的石頭上坐了下來。

這時他們大喇喇走過來，奪走我手上的木杖，然後問道：「你帶了什麼東西趕快說！還有你到底是從哪裡來的？」

我答道：「我是朝聖者，繞行岡仁波齊峰後一路過來的。」

「身上有沒有錢？」

「錢還有一點，其他在羌塘高原都被強盜搶走了，剩下不多。」

「那背上扛的又是什麼？」

「佛經和食物。」

「打開來看看，說不定裡面放著很多錢呢。」

「錢在我懷裡，後面那包沒有放錢；我是個出家人，不打誑語。你們要錢就給你們錢，要行李就給你們行李就是。」說著正要把錢取出來，卻見對面來了三個騎馬的男子。這兩個傢伙一看，木杖一丟拔腿就跑，我也因此免去一場飛來橫禍。騎馬的三個人來到我面前，問道：「那兩個是幹什麼的？」

我說：「他們叫我把錢拿出來，把行李給他們。」「真是可惡的傢伙，」停了一下又說：「那座寺院的山腳有座村子，你趕快過去吧，我們會一直看著你直到你抵達了村子那邊。」我就向村子走去，騎馬的幾個人在原地停了一陣子，才向西邊進發。

當晚我並未在村子借宿，而是繼續往東走十二公里到年木霍塔村才休息。第二天在帖秀克村吃中飯，夜宿大竹卡村。由於前一晚下了場大雪，十二月二十日天未亮我踏著積雪沿河朝東南方向前進，在高處一望，雅魯藏布的河床沙洲以及原野上都覆蓋著殘雪，有幾隻鶴在其間緩緩踱步，發出清越的叫聲，這種光景教我渾然忘了天候的寒冷。

我在美景中沿江水南岸前進，十四公里後抵達苦龍南謝村，在那裡用過中餐，繼續沿江東行，直到河道彎向東北才往東南方的山區走去，爬上高坡，六公里後有一個叫仁布東楚的村落，我在那裡過夜。翌日沿東邊一條清澈小溪的溪谷前進，六公里處一座大岩山的山腳下坐落著仁布強欽貢巴（大彌勒寺），一如其名，寺中有高十公尺餘的大彌勒佛像。照說彌勒是菩薩，但因為是下一位成佛者，所以藏人不稱其為菩薩，而名之為佛[1]。我參拜了彌勒菩薩像，同時也到隔鄰的水牛面忿怒妙王（大威德金剛）殿和釋迦牟尼佛殿參拜，然後在一處僧寮掛單。這座寺院有兩百間僧寮，僧侶三百人，為第二大城日喀則和首府拉薩之間規模最大的寺院。

寺院的住持這陣子因為噩夢不斷而驚恐不已，他擁有不少財產，但這些日子一直夢見自己死亡，每天為此坐立難安；他問我能否為他誦經消災。我不知道有什麼經典可以消災辟邪，不過寺裡藏有《大藏經》，我從裡面挑一部來念誦，應該可以安他的心，而且也是功德一件，想想就答應了他。翌日開始我以藏語念誦《法華經》等經典。

十二月二十八日那天，我聽說寺裡有個僧侶要去尼泊爾的加德滿都，想說正好可以託他帶信寄回故鄉。我就寫了封信給好友肥下德十郎，請那位出差的僧侶在加德滿都郵局以掛號寄出；我讓他帶了不少錢去。這個人看起來非常忠厚老實，不過那封信至今仍未收到；我不認為那個人欺騙了我，很可能他在旅途中遭逢了什麼意外。當月三十一日下午，有人牽了馬接我去那位僧侶的父母家中。

我把行李放在馬背，騎上另一匹馬，向東走六公里路即抵達塔密拉村；我是應村民之請到那裡為他們誦經。在前往村子的路上，我想到「今天是明治三十三年的最後一天，這一年同樣歷經艱險，但總算來到了西藏的內地；這全是本師釋迦牟尼佛的護持」，因此心中充滿感恩之想。對於今後，我知道仍有許多困難橫阻在前，但我仍將勇往直前，克服困難，完成求法的願望。西藏當然不用陽曆，隔天雖是元旦，但也只是平常的一天，不過我特別提早在凌晨三點起床，面朝東方依例進行元旦的誦經和禮拜，同時祝禱天皇、皇后陛下及皇太子殿下政躬康泰，日本國運昌隆。

我在村子為村民誦經直到一月五日為止，次日離去，在十二公里外的歐米村夜宿。村中寺院供有森瓊多爾瑪（說話度母）菩薩像，像高近一公尺，雕刻精美，栩栩如生，看起來就像要開口說話的樣子。據藏人說這菩薩真的說過話。應寺裡僧侶之請，我為他們誦了兩天佛經，他們布施我許多物品。我雖因遭逢盜匪而幾乎被洗劫一空，但後來不斷得到別人金錢上的接濟；為人誦經可以獲得不少布施，而他們又供應我飲食，也就不必花用什麼錢，因此身上的錢又多了起來。

【注釋】

1 彌勒梵文作Maitreya，漢譯「慈氏」，在《彌勒下生經》中說彌勒做為菩薩已經修行圓滿，現居兜率天內院為諸天說法，釋迦滅後五十六億七千萬年，彌勒將降生婆羅門家，於龍華樹下成道，成為我等所居娑婆世界賢劫千佛中的第五佛，度釋迦牟尼佛尚未度盡的一切人、天。彌勒信仰為典型的未來佛、彌賽亞（救世主）信仰，在印度、漢傳及藏傳佛教地域中極為普及。

57．整整兩個月的誦經

一月十二日早上再度出發，請了一名挑伕幫忙背行李，沿溪朝東南方山上走去。這一帶的積雪都變成了冰，路上很容易打滑，必須特別注意。走了二十二公里來到吹甸村。村子有溫泉，有三個地方可以泡澡；泉質與療效雖不清楚，但對風濕痛似乎很有效。溫泉從河中好幾個地方湧出，所以河面上瀰漫著蒸汽。我用過中餐，沿河繼續東行十四公里，抵達一座建於河邊柳樹林中的漂亮小寺院。

寺名摩尼哈康（Maṇi Lha-khang），摩尼意為「心寶」，這裡收藏許多有如心寶的珍貴真言咒語，每一份寫上咒語的紙張都捲成圓筒狀，包在精工打造、鑲嵌金銀飾物、同樣呈圓筒形的銅製摩尼車（轉經筒）中；摩尼車中間有鐵製長軸，可以將圓筒順時鐘旋轉。由於這裡還奉祀著一具特別巨大的摩尼車，在西藏特別有名，因此寺院就被稱為摩尼哈康。這巨大摩尼車是由藏傳佛教革新派（格魯派）始創者宗喀巴[1]所建，所以特別受到尊崇。我在寺裡的僧寮掛單。

管理這座寺院的僧侶看起來非常貪欲，他看到我的臉就說：「師父，您不是一般的人呢，一定會看相，能否請您幫我看看？」我沒看過相，不過因為藏人太迷信了，我想趁機開導開導也不錯，於是對他說：「你的相看起來不太好，雖然不斷得到許多金錢和物品，卻常常被人所騙，或者因遇到一些意外而失去儲蓄，所以老是有還不清的債務。」我隨便說說，沒想到誤打誤撞竟無意料中，他聽了大吃一驚，一時說不出話來。後來他就把這件事說給附近一位有錢人多傑・迦爾波（金剛王）知道，當晚那個有錢人家的漂亮太太就帶著小孩來看我，並請我看相。

我看那個小孩臉色很不好，無精打采好像隨時會夭折的樣子，又想到藏人嗜殺生，也許可以施以開導，於是很遺憾地跟她說她這個小孩並不長命，並剖析其間因緣。她問我有沒有什麼辦法可以為小孩解厄，我心想，如果能夠住到他們家一段時間好好把《西藏大藏經》讀一讀將是何等幸福的事；到拉薩之後勢必很忙，恐怕沒有充分時間讀經，不如在這裡安靜進修，在拉薩再做進一步研究，這樣最理想不過了，於是對這位太太說，如果能為他多誦些佛經，應該會有幫助。她當晚沒說什麼就回去了，隔天早上小孩突然病得很厲害，令家人非常狼狽，他們也為我的鐵口直斷感到很驚訝，於是請我為這個孩子誦經祈福，時間長短不拘。

我就這樣搬到他們家中，準備開始誦經，沒想到他們家裡並沒有《西藏大藏經》。他們聽說附近隴然巴驛站有一部《大藏經》，於是派人去商借。經書借回來之前我就在房裡打坐，卻從廚房傳來女子大聲哭泣的聲音。我覺得很奇怪，以為是吵架，但注意聽並沒有吵架的跡象；肯定是發生了非常哀傷的事情，由於我初來乍到，也不方便跑去問。在那裡聽了一會兒，他們家的媳婦走過來對我說：「小孩死了，被您說中了；請您來幫幫忙吧。」我因為看到那個小孩確實氣色很差，才隨口那樣說，不料卻真的發生了。我趕忙走過去一看，小孩已經失去知覺，而且身體冰冷。

我試著把脈看看，脈搏非常微弱；我又摸摸他的肚子，還有些餘溫，而脖子僵硬。我多少看過一些醫學方面的書，判斷這應該是腦部充血，就要他們端冷水來，然後把棉布浸濕，放在孩子頭上降溫，同時又在他頸部和頭頂上用力揉按，約二十分鐘後，原來呈昏迷狀態的小孩稍稍睜開了眼睛。做祖母的看到孫子死而復生喜不自勝，大聲叫嚷，我要她安靜，然後繼續按摩腦部和背脊僵硬的肌肉，小孩終於完全甦醒了過來。他們全家驚喜莫名，並請求我在他們家長住誦經。

在異常寒冷的季節，能夠在這個犛牛糞堆積如山的地方住一段時間，當然是不錯的安排，又可以好好讀書，所以我答應了他們。我前後在他們家逗留了整整兩個月，平日除了誦經，得空也會到山裡或河邊散步，那個被我救活的小孩和他哥哥把我當成他們的父親般，每天都陪我出去散步。這兩個小孩真的很可愛，不過我一向很怕小孩，與其說我疼小孩，不如說小孩愛親近我。我每天就是誦經和陪小孩子玩，這是我在西藏期間唯一感到像孩童般天真無邪的快樂時光。當然也有好些不愉快的事，無他，實在是藏人太不講究衛生。

舉個例子好了。我住的那戶人家共有二十名僕傭，他們每天會端茶來給我喝，但茶杯卻是昨晚喝過沒洗的。每次我出言抱怨，他們就說：「這怎麼會髒呢，這是您昨晚喝過的啊？」然後就把杯口還有一層酥油的茶端給了我。對他們而言，如果這茶杯是比較低下的人喝過的才叫不乾淨，必須先洗過再用，自己或和自己地位相當的人用過的，那就是乾淨的，他們絕對不會洗。可是我一看到杯緣上那圈酥油就渾身不舒服，如果我請他們好歹擦一擦，他們說「遵命」，即用擦自己鼻涕的長筒袖口擦將起來，然後說「看，乾淨了」就開始倒茶。這我哪喝得下去，可是太囉唆又怕他們反感，甚至疑心頓起，所以還是能忍則忍。

【注釋】

1 宗喀巴（Je Tsong-kha-pa）：一三五七—一四一九年，藏傳佛教正統教派格魯派開創人、重要佛教理論家，本名洛桑塔喀巴（Blo bzang grags pa），元至正十七年生於青海西寧附近宗喀地方（今湟中縣魯沙爾鎮，後人於此建塔爾寺紀念之）。十六歲前往西藏中部，向薩迦派上師學習中觀歸謬論證派教義，並繼承阿底峽會通各乘之理念，強調戒律與實修，成立一有力的教義體系，即格魯派（德行派、黃帽派）。一四〇九年在拉薩東方六十公里處建甘丹寺為教派根據地。在佛教實踐法上，他寫了《菩提道次第廣論》（顯教）和《祕密道次第廣論》（密教）以總括之；另著有《正理大海》以注釋《中論》、《密意明示》以注釋《入中論》。西藏每年最盛大的新年默朗木祈願法會即是由他所制定，而每年十月二十五日他圓寂之紀念日被定為「甘丹千秋—燃燈節」（dgav-ldan-lnge-mchocl），為蒙、藏地區重要的宗教節日。

58．不乾淨的怪習慣

拿衣服袖子擦拭茶杯碗盤還算可以忍受，最卑陋至極的就是他們上大號連像印度人那樣拿水以左手加以清洗的習慣都沒有。而我拿著紙找個隱蔽的地方方便，被他們看到了還會大笑。在有房子的地方還有所謂廁所這種東西，如果住帳篷，則廁所就是獒犬的嘴。在羌塘高原的時候，每次方便就會有四、五頭獒犬在旁邊看著，剛開始還不知道怎麼辦，後來才慢慢習慣。

牧民也幾乎沒有洗澡的習慣，我洗個臉、洗個手都要被他們笑。相親的時候，如果女孩子的臉黑得發亮、只有眼珠子是白的，而且不只皮膚黑得發亮，衣服因為油垢也像黑漆那樣閃閃發光的話，大家就會說這個女孩有福相；如果洗得白白淨淨，福氣就被洗掉了，這樣的女孩是沒人要的。女孩要選未來的丈夫也是同樣條件。這種事除非親臨現場親眼看到，否則只聽別人講是不會相信的。

中下階層的人身上穿的衣物很少換洗，中上階層和僧侶則比較講究乾淨，尤其僧侶如果不讓手、臉和衣服保持乾淨還會被懲罰。

這種種不衛生的現象，我還在查藍村住的時候多少已經習慣了，可是有時仍然頗難忍受。相對於這些不愉快的事情，一路上的天然美景則教我感到非常享受。如今在接近拉薩的山村裡也是一樣，當藏曆春節來臨前，所有人都忙著各種過節的準備工作，只有我坐在窗前，把經書放在書案上，一邊讀經一邊眺望窗外風光。下雪的時候，稍遠處的柳樹上蓋了一層白雪，那種纖弱之姿格外動人。如果有鶴群進出其間，在雪地上漫步，更恍如仙境。

藏曆春節有許多有趣的儀節。藏曆既非印度曆，也和中國的太陰曆不一樣，採用的是中亞土耳其斯坦通行的曆法，與太陰曆有點類似，但不完全一樣。每四年一閏月是一樣的，但藏曆的閏月比太陰曆提早一年。藏曆每個月裡的日子順序很奇怪，七日有兩天，九日直接跳到十一日而沒有十日。想破頭也不知道是什麼理由，後來有機會向曆法學者請教，他說在時間的計算上，有時必須多算一天，有時必須減掉一天，因此才出現這樣的日期。

日期也分吉日和凶日，遇到凶日的話就拿掉，吉日則自動增加一天，說起來挺方便的。這樣的曆法通行於整個西藏地區，可是各地算日子的方法還是不一樣，所以雖然各地都過春節，但正月一日在哪一天並非到處一致。這並不奇怪，西藏政府設有四位曆官，這四人也是用白石、黑石、竹片或貝殼來算日子以制定曆書，結果四個人彼此還是有些差異，就取其中兩種比較理想的版本，降神請示後再決定一種版本頒布。農曆新正基本上就是以政府頒布的曆書為準，不過誰也不知道到底是不是真正的春節。通常中國太陰曆新正的日期和藏曆很少一致，總會有一天、兩天甚至三天的誤差。

59．春節習俗

春正的早上起來後，先準備竹素琪瑪（五穀之斗），將青稞粉在木斗中堆成一座小山，上面插上五色絲製風馬旗[1]；青稞粉堆中還要放上酥油、乾酪，然後再以葡萄乾、杏脯、柿乾裝飾。接著一家人站在青稞粉堆前面，首先一家之主以右手抓一把青稞粉，口中念念有詞之後，三次撒向空中，最後再抓一些在手上慢慢吃；接下來由太太、客人、家人、僕役按順序施行同樣的儀式，做完了大家喝酥油茶，並且把麵粉做的油炸麻花、煎餅甜點等放滿在盤子裡分給每一個人。盤子和日本的不一樣，而是用銅片打造，內緣鍍銀。大家邊喝茶邊吃甜點，不過並不像日本那樣大家互道新年恭喜，只是充分享受飲食的樂趣；甜點用過，接下來又吃許多肉，有肉乾、生肉、紅燒肉等，不過年節的儀禮中不吃烤肉。

西藏的河流裡當然有很多魚，不過他們認為殺魚是重罪，所以平常並不吃魚，主要吃的都是犛牛、綿羊和山羊的肉。豬肉只有定居西藏的漢人會吃，藏人和漢人交際應酬時會吃一些，一般也不太吃。清晨的儀俗結束後，十點左右再喝一次茶，吃點餅乾和水果之類的東西。下午兩點才享用正式的大餐，這時有錢人家會吃蛋皮餃子；湯則是羊肉湯，都熬得很香。到了晚上，則在九點或十點左右開始烹煮牛肉粥，粥是普通的糌粑粉摻了麵疙瘩、牛肉、蘿蔔和乾酪；這是夜間的點心。

不過並不是每天都按照這樣的順序吃，有時晚上吃的粥變成早上吃，沒有定規。總之這是西藏中上階級的美食；下層階級吃粥根本沒有乾酪、牛肉可放，只加些肥油，蘿蔔也難得吃一次。麵疙瘩是相當高級的，只有春正或招待貴客才吃得到，平時就是把青稞粉攪成麵糊，裡面加些野菜。冬天當然沒有新鮮野菜，都是夏季裡風乾備用的；盛產蘿蔔的地方則會加入蘿蔔。西藏最普遍的主食就是青稞粉加上酥油和鹽揉捏而成的糌粑，從王公到庶民都吃，而且比米食更受歡迎。在大吉嶺定居的藏人說長期吃米飯會生病，所以都會特別設法從西藏運來青稞粉做糌粑。生病的時候吃糌粑確實對身體很好；印度一帶並不是沒種青稞，不過藏人認為藏地的青稞粉最好，非那裡所產不吃。對藏人而言只要有糌粑可吃就好了。

我一邊讀經、一邊欣賞秀麗的景色，如此度過了西藏的春節。由於和藏人家庭住在一起，也就更深入瞭解了藏人的生活與風俗真相。窗下常常見到一種有黑白兩色羽毛、比烏鴉小形狀卻像烏鴉的鳥，藏人稱之為恰卡。這種鳥很聰明，能夠分辨人的不同，而鳥群之間似乎會遵守一種次序，如果有兩隻鳥吵嘴，鳥群的頭頭會生氣地將其中一隻鳥咬死。我覺得好殘忍，就問主人，主人說，鳥的法律比人的法律還公正，而且西藏流行一句諺語：「鳥的法律如果有馬尾般細小的缺失，就像人類的法律有大樹般巨大的缺失。」

我在這裡誦讀佛經好些時日，天氣也漸漸回暖。到了三月十四日我要離開那天，一早他們就要求我為全家授三皈五戒，我依言鄭重地行禮如儀。中餐吃過後，他們布施我金錢及一件法衣；那件法衣是純羊毛織成，染成紅色，非常名貴。

由於他們的馬匹都出去運貨了，所以指派僕役幫我挑行李。我們沿雅曲河東行十六公里，抵達曲燦驛站，並在那裡夜宿。次日清晨六點出發，也是沿河東行，通過一個很狹隘的深谷，谷地仍有大量積雪，河水也仍舊結著冰。走出河谷來到較為寬廣的地帶，往左側山頂上看去，有一棟白色建築，有些特別，既不是佛殿，也不是僧寮。同行的人告訴我，那是防

一邊讀經，一邊欣賞美景、群鳥

霰堂。這是我第一次聽到防霰堂這個名詞，不知道有什麼作用，聽了他們解釋才知道。由於太奇怪了，剛聽聞理由還半信半疑，直到抵達拉薩府後向人請教，才知道聽到的都是真話。

原來西藏農業部門最害怕的就是下冰雹，尤其夏天要是下冰雹的話，一年一穫或兩年一穫的大麥、小麥都將因此完蛋，所以藏人把下冰雹視為等同敵國來襲般可怕。為此必須設置防範冰雹的辦法，不過這個辦法之怪著實令人捧腹絕倒。

【注釋】

1 風馬旗：以五種顏色代表地、水、火、風、空的祈禱旗，上書經文或作風馬（搭載佛寶之馬）之圖像，藏語稱為塔爾秋，多置於家屋頂上或山口石堆上。

60・防霰怪招

藏人的宗教信仰本來就很深，於是一名僧侶提出了一個奇怪的對策。他認為天、龍、夜叉、乾達婆、阿修羅、迦樓羅、緊那羅、摩伽羅迦等八部眾的惡神最喜歡害人，於是降下大冰雹減少農民的收成；必須和天龍八部作戰，將他們殺了才能防止冰雹為害。他又主張，有人可以防禦惡神降災的任務，那就是寧瑪派的修行者。

那麼這些修行者要採取什麼方法才能戰勝諸惡神呢？首先必須考慮天龍八部製造霰彈的時間。八部眾惡神都是在冬天雪下得最多的時候會合於某個地點，把大量散雪變硬製成霰彈，直到分量足夠摧毀作物、危害百姓，就把霰彈貯存在天上一個角落，然後回去休息；到了夏季穀類作物差不多熟透的時刻，祂們就把貯存的霰彈從天上丟下來。一般人對霰彈無可奈何，必須設法製造防範霰彈的優異武器，在諸惡神製作霰彈的時候，人們也要在隱密的山谷中製造防霰彈。

用什麼來製造防霰彈呢？以泥巴大量做成鳥蛋大小的東西。這不是單單由一位修行者來做，而是一個修行者帶著一、兩個助手，進入寂寥的深山道場，以祕密法則大量製造防霰彈，一邊做一邊念咒，讓每粒防霰彈都含有咒語的法力。這種泥丸就是夏天降冰雹時防霰的祕密武器。藏人稱修行者為阿巴（Ngak-pa，持咒者），他們必須傳承過去修行者的血統，否則不能擔當這種職務。

因此他們並不像格魯派的喇嘛那樣，任何人都可以披剃出家，而是父子相傳；這樣的修行者大約一座村子會有一位。他們在冬天專事祈禱，或實施詛咒，或為他人祈福；偶爾也發出可以加害人的惡咒。藏人對此深信不疑，因此在藏地常常會出現某人因為得罪了哪裡的修行者而被惡咒害死的傳聞。

修行者在冬天時做種種準備，到了夏天則展開和冰雹的大戰。西藏並沒有春夏秋冬四季，只有冬夏兩季，雖然藏文中有四季的名稱，實際的節氣卻只分為兩個季節，所以藏人一年到頭使用的季候名稱只有耶爾喀（夏）和袞喀（冬）兩種。夏季指陽曆三月十五左右到九月中旬，其餘就是冬天了。一到三、四月左右犁田播種的季節，修行者就要前往設於高山上的防雹堂。防雹堂必須設於當地的最高處，主要是可以看清楚雹雲過來的方向。

當麥子開始抽芽的時候，修行者多半常駐於防雹堂中，剛播種時因為沒什麼事可做，他們也不時回到家中。六月左右麥苗開始越長越高，防雹的時刻也逐漸迫近，他們就整天待在堂中，以誦經祈禱供養馬頭明王、金剛手菩薩[1]或蓮華生大士等守護神；每天重複做三次，誦念大量咒語。不可思議的是，規模最大的冰雹通常會在麥熟時節降下，所以那時修行者更是無日無夜地從事防雹作戰。

只要看到山頭雲氣開始瀰漫，就要積極備戰。修行者嚴整威儀，神態肅穆，屹立岩石頂上，一邊誦念咒語，一邊舞動念珠，好像要將從遠方前來的雲氣打散似的。如果雲氣越積越多，甚至發出閃電和雷鳴，群山震動，冰雹像箭矢四射時，修行者就像關公揮舞大刀臨陣那樣，以最大的聲量發出神咒，伸出右手食指有如利劍般向虛空強劃猛砍，和冰雹做殊死戰。要是雹彈向田野方向降下，修行者更是忿怒到極點，抓起準備好的防雹彈，發狂似丟向虛空，與冰雹對壘。

修行者抓起防霰彈丟向虛空，與冰雹對壘

如果這樣還無效的話，修行者就把自己穿的衣袍用力撕裂，朝空中猛力揮舞丟擲。如果幸好冰雹慢慢轉向散往其他地方，田野又沒有出現太嚴重災情的話，修行者就算是戰勝了，百姓也會大加慶賀；若是不幸冰雹成災影響了收成，修行者就必須視災害規模承受法律規定的刑罰。反之如果當年沒降冰雹，或冰雹被有效阻擋了，那麼修行者就能獲得很高的報酬，報酬則來自政府的特別稅，也就是防霰稅。這真是獨一無二的稅目。

【注釋】

1 馬頭明王：為馬頭觀音化身。金剛手（Vajra-pāṇi）：菩薩或譯執金剛或金剛密跡，皆是呈忿怒狀的護法神。

61・修行者的罰則

防霰稅的算法是，每十公畝地要繳兩公升麥給修行者；如果收成較高的時候，則要繳兩升五合。這對西藏農民而言是很重的負擔，因為除了向修行者繳交防霰稅之外，政府方面還有其他苛捐雜稅也不能免。更加奇怪的現象是，由於夏季的收成好壞全仰賴修行者的法力，所以地方上執法的權力就歸修行者。也就是說，夏季的執法官員為修行者。

修行者除了收受霰稅之外，擔任執法官另有可觀的收入。這樣說修行者應該都是大富翁才對，意外的是，阿巴多半很窮。畢竟這是利用民眾的迷信而取得的不義之財，來得快去得也快吧。儘管如此，他們的權力還是很大，被封為喇仁波切，意思是喇嘛之寶，因此衣冠楚楚的紳士在路上遇到乞丐般修行者，也必須行垂首伸舌的最敬禮。阿巴雖然可以有不少收入，但遇冰雹成災時就很慘，地方長官會根據農業部門所統計出來的受災程度，依一定比例收取罰款；此外也會有杖刑。這是西藏有意思的地方，即使地位再高，也不能因為身分高貴而為所欲為。

從防霰堂底下走過，繼續向東前進十二公里後，即抵達雅謝村，雅曲河就是發源自村子東邊的山裡，再從這裡流向西北匯入雅魯藏布。西洋出版的地圖將雅曲河畫成發源於羊卓雍錯（Yamco-Tso / Yamdrok Tso），其實不對。再從村子向東走四公里，眼前就是世界一大奇湖，藏語叫做羊卓雍錯。西洋的地圖中稱此湖為白地湖，但白地並非湖名，而是湖泊西岸的驛站名。

這座湖泊的周長並不清楚，總有兩百八十公里，湖的中央聳立連綿山岳；像這樣在湖泊當中浮起大山，在世界上罕見其匹[1]。當然湖中有小島的很多，但像羊卓雍錯這種規模的沒有，因此這湖在地理學上很著名。在湖泊南岸兩個地方有陸地和中央的山脈相連；山脈從湖中浮起，有如一條大龍蜿蜒盤踞藍天之下，非常壯麗。不只如此，從湖泊東南到西南邊上，又有巍峨的喜馬拉雅雪峰泛著奇異光彩。有時飛來朵朵巨大黑雲，颳起強風，湖面波濤洶湧，還會發出種種迷人音響。我被這種豪壯的奇景完全征服了，站在湖岸懸崖邊上，遠眺掩映於雲朵之間喜馬拉雅山白玉般的群峰，覺得好像有穿著白衣的神仙在雲中遨遊，引發人心中無限遐思。

沿湖東行六公里後轉向東北方前進。左邊是山，右邊是湖，湖的對面又是山。走在湖畔堪稱寬敞的大路上，十公里後就抵達白地驛站。驛站是建在臨湖高地的一座城堡，城影投射在湖水上，黃昏時刻的風景真是美不勝收。我們在城堡下方的人家借宿。這一天共走了四十多公里路，由於沿途風光明媚，一點也不覺得累。第二天三月十六日清晨四時我們就踏上有積雪與結冰的道路沿湖朝東北前進，仍舊是左邊有山右邊有水。稍稍轉北向，路徑彎曲起伏，而且很容易打滑，有時還會深陷雪中；不過這種危險比起先前攀越喜馬拉雅山脈就有些小巫見大巫了。

在稀薄的曉霧中穿行，稍微往上走一段，正好可以眺望湖面的美景，浮出深藍色湖水的朦朧山影之間，可以看到農曆正月二十六日的弦月，月光淡淡映在水面，有一種淒清之感。天色漸漸明亮，月光也就慢慢消失，此時南面雪山頂上的曉星正輝煌，映照在湖上。我為這種美妙動人的光景恍惚駐足，渾然忘卻旅途勞頓。腳底下湖畔沙灘上有黃色、白色水鳥及鶴群悠悠起降覓食，並發出清越的鳴聲；湖上則有鴛鴦浮沉其間。眼前景象一片清朗而優美，比起昨天黃昏的淒清更有一番興味。破曉前後在這樣的地方行進，實在是旅途中無上的享受。在湖畔走了二十公里後，九點左右來到山中潺湲流淌的小溪邊，我們在那裡暫時休息，以溪水煮茶，和糌粑吃。

湖中的水雖然滿溢，卻是所謂的毒水，不能飲用。這當中有一段趣話。之所以會變成毒水，是因為那位著名的英國人（其實是印度人）薩拉特．強卓．達司居士在久遠以前——西藏人把二十年前也當作古昔——從印度來到這座湖邊向湖水下了詛咒，讓湖水變成像血般的深紅色；後來來了一名高僧，除掉了湖水的紅色，但毒素還殘留其中，因此到現在都不能飲用。這是藏人無稽之談，不過湖水變紅倒是真有其事，只是與薩拉特居士無關，應該是湖水自身一度產生了某種變化；由於事情發生在薩拉特居士離開後不久，民間就把這件事和薩拉特居士牽扯在一起。

眾所周知薩拉特居士是印度人（現在仍住在大吉嶺），可是在西藏內地，知道薩拉特居士是印度人的只有一些消息靈通人士，一般人都認為他是徹徹底底的英國人。總之羊卓雍錯的湖水自來有毒是毋庸置疑的，理由很簡單，她是一座封閉的湖泊，而且附近土壤含有各種元素；有人說這附近的山中藏有煤礦，另外也發現許多礦物質，這些元素溶解在水中，才導致湖水帶有毒性。

也有一份西洋出版的地圖，將羊卓雍錯的湖水畫成流入雅魯藏布，這是大錯特錯。我們在溪畔吃中飯的時候，同時有其他行旅也取這裡的溪水做中飯，由於這裡位在西藏第二大城前往首府拉薩的官道上，所以往來的行旅很多。我們在那裡認識了一名尼泊爾軍人，他幽默又風趣，之後成為我們的旅伴。

【注釋】

1 羊卓雍錯為藏傳佛教聖地，相傳如果湖水乾涸，藏族也將滅亡。羊卓雍錯是標高四千五百公尺的淡水湖，總面積七百多平方公里，周圍總長三百多公里，其形彎曲而不規則，無法一眼望盡，而高聳的山巒突起湖中，三面為湖水包圍，常讓人錯覺是湖中大島，其實不然；不過此湖中確實有十餘座小島，其中建有寧瑪派擁不多寺。

62・遙望拉薩

這個軍人在拉薩保衛尼泊爾駐藏公使，由於思念母親想回去尼泊爾一趟，到了日喀則卻又放不下在拉薩的情婦，於是放棄母親，準備回頭投入情婦的懷抱。真是個荒唐的軍人。我們談了好些話，問他尼泊爾政府在拉薩派駐了多少軍隊，他說派駐軍隊是五、六年前的事，之前並沒有派過。我又問他為什麼，他就說起十二、三年前在拉薩發生的一起大事件。拉薩住有三百名尼泊爾巴勒布族商人，這族人在尼泊爾人當中是最會做生意的，他們全信奉佛教，但讀的不是藏文佛經，而是梵文佛經。他們的市場主要在拉薩，買賣的是羅紗、棉布、絲織品、珊瑚、寶石、西洋小飾物、米、豆和玉蜀黍等。

距今十三年前，一位拉薩婦人到巴勒布人開的大商店買東西，店主懷疑她偷了一件珊瑚飾品，非常生氣地要她拿出來，婦人否認，店主又不知道她藏在哪裡，便硬將她拉進房間裡，儘管婦人大哭抗拒，店主仍將她全身脫光搜身，結果什麼也沒找到。婦人非常狼狽地走出商店，外頭的路人看到問她發生了什麼事，她就把被冤枉以及被脫光衣服的經過一五一十說了出來。這件事被一位路過的色拉寺僧勇[1]聽到了，他就進店裡跟店主理論說，這樣做太過分了，到底是不是真的；店主承認是他做的。這僧勇回到色拉寺後，就跟僧勇的頭領報告這件事，頭領立刻召集了一千名僧勇，準備晚上前往拉薩殺掉所有巴勒布商人。由於色拉寺離拉薩只有六公里路，這個消息馬上傳到拉薩，巴勒布商人嚇壞了，顧不得拿什麼東西就逃出拉薩，只有少數人沒有逃。

到了晚上，色拉寺的僧勇個個全副武裝進入拉薩，撞開上了鎖的巴勒布商店大門，一入店裡看到什麼拿什麼。參與這個事件的還不只是那些僧兵僧勇，拉薩城中一些游手好閒的無賴漢也加入渾水摸魚，將巴勒布商店洗劫了一整晚，直到天亮才揚長而去。巴勒布商人回到店中，連吃的東西都不剩；他們沒有田產，店中的貨物就是他們的財產，如今被劫掠一空，落得一無所有，損失非常慘重。

這件事後來鬧成了國際糾紛，談判了五年時間，最後西藏當局答應賠償所有損失；談判結束後，尼泊爾派了二十四、五名軍人常駐拉薩[2]。負責這個外交談判任務的，就是我在加爾各答準備出發前往尼泊爾時，給我介紹信去見尼泊爾喇嘛的吉琶度爾先生；他那時擔任尼泊爾政府大書記官，現在則是駐西藏公使。

我邊和那個軍人談話，邊爬上陡峭的剛巴拉（Genpala / Kamba-la，「拉」是隘口的意思），走了約四公里後就到了最頂端。從那裡遙望東北方向，可以看見向東南流去的雅魯藏布；而從她的東北方又有一條大河注入，那是濟曲（拉薩河）。沿著濟曲看過去，遠方群山包圍的平原中立著一座小山，山頂在陽光照射下，發出金色晃耀的光芒。那就是位於拉薩的法王宮殿布達拉。

布達拉宮的底下就是拉薩的市街，也有其他寺院的金色屋頂在空中放光。從這個距離看過去其實只是朦朦朧朧小小一點。在山口高處休息了一下，我們就開始往下走，十二公里外就是帕車驛站（Pache / Kamba Partsi），我們暫停夜宿。由於在冰雪地上埋頭走了一整天四十多公里路，兩腳疼痛異常，而且整個人感到非常疲憊。第二天就是三月十七日，凌晨四點出發，又往下走了四公里，就抵達雅魯藏布江邊；沿江水南岸前進十公里後，來到恰桑（鐵橋）渡口，我們要從這裡渡到雅魯藏布北岸。這裡曾經架有鐵索橋，就在渡船口稍下游處還可以看到鐵索。現在是冬季枯水期，可以使用印度式長方形平底船乘載人貨過渡，夏天水漲，水流又急，不能走這種大船，必須改用犛牛皮做的皮筏。

犛牛皮筏是很特別的東西，每一具皮筏使用三頭犛牛皮縫合而成，接合的地方塗上防水漆，就可以浮在水上；枯水期間如果人不多也可以使用皮筏渡河。藏語中「廓瓦」既是指皮，也是指船。由於以皮革製成，一遇水就會濡濕變軟，同時變重，因此泡在水裡半天之後，必須拉上岸曬乾再下水。這種皮筏一個人就扛得動，所以可以把它扛到很上游的地方，裝上貨物或搭載人，以一天甚至兩天時間運到下游，等人貨上岸後，就把筏子拉到岸上曬，非常便利。由於要渡河的人很多，我們一起搭上一艘很大的平底船過渡到對岸。

【注釋】

1 見第六十五章內文，或譯作雜役僧，寺廟中以從事雜務與工藝為主的僧侶，以有別於學問僧。

2 事件發生於光緒九年（一八八三年），善後談判至光緒十一年定案，除尼泊爾可駐軍拉薩保護行商外，藏方尚要賠償尼方十八萬三千四百兩。

63・抵達法王宮殿下

沿著乾河床走了六公里路，來到一處山水明媚，有岩石、柳樹和桃樹的地方；樹都長在水邊，在水面留下娉婷身影。這是一個非常暖和的地方，氣候比拉薩還理想。昨天提到的羊卓雍錯一帶海拔極高，大約有四千四百公尺的樣子；這邊則是三千三百公尺左右。由於臨水，加上日照，柳樹已經吐出嫩芽；長久以來走在光禿禿的山間，看到的無非枯樹，如今有青翠的柳葉，眼睛不禁為之一亮。

雖然行李有挑伕幫我扛著，不再像當初羌塘高原的旅程不堪負荷之苦，但腳上的舊傷復發，疼痛異常，幾乎寸步難行。還好有人牽馬過來，我付了些錢，騎上了馬；四公里前方即是曲水驛站。從東北方向蜿蜒而來的拉薩河在這裡和西北流下來的雅魯藏布交會，驛站設在河口三角洲上，非常繁榮。不過一路走來一直到拉薩為止，沒有比這個驛站所見更壞的人了。他們無情無義，而且最會偷盜旅人的財物，不管行李、貨物都好。這些人手法高妙，受害人往往不知道被偷。整個西藏沒有人不知道曲水盜賊的厲害，一路上有好幾個人提醒我到了曲水要格外留神。雖然偷東西的功夫了得，而且人來人往照說偷到手的財物也不少，但如果以為這裡有錢人很多那就大錯特錯，這裡的窮人比別的村子還多。實在難以想像。我們小心翼翼地在曲水用過中飯，由於沒有馬匹可以租借，仍舊採徒步繼續沿拉薩河朝東北方的平原前進，兩隻腳越走越疼，到最後根本動彈不得，正想在路邊坐下，好在後頭有人趕驢子過來，我就騎了上去，走十六公里後到達名叫江的驛站。到了這裡，幫忙扛行李的挑伕說他一定得趕回去了，沒辦法只好讓他步上回程。

腳越來越疼，不知道怎麼辦才好。這一天幸好有驢子可騎，總算前進了四十多公里路，明天就一點也不樂觀了。同時在驛站裡宿泊的有幾個要到拉薩繳交稅肉的人，我和他們打商量，說好明天一起走。不過帶稅品上繳政府的時候，並不是從自己的村子牽著馬一路走來，而是利用驛站和驛站間的馬匹來馱運，因此一天只能走個十來公里就必須停下來。也只能這樣，我把行李託給他們，自己騎上馬慢慢走，當天就和他們暫宿一個叫南木的小村莊。第二天仍舊沿拉薩河前進，八公里路後走上乾河床，繼續往前走到聶唐驛站。

聶唐驛站有一座在西藏最受崇仰的解脫佛母堂（卓瑪拉康寺），由於這座寺廟是由來自印度、影響了藏傳佛教革新的阿底峽尊者所創建，所以非常著名。我前往佛殿參拜，寺裡供奉的二十一度母像極為莊嚴、氣韻生動，即使從美術的角度看來也是神品。翌日即二十日我們沿拉薩河東北行，彎進一片農地中不久即看到一座橋，過了橋前行六公里即是辛宗喀驛站，在那邊夜宿。三月二十一日終於等到進入西藏首府拉薩的日子了。

我在驛站雇了一匹馬，行李仍舊託給上繳稅肉的人，沿著山巒和河流之間奇景不斷的通道前行，不到四公里左側山腳出現一座壯麗的寺院。一眼望去並不像寺院，比較像大型村落，其實全部是寺院屬地；那就是哲蚌寺，拉薩一帶最大的寺院[1]。在達賴喇嘛管轄的西藏地區，哲蚌寺依舊是最大寺院，僧侶數七千七；這是依照規定的員額，有時會增加到八千五百甚至九千人。不過夏季裡不少僧侶到地方上工作，那時只剩下六千人左右；總之規模之大還是相當驚人，寺中還設有大學。在前藏地區設置大學這種高等學府的有三處，一處是這裡，一處是我掛單的色拉寺，另一處是甘丹寺。色拉大學的員額是五千五百名，甘丹是三千三百名，不過也和哲蚌寺一樣有增有減[2]。

哲蚌寺下方，也就是我們正走過的路旁，設有犛牛、綿羊和山羊的屠宰場，專門供應達賴喇嘛所吃的肉類；每天固定宰殺七頭羊提供法王食用。因為那些羊是要給達賴喇嘛吃的，藏人認為是吉祥與福分，因此很羨慕那些羊，都會去索取羊毛回家。法王吃的不只是羊肉，其他種肉類也要吃不少，都是在這裡處理的。

準備宰殺的牲畜主要不是來自拉薩，因為拉薩太近了，如果這些牲畜是為了法王所需而被殺，就不是淨肉，於是必須從稍遠的地方買來，好像不是法王自己下令宰殺，以得到佛教所說的清淨的肉。這樣想當然無可厚非，不過再怎麼說都是為了法王要吃，才會有人下令宰殺這些牲畜，在我看來，重點不是在哪裡買的，是不是來自拉薩其實都一樣。

我們經過哲蚌大學底下，又走了十公里，終於抵達前幾天從剛巴隘口望見的法王宮殿下方。法王宮殿名叫澈布達拉，澈意思是頂上，布達拉有船隻之意，引申為港。布達拉指的是觀音菩薩的淨土，即位於印度東南方海面上的錫蘭島；布達拉沿用中國「普陀落」之名[3]。這裡是觀音菩薩化身的達賴喇嘛居住的地方，因此稱之為布達拉，又因為建於山頂上，故名澈布達拉。

【注釋】

1 哲蚌寺：由宗喀巴弟子妙音法王（Jamyang Cho Je）建於公元一四一六年，當時稱白登哲蚌寺（白登意為莊嚴，哲蚌意為堆積的米）；五世達賴喇嘛阿旺羅桑嘉措（Ngawang Lozang Gyatso, 1617-1682）於此建立政教合一之噶丹頗章王朝。後駐錫地改為布達拉宮。

2 拉薩哲蚌、色拉、甘丹三寺，加上日喀則扎什倫布寺、青海塔爾寺、甘肅拉卜楞寺，合稱格魯派（黃教）六大寺。

3 普陀落（Potala）原為印度河口海港名，在《華嚴經》中以補陀落迦（Potalaka）為觀音菩薩淨土，因此拉薩布達拉宮依此取名，中國浙江寧波外海的觀音菩薩道場普陀山亦依此得名。

第五部

拉薩府見聞（一）

64·自稱西藏人

法王宮殿之氣派雄偉難以言表，各位只要看附圖就可以瞭解個大概，不過倒有個趣話可以提一提。聽說有個鄉下人有一次帶著驢隊馱了許多酥油來拉薩府賣，當他看到布達拉宮的壯麗非凡，以為這是神仙所居住的地方，整個人愣在那裡，等到回過神來，驢子不見了，四處一看，這兒一頭那兒一頭。他把散在各處的驢子全部集合後，本來應該有十頭，可怎麼算都只有九頭。

他非常驚慌，不知道還有一頭驢子在哪裡，淒淒惶惶幾乎快發狂，一名拉薩人走過來問他：「到底發生了什麼事你這樣大叫大嚷？」

鄉下人無精打采地說：「本來有十頭驢子，現在少了一頭，我正在找；我想一定是有人偷走了，越想越慌。我就是看法王的宮殿看呆了，一不留神，驢子就被偷走了。」

拉薩人一頭一頭數，卻是十頭。「你亂說，明明有十頭啊！」

「哪有，只有九頭。」

「對啊，那邊共有九頭，加上老兄你騎的一頭不就是十頭了？」

鄉下人經人一提醒才注意到自己的疏忽。從這則笑話可以看出這座法王宮殿是如何震懾人的心魂。

從布達拉宮底下沿寬闊的大街朝東南方走去，約七百公尺外有一道長三十六公尺、寬約五公尺半的大橋，橋上覆著中國式屋頂。過了橋約一百米處，就是拉薩城的西門；這座門樓

拉薩布達拉宮

也是以中國傳統格式建成。進了西門，左邊有一條大路，走兩百多公尺後，即來到一座大廣場。這裡坐落著西藏最神聖、最受崇仰的釋迦牟尼佛大寺（大昭寺）[1]。

我請教當地人關於寺中供奉的釋迦牟尼佛像由來，他們告訴我，將佛教引入西藏的吐番國王松贊干布[2]在還沒有信奉佛教之前，從中國迎娶唐太宗的女兒文成公主；文成公主入藏前向父親李世民請求道：「我聽說吐番是個殺人、吃人肉的國家，希望您和吐番國王約定，要他答應弘揚佛法；還有，從印度迎來的釋迦牟尼佛像希望能讓我帶到那邊供養。」唐太宗答應了這些要求，於是文成公主入藏隊伍中也帶著釋迦牟尼佛像同行；最後這尊佛像就安置在大昭寺。

就史實看來，是文成公主入藏之後深感佛教及文字對這個國家的重要，於是挑選了十六位天資穎悟的英才，將他們送到印度留學，一方面從事佛教方面的修行，一方面也為了創制西藏的文字。其成果就是西藏有了自己的文字，而且利用藏文翻譯了佛經，於是佛教在藏地漸漸興盛。這是距今一千三百年前的事，就歷史意義而言，或是就這尊釋迦牟尼佛像的因緣而言，都是非常重大而不可思議。這尊佛像並不是在中國雕刻的，而是由印度傳入中國，然後再從中國請來西藏。據說佛像是由印度的毗首羯磨天（Vishvakarma，佛工師）[3]所做。

我進去大昭寺的釋迦堂禮佛，首先為佛恩加被終能安抵西藏而恭謹拜謝，能夠見到印度菩提迦耶大菩提寺金剛道場的釋迦牟尼佛，如今又在西藏大昭寺得見釋迦，真是世間罕有的恩典，一念及此，不禁喜極而泣。不用說，我是虔誠信仰釋迦牟尼佛的；雖然在其他佛像前面我也不失恭敬之心，但我仍一心以釋迦牟尼佛為師，一意奉行他的教法，於是以最敬禮向佛像禮拜。

接下來就要考慮居留的問題了。拉薩城中有不少看起來怪怪的木造出租屋，另外酒鋪也有房間出租，但聽說多半會騙客人的錢；最好還是找一個自己認識的人家借住。所謂認識的人家，就是過去在大吉嶺遇到的帕喇（攝政）家的公子。他去大吉嶺的時候，我和他有滿密切的交往，他曾說如果我到了拉薩一定盡可能協助我；他是個不錯的人，我曾幫他做了不少事。倒不是說我曾經幫過他，現在硬要人家回報，只是除了找他實在沒有其他辦法，所以還是試著打聽他家的所在，然後前去拜訪。攝政的官邸叫做班德夏，占地頗廣，面寬百米，非常氣派。

我近前一問，真可說是「屋漏偏逢連夜雨」，首先他們說公子不在；我問去了哪裡，他們說公子瘋了，也不知道他去了哪裡。我更加吃驚，問道：「這是什麼時候的事？」

他們答道：「他神經失常已經兩年了。」

我追問道：「是真的瘋了嗎？」

家人說：「時好時壞，有時滿正常的，有時就發狂得很厲害，也不清楚為什麼會這樣。」

「那麼他又是住在什麼地方呢？」

「住在南賽林〔哥哥的別莊〕。」

我聽了就趕快前往南賽林，結果他不在，家人的回答都是一樣。我想多等一會兒說不定他會回來，於是在那邊等了兩個鐘頭，但我也想到，即使等到他，一個精神錯亂的人又能幫我什麼忙？不如直接前往色拉大學，先取得短期入學許可，有機會再參加考試取得正式學籍比較實際。於是雇了一名挑伕，前往城北的色拉大寺[4]。

色拉寺與哲蚌寺一樣建在山麓的坡地上，建築物一層一層往上升，從遠處望去就像一座大村落。挑伕帶著我在下午四點左右抵達，並找到毗次康村（Pituk Khamtsan）。由於我過去都是冒用中國人的身分，照這裡的規定，漢人得去另一個僧寮帕德康村，如果這樣很可能暴露我的真實身分；幸好我去過羌塘高原，我想我可以自稱是羌塘某部落的人，所以還是前往毗次康村。我已經好久沒刮鬍子沒理頭髮，洗澡也是好久以前的事了，全身上下怎麼看怎麼像藏人，雖然將來以藏人身分參加入學考試對我而言很難，但一般生活會話我已經和藏人沒有兩樣，所以還是決定以藏人的身分進入色拉寺。

我一路上不管到哪裡，常常被人當作藏人看待，我想即使跟他們說我是藏人應該不至於教他們起疑；為了暫時有一個可以安住的地方，也只有這樣了。每一個康村有一位堪布負責，由資深僧侶輪流擔任；我到毗次康村時堪布叫拉堆巴，他是一個親切而善良的老先生。我先住到他的僧舍去，並向他請教了辦理短期入學的手續，他詳細告訴了我。

這裡我想先說明一下色拉大學內部的組織狀態。色拉大學分成三大僧院：一是吉札倉（異邦堂），僧侶三千八百名；一是麥札倉（Maye Ta-tsang，下方堂），僧侶二千五百名；還有一個是阿巴札倉（真言堂），僧侶五百名[5]。除了阿巴札倉外，其他兩札倉各設有十八個康村（僧寮）。

康村有大有小，最大的康村可容僧侶千名，小康村則只有五十名僧侶左右；我所掛單的康村有僧侶兩百名。每個康村的財務都是獨立運作，但統籌管理這一切的，就是色拉。這樣說只是大致的情況，其實還有各種分別，暫時就不細說了。

【注釋】

1 大昭寺：藏名Phrul snang，別稱Jokhang，Jo即釋迦牟尼。

2 松贊干布（Srong-btsan-sgam-po）：五八一——六四九年，為西藏歷史上最具影響力的統治者，後世推崇他的重大事蹟包括創制藏文、統一吐番各部、制定法律、建立軍政合一制度、大力發展文化與技術、加強與中國和尼泊爾之交流等。

3 毗首羯磨天：梵文作Viśva-karman，指諸神中的建設者或工匠，漢譯或作工巧天。

4 色拉寺（Sera）：別名色拉大乘寺，為宗喀巴弟子大慈法王釋迦益協（Cham Chen Cho Je）於公元一四一九年創建。

5 依照許明銀《西藏佛教之寶》（佛光文化出版）書中所收〈西藏寺院的修學過程與教學制度——特別以色拉寺為例〉一文中提到色拉寺的札倉分別為結巴（byes pa，異邦堂）、麥巴（smad pa，下方堂）和阿巴（sngags pa，真言堂）；前兩者為修學顯教的學院，後者為修學密教的場所。另有集合全寺僧侶的大集會堂（tshogs chen，磋欽、大經堂）。

65．雜役僧

僧侶的種類也有必要說明一下。僧侶可大致分為兩種：一是學問僧（貝恰瓦），一是雜役僧。學問僧顧名思義是以求學為主的僧侶，必須自備若干學費，接受色拉大學的佛教教育，共需二十年才能修學完了從色拉大學畢業。他們通常都是在自己所屬的寺院接受一定訓練之後才來的，因此從大學畢業時大概年約三十到三十五、六歲；其中也有少數秀異分子在二十八歲左右就能得到格西學位。

雜役僧（ldob ldob）通常繳不起學費，但還是成為色拉寺中的常住僧侶，他們日常的工作是去野外撿拾犛牛乾糞回來當燃料，或是把從南方的桑耶（Sam-ya-e）、孔波運到拉薩河邊的柴薪扛回色拉；另外也擔任學問僧的僕役。還有一些比較起來清閒些的，比方吹奏大型嗩吶等樂器，或是敲鑼打鼓、製作佛前供養品等，也都是雜役僧份內的工作。

這些都是等級比較低的僧侶該做的事，但他們還有一些奇特的課業。他們每天要到一座山裡丟擲大石頭練身體，以丟擲距離的遠近測試肌肉的強健程度，或者以大石頭丟向一個定靶，擲中者受到獎賞。另外也練輕功，一路往山上飛奔，或者從高高的岩石上往下跳。他們一邊鍛鍊一邊大聲唱歌，聲音之大什麼地方都聽得到，他們自己也引以為傲，說這種聲量可以穿破窗紙。此外他們也練習棍棒對打。

這是雜役僧每天的功課，只要寺裡沒有特別的雜事，就會看到他們三三五五列隊到操課的地方去鍛鍊，一點不敢怠慢。也許大家要問雜役僧如此嚴格訓練到底有什麼用，其實在西藏像他們這樣一群人作用非常大。像喇嘛有事到藏北或羌塘高原旅行的時候，他們就擔任保衛的工作，而他們是出名的剽悍，無妻無子單身一人死不足惜，動起武來只知勇往直前至死方休，所以藏人也拿這些武勇的僧侶沒辦法。他們也常常打架，不過很少見面一言不合就打起來，大多是有什麼事惹毛了他們。

他們倒是很少為了金錢之類的事情引起爭端，最常發生的，一概是因為漂亮的後生而爭風吃醋。和過去高野山[1]的情形一樣，僧侶間有許多情慾糾葛，或是奪人所愛，或是所愛之人跟了別人，遇到這種情形甚至會向對方挑戰舉行公開決鬥。遇到挑戰時是沒有人會退縮的，如果退縮不前立刻會受到其他僧侶的排斥，在寺中將無容身之地。雜役僧中自然也有一個首領，另外僧團立有各項規章，也有人專門負責執法。這是公開的祕密，即使寺內住持長老等有什麼事需要解決，也會向雜役僧首領下令讓他的手下去執行，因此首領或其他雜役僧有什麼越軌的行為，也會得到上層默許。

當雙方約好要進行決鬥，到了晚上就前往指定的地點，手持大刀做殊死戰。決鬥時旁邊會有一個見證人兼裁判，如果有哪一方使出卑怯的小手段，經裁判認定，這個人很可能會被殺了。如果決鬥的過程各有贏面和輸面，形成不分輸贏的結果，裁判會喝止他們，然後帶著雙方到拉薩飲酒去。色拉寺內嚴禁喝酒，所以很多雜役僧就到拉薩大喝特喝，常常會鬧得不可收拾。

我萬萬沒想到的是，後來我在雜役僧之間成為頗有名氣的醫師，並受到他們的敬重。原來他們練輕功跳上跳下傷了皮肉或骨頭時，馬上過來找我，我試著給他們一些必要的治療，竟然都能痊癒。我必須說，他們這種半野蠻狀態的人不管生病、受傷都好得很快。尤其筋骨的傷勢、脫臼等我一看就好，他們於是驚奇不已，讚歎說我是他們不可或缺的醫師。即使如此，我醫治他們、給他們藥吃，但絕對不向他們索取任何酬報。

不管是骨頭斷了、臉被砍了，如果是其他藏醫來看肯定會變成殘障、一輩子行動不便，但到我這裡來後，我為他們上藥、消毒、接骨，盡可能施以照顧，最後居然都能好起來，不至於落得成為殘障之身，讓他們喜出望外。所以我不管到哪裡，他們見了我都會吐舌以示最敬禮。也由於有他們的照顧和保護，我在色拉的生活得到許多方便。這些雜役僧是非常重情義的人，雖然有些粗魯甚至野蠻，但比起那些表面上優雅、骨子裡只想著害人為自身謀取好處的貴族僧侶，雜役僧真的是心地純良可愛多了。我也常常感受到他們其他許多可愛的地方。反之那些穿著輕柔的衣袍或披著上等羊毛布的喇嘛中多的是卑劣陰險的傢伙，和他們往來也很麻煩。

我當然還是得成為學問僧，也必須設法取得這個身分，可我的頭髮鬍鬚已經有十個月沒有整理，長得嚇人，這在寒冷地帶旅行時確實比較保暖，但現在不能不剪掉了。次日我理頭髮的時候也要將鬍鬚一塊剃掉，幫我理髮的僧人很驚訝，要我別開玩笑。我問為什麼，他說剃鬍子太不明智了，好不容易留這麼長何必剃掉，剃了大家一定會說你瘋了。他說的確實是實話，我只好把這其實不怎麼樣的鬍子保留了下來，一直到今天，就當作是從西藏帶回來的禮物。

純粹的藏人不會長茂密的鬍鬚，雖然康區和邊遠地區的人會……因此藏人不管對什麼樣的鬍鬚都覺得稀奇珍貴，也很想自己有鬍鬚，自從我有了醫生的身分後，一直都有人找我要生長鬍子的藥，真是傷腦筋。他們認為我之所以能養出那麼長的鬍鬚，一定是自己用了什麼藥物的緣故。理髮當天，我也買齊了寺裡規定的帽子、靴子、念珠等；法衣因為先前已經有人布施所以不用再買。然後我去我所屬的僧院吉札倉拜見住持堪布。

堪布是負責檢點每一個人以決定是否准許短期入學的人。這個階段並不需要任何考試，我帶著一包西藏所製最好的茶當見面禮，堪布就開始問我問題：「你是哪裡人？看你的樣子很像蒙古人，你是嗎？」

我答道：「不，我不是蒙古人，我剛從羌塘高原過來。」

堪布對西藏地理非常有研究，問了我許多問題，還好那都是我歷經艱難一路所經過的地方，所以都能一一回答。很快我就得到短期入學的許可，就對喇嘛行吐舌禮，喇嘛手持一條紅色的綬帶掛在我脖子上；有了這條帶子就表示已經獲得短期入學的許可。在西藏晉見地位較高的喇嘛都有在脖子上掛紅帶子的習慣。我得到了紅帶子後，接下來要去見執法僧官（dge bskos，格貴），也是要取得他的許可；由於已經得到堪布的認可，所以這一關很容易就通過了。取得短期入學的認可後，馬上就要準備進入大學議論部就讀的考試。考試之前先要選定自己的指導老師，於是隔天就開始去找；我稍稍瞭解了一下我所想向老師學的內容，覺得一個老師不夠，決定找兩個，但必須先去打聽誰比較適合。

我花了好幾天時間打聽老師，這期間我有個奇遇。我所住僧舍對面的一間大僧舍有位看起來很像學者的胖喇嘛。有一天他說有事情叫我過去找他談，他問我：「你不是前一陣子才剛從羌塘高原隨著日土的隊商一起到薩迦寺嗎？」

「咦？是啊。」

「我的弟子也是那隊商的一員，所以我才知道。」

「您說的是誰呢？」

原來是對我最好的鐸天，就是一開始時問我吃不吃肉，我跟他說不吃的那一個。沒想到鐸天是這位喇嘛的弟子，那我冒稱來自羌塘高原的身分就保不住了。果然，他馬上問：「這樣說來，你並不是羌塘來的嘛？」我還沒能答得上，他又問：「你跟我的弟子說你是漢人，能說中國話，也會中文，是這樣的嗎？」

「嗯，是的。」

「你這樣子騙大家，會讓我們毗次康村很為難。如果是漢人，一定要進帕德康村。如果我們讓你住進來，帕德康村知道了控告我們，我們就會有大麻煩。這真是教人頭痛，為什麼你要這樣做呢？」

「我確實是漢人沒錯，但要進帕德康村需要很多錢，可我在羌塘遇到強盜，錢都被搶走了，所以我沒辦法進我該去的康村。我在羌塘被搶的事，您應該從您的弟子那邊聽過吧？」

「那倒是，真的很教人同情。」

「不只是這樣，去帕德康村的話，漢人在第一年都必須去做康村的雜務；即使去做雜務也要繳很多錢。我實在沒辦法去那邊，我已經跟您說了實話，請您幫幫忙讓我住下來吧。」

「既然是這樣，那假使沒有人揭發這件事，我就當做不知道囉；要是被人家知道了，你就說沒有錢所以沒過去，到時總有辦法解決的。」

這個風波就此暫告一段落。我原本是個日本人，現在為了偽裝成中國人又多了一個祕密。懷抱兩重祕密，公然以羌塘高原人自居，再加上夙夜匪懈的進修研讀，很快身體就有些受不了，頸、肩僵硬抽痛，得了所謂五十肩，但也無可奈何，只好自己放血，又去拉薩街上的漢藥店買藥回來服用，還好很快就痊癒了。

【注釋】

1 高野山：有金剛峰寺，為空海大師於公元八一六年所開闢的東密根本道場，位於和歌山境內，其他宗教建築也很多，明治時代之前為女人禁地。

66·北京的騷動

四月七日在色拉寺為了大清國皇帝以及在中國的戰事舉行了一場祈禱法會，據說非常盛大，我也跑去看了。不只色拉，整個西藏境內的重要寺院都同時舉行法會。色拉寺已經舉行了七天的祕密法會，由專門的祕密修行者先進行長時間的祈禱，然後再修戰爭得勝的密法。到底在中國發生了什麼戰事，我向寺裡一位較資深的僧侶請教，他說：「不為別的，只因為好幾個國家的軍隊攻進了北京城，而中國方面吃了敗仗，雖然時間上有些慢了，但還是要為皇帝陛下的平安而祈禱。」

他是個消息很靈通的人，我盡可能向他打聽，但他說有些必須守密還不能說。後來我才知道，原來是義和團事件引發的八國聯軍和清政府的戰爭。在祈禱法會上，從色拉寺磋欽（大經堂）所擺出來的排場非常壯觀，最前面是一排鐃鈸、鈴、鼓、法螺、嗩吶、長號等，接下來是金香爐，由十名十二、三到十五歲左右最清秀的西藏小孩捧著，上面焚著香，這些小孩都身穿一式華麗的法衣，法衣上縫有中國的五色錦緞。後面是巨型長槍、斧鉞等武器，上面繫著長長的金絲織錦，每一件都很沉重，強壯的雜役僧勉強能拿得起來，平放在兩個人的肩膀上扛著也走得很吃力。槍矛柄包著銀片或鍍金片，同樣非常豪華。

這種裝飾過的長槍兩側各有五十把，之後則是高近兩公尺的長三角形木板，板面上以染色酥油拼貼成各式酥油花圖案；後面接著是青稞粉、酥油和蜂蜜混合揉捏而成的紅色圖案。兩樣都是由七、八個人抬著。再來是兩百名穿著華貴法衣、上披絲綢袈裟的僧侶，那些衣服的貴重看得藏人目瞪口呆；兩百人中一半帶著大鼓，另一半帶著鐃鈸。接著就是主修祕密法會的大喇嘛，他的裝飾更是富麗堂皇，並戴著相當於其僧官等級的僧帽，緩緩前進，最後面還有大量弟子扈從。這樣的場面在西藏是難得可觀的，因此來看熱鬧的拉薩市民人山人海。

整支隊伍走出大經堂後，在僧寮之間往下走了兩百米左右，出了石牆，來到一座極為寬闊的廣場。穿過廣場，再下行兩百公尺，就是以竹、木、麥稈等材料搭建的茅屋。到了這裡，主事喇嘛就對著各式武器、酥油花等供物一一念誦真言密咒。兩百名僧侶圍著他一邊敲鐃鈸鑼鼓，一邊誦念佛經，其中有個僧侶手持鐃鈸在數百名僧侶包圍下依鐃鈸節奏迴旋舞蹈，非常好看。他的作用似乎是帶頭起音，他那邊敲鐃鈸邊旋舞的姿態很活潑有趣，和別的國家的舞蹈很不一樣。

當儀式進行到一定階段，大喇嘛將手上的念珠往空中用力揮舞好像在擊打什麼，持槍矛的僧侶即同時對著茅屋猛刺，再將酥油花供物投進茅屋中，然後引火燒了茅屋。烈焰和白煙向天上升騰，現場所有人不分僧、俗皆合掌大聲念道：「拉迦羅！拉迦羅！」連續念了許多次。「拉迦羅」（Lha-kyallo）的意思是「真神得勝」。法會就此結束，而整個過程確實顯得非常莊嚴勇武。或許這就是密教的特色之一。

次日為了參與錯卻[1]法會，色拉寺的僧侶全部前往拉薩。法會由達賴喇嘛主持，是為了一整年的平安與豐饒而舉行的祈願法會，前後持續一個月；據說這是西藏第二個重要的法會。我也跟著去了拉薩，借宿在巴勒布商店的二樓。

由於中國的戰爭發生在首都北京，同樣是首府的拉薩因此特別敏感，流傳著各種最新消息；我想有很多消息是從中國內地回來的商人，或是來自尼泊爾和印度的商人帶來的。有些傳聞非常聳動，有些則捕風捉影，像說中國皇帝已經遜位給皇太子並逃離京城了，也有人說，才不是，是中國打敗了，皇帝逃到新安府[2]去了。說到為什麼會戰敗，有人說原因是朝中無能的官員讓皇帝娶了一位英國女子。也有傳聞說因為發生了暴動才節節敗退，還提到有一個日本國，好像很強盛的樣子，最後占領了北京；又說中國大鬧饑荒，大家沒東西吃，於是開始殺人來吃云云。說得好像中國變成了人間地獄似的，什麼傳言都有[3]。也因為這個事件，拉薩地方才開始知道有一個叫日本的國家。

在此之前藏人可說完全沒有聽過日本這個名字。商人講的話也不知道有幾分事實，說日本這個國家很講義氣，戰爭獲得勝利，占領了北京，當北京鬧饑荒的時候，還從自己的國家用船運來大量米、麥、衣物，救濟了數百萬人免於飢寒；這種說法對日本的評價非常高。也有人說，日本哪會做這種事，她和英國一樣，只是會發動侵略戰爭的國家罷了，還不都是想占領別的國家，哪談得上義氣。各種各樣的傳聞莫衷一是，唯一可以確定的，就是中國確實和各國聯軍開戰了。

這時我所借宿的巴勒布商人正好要回尼泊爾，於是我又寫了給薩拉特博士和故鄉肥下氏的信託他代寄。兩封信後來都有送到收信人手中。託人轉信其實不容易，必須這個人是個會幫忙守密的人，而且能教人充分信任，否則可不能輕易拜託。

錯卻法會是我從來沒有見過的盛大活動，在大昭寺內舉行。大昭寺（釋迦堂）的內庭有一間根本釋迦堂，寺中四面都是石砌迴廊，一般僧侶集合在地面層以及二樓、三樓的迴廊上；根本釋迦堂則除了法王和堪布等高階僧侶以外不得進入。整個法會總共有約兩萬名僧侶參加。這還只是規模次大的法會，為中國皇帝祈福、規模最大的默朗木祈願法會[4]，參加的僧侶高達兩萬五千名。舉行默朗木祈願法會時，清晨五點在一聲笛音的號令下，所有前一晚已經住到拉薩的僧侶全部出動，來到大昭寺，然後開始誦經。所有參與法會者都可以得到三次酥油茶的招待。單單供應一次酥油茶就得花掉三十分鐘時間，所以誦經並不中止。

說是兩萬名僧侶，其實真正精進修法的僧侶不多，主要是那些雜役僧，還有就是想占便宜喝幾碗酥油茶的僧侶。這些人哪會專心念經，打呼的打呼，比腕力的比腕力，場面其實挺輕鬆有趣。如果去到一些嚴肅的法會場合，看到的都是全神貫注誦經的虔誠僧侶，場面之莊嚴令人感動；可是雜役僧一多的地方，無非講些有關男色啦、戰爭啦、強盜等等的話題，然後從不著邊際的鬥嘴變成真正的吵架，打來打去、摔來摔去，好不熱鬧，也很不像樣。

【注釋】

1 錯卻：藏名發音如 Cho-en Joe，作者譯為法行祭，漢人通稱「傳小召」，即藏曆二月十九日至三十日在大昭寺舉行的小祈願法會，拉薩三大寺有三千僧侶參加。

2 新安地名不只一個，距北京最近者在河南，遠者在安徽、浙江，最遠可到廣東；不知作者所指何地。

3 一九〇〇年六月，義和團入北京，燒殺擄掠，尤以教會及外國使館為目標；慈禧在六月二十一日下詔宣戰。八月四日，八國聯軍成軍，十四日進入北京。慈禧帶著光緒出逃，經山西到陝西。

4 默朗木祈願法會：藏音 Monlam Chen Mo，是藏地春節期間自藏曆一月四日起連續二十一天的大法會，為西藏政府所舉辦的最隆重祭典，漢人稱之為「傳大召」，為祈求佛法普傳、國家太平、法王長壽、五穀豐登，同時也為中國皇帝祈福。

67・取得色拉大學學籍

雜役僧之間的吵架鬥毆，最後出來收拾局面的是負責維持秩序的警護僧（法僧隊鐵棒喇嘛），他們看到有人打架，不管理直理虧雙方都要挨打，如果還想辯解，鐵棒喇嘛二話不說一拳又打下去。所以大家都很怕鐵棒喇嘛，一看到從遠遠走來，就互相打信號，拉袖子、使眼色，「喂，來了來了」。要是來不及注意而鐵棒喇嘛已經來到跟前，那就慘了，他們毫不客氣地朝頭上、身體上拳打腳踢，直到頭破血流，有時打得凶了還會把人打死。如果被打死也只好認了，屍體被抬去餵禿鷹，鐵棒喇嘛打死人並不會受到法律的制裁。

再回到法會上，雜役僧在那邊過了早上的兩個小時，茶喝了，糌粑也吃了，最後還有肉粥的供應。照說大家都吃了不少東西，可是肉粥一抬出來，大家還是搶成一團。肉粥通常是用施主布施的米煮成，裡面放了不少肉。大家拿去裝茶或盛粥的木碗並不大，不過用這種碗吃一碗粥、喝三碗茶，肚子差不多也飽了；回僧舍的路上，還有信眾布施金錢給這兩萬名僧侶，通常是西藏數一數二的大生意人、大地主或高級官吏擔任施主。施主還不只一位，有的甚至遠從蒙古而來。一名俄羅斯境內的蒙古喇嘛、大格西兼藏尼堪布（定義教師）名叫德爾智的，曾經多次在法會期間大手筆熬茶、放布施，他的名字在西藏有著旭日般的光芒。

一個布施了大量金錢或財物的施主，並不會受到特別的禮遇，就施主而言也純粹是為了積累自己的福德。即使是對佛法沒有深厚信仰的人，行使大規模的布施，也可以為自己累積聲譽；很多大生意人就屬於這一類。

僧侶在法會又有得吃又有得拿，這是僧侶手頭最寬鬆的時候，但就因為這樣，同時也是糾紛頻發的時候，決鬥特別多。由於在拉薩決鬥不方便，他們會另外找個地方拚命，通常是先約好了，等回到寺院再決鬥，因為法會時期負責警護執法的不是各寺院的鐵棒喇嘛，而是由哲蚌寺的大鐵棒喇嘛（蹉欽協敖）統管，而他們出手殘酷向來聞名，即使只是罰金數額也很高，所以想想還是先忍一忍回到自己的寺院再說。

法會最後一天會有非常大規模的花車遊行，其壯觀繽紛的模樣真是一言難盡。行列的開頭是戴面具打扮成四大天王[1]和八部眾諸神的人，有時是三百人，有時則多達五百人，都戴一式面具。他們並不像日本花車遊行行列那樣工整而嚴格，反倒充滿詼諧娛人的成分，有的還邊走邊和路邊的觀眾開玩笑。除了化裝遊行，行列中還有大鼓、嗩吶、印度琴、西藏琴、笛子等組成的樂隊，以及手捧各式寶物的人。其中最引人注目的是舞龍隊，可以看到不同造型的龍及龍宮的寶物。整列幾乎有四公里長的遊行隊伍中，體現了西藏和印度傳統的各種器物、寶物、服裝和風俗。由於我只目睹過一次大遊行，所以僅能就記憶所及稍加描述。

據說遊行的起源來自很奇特的想法。原來藏傳佛教格魯派第五代達賴喇嘛阿旺洛桑嘉措在夢中見到極樂世界的花車遊行，因此就以夢中出現順序的先後開始了這個華麗的傳統習俗；難怪會有海市蜃樓般的奇觀不斷湧現。我是為了多見識一些平日難得一見的東西，並向人請教各種新奇事物才前往各種活動的現場，倒不像其他僧侶那樣去誦經、喝茶，其他時間還是偷偷用功，因為在整個法會結束前就有入學考試，我希望能夠順利通過。沒想到用功過度的結果，又開始害病，只好去買些藥回來吃，總算好起來了。身邊的人因為常看到我自己買藥醫治身上病痛，就會問我一些問題。

「你是不是懂得醫術呢？」

「我哪裡懂得怎麼治病。」

「你不可能不懂，每次生病你都是自己去買藥把自己治好的不是呀？」

「只知道些皮毛而已，並沒有深入的瞭解。」

由於大家都知道我買藥治病的事，這就變成後來我必須扮演醫生角色的一個原因。法會期間才過一半，我的入學測驗時間就到了，所以必須回色拉寺。考試日期是四月十八日，共有四十個人參加；分為筆試和口試，另外還要默誦佛經。這三種科目在西藏只要有中等程度大概都不會有問題，由於比我想像還簡單，所以順利通過了。後來我才知道沒那麼簡單，因為還是有七個人不合格。我通過考試，也獲得了色拉大學正式入學的許可。獲准入學的除了學問僧之外，也有雜役僧。

有點野心的雜役僧為了入學也會向人借錢並且拚命苦讀，不過他們入學並非為了學問的緣故，主要是因為進入大學後從政府可以按月領得一定的學費津貼（平時是現金，麥熟時節則改為一個人一斗小麥）。許多雜役僧是為了這點津貼而參加入學考試的。

我以學經僧人的身分進入最低的年級，班上有十四、五歲的沙彌，也有四、五十歲的僧侶，彼此練習教義問答（rtsod pa，辯經），問答的形式與日本禪宗的問答完全不一樣，非常有意思，非常活潑，大聲地一來一往，外人看起來好像在吵架似的。

【注釋】

1 四大天王：古代印度信仰中的護法神，後來被佛教所吸收，成為鎮守須彌山四方的護法神，佛寺中則安置於須彌壇四方，分別是東方持國天（提頭賴吒天）、南方增長天（毗樓勒叉天）、西方廣目天（毗樓博叉天）、北方多聞天（毗沙門天）。在中國四天王多作身披甲冑、手執武器、足踏邪鬼的武將形，廣目天拿著筆和捲軸，多聞天拿著劍與寶塔，持國天和增長天多持寶劍。

68．教義問答的修習

問答的形式，不管是賣力的模樣、發聲、腔調、姿勢都非常有趣。首先被問的人坐著，發問的人左手持念珠站起來靜靜走到被問者面前，把兩手掌平攤上下疊合，大聲喊道：「企！濟．塔瓦．垂．強！」然後「啪」兩手一拍。「企」（dhih）是代表文殊菩薩之心的種子字[1]，亦即祈望打開文殊菩薩的本體——智慧——的意思。先發出這個種子字的音，接下來的「濟．塔瓦．垂．強」意思是「以如是的方法」，也就是說以宇宙間如實的真法來論說。起了這個頭後，才開始問答。

問答乃是依照因明論理（邏輯）的法則來進行，比方說，問的是「佛是人嗎」，可以答「是」也可以答「不是」；如果答「是」，就會被進一步問道：「若然，則佛將無法免於生死了？」答言：「佛不生不滅。」則將被追問：「可照你所說，佛也會有生滅，因為如果佛是人，而人不免於生死。」然後被問者必須繼續答辯：「佛降生世間為人而不免於生死，只是為了示現生死而非真有生滅。」這是以佛有法身、報身、化身[2]的說法答問。如果一開始回答「佛非人也」，則問者就會說釋迦牟尼佛無疑曾以人身降生於印度，你又怎麼說云云，不管怎麼回答，都一直窮追不捨，整個問答過程充滿了活潑的氣氛，教人精神抖擻。

以上是我所舉的一個例子，當問者發問時，除了用力擊掌之外，同時也要將左腳高高抬起後用力跺地，那種動作必須做到可以將地獄粉碎的氣勢，而擊掌拍響的聲音，則要有如以文殊之智慧讓三千大千世界的惡魔一聽喪膽的魄力。這項問答修行的目的，就是要表現打破自己的煩惱之心、滅卻自心之牢籠地獄的凜然浩氣，並以此氣勢深入靈魂底層使之成為解脫之法門。

一名鄉下人第一次看到教義問答的現場，當時兩名僧侶正為了「堪薩」而辯論。「堪薩」有「人相」的意思，但在西藏俗話中則是指菸管。鄉下人一看那場面，以為兩名僧侶是為了一支菸管起了爭執，而且還挺激烈的，一個用力擊打對方的頭，向對方丟撒沙子，另一個則回過頭來嘲笑對方，簡直鬧得不可開交，鄉下人看了覺得很不可思議。

三年後那個鄉下人又來到色拉寺，再度看到辯經的熱烈模樣，正好又是關於「堪薩」的激辯；他看到兩名僧侶爭吵不休，還又打又罵，他想，這些和尚真是想不開，為了一支菸管吵了三年還是沒完沒了，太不值得了，讓我去幫他們排解排解，於是拔出腰間的菸管，走向修業中的僧侶。僧侶看到鄉下人就罵他說這不是他應該來的地方，鄉下人委屈地說，嘿，我是看你們為了支菸管吵了整整三年實在看不過去，現在把我的菸管送給你們，你們不要再吵了好不好……這是色拉寺至今流傳的笑話。

僧侶們如此元氣淋漓地問答攻防，和法會時的靜肅完全不一樣。要上教義問答的課程，必須具備相當的佛教知識，也因此市面上出現很多問答的教科書和參考書，依照每名學問僧的需要深淺都有，而學問僧也靠著這個訓練一年一年通過辯經測驗，修習二十年後，最後取得格西學位。

西藏僧侶主要的教育法首先就是這種辯經訓練。由於這方法包含了許多生動鮮活的要素，足以引導學問僧不斷深入進步，因此連蒙古都有許多學生不辭辛苦前來就學，如今色拉大學裡就有蒙古學生三百名。其他幾個主要寺院，像哲蚌寺、甘丹寺[3]、扎什倫布寺等，都有大量蒙古籍學生。格魯派能夠維持其繁榮興盛至今，而不至於像其他教派日漸走下坡，我想就是這種問答修業奠下了扎實的基礎。

教義問答對佛法的知識、教養乃至邏輯思辯的能力要求很高，不容人因循怠惰，也就較能確實趨近佛法的真理；可惜只限於學者和學問僧，一般人民由於沒有受教育的機會而仍不脫蒙昧。

進行教義問答的場地也非常理想，比起西藏高原大部分地區較缺乏綠樹蔥蘢的景象，這裡總是種植著青翠的樹木，包括白楊、柳樹、胡桃、桃樹、檜木等以及其他許多日本不常見的大樹，樹下則鋪有厚厚一層銀白細沙。當這堂問答課程告一段落後，大家又前往充滿綠樹繁花的法林道場[4]集合；那裡同樣鋪著白沙。道場周圍砌著五、六呎高的石牆，入口是一座優美的中國式大門。大家集合後先一起誦經，誦經結束後又開始進行教義問答，這種場合則不管高級喇嘛或下級僧侶都混雜在一起，然後提出許多教科書所無或者現實生活上的問題互相辯詰。這樣的一來一往也頗能開發學者的心智。

原先的戶外問答，一個班級約五十名到一百名，首先只由一個人問一個人答，其他人則在一旁靜聽；有時也會換個人發問、換個人答，但只限一組。但在法林道場則所有參加者同時進行問答，而且不拘上級下級僧侶、資深或資淺的修行者。因此問答開始後，擊掌的聲音有如冰雹襲來般潑辣不絕，問答聲更使得整個道場有如戰場那樣砲聲隆隆。當我在桃樹下進行問答修業時，正好落下一陣細雪，教我不禁停下激烈的問答，吟詠起感動的詩句。

在這樣生動有趣的課業裡，我日夜努力求知，因為一名指導老師必須指導大量學生，使我無法有充分時間向他請教，所以我又多找了一位指導老師，每天都前去找兩位老師請益，結果進步非常顯著。做為大學生另外還有一件特別的修業，或者說義務，就是必須去拉薩扛木柴回來，也算是一種頭陀苦行吧。每個月有兩個整天要做這件事。

有一天住我鄰近的年輕學問僧和人吵架，結果被對方用石頭砸得兩臂脫臼。他的老師非常疼他，因此特別擔心，怕他會終生殘廢。西藏人並不知道接骨的技術，藏醫遇到這種情形只知道用針灸、膏藥或內服藥治療，根本沒用。其實脫臼只要將骨頭復位就會好起來，不當的治療反而會導致殘廢；因此那位老師顯得非常傷心。我散步的時候聽到那名小孩的哭聲，於是前去探問，才知道他手腕脫臼。我建議最好請醫生來診治，他說找醫生得付很多謝禮，實在付不起，反正醫生針灸過了也是殘廢，放著不管也是殘廢。

【注釋】

1 密宗所言「種子字」或作「種字」，指代表佛、菩薩各尊的一個梵文字母。通過種子字以觀想佛、菩薩的方法稱為「種子觀」。

2 或作法身、應身、化身，為大乘佛法所主張的佛的三種體相。法身（dharma-kāya）指絕對的真理本身，不滅而且不帶有人格性；應身（nirmāṇa-kāya）或化身指歷史的世界中所出現的佛身，為了救度眾生而化現的身形，具有人格性，因此也是無常身；報身（saṃbhoga-kāya）指積累了成佛的所有因行，一切功德圓滿同時結合了法身和應、化身的佛身。

3 甘丹寺（Ganden）：為格魯派創始人宗喀巴於一四〇九年所建，為格魯派的核心寺院，位於拉薩東南六十公里、拉薩河南岸標高約四千公尺的山上。甘丹寺最盛時僧侶有三千三百名，一九五〇年代之後受到嚴重破壞，幾乎化為廢墟；如今正在重建中。

4 法林道場：藏語稱「曲拉」（Choe-ra），為法苑（Dharma Garden）之意。曲拉為學經僧侶集會、聽法、辯論的場所，分為三種：朱辛千謨（btsugs shing chen mo，大樹木）、敦曲拉（ston chos ra，說法苑）和多階（rdo gcal，大經堂前庭院）。

69・法王召見

我問，難道西藏的醫師不懂得將脫臼的骨頭接回去嗎；他說根本不會。沒辦法我想我只有硬著頭皮試試看。他問有用嗎，我說應該沒有什麼問題，很快就會好起來，說著走到那名孩子旁邊，讓別的人抓緊他的頭和左手，我將他的右手用力一拉，骨頭竟然就這樣復位了。雖然肌肉還有些發炎紅腫，我稍加針灸，最後也痊癒了。從此我的醫名大噪，來找我的病人絡繹不絕。

這我可麻煩了，因為病人一多，就影響到我的課業。我於是以沒有藥為理由試著拒絕他們，可西藏人是越拒絕越多人來，越躲他越想讓你看，而且來的時候都是合掌懇求，我又能怎麼樣。我到拉薩中國人開的天和堂藥鋪抓了些藥回來開給求診者服用，不知道是對方完全信賴我的緣故，還是用對了藥的緣故，病倒是都能痊癒；我多少懂些漢醫的知識，總之是在自己理解的範圍內對症下藥，沒想到效果還不錯。西藏最常見的重病是一種類似腳水腫的病，只要一得幾乎就是必死絕症。我偶然從一位西藏隱者那裡聽到治這種病的藥方，而拉薩附近沒有一個人知道要用這種藥；我開這種藥給腳水腫患者，除了已經病入膏肓的人外，十個竟然有六、七個能夠治好。於是我的名聲大大宣揚開來，一開始只是自己的寺院內知曉，慢慢地遍傳拉薩市內，接下來又傳到鄉下，最後連日喀則那邊都聽說了我的醫術。

更叫我吃驚的是藥師如來再世這種誇張的說法都出現了；有人千里迢迢從三天路程遠的地方牽了三匹馬來迎接我去看病。我想我看貧民的病卻不取分毫報酬也是受歡迎的原因，因為他們免費得到藥品而病症又得痊癒，當然會傳出藥師佛再世的說法。西藏人染患肺病的人特別多，初期患者只要給予適當的漢方藥物多半可以治好，如果已進入了末期，藥石罔效，我只能勸他們打坐或念經，或許未來能得安心，臨死之際不會驚怖迷惘。

因此聽說也有人很怕來看我，他們說，這個醫生只要給藥病就會好起來，可是如果不給藥就一定會死，因為曾經看到某某人去看病，這個醫生只向他說法，要他安住自己的心，對未來不驚不怖，並沒有拿藥給病人，結果那個人真的就死了；過來看病卻知道自己必死無疑，感覺當然很壞，所以不敢來看病。另外女性即使生了病也不會來找我看診。藏人有個傳統習慣，生病先不找醫生，而是請巫師降神，巫師會告訴病人可以去看哪一個醫生、找哪一種藥，或者說這病不可以吃藥等等。

結果就有不道德的醫生跑去賄賂巫師，讓巫師多多向病人推介他。我一開始並沒有聽過這樣的說法，只因為名氣太響亮了，巫師還是會向病人指名找我看病，理由是透過巫師找到的醫生如果真的很靈驗的話，巫師自己的威望也會大大提高。所以我雖沒去找巫師走門路，甚至不認識什麼巫師，可是許多巫師因為到處聽到對我的讚譽之聲，紛紛自動向找上門的病人推薦我。

也因為如此，當政府高官或高級僧官生病去找巫師或卜卦者，這些人也會信口說出我的名字，好像變成一時風靡似的，而這些高官就會派個僕役牽匹馬來找我，同時拿出某某人的介紹信；即使沒有介紹信，也會有他主人的親筆函。遇到這種情況，我只好跨馬出門；到了對方那裡，接待的禮數一點都不怠慢，畢竟他們認為這個醫師可以操生殺大權。

「蜀中無大將，廖化作先鋒」，藏人追求一時流行的現象，為我帶來一個很意外的結

蒙達賴喇嘛召見

果：我竟可以上達天聽，有一天達賴喇嘛特別傳召我進宮。法王說來沒患什麼大不了的病，只因為我名氣實在太大了，很想看看我是什麼樣的人，所以召見了我。在西藏想見達賴喇嘛一面是非常不容易的一件事，除了當他出遊行列經過時可以驚鴻一瞥外，不要說一般的僧侶，即使高階僧官也不一定能面見達賴說上幾句話。因此知道法王傳召，我感到無上光榮，立刻騎上宮中提供的馬匹直趨法王所在處。這個時期法王並不住在布達拉宮，而是住夏宮羅布林卡[1]。羅布林卡位在布達拉宮西南，是一處臨近拉薩河的園林，裡面也有大規模的宮殿建築群。這是落成才沒幾年的離宮，主要當作法王夏季辦公處。因為比較開放舒適，現今法王不拘什麼季節幾乎都駐錫此地，反而很少待在布達拉宮。

我騎著馬在園林寬廣的道路上走了約三百公尺，前面即是高六公尺、四邊各三百米的石牆。石牆正中是大門，進了大門轉朝西走，兩側每隔五、六公尺就有一座類似白色圓形郵筒的東西，這是法王出入時焚香的香爐；庭中林木茂密，蒼翠高大。走過一段有如地毯般平整的草坪後，又有一大片為高牆護衛著的房舍，是各部會高級僧官住處，每一戶都附有庭院，植有各種西藏特有的花草樹木，非常漂亮。

在高牆的四邊及許多彎彎繞繞的角落上方屋頂陽台，都有被鐵鍊綁著的凶惡巨大的獒犬高聲狂吠，總共有四、五十匹左右。原來法王很喜歡養狗，只要有人獻上壯碩猛犬，都會蒙他賞賜很多寶貝，於是不管多遠都有人為他蒐羅難得的猛犬送來。不過除了當今法王，歷代法王並沒有這個特殊癖好。法王宮殿入口大門朝南設在東南一角，對著大門三十來米處有一棟大房子。我和馬先被帶到大房子後方法王御醫德康的住處。

【注釋】

1 羅布林卡：藏語「羅布」意為寶物，「林卡」即園林，自一七五五年達賴喇嘛七世起開始營建，後歷代法王陸續增築，做為每年藏曆三月十八日至九月或十月間處理政教事務的夏季宮殿。羅布林卡面積三十六萬平方公尺，除了宮殿、苑囿，還有一個小動物園，現已成為對外開放的公園，以藏曆六月的雪頓節（酸奶子宴會節）期間最熱鬧，藏人闔家到園中席地看戲、喝酒、唱歌，成為季節大事。

70・謁見達賴喇嘛

離宮內法王御醫的住處並沒有特別寬廣，不過還是有不小的會客室、書房、傭人房和廚房。走過繁花盛開的庭院，從美麗的白色布帳底下走過一道門，裡面又是一個中庭，正對面是會客室，中國式窗櫺上掛著白色布幔，窗櫺正中裝有玻璃。室內金泥地板上裝飾龍、孔雀、花朵的圖案，正面深處的佛龕上則供奉格魯派創派人宗喀巴及釋迦牟尼佛的莊嚴塑像；這是典型格魯派佛壇上所供奉的本尊。

佛像前面有三座藏式銀製燈座，不分晝夜點著酥油燈。御醫席地坐在其下厚厚坐墊（有繡花圖案的毛毯）上，隔著兩只漂亮的几案，客人坐在入口方向的皮墊上。我一坐下，侍從僧即奉上最好的茶，先倒在主人的茶碗裡，然後再為我倒。德康御醫是一位溫和而慈祥的人，比較不可思議的是，他居然和我長得很像，以致後來人家都說我們是親兄弟；不只是長相，連笑容都很類似，使我有一種很特別的感觸。

德康御醫跟我說：「法王的病情並不嚴重，只因為聽說您救助了不少人，覺得很欣慰，很想見見您，於是讓我招待您來。不過今天法王特別忙，大概沒辦法盡情交談，就由我和您多聊聊，如果有什麼事也可以經由我轉告。」和御醫寒暄結束後，他就帶著我前往法王的宮殿，從剛才南向的入口往北走進去，門旁站著一名警護僧。一般的僧侶不允許穿著帶長袖的衣袍，但警護僧則穿著帶袖的僧服，手執長棍站在那裡。門內有一個約二十公尺見方鋪著小碎石的院子，四周圍繞著走廊，院子內放了許多凳子；接著再進入正面的小門，門兩旁又有四位警護僧，但手上並未持長棒，而是比較短的棍子。小門裡又是一個中庭，停住腳步一看，左右兩面的牆壁上畫著蒙古力士以繩馴虎的圖像，牆壁上方有屋頂，因此看起來也像走廊的樣子。沿左側迴廊走到西面的牆壁邊，我們暫時在那裡等待傳召。

法王[1]從內殿出來了，走在他前頭的是卓尼青布（Dunnyel Chenmo，大侍從長）、卻本堪布（宗教事務大臣），法王後面跟著雍津仁波切（法王的親教師〔普覺羅桑楚臣前巴嘉措〕）。法王坐在正面靠右的椅子上，兩位最高級僧官端立法王身旁，雍津仁波切則坐在比法王稍低的椅子上。兩側另外站了七、八名高階僧官。

這時德康御醫帶著我走到法王前方有點距離的地方行禮，我行三叩首禮後，偏袒右肩，以小快步走到法王跟前垂首，法王將手掌放在我的頭頂；我對侍從長也行同樣的見面禮。接著是德康御醫行禮如儀。行禮結束，我和德康御醫退後幾步，並排站著。

法王對我說：「我聽說你在色拉寺救助了許多貧苦的僧侶病患，實在是件很值得嘉許的事；我但願你能長居色拉寺，繼續為僧俗兩眾患者治病。」

我恭謹答言：「遵命。」

我曾聽人說法王中國話講得很流利，如果他真的對我說起中國話，我又要露出馬腳了，因此心裡暗自下了個決定，如果他對我說中國話，我就當面向他承認我日本人的身分，表現日本人的勇氣，後果也不敢想太多，唯有在尊貴的法王面前見機行事了。幸好他並未講中國話，只以藏語向我問些有關中國佛教僧侶的狀況，我一一加以回答，他似乎頗感滿意的樣子，最後說：「很好，我想我會考慮給你一個相當的官銜，你心理上也要有一點準備。」話談完後，法王就請我喝茶，茶還沒喝完，法王即已回返內殿。

法王一身的裝束與一般僧服不太一樣，當然外層還是披著以二十五條布[2]所縫製成的絲質袈裟，但袈裟底下是上等羊毛縫製的氆氌（putuk），腰部以下則是中國上等羊毛料裙袍；另外頭上還戴著華貴的法冠。當然法王也有不戴法冠只露出圓顱光頭的時候；接見我的時候不知道為什麼戴著法冠。左手拿著念珠，年紀二十六歲，身高約一六七·五公分，在藏人之中不算高大。他的臉看起來頗為好強，眼睛不客氣說有點像狐狸那種吊梢眼，眉毛也同樣往上高吊，很精明的樣子。後來有一名中國的人相學者告訴我，如今的西藏法王擁有一副不輕易妥協的臉，面相不是很好，早晚會引發戰爭，為這個國家帶來重大的困難。法王的聲音非常洪亮深沉，帶著威嚴，讓人一見自然而然對他致敬。後來我陸續聽到許多有關法王的事，也從他那裡獲得傳授密法。

綜合我幾次面會他所得的印象，我覺得法王在宗教上的見地不如政治方面高明，當然他受的是嚴格而完整的宗教教育，對佛法的信仰非常虔誠，也很想將佛法充分普及於全國，並一洗僧侶的腐敗，不過他在政治方面的作為確實多得多。他最顧忌的是英國，因為英國一直有染指西藏的野心，所以他處心積慮地設法抵禦英國的侵攻。另外他隨時隨地保護自己的傾向相當明顯，因為一不小心就有可能被近臣毒殺；不過法王畢竟非常機敏，識破了幾次近臣的暗殺陰謀，許多陰謀者都被判了刑。

到目前為止，從第八世到第十二世連續五代達賴喇嘛沒有一位活過二十五歲[3]；當今的法王是第十三世，而他之前的五世不是在十八歲被毒殺，就是二十二歲時被謀害，這是西藏人盡皆知的祕密。之所以會一再發生這種事，主要是法王如果太聰明、能力太高強的話，身邊的人就沒有油水撈，既得利益也將受損。歷代法王從早歲開始一直到二十二、三歲開始執政為止，都接受了特別的教養，因此也出了不少偉大的人物，留下影響深遠的著作。

【注釋】

1 作者在拉薩時所見法王為第十三世達賴喇嘛土登嘉措（Thupten Gyatso, 1876-1933）。

2 佛教規定僧侶只可蓄「三衣」（tri-cīvara），依季節、場合之需要分為輕、中、重三件，其中僧伽梨（saṅghāṭī 漢譯為法服或重複衣）乃用九條至二十五條布縫製而成，為進入王宮以及城鎮聚落時所穿。

3 應該是九世到十二世。八世達賴喇嘛強白嘉措享年四十七歲，九世隆朵嘉措只活了十一歲，十世楚臣嘉措死於二十二歲，十一世凱珠嘉措十八歲暴斃，十二世成烈嘉措二十歲辭世。

71．御醫的禮遇

後來我寄寓前財政大臣家裡時，聽他說了許多前代法王令人傷心悲痛的故事。近臣中不忠的大罪大逆太多了，偶爾也出現幾個忠心之士，不過多半受到壓抑，而讓小丑跳梁。這些富於奸智的近臣工於心計，結黨營私，到最後根本難以剷除，到處都是他們的勢力範圍；照顧我許多的前財政大臣就是被那些人排擠掉的。不過那些不忠的人表面上對法王的恭敬甚至超過忠臣，一副忠貞不貳、義薄雲天的模樣，因為如果讓人看出他們的不忠與私心，他們的地位無疑不保。

這樣的人如今還很多，平常他們巧妙掩飾自己的罪行，一旦有事情發生，將危害自身利益時，他們就找來朋黨裡應外合，以維護、包庇不當的利益。不只如此，他們還會講一些不實的話陷害忠良，很多學者、平民因此遭受不白之冤；真是陰險至極。這些口蜜腹劍的人一旦取得法王的信賴，就能夠環繞法王身邊，因此不得不特加防範，注意法王的飲食有沒有被下毒之類瑣碎的事。想到歷代法王都置身如此險惡的局面，我不禁熱淚盈眶。

不過當今法王是一位非常有主見的人，因此聽說這些惡魔大為恐慌；雖然好幾次想毒殺法王，卻沒有成功，有好幾個陰謀者被處死，氣燄大減。即使如此法王仍舊處於惡魔環伺中，但他的作為令人感佩，年紀輕輕卻很懂得體察民情，如果知道地方官吏欺壓老百姓，他一定站在百姓這邊，懲罰為虐的官吏，沒收他們的財產，或是把他們送進監獄，導致不少官吏極為嫌惡法王。反之地方上的老百姓都覺得當今法王是個大好人，他們尊崇他就和尊崇佛菩薩一樣。

謁見法王之後不久，我住到前財政大臣家裡去，因此被允許參觀離宮的內殿。內殿融合了西藏、中國和印度三種建築風格，非常精彩。庭院內像中國花園般有假山、小橋流水，庭院外圍則是寬闊的草坪，中間點綴各式花草，散發印度風味，很適合運動。宮殿建築群有著西藏式屋頂，也有中國廡殿、重檐、歇山式屋頂；另外也有完全印度平台式的屋頂。

庭院中有各種石頭與樹木，樹以柳、檜、桃、榆為主，也有一些西藏特有的植物。花大多在夏天盛放，冬季幾乎看不到花；花有菊、罌粟、度母之花、小木蓮、鬱金香等，多種在花盆裡。內殿的三合土中庭以寶石砌成花朵的圖案，兩側的壁上則有西藏最高明的畫師所作壁畫；正面擺了一座中國式兩層高台（法王御座），旁邊放著厚厚的西藏坐墊，兩者上面都鋪著中國製繡花羊毛織物。高台前方有一張唐木打造的高几，非常結實。

地板雖然沒有鋪榻榻米，卻有一張茶几，正面牆上掛著宗喀巴的金泥畫像。這樣的房間有好幾間，另外還有一些房間仍舊不得其門而入。我問裡面有什麼，才知道法王就住在裡面；即使進不去，從外頭看仍可以知道其豪華非凡。我後來常常接受德康御醫的邀請，去到他的住處，這時我就向他請教很多我所不知道的醫學問題。由於當時為需要所迫，惡補了大量中國醫學上的知識，所以才可以和他就醫學方面的話題交換意見。

德康御醫非常禮遇我，更希望推舉我成為達賴喇嘛的御醫；他說他會去找人做些必要的活動，建議我最好也稍稍向其他的夏貝（宰相）或大臣下些工夫。我說：「我在西藏不能久待，我是個佛教修行者，還計畫去印度學梵文，早晚要離開這裡。」德康御醫聽了說：「這可不行，像你這樣的人如果去了別的國家，我們這裡就沒有好醫師了；你不留下來真的很傷腦筋。」我說：「我並不是要以醫師身分度過一生的人，何況我的專業也不是醫學，我的本分是佛法上的精進，一直以醫師的身分留在西藏事實上不可能。」德康御醫又說：「佛道修行的究竟目的不就是濟度眾生嗎？從事醫療，拯救病苦，然後再將他們導向佛教的真理，這也是濟度眾生的一種方式，而且濟度眾生不限什麼地方，所以留下來不是很好嗎？」講的似乎很有道理。

最後我只好回答他說：「做一個醫師救人，所能濟度的只是這一世的苦厄，何況也救不了全部的人；當定業已滿死期來到，即使耆婆、扁鵲[1]也救不了。何況像我這樣的江湖郎中，並不真的知曉醫術，到最後都不知道是在救人還是害人。醫生不用說可以拯人於病痛之中，卻無法救助眾生於定業輪迴之苦海裡。做為一個佛教僧侶，卻是以濟度眾生最重的病、最深的苦和永恆的煩惱為本分，也就是為了治療眾生的無明之病[2]而努力修行，這是比當醫師還更為急迫的事情。所以我沒辦法以醫師身分長留此地。其實如來就是大醫王，他以八萬四千法藥濟度眾生八萬四千煩惱，我們做為他的弟子，一定要勤勉修學他的醫法，至於擔任法王的御醫，我實在沒辦法答應。」

德康御醫聽了又問我：「那麼你非得去印度嗎？」

我說：「是的。」

「那可不行，你沒辦法到印度去，如果你強行前往，或是到其他比較遠的地方，法王很快就會下令把你抓回來西藏；我勸你不要有這個想法。而且我們在宮中共事的話，日子一定可以過得很幸福。」

我這時突然警覺到，我不小心洩漏了心中的祕密計畫；清楚表明想去印度的企圖，等到將來要回去的時候一定會有麻煩，我只好又設法把話題模糊掉，談些別的事情。關於擔任醫生的事情還有很多狀況，這裡就不再多說；這時發生了一件特別的事。

【注釋】

1 耆婆：為巴利語 Jivaka Komarabhacca 的略譯，古印度摩揭陀國首都王舍城的小兒科醫師，以醫術聞名，並篤信佛法，為釋尊外護，醫治釋尊及其弟子病；耆婆亦曾將因弒父而悔恨煩惱的阿闍世王子帶到釋尊處，勸其皈依佛法。扁鵲：原為中國上古傳說中的帝王黃帝時代的名醫，後戰國時代有一位姓秦名越人的名醫，世人亦稱之為扁鵲；扁鵲成為名醫之代名詞。

2 無明：梵文作 avidyā，指看不清人生與事物的真相，亦即不瞭解一切的無常、無我，而生貪、瞋、癡三毒並受其苦。

72・僧侶的生活百態

事情是這樣的，我所掛單的色拉寺毗次康村資深僧侶們議論紛紛，說一個被達賴喇嘛招待、王公貴族又常來邀請的優秀醫師，卻還住在一間簡陋的僧舍是很不得體的；這些議論在康村中得到多數人的認同，最後對我說，雖是史無前例，但一名受到法王禮遇的醫師應該給予特別的處置，所以要讓我住到一間上等的僧舍裡。那感情好，與其繼續待在臭氣四溢的廁所旁邊一間陰暗的房子，當然上等的屋舍理想多了；於是我搬了住處。

我晉見法王的日期是七月二十日，搬遷是在那個月的月底。照康村的規定，剛入學的學問僧並沒有屬於自己的僧寮可住，必須找個人暫時共住；如果身上有點錢，也許可以弄個小小的髒房間住，但還不一定弄得到。我在金錢方面比較有餘裕，因此一入學就弄到了一間髒髒的僧舍；一般人十年之後可以換到四等的房間住，再過三年換到三等，但都需要用到錢。

得到格西學位後就住進二等僧舍，但也必須花錢；一等僧舍只供給來此修學的轉世者住。我如今搬到一間二等僧舍，相當不錯的地方，有一間房間加上一間廚房，另外還有一個壁櫥，可以說是小巧精緻的兩層樓；康村也有三層樓房，我住的則是兩層的，而兩層樓房中又以二樓比較好，三層樓房也是最高一樓最好。住到這樣等級的房舍後，必須添點家具用品，同時也要請個幫忙雜務的僧侶，就好像一個書生要開始獨立生活，必須購買各種雜七雜八的東西。為了符合這種房子的等級，所購買的東西不能太隨便，為此花了不少錢。

僧侶的生活還是有各式各樣的階級之分，但大致上可分為三個等級，就是上等僧侶的生活、普通以及下等三種。普通僧侶的生活需要一定程度的衣食費用，而住處則由寺方提供，不用付錢。不過有時一個康村會向另一個康村借貸，所以也會向僧侶收取象徵性房租。當一個康村收納的僧侶過多時，就無法供應足夠的居住單位，這時就會和別的康村商量，讓自己的僧侶到那邊借住，但要付一定的房租。

穿著方面則是一般羊毛布料所縫製的袈裟和香塔布（下纏衣、穿拔腰衣〔一種裙袍〕），以及正規的僧帽、中等靴子。飲食方面，早上是酥油茶和糌粑，如果到大經堂早課也供應酥油茶，每個早上三大碗；不過有點財產的普通僧侶早上都在自己房裡煮茶。中午稍過一樣喝酥油茶、吃糌粑，還加上肉類；肉類多半是風乾的牛、羊肉，有時也使用新鮮的肉來煮。

晚餐大多吃麥粉熬的粥，裡面放了點乾酪、蘿蔔、肥肉等；酥油茶則是整天喝個不停。藏人以肉食為主，很少吃蔬菜，所以喝很多茶。喝茶用的碗上總是覆著白鐵蓋子，等不太熱了再喝；喝完再倒，也是蓋個二十分鐘左右讓它降溫。冬天當然不必放置這麼久，頂多五、六分鐘即可。邊喝茶邊談話，讀經，或做點兼差工作。以上就是普通僧侶生活的一斑。

談到僧侶的財產，則（中等）僧侶多半擁有田產，有的還飼養犛牛、馬、綿羊和山羊等家畜，但不多。飼養家畜的話，大概是犛牛五十匹、馬十匹左右；田產的話，前面曾經提到的計算方式：兩匹犛牛一整天能夠犁完的面積，這樣的大小頂多擁有十塊。由這些財產的生產所得，可以供應自己的衣食和一點零用；只靠寺院方面提供的微薄俸祿和信眾的布施，是不足以維持中等程度生活的，必須加上經營財產所得以及一些兼差。

僧侶中不做生意的不多見；即使不做生意，也會從事農業或畜牧。另外還有一些技藝性的工作，如佛具、法器的製作，還有佛畫、裁縫、木工、油漆、靴子、砌牆等，一般藏人的職業，除了屠宰和狩獵之外，都有僧侶從事；當然俗人不能擔任的工作也全由僧侶來做。不只中等的僧侶如此，下等的僧侶也是這個現象。

上等（貴族）僧侶的衣食住都在一般水準之上，首先談到財產方面，有的人擁有五百頭到四千頭之間的犛牛，或者一百匹到五、六百匹的馬，田地則是兩匹犛牛犁一天面積的一百倍到五、六百倍之間；經商的話，則是擁有一萬到五十萬圓的資本額。不過資本額達到五十萬圓的僧侶大生意人，全西藏不過三、四人。這種上等僧侶的生活非常豪奢，雖還不至於全身上下綾羅綢緞，但穿的是以西藏出產的最高級羊毛織品縫製的法衣，喝的是跟粥一樣濃稠的上等酥油茶。

上等酥油茶的製作非常講究，首先要將茶煮個大半天，然後將茶葉滓濾掉，在深黑帶紅的茶湯中放入新鮮的犛牛奶油，再加點鹽，於酥油茶桶中煉製而成。這樣的茶剛倒出來的時候味道並不好聞，而且看起來頗為油膩，但這可是上等社會才喝得起的。

上等僧侶每天早上喝這種酥油茶，吃上等的糌粑；上等糌粑裡加了一種乾酪、奶油和白砂糖的合成製品。另外他們從早上就吃肉類食品，中午則吃尼泊爾進口精米煮的飯，搭配加了砂糖和葡萄乾的奶油一起吃；有的人吃完後還會吃點蛋皮餃子和糌粑。晚飯吃的是麵疙瘩，西藏人稱之為粥，裡面加了肉、蘿蔔、乾酪和奶油。上等僧侶早餐並不一定吃糌粑，尤其有客人來的時候，吃的花樣也是變來變去，跟上等社會人家所吃的沒兩樣。上等僧侶每一餐都少不了肉類，當齋戒期間禁止肉食的時候，大家都會惶惶不可終日，說會變成皮包骨啦，會營養不良而死啦，想起來真的很可悲。

73・下等的學問僧

上等僧侶住的不只是寺院提供的第一等或二等僧寮，他們自己都還擁有別莊或寺院，並由所屬產業提供自己生活用度所需。上等僧侶的家裡大多有少則五名多可至七、八十名僕役供其差遣，包括負責總管、會計、買賣的，以及當喇嘛侍者的，日子過得非常舒適安泰。反之，下等僧侶的生活景況則非常可憐，想起來就難過得想掉淚。

同樣是下等僧侶，但雜役僧可以出去幫平民百姓工作，或者在寺院內兼差，當個護衛兵等等，收入足以滿足生活所需，很少會過得很困窘，但下等學問僧的生活就完全不是這麼回事。家裡無法供應學費，因為課業壓力很大又沒辦法兼差工作賺錢，所有的收入無非來自信眾有限的供養和寺院發的微薄俸祿，並不足以維持生活。

他們早上會去大經堂喝免費的酥油茶，但填飽肚子的糌粑得靠自己想辦法，但手頭如此困窘，很少能夠真正吃飽。教義問答修業期間每天可以得到三杯酥油茶和一頓中餐供應，但辯經練習的課程每上一個月就休息一個月，若只上半個月也一樣接著休息半個月，讓他們有時間加以複習或翻書找資料。此外學問僧為了通過問答課程，還必須到指導老師那邊求教，這也要花一筆錢當作月謝；這筆錢不是大數目，所以也得是個慈悲的人才願意收留。到了夜晚，房間中不燒點柴火也不行，因為要喝茶吃點糌粑，於是得花錢買犛牛糞，而且必須省著用，一大袋犛牛糞要燒一整年。買茶也需要錢，奶油則多半買不起。為了省錢，下等學問僧喝的是上等僧侶煮過的茶渣。

到他們的房間裡一看，財產有些什麼呢：一張羊皮，一只木碗，一串念珠，加上一床破舊的地毯；地毯到了晚上就是床鋪。房間角落有座灶，上面一只陶土燒製的鍋子，一只裝水的罈子。牆上掛著一只補綴過的袋子，裡面裝的就是讓他們不會餓死的青稞粉；很少看到裝得滿滿的袋子。所有這一切財產裡最為貴重者，則是教義問答教科書，再窮困的學問僧都會有五、六冊。這些教科書等上完一個階段的問答課後就賣掉，然後買入與新課程內容相應的教科書。

晚上穿的衣服無非袈裟加上內衣，如果外面能有一張老舊的氆氌斗篷可以披著算是好的，很多人沒有。若是自己能擁有一個房間那也不錯，通常是不到三公尺見方的小房間裡要擠三個人，三人共用一只陶鍋。在西藏嚴寒的冬季夜晚，真不知道他們是如何撐過去的，當我到他們住的地方為他們看病時，看到那種景況真是淚漣漣，當然不會向他們拿買藥錢，甚至還想給他們錢。下級僧侶的生活大概就是這個樣子。

當他們沒有供養金可拿的時候，也就沒錢買糧，有時要接連三、四天餓肚子，等有了供養，已經餓得發昏，趕快走六公里路到拉薩城裡買青稞粉。如果買到了立刻回寺裡那還算好，有的人實在餓得太難受，飛奔到小吃攤上，把僅有的供養買了碗餛飩或其他什麼的吃掉，然後又兩手空空回去準備餓兩、三天肚子，直到有供養金可拿又出門去領取；我不時看到這種景象，總是盡自己所能拿錢出來幫他們，因此許多學問僧對我特別尊敬，路上遇到一定向我行禮。

再回到當醫師的話題。自從我行醫出了大名後，找我看病的人越來越多，所以不得不準備很多藥材。我每隔一段時間就得去找從中國雲南來開了間天和堂漢藥鋪的李之楫買藥。西藏的藥，不管什麼草根樹皮，全都磨成粉狀，不像中國人是以切片熬湯服用。我買的藥材為了多一道磨成粉末的手續，我總要在李先生府上住一、兩天；由於我成了大主顧，李先生總是很用心地接待我。我還向他借了一部醫書《景岳全書》[1]，以補強自己的醫術，好在多半的病人我都還能應付。

我自認是個危險的醫師，可是「蜀中無大將，廖化作先鋒」，而且比起拉薩的醫生我算好多了，若論起生理學一定不會輸給他們；因此我也比拉薩的醫生更得病人的信賴。拉薩共開了三家漢藥鋪，天和堂是其中最大的，房間很多。主人李先生才三十歲左右，人很好，對我也很親切；他的妻子很能幹，兩人育有一男一女兩個小孩，另外還有李太太的令堂、三個僕傭同住在一起。他們當我是自家人一樣。

我常常接受人家饋贈的食品，像很高級的餅乾、酸乳、白砂糖或葡萄乾等，多得吃不完，所以一定拿去送給他們，小孩都非常喜歡，總是期待著我的來臨，只要兩、三天不去，他們就念著「那個色拉寺的醫師怎麼還不來」。和小孩子很容易變得很親，一下子就好像已經認識好多年似的，不知情的人看到還以為我是他們的親戚。我和天和堂主人一家的親密交情，對日後我要離開西藏時有很大的幫助，這是後話。

【注釋】

1《景岳全書》：明朝張介賓所撰醫書，共六十四卷。

74・天和堂與老尼僧

天和堂這間迦米勉堪（漢藥鋪）位於灣居辛康（Wan-dzu Shing-khang，拉薩地名），常來這裡拜訪的有一個是駐藏大臣（中國全權公使）的祕書馬詮[1]。他是此地中國人當中相當有學養的一個，而且生活經驗豐富，做人非常踏實。他在西藏出生，母親是西藏人，所以他的藏語沒有一般中國人的腔調，但中國話也很流利，讀的中國典籍很多，可以說他對中國的學問比西藏的學問更為精通。他去過兩次北京，也曾為了做生意而去過印度的加爾各答和孟買兩趟，對外國的事物比較嫻熟。他在公家單位工作，事情不多，平常閒的很。他和藥鋪主人很熟，常來鋪子裡聊天。

我們變得無話不說，而聽他說話很有意思，可以經由他瞭解藏人種種祕密的壞風俗和習慣，聽了之後再加以注意觀察，果然就像他所說的那樣；有許多是我想都沒想過的。不只這樣，他是駐藏大臣的祕書，所以也能聽到各種中國和西藏政府間的祕密。他天生多話，即使我沒問他的事，他也會主動跟我透露，這對我而言幫助很大，在色拉寺讀書讀累了，即使不需要買藥，也還是專程跑到天和堂去找他聊天，這變成我生活中最大的樂趣。

有一次，當我正站在天和堂門口的時候，一位貴族帶著他的僕役往這邊走來。由於藥鋪位於前往帕南修（Panang-sho）和卡徹哈康的交叉路口上，而這位紳士則是從阿尼撒康的方向走來要去帕南修的方位。他看我站在店門口，本來已經走過去了，又回過頭來看著我，然後我聽到那個僕役說道：「沒錯，沒錯！」於是那名紳士走向我，打招呼道：「嗨，是您吶！」我注意瞧了瞧他的臉，非常瘦削衰弱，原來就是在大吉嶺認識的那位帕喇攝政家的公子；不過並不像原先聽說的發了瘋的樣子。

他先說了些寒暄的話：「大吉嶺一別好久不見，您也好不容易來到了這裡呢。」我說站在這裡說話不方便，不如進去裡面再說；他說他有急事，不過進去談幾句話無妨。我們進去後，天和堂的老闆娘看來認得他，指著椅子請他坐。他正想說些與我有關的話題，我趕忙向他使眼色，然後說了句不相干的話，「自從在日喀則見到您之後，很快就過了半年……」。他也明瞭如果透露我曾經在大吉嶺見過他，對他也會有麻煩，就順著我的話接了下去。

我看他一點也沒有精神異常的樣子，講了許多話都正常得很。他話裡提到，「我本來沒這麼瘦，三個月前我的一個僕役偷東西，被我發現狠狠數落了一頓，他面子掛不住，就捅了我肚子一刀，腸子差點流出來，好危險。如果早點知道你在這裡，我的身體就不會變成這個樣子。」我聽了安慰了他幾句，不久他就走了。這時天和堂老闆娘的話教我很意外，她說：「帕喇家的少爺說的可好聽，明明是自己做了壞事才被人殺傷，卻編了個謊話騙您；他做的好事我全都清楚。」

我問她怎麼這麼瞭解內情，她告訴我：「是這樣的，我原來是他哥哥的老婆，只因為他們家嫌我出身較低，不同意我們廝守在一起，最後只有離婚一途；他哥哥和我離婚後入贅給南賽林地方的人家。他家的事我清楚得很。這個少爺雅好女色，被女孩子迷得團團轉，借了好多錢。前一陣子和他的女人喝酒，不知道什麼緣故吵起架來，結果就被捅了一刀，並不是剛才跟您說的那樣好聽。」

我問道：「有人說他神經失常，有這回事嗎？」

「他是需要裝瘋賣傻的時候才瘋，債主來逼債了心情不好就習慣性發個瘋，是個很教人頭痛的人。你不要以為他神經失常而對他沒有戒心，他借錢的手段可是高明得很，您還是注意點好，否則會吃虧的。」

我和天和堂的關係後來一直很密切，不過這裡就不再多說。時間再來就到了八月上旬，這時我接到一個後來和我關係極為深厚的人的邀請。

住在西藏前財政大臣宅邸的一位老尼僧，為了養病而前往她的麥田別莊。在西藏提到賞花，大概就是春天桃花盛開時節，但一下子就凋謝了，不是很有意思。到了夏天，藏人習慣選個林卡（森林或花園）或麥田，圍起帳幕、搭起帳篷，再鋪了毯子，在上面喝酒、跳舞、唱歌、遊樂，這是藏人最興高采烈的時候，所以每個人最盼望的事就是夏天上林卡。

我被邀請到麥田別莊，到那裡看到一位六十多歲的尼僧，侍候她的有七、八名女尼和女僕。別莊非常豪華，雖然是臨時性住處，卻很講究，不是帆布搭成，而是以木板搭建，外面再圍上帳幕；裡面也掛著各色精美的花紗。她邀請我去，看到我，她說：「我已經生了十五、六年的病，這是老人病，反正是醫不好的，不過還是想請名聲響亮的你幫我把把脈，即使沒辦法根治，能夠減輕一點痛楚也很好。」原來是希望我幫她看病。我檢查了一下她的身體，又做了些聽診，判斷她得的是關節炎，馬上給她開了樟腦油製劑（kamfer tinctuur）；另外她的胃也有些問題，我給她一些胃藥吃。我準備的藥材都不是最好的，不過因為信心很強的時候，那種信心帶來的力量是很驚人的，所以即使不是太好的藥還是很有效，困擾了她十五、六年、讓她晚上睡不安穩的病痛竟然消失無蹤，走起路來利索多了。她欣喜異常，立刻向前財政大臣報告這則喜訊。這位尼僧原來是前財政大臣非正式的妻子。

以尼僧為妻實在奇怪，不只如此，前財政大臣本身也是個僧侶，而且是格魯派僧侶。這個實情我本來說不出口，可是為了底下要講的事，他們的身分必須有所交代，而且不加隱瞞，否則會聽不懂。前財政大臣和尼僧在一起是少數的特例，而且不被社會所接受；不過具有貴族身分的僧侶身邊通常都會有女人，但兩人之間只可以是半公開的關係，於是只能當作沒有正式身分的妻子來金屋藏嬌，也不讓進入家門；如果想迎進家門，最方便的情況就是讓這個女子披剃出家。前財政大臣就有這樣一個妻子，但已經年老，頭髮全白，彎腰駝背，不過她的體質原本就是比較強健的人。

【注釋】

1 在清末藏、英交涉的文件中曾多次出現邊務委員、都司馬全驥的名字，不知是否同一人。

75・前財政大臣與最高階僧侶

前財政大臣的家屬和僕役人數都不少，而他們一旦生病，就一定找色拉寺的醫師也就是我來看病；由於他們對我的信心使然，有病一看就好。然而我知道這並非我有什麼神奇的力量，由於佛陀的慈悲加被，使得人們產生了無比信心，我自己都覺得不可思議。因為這段因緣，我和前財政大臣的關係變得很親近。跟他談過話後才發現，他除了是西藏很出色的政治家之外，同時也很博學；他對複雜的問題都能做出圓滿的裁斷，在涉外事務方面也都能處理得非常妥當。

他當時年紀為六十二歲，而他的身高在藏人之中可說是罕見的鶴立雞群，至少有兩米二。我站在他前面，頭頂只及他胸部；跟他走在一起，就像大人帶著小孩散步。做他穿的衣服總要一般人兩倍的布料。他知人善任，擁有多樣才能，對人卻非常親切，而且講究義氣，不輕言欺誑。如果要說他有什麼缺點的話，那就是年輕的時候和一位尼僧同居，因而誤了自己的前程。

他和我熟了以後，有時談起話來會和那位尼僧一起流淚，為往事感到懺悔；從這一點可以看出他本性的純良，只因為一時的衝動而折損了僧侶戒行的圓滿。不過這只能怪社會上普遍風行的不良習氣影響了他。他瞭解了我的現況後，說：「您這樣實在太辛苦了，入籍色拉寺為色拉的僧侶看病壓力已經夠沉重了，更不要說連拉薩人生了病都要去麻煩您，這樣子恐怕沒有時間讀書吧。」

財政大臣府邸別殿之一室

我說：「沒有空好好進修正是我最大的痛苦。」

「這真是難為您了，何況這樣下去首先就會危及您自身的安全。」

「怎麼個危險法？」

「您這樣一來別的醫生就沒得混了，也許他們會找人偷偷給你下毒；總之會設法將您做掉，我認為。」

「這可麻煩了，不知道有沒有什麼辦法？」

「您只要吃、穿的問題解決了就可以了吧？」

「只要吃、穿不愁我就夠了。」

「那麼您的穿衣吃飯就由我來供養吧。住的地方雖談不上豪華，但提供一間比色拉那邊好一點的房子總是做得到的。您就搬到我家裡來用功吧，這裡說不定更適合讀書，病人方面要不是特別嚴重大概也不至於找到這裡來。這樣子對生病的人雖然有些抱歉，您不妨想如此一來對拉薩府的醫生們卻是好的。怎麼樣？」

我聽了好高興。為了研究藏傳佛教而刻意來到拉薩，整天接觸的卻都是生活瑣事，雖然有助於瞭解風土民情，對佛法的研究可是毫無助益，真的很遺憾。正在這麼想的時候突然聽到這樣好的建議，真是喜出望外，比見到了父母還興奮。

這時我既有金錢上的收入，又得到財政大臣在衣食住方面的協助，一切都變得很順利。於是我從色拉將糧食、日用品等全搬運過來，原來的住處只留下一名小僕人，並吩咐他絕對不要向人透露我住進了財政大臣的家，即使病情再重的病人來了也盡可能建議他們去看別的醫生，我現在起不用功讀書不行了。自此我住到財政大臣的客房裡專心研讀，只偶爾去色拉寺參加教義問答的課程。

我所住的別殿並不算寬敞，長約五米四、寬約三米六，隔成了兩間。不過畢竟是貴族的宮殿，中間的隔扇非常精緻，綠漆磨光，並鑲嵌著西藏風格的金色花鳥圖案；另外還有厚地毯、檀香木几案以及一座簡易佛壇。整個說來該有的都有了，而且非常潔淨。這間別殿隔壁還有一棟更大的別殿，那是新財政大臣所住的三層樓建築；前財政大臣強巴曲桑（彌勒法賢）住的則是兩層樓的宮殿。住到這裡真是清靜多了，由於是財政大臣的官邸，連色拉寺認識的一干僧侶朋友也不敢來看我。不過好事不成雙，在這裡雖然很適合讀書，去找老師請教卻不太方便。

沒想到這裡最好的老師竟然就是前財政大臣同母異父的哥哥諦仁波切（Ti Rinpoche），聽說他的父親是漢人。這位諦仁波切也是出身於色拉寺，七歲左右出家，如今已是六十七歲高齡；他剛於前一年就任甘丹寺最高僧位甘丹赤巴。「諦仁波切」意思是「坐台寶」，甘丹寺有格魯派創始者宗喀巴當年所坐的法台，如今全西藏只兩個人有資格坐上法台，那就是達賴喇嘛和甘丹赤巴。不過法王並不常坐法台，而甘丹赤巴在法會期間則是一直坐在法台上。

達賴喇嘛是天生的轉世靈童，而甘丹赤巴的名號，卻是一個僧侶在學習顯教佛法取得格西學位後，又以將近三十年時間學習密教[1]佛法（說是學習，其實就是修行），積累了足夠的修行功德，在學識、德行上都有圓滿成就，整個西藏再沒有人比他更適合坐上宗喀巴的法台的情形下，於是應法王之請就甘丹赤巴之位。除了屠戶、鐵匠、獵戶的小孩之外，一般人的子弟只要積五、六十年的修行而成為學德兼備的高僧，都有資格坐上這個位置[2]。

因此從真修實證的角度看來，甘丹赤巴甚至比達賴喇嘛的位階更高，而我竟然有此殊榮以這樣一個不世出的行者為師，這在西藏是極難得之事；由於西藏是講究階級的社會，這樣的人連見個面都不容易更不要說其他了。完全是因為前財政大臣的厚意，我才能夠有這樣的福報。從這位老師身上，我不管是顯部或祕密部的佛法都得到充分的傳授。他也是一個很奇特的人，一見到我好像立刻清楚了我的來歷和習性，還有意無意說出「暫時還不會有問題，你就待在這裡吧」的話，教我悚然一驚。

他對我心裡的渴望一清二楚，因此毫無保留地將佛法傳授予我，他的慈悲我至今未敢或忘。我在西藏期間從許多格西、學者、僧侶、隱士處得到無數的法益，但沒有一位比得上甘丹赤巴給我的多。我想也是因為他的存在，才使得他那因破戒而幾乎陷入惡趣的弟弟彌勒法賢知所懺悔，並對世間、出世間的事務都能全力以赴，終得以淨其意、安其心。那位前財政大臣之妻的老尼僧，其內在與外在活潑雍容也不下於大臣，雖然她帶著幾分女性特有的溫柔貞靜，在思想方面卻有巾幗不讓鬚眉的氣概。

【注釋】

1 顯教相對於密教，指明白宣示義理之教法，即釋尊為了教化眾生，乃針對眾生不同之性質、能力而提出明確的修行之道，後專指北傳（中國、韓國、日本）佛教。密教又稱金剛乘（Vajrayāna），專指藏傳佛教，講究手結印契、口誦真言、心入禪定的身、口、意三密瑜伽，使修行者與本尊結為一體，體現人、佛本質上無異（生、佛一如，凡、聖不二）、即身成佛的道果。顯教、密教在教義上皆屬大乘佛教範疇。

2 表示一個普通的學問僧，不必是貴族出身，也不必是活佛轉世，只要努力真修實證，都有機會逐步晉升到此一崇高地位。

76・拉薩的日本貨

這位尼僧二十年前為了懺悔自身罪障，曾經前往尼泊爾的加德滿都朝聖，一路上所遭遇的艱險和我沒有什麼兩樣，因此我們不時談到這個話題，也教我體認到他們真是天生一對：大臣和她都是非常講義氣、重承諾的人。我被他們做人做事的精神所感動，每當想到他們為犯戒而受苦時，特別覺得難過，並引以為鑑。

和他們一家越來越親密之後，對他們家人和家中的事也就更加瞭解了。反倒是現任財政大臣雖然就住在我的隔壁，但他平常實在太忙了，講話機會不多，所以彼此的距離就沒有那麼近。他名叫天津曲嘉（教持法王），個性溫和，但意志非常堅定；講話總是帶著笑容，而且沒有大臣的架子，把我當作朋友，使我也渾然忘了他大臣的身分。我想這跟前大臣、尼僧夫婦把我當作他們的孩子一樣看待或多或少也有關係吧。

現任大臣常常向我提起政府內部的一些話題。每當發生棘手問題的時候，他通常不會當面表示意見，而是先回到家裡來，找有如自己父親一樣的前大臣商量對策，而前大臣也一定傾囊相授。聽說前財政大臣要不是因為與尼僧同居這件事成為話柄而韜光養晦，早就會位居要津，如今不是當上宰相，就是高等僧官中的宮內大臣了。

我想如果彌勒法賢能夠執西藏政治牛耳的話，他和機敏的當今法王相輔相成，一定可以有一番驚人作為。我常常在一旁傾聽兩位前、現任大臣夜間的談話；他們偶爾也會請我發表意見。也由於這樣的場合，使我意外地對西藏涉外事務有了深入的瞭解。在寺院中固然可以專心致志於佛法的研究，對西藏政府內部的種種卻無從得知，而我卻因緣際會聽到許多。

我在這裡不但奇遇不斷，而且巧合也很多。前面提到過我和帕喇攝政家的公子在天和堂門外的邂逅，這時我又遇到一位在大吉嶺認識的商人查龍巴（Tsa Rong-ba，以地名為人名）。有一天我去拉薩最熱鬧、就像東京銀座的地方八廓街[1]走走；所有生意人一定會在那裡開一家店或設個攤位，跟任何國家的情形都一樣。那裡尤其多露天的攤位，賣各種日常用品，除了西藏所產最多之外，從印度、加爾各答、孟買等地輸入的貨物也不少；其中最教我印象深刻的，是日本製的火柴。大阪一位土井氏所製作的火柴出現在拉薩的市場上；還有一種象標的蠟燭包裝上也印著Made in Japan（日本製）。雖然也有一些瑞典製的火柴，但主要是來自日本。另外我還看到畫著仕女圖的日本竹簾。記得我到一些貴族家裡，也曾看過日本製陶器，以及裱在框中掛在牆上的日本畫。

我邊逛邊看，走到一家雜貨店前面，發現店裡有品質很不錯的香皂，那是拉薩很罕見的東西，簡直是大發現，趕忙問店家多少錢。店家聽我一問，卻目不轉睛地看著我。我注意一看，覺得這個人很像大吉嶺的商人查龍巴，但想不通他為什麼會來到這裡做生意；也許只是一個跟他長得很像的人，或者是他的兄弟罷了。不過越看越像查龍巴，我現在整個模樣都變了，他似乎認不出我來，只用疑惑的眼光對著我猛瞧。我在大吉嶺的時候多半穿著和服，即使偶爾穿藏服也很少拋頭露面，到了西藏之後則一身純粹的西藏打扮，加上留著長長的鬍鬚，難怪他認不出來。

店家告訴我：「這種香皂很貴的，您還是不要問吧；另外還有比較便宜的。」我說便宜的那種我看不上眼，我要貴的；他笑著跟我報了價錢，最後我買了兩個回去。回去後我拿給現任大臣看，他說這種香皂很高級，能不能分一個給他；我把兩個都送給了他。

【注釋】

1 八廓街：又名八角街，指環繞大昭寺的內環朝聖道路，從各地前來的香客沿順時鐘方向一圈圈繞行大昭寺，人潮洶湧，因此發展成熱鬧的集市，商店、攤位林立，為拉薩最繁華的地方。與「八廓」相對應的是「林廓」，前者為內環，後者為外環。

77．祕密洩漏的危機

過了兩、三天，我怕那種香皂要是賣完在拉薩就買不到了，於是又去八廓街那家雜貨店想買幾個留著用。到了那裡，老闆也不拿香皂給我，只是緊盯著我瞧，我因為買過知道價錢，就直接拿錢給他，結果他說：「等等，您不認識我了嗎？」

他的聲音一聽確實是查龍巴沒錯，於是我笑著答道：「怎麼會不認識呢？」

他一臉驚訝，立刻說：「請到裡面坐坐。」由於天色漸暗，他吩咐店中小廝收拾收拾，就把我請進他家。

我跟著他走進去，他邊走邊說：「好久不見了，裡面雖然簡陋得很，還是請進吧。」

房子不大，裡間有一段梯子，走上去就到了主屋。同樣來自大吉嶺的老闆娘珮冬（蓮顯）正在那裡，我一眼就認出了她，但她顯然不知道我是誰。老闆笑著問她：「你知道這位師父是誰？」

珮冬看了看我，說：「不認識啊。」

「怎麼會不認識？你熟得很吶，人家可是幫過你呢。」

她更加仔細地看我，還是一臉茫然，說：「要是幫過我，我一定認得的，可是真的想不起來呢。」

「你這麼迷糊真是拿你沒辦法，在大吉嶺時有一次你肚子絞痛，人家不是拿了特效藥幫你給治好了嗎？」

這時她才恍然大悟，道：「啊，我記得，你不要再說了。對不起，實在很失禮，沒想到這麼久之後會在這裡再見到您，真是太高興了。」

接著兩個人異口同聲地說：「您從哪裡過來的呢？像我們這種百分百的藏族想來這裡都得嘗盡各種苦楚，甚至忍不住想抄小路闖關入境，像您這種身分又怎麼進得來，難道是用飛的？」

「我哪會飛呢？我是從羌塘高原那邊過來的。」

「怎麼可能？即使是羌塘高原，這三、四年在許多可能的通道上也都派了兵駐守，根本無路可走，如果不是抄小路，除非您用飛的，否則是到不了這裡的。」

「我確實走了許多沒有路徑可循的地方才抵達這裡的。」我這樣說，但是他們似乎不太相信。

我警覺到正面臨另一個大危機，如果沒有處理好，不但會暴露我日本人的身分，而且將會為我的大恩人前財政大臣以及色拉大學帶來可怕的災難。生意人特別容易為利所動，說不定會將我的事情上告政府以取得獎賞，凡事先下手為強，於是腦海中浮現一個策略。

78．藏人的誓言

於是我語氣一轉，嚴肅地說：「兩位的生活確實過得不錯，不過要是將我的事呈報給政府的話，還可以賺取更多的錢；我也認為這樣做是明智的。如果我出去自首，說不定人家還不相信，但你們兩位曾經在大吉嶺見過我這個日本喇嘛，現在又發現我非法入藏，你們的話將立刻被採信，而且獲得可觀的賞金；我已經做了被抓去關起來的準備。」話說得很白。

老闆娘一聽有些震驚，老闆也是非常意外的表情，說：「您怎麼這樣說呢？我們賺那種錢做什麼？我們並不是見錢眼開的壞人，寧願餓死也不要做那種喪盡天良的事！縱使這件事最後被揭發出來，我們因為知情不報而受懲罰，終歸是前世的因緣業報啊。固然有一些惟利是圖的商人沒錯，但我們絕對不會去賺這種黑錢的。您這樣說真的很傷感情吶。」他講的真是義正詞嚴。

我答道：「我知道你的意思，但這樣做你有錢可以賺，對我而言也是了了一樁心事，你們還是去把我告了吧。難道你們一點都不想這樣做嗎？」

「壓根兒也沒有，昭仁波切呀，這件事我們死也不會說！」這是在拉薩的西藏人分量最重的誓言。

昭仁波切意思是「救世主寶」，指拉薩府的釋迦牟尼佛[1]。這樣發誓，等於是對釋迦牟尼佛說：「如果我洩漏一字一句，就是死了也可以，您就把我殺了吧！」當嘴裡念著昭仁波切並誠心立誓的時候，老闆的左手同時指著拉薩府釋迦牟尼佛所在的方向，看他的樣子一點也不像裝出來的，而是出自肺腑的一片真心。

接著老闆娘也念起昭仁波切的誓句，說：「我們絕對不做這種事，即使您萬般懇求我們去說，昭仁波切無論如何也不會答應的。」

在西藏得到這樣的誓言，比得到公證書還可靠，於是我說：「要是這樣，我就不勉強你們了。」這件事也就告一段落。

在這裡順便提一下西藏誓詞的種類。最普遍的就是「昆鳩森」（南無三寶），或者是「阿瑪檀德」（與母別離），後者是「如果我所言不實就讓我和最愛的母親死別吧」的意思。另外地方上也會以當地的神祇或最受崇仰的佛、菩薩名號發誓，拉薩府就是以「昭仁波切」為主，做生意的場合要談定價碼時也會發這句誓詞；不過都只是口頭上發誓，並不會嚴格地還要手指大昭寺的釋迦堂，甚至變成買賣時的口頭禪而已，不守信用的照樣不守信用。但是手指釋迦堂或者將經文放在頭頂發誓的時候，那就一定說話算話，破誓的話其罪行比殺了自己的父母還嚴重。一般的場合所使用的誓詞，多半只是放在所說的話中間加重語氣，表示確認的意思；婦女用語中也包含了許多誓詞。據我所知西藏誓詞的種類有四十五種之多。

接著老闆問我現在住哪裡，我說在色拉寺掛單，老闆稍稍沉吟了一下，說：「那麼最近名氣響亮、還進出法王宮殿的那位色來・安契（色拉的醫生）[2]指的不就是您嗎？」

「正是。」

老闆聽了非常吃驚地說：「現在大家都說你是藥師如來或耆婆轉世，我們的身體一向不好，早就想去拜望您，請您幫我們診斷診斷。」

那天大家說了許多話，後來我和老闆成為很親密的朋友。

我仍舊住在財政大臣府第，而吃不完的東西變成很大的負擔，原因是透過大臣介紹非得請我看病的貴族很多，待我看過他們，回來時一定送我一大堆禮物，其中包括很多珍饈美味。這些東西一個人根本吃不完，就全拿到天和堂藥鋪、查龍巴家以及幫我看管色拉寺住處的沙彌那邊送他們。其實就算沒有人送我東西，單單大臣府上供應的食物也已經太多了……就這樣與許多人的關係更加親密，日後也成為讓我逢凶化吉、消災解厄的原因。

即使住在大臣府邸，但我畢竟是色拉大學的學生，因此各種學習科目一點也不敢怠忽，不時還要回色拉寺參加辯經訓練。由於我又有醫師的身分，教師對我比較寬容，就算沒有每天出席上課也不會挨罵；不過我自己很喜歡那些課程，所以還是選擇性出席。這裡我就順便一提僧侶一般的傾向，以及做為一個學者的理想，還有不同種族的僧侶之間的區別。

【注釋】

1 大昭寺中的釋迦牟尼像藏語音寫為jobo，而蒙古語的釋迦音寫為joo burHan，兩者都可能是大昭寺別名Jokhang的語源。

2 這是拉薩人對作者的通稱，其實真正的藏語法號為「色拉布·江措」，也就是「慧海」的意思。

79．僧侶的目標

三大學問寺裡的學生並非都是藏族，另外還有蒙古族，以及和藏族在人種上稍有差異的康巴。由於出身地區不同，他們的特質也有些不一樣。藏族外表看起來很溫順細心，但是基本上並不喜歡讀書，非常怠惰；他們不講究衛生，多半也是來自這種慵懶怠惰的習性。藏族的僧侶冬天除了到大經堂誦經、喝茶，其他時候就是在自己的屋舍前面赤身裸體露出龜裂的背脊曬太陽，一邊拿著羊毛布擤鼻涕，再把那條擤過鼻涕的織物放在頭頂上遮陽，一邊打瞌睡。年紀大的人這副德行也就罷了，如果年輕的人也這個樣子，只能說是藏族天生的懶惰。

蒙古學生就不會這樣，他們大老遠跑到這裡來，目的就是為了攻讀學位，所以他們不只非常努力讀書，辯經的時候也特別賣力，五百個人裡面，至少有四百個是好學生，只有一百個比較差。藏族學生的話，五百個裡面大概四百五十個都不怎麼樣，所以雜役僧絕大多數是藏族，很少見到蒙古人和康巴的身影。

蒙古學生好學不倦又富進取心，唯一的缺點就是容易動怒，主要是出自於對自己種族的自豪，認為蒙古人都很優秀，讀書又用功，最後多能取得格西學位回去，和藏族、康巴完全不一樣。這種自豪、驕傲的心態一碰上小事就容易發飆，我看到的蒙古學生多半是這個樣子，所以他們可以產生像成吉思汗那樣戰功彪炳而建立大帝國的英雄，卻無法以長時間累積出可觀的文明。

來自康區的人和其他兩者比起來好多了，雖然他們那邊以出產強盜聞名，性格比較慓悍，卻不像蒙古人那樣動不動就發脾氣，而是非常有忍耐的工夫；就身體的強壯程度而言也是在其他兩族之上，而且重情義，即使幹的是強盜的行當，救起人來卻比誰都熱心。據我的觀察，在色拉寺的僧侶裡，最讓人看得順眼而且帶著俠氣的就是康巴；他們也不會講些心口不一的話來討好人。蒙古人就比較諂媚，西藏人更嚴重。康巴裡固然也有受到藏人影響而變得腐敗的，但這樣的人非常受到族人排斥。女性康巴不會很多情，也不會講甜言蜜語。藏人不論男女表面上都很善良，但內心就不一定是這樣。

至於談到做為僧侶或學者的理想，那麼多半是希望利用自己的學問在這個閉鎖的國度裡博得一定的聲名，或是獲得大量財富，而不是為了濟度眾生而從事佛法修行。一千個人裡面九百九十九個人都希望自己能離苦得樂，擁有很多錢，不管今生或來世都能長享安樂。為什麼會這樣，主要是藏人評斷一名僧侶或學者的身分地位，並不是以他的學識、德行或利益眾生的能力高低來加以判斷，而是以財產多寡做為評斷標準，所以沒有錢就沒有地位，使得許多僧侶整天為了賺錢而奔走，做買賣的、經營農業或畜牧業的、從事各種職工的、到信眾家誦經的絡繹於途。那些可憐的窮學僧雖然非常用功，可是受到風氣影響，心裡想的多半也是希望十年寒窗苦讀之後得享安樂；我很少遇到一個以濟度苦難眾生為職志的人。

一個僧侶經過二十年的努力終於取得格西學位的時候，還要花費一大筆錢，拿來購買肉粥以供養學部上下。為了這筆錢，窮學僧還得向有錢的僧侶借高利貸，然後藉著格西的名號四處為人誦經賺錢還債，順利的話五年頂多八年可以無債一身輕，但也有人還不出錢而必須一輩子聽債主差遣。好不容易寒窗苦讀那麼久，終於有點成就，卻由於社會的習氣而必須繼續吃苦，實在是西藏僧侶的悲哀。

我因為住在財政大臣府上，因此不時有機會前往其他大臣的宅邸，其中有宰相之一的修堪瓦。在西藏，宰相（廈貝）這個官職名義上可以有四個人，而財政大臣有三名；其實真正的財政大臣只有一個，就是最資深那個挑起一切責任，其他兩人則是政務次官。宰相這個官職也是一樣，掌權的是最元老級那一個，其他人只是輔佐。這個叫做修堪瓦的宰相排名第二，我常常可以見到他，與他談話。他的女兒嫁給一個叫育托（Yutok）的貴族，我獲邀參加了他們的婚禮。這場婚禮在西藏算是很正式的，我想稍加描述一下整個過程。

80．藏族的婚姻（一）

在描繪這場結婚典禮之前，我先就地方與拉薩在結婚儀式上的差別處、藏人夫妻間的關係及其權力等稍加著墨。就結婚禮俗而言，各地千差萬別，很難一一縷述。到目前為止，西洋人所寫許多有關西藏的著作，裡面提到藏族婚禮的部分，有些是他們親眼所見，有些只是間接聽來；他們大多只走到法王管轄地域的關哨，或是中國境內的藏區，並沒有抵達拉薩，有關拉薩府結婚禮俗的描寫也就完全付諸闕如，所以我覺得有必要就這部分加以補充。

世人都知道西藏是一個施行一妻多夫制的地方，而且還分為兄弟共妻，以及和非兄弟關係的人講好共妻兩種狀況；另外還有一種情形，就是原來為一夫一妻，後來妻子權力變大，自己找來一個男人，取得丈夫同意後也變成夫婦關係，這也很常見。這中間人倫上的紊亂在外人看來是可忍孰不可忍，但藏人卻習以為常。

如果母親過世了，讓父親和兒子共享一個女性這種情形在西藏完全沒有法律上的問題。這樣說好像可以無所顧忌地亂點鴛鴦譜，其實不然，堂兄妹如果結婚會被視為狗都不如，同兄妹亂倫一樣，不只受到唾棄，也是法律所嚴格禁止的。

一般說來，藏族婦人的權力很大，比方說丈夫賺的錢全要交給老婆，丈夫如果有三位，則三個人賺的錢都要落入老婆荷包；哪個老公錢賺得少，還會被老婆搶白一頓。丈夫需要用錢就向老婆低頭伸手，要是丈夫藏私房錢被太太曉得，則少不了要被太太惡狠狠數落一通，甚至還會挨耳光。

當然這是比較極端的例子，並不那麼常見，但決定權多半操在太太手上，例如丈夫到外頭和人洽談一件事情，結論大致底定後，丈夫會跟對方說：「好，我知道您的意思了，現在我先回家和太太商量一下，如果她也同意，我再來和您拍板定案。」這樣說是不會有人恥笑的，因為任誰都要這麼做。男人出遠門做生意通常也是因為老婆下了命令不得不從。幾個兄弟共用一個妻子的場合，兄弟哪一個不是兢兢業業討老婆歡心。

不過西藏還是有一夫一妻的家庭，這個時候丈夫的權力就比較強大。還有一種暫時性的婚姻關係，講好彼此愛慕的時候在一起，不喜歡了隨即分手；這種女性通常擁有許多男人，然後從每一個男人身上得到好處。這在鄉下很少見，在拉薩或日喀則等大都會特別多。這種女子在西藏基本上就是屬於娼妓或藝妓之流。

現在談到拉薩的婚俗。藏人結婚的年齡男女大多一致，約是二十歲到二十五歲之間；偶有十五、六歲就結婚的早婚者，或是三十歲之後才結婚的晚婚者，但只能算是例外。結婚雙方的年齡基本上相當，女性比男性小個幾歲也是有的；晚婚的人夫妻間年紀的差異就比較大。一妻多夫的情形下，妻子不管和誰生下小孩，即使兄弟五人共妻，這個小孩只會叫老大「爸爸」，絕對不容許這樣叫其他人；其他人只能稱「叔叔」。

倒是在一本歐洲人寫的書裡，提到西藏小孩稱母親的許多丈夫裡的老大為「大爸爸」，其他人為「小爸爸」；我想這是西藏人隨便誆他而他也信以為真。「小爸爸」這種稱呼是絕對不被允許的；我沒去過的康區或許是這個樣子，但我一路走來之處從沒見過。

婚姻的對象完全取決於父母的意思，子女毫無置喙的餘地。父母也不會跟自己女兒講，誰誰家有個男孩，你要不要去看看；父母說了算數。也因為如此，藏人遭遇離婚之不幸的人很多，即使如此，大家並不會因此檢討父母做主的婚姻帶來的弊端，到現在大家仍舊是「父母之命，媒妁之言」。

在邊鄙地區甚至拉薩這種首善之都，也有很多男女未婚即有肉體關係，然後才向父母稟報，取得父母同意後再補行結婚典禮；這是例外，一般還是由父母主導。當家裡有兒子達到適婚年齡，做父母的就會去打聽和自己家系、財產、階級相當的家庭是否有適婚的女兒，如果有就請個媒人向女方提親。女方若是回絕即作罷，若女方家長也有意思，則媒人就銜命到女方家跑個五、六遍，做進一步的洽商。等到女方父母完全同意了，這時必須先找個卜卦師父或高僧請教，有的還要透過靈媒向神明請示吉凶；沒有透過卜筮或神明指點就自作主張的父母是絕無僅有的。

父母之間對整個洽談的過程和內容完全不讓兒女知曉，不像日本或歐美的習慣，會透露聘金、嫁妝的多寡。結婚時女方帶到男方的嫁妝並沒有一個定數，但總是以符合雙方家族地位、不會失禮或沒面子為原則；男方也會給女方家長一筆養育費當作聘金。

當雙方達成協議後，做父母的再度請卜者或靈媒擇定吉日良辰，然後展開婚禮的準備工作。父母必須清楚媒人代男方過來迎娶女兒的確切時間，在預定時間之前，父母會跟女兒說，今天天氣很好，我們到寺廟裡拜佛吧，或者是到哪個公園林卡野餐吧，你得把頭髮洗乾淨梳理整齊吶。有的女孩不知道婚期已至，默默去梳妝打扮；那些比較伶俐的女孩一聽就知道為什麼，於是悲從中來開始飲泣。

81．藏族的婚姻（二）

父母向女兒說：「今天你就把臉和身體擦洗乾淨吧。」藏人並不是絕對討厭洗澡，只是平常如果洗臉淨身會被人笑。貴族家庭成員每天早上倒是洗的，但清潔的方式很特別，首先由僕役或婢女用杓子舀了熱水進來，倒在主人平攤並稍稍凹下成杯狀的手掌上，主人先將水含在口中，然後再分幾口吐在手掌上，用這漱過口的水在臉上塗抹清洗；如果嘴裡的水沒了，還會吐些唾液來洗臉。當然也有人是以銅臉盆裝水洗臉，但很多人就是用唾液。

說到不知情的女兒聽到今天要出去玩，就高興地去洗髮梳頭，這時媒人也來了。有時男方家長會先找人偷偷送來一些梳髮的道具和頭飾，女方家長等女兒梳好頭，就拿著這些道具和頭飾進來，說：「你所用的梳子已經很舊，不如丟了，用這把新梳子好好梳頭髮吧。這裡還有不錯的髮油，你也拿去抹抹看。」梳妝完畢後，新娘的父母才會正式向女兒透露今天其實是吉日良辰，某某家的公子要來迎娶她過門云云。在拉薩或日喀則這類都會多半是這樣一種婚俗。

少數那些比較聰穎的女孩知道父母要她洗髮梳妝其實是為了婚禮，她們也會哭著拒絕洗髮出嫁。「我不要去，爸爸、媽媽一定是騙我要將我送到很壞的地方！」這時新娘的朋友會前來安慰她，並半強迫地讓她梳洗完畢。

當婚禮的種種準備都完成之後，新娘的父母就必須舉辦一場送嫁的婚宴；宴會期間的長短端視家庭貧富程度而定，少則一、兩日，多則五天甚至十天半個月。宴會期間新娘父母雙方的親朋好友以及新娘的朋友都會送禮，有的是金錢，有的是衣服或食物。遇到送禮的人光臨，首先請他們喝酥油茶和青稞酒。藏人喝的酒絕對不會先溫過。茶、酒的招待沒有一刻稍停，這就是前面提到過的「茶牆、奔馬」（茶、酒喝不停），為西藏人心目中最最幸福狀態的體現。儘管如此，主人並不需要準備下酒菜。

接近中午時分的餐食第一道是糌粑和肉類；肉類大抵是犛牛、山羊或綿羊肉，在拉薩偶爾也會出現豬肉，黃牛肉則幾乎沒有，尤其是婚禮的場合。料理的方法分為生肉、乾肉和煮肉，烤肉則不登大雅之堂。肉類通常以油、鹽燉煮，有時僅僅是用水加鹽來煮。上這三種肉類料理時，同時也會有一道用乾酪、奶油和砂糖做成的甜點。吃完之後，接下來是攪拌了奶油、砂糖、葡萄乾和其他乾果的米飯；晚飯或是宴會的壓軸則會有蛋餃和中國料理。

每天供應這樣的美食三到四次，餐與餐之間則是茶、酒不斷，大家邊吃邊喝邊聊天，並且跳舞、唱歌助興。跳舞的時候大家隨著民謠的節奏同時用力踩踏，腳步非常整齊，有如閱兵分列式般。由於男女都混在一起跳，彼此眉目傳情，每一個都跳得很起勁，搭配著札釀（西藏弦樂器〔牛角胡〕）的樂音，幾十個男女圍成有如念珠般的圈子興高采烈地跳著，日本古代歌垣的場面應該就是這個樣子吧。宴會時間的長短取決於家族的人際關係和貧富狀況，只有很窮的人家才會在媒人來迎娶新娘的隔日就把女兒送出門。

歡宴了幾天後，終於要讓女兒過門的前夕，做為新郎父母代理的媒人、男儐相等一行十幾個人會前來迎接新娘。媒人和男儐相與女方家長見了面先獻上努林（養育費），但新娘的父母不會立刻接受，反而會退回去，幾經媒人勸導後才收了下來。也有堅決不收努林的父母，他們會跟未來的親家說：「我們將心愛的女兒嫁過去，並不是為了拿養育費，但願您們也能疼愛我們這個女兒，只要她能夠在府上長享幸福安樂的日子我們於願以足，這是我們最大的期望。」

接著就獻上結婚典禮上新娘要穿戴的所有衣飾，包括結婚玉瑜。所謂結婚玉瑜是拉薩女性戴在額頭上的裝飾，表示這個女子已經成為人家的妻子；不過也有很多未婚的女子戴著這種玉瑜純粹用來裝飾。日喀則一帶的女子則是將結婚玉瑜戴在頭頂後方，讓人一目了然知道她已是人妻。如果不幸要離婚的時候，丈夫會怒氣沖沖地將結婚玉瑜從太太的頭上扯下，一旦扯下來，離婚就成了定局，不需要另寫離婚證書。

新郎父母所贈的衣飾主要是婚禮要穿的衣服、鞋子之類，其他貴重的飾物如項鍊、胸飾環、瓔珞、耳環、手環、戒指等則全部由新娘的父母準備。夫家提供的衣飾不管喜不喜歡，都必須在婚禮上穿著，不能穿別的。媒人和儐相等男方代表當晚會住在女方家裡，並參加盛大的酒宴。

酒宴中當然又是熱烈的勸酒、拚酒，不過媒人和儐相等一定要想盡辦法擋酒，因為藏族有一個習俗，就是媒人和儐相一行如果醉酒而睡得很死，女方親友就會偷偷跑進他們的睡房，偷走他們帶來的一件物品，不拘貴重與否，然後在第二天早上拿出來示眾，這時被偷的人必須給偷走東西的人二十章卡藏幣罰金。所以酒宴上媒人等男方來的人會提醒自己少喝些酒，而新娘這邊的親友則是以巧妙的手法勸飲，一邊讓喝一邊不喝，爭來吵去的簡直像一場大戰。勸酒所使用的語言、動作都必須依循藏族古來的一套傳統做法，否則就會被男方譏斥，失禮又沒面子。男方代表在擋酒的時候，也必須使用相應的傳統台詞，什麼「酒為百毒之長」或「酒是製造爭端的工具」、「酒使人喪失理性」等等，各種比喻、教訓，引經據典、唱作俱佳。鬧到最後，連女方端出來的酒夠不夠醇、肉好不好吃、其他料理道不道地都可以吵個半天。

82・送嫁奇俗

結婚的吉日良辰終於到了，那天一早新娘的父母照樣要大開宴席，並請古派〔寧瑪〕，也就是所謂紅帽派的僧侶主持對社神、祖先的祭告，說：「此次某某家的女兒將要嫁到誰誰家裡去，請您放她走吧，不要因為她將離去而生氣或加害於她，您能讓她走，我們會誦經安慰您、供養您。」這個祭告儀式大多在僧侶所在的寺院舉行，同時也請西藏傳統苯教的僧侶來到家中，向主司一家財富的祿神（龍王）祭告，希望龍王不要因為疼愛這個出嫁的女孩而跟著到女孩婆家去，因為如此一來女方一家將立刻陷入貧困。

在這項祭典上所念誦的苯教經典很特別：「這個女孩要嫁過去的那個人家絕對沒有我們家幸福；跟隨女孩一起到男方家中也絕對不是龍王該做的事。請您繼續留在這個家守護我們，並長享龍王的福分。」念誦經文的同時，也要擺出盛大的祭品供養龍王。這種儀式不只是傳統習俗而已，而是藏人真的相信有效。

種種供養告一段落後，會出來一個向新娘行誡告儀式的人，他站在新娘面前，宣說以格言組成的誡告詞：「到了人家家裡不管對誰都要和氣親切；服侍長輩是女性的天職，到了那邊不但要孝敬公婆，對丈夫也要言聽計從，對丈夫的兄姊要和顏悅色，把丈夫的弟妹當作自己的弟妹一樣疼愛，把僕從當作自己的子女一樣照顧……。」誡告詞中還加入很多教人印象深刻的譬喻。

誡告人念過誡告詞後，接著換父母端坐在大廳中，向即將出閣的女兒說著大致同樣的話，而且是邊哭邊說。親戚朋友這時也噙著淚跪在新娘前面，握著新娘的手說出同樣的告誡之詞。所有這些儀式結束後，新娘才正式出閣前往新郎家。新娘帶到男方的嫁妝依家境而有不同，富貴人家甚至會送一份莊田，貧窮家庭則是準備一些衣物。

新娘走出家門的時候，通常都會大聲嚎泣，不願意騎上馬背；甚至整個人攤在地上站都站不起來。這一切都因為不忍離父母而去的真情顯露，並非只是禮俗上的需要；這時新娘的朋友們會過來將她架到馬背上。馬鞍並不像西洋的樣式，反而比較接近日本古代的馬鞍。藏族婦女騎馬都很有一套，上馬非常俐落。馬鞍上的腳鐙並沒有放得很低，所以騎馬的時候兩腳膝蓋都彎得很厲害；男女的騎法都一樣。我一開始很不習慣，騎久了兩隻腳痛得要命。

新娘終於被請到馬上，迎親的隊伍也就上路了。新娘身上穿的是男方贈送的衣物，掛戴的是雙親準備的頭飾、腕飾，頭頂到臉部則蒙著毛織藍黃紅白黑琳千南噶（五寶布），所以所有人都看不到新娘的臉。新娘的頭後上方撐著一頂達塔爾（吉祥幡），幡也是用五色薄綢縫製，好像日本寺院中所掛幢幡的縮小版，長約三十五公分，有千祥雲集的意思。

迎娶和送嫁的隊伍都騎在馬上一路走向新郎倌家裡，沿途新娘的至親好友會在三個適當的地點擺送別的宴席，每一個宴席間的距離完全看路途遠近而定；同樣地，新郎倌的至親好友也是在途中擺設三場歡迎的酒宴。總共要經過六場宴席才能抵達新郎的家，不過大家並不會真的大吃大喝，因為任務在身，必須將新娘平安送抵新郎家，所以即使人家要灌酒也只能小喝一口，而對方也只是擺擺樣子。

基本上藏族在接待客人的形式上，都是一邊極為客氣，另一邊非常熱情，如果人家一勸飲勸食，你就真的大吃大喝起來，人家就會笑你是不懂事的中國人。迎娶的路上所開的宴席，有時設在路邊，有時設在沿途所經村落的人家，或是借用熟人的家，不過主要都是在野地裡找個適當的處所將帳篷搭起來就擺開了。

新娘抵達公婆家後，並不能立即登堂入室；儘管新娘是公婆這邊的人去迎娶回來的，可是到了門口大門卻是緊閉著先不讓新娘進入。這種奇風異俗很教人驚訝。

83・一妻多夫

新郎倌的家門前站了許多人，其中有一個人還要做一件很特別的事。原來隨著新娘而來的還有惡魔和疫鬼，這個人右手偷偷握著一把托兒瑪（gtor ma，祕劍），那是用糌粑加上奶油和水捏塑成錐狀劍形，上面還塗有紅色的植物染料；這把劍已經由僧侶以祕法加持過，可以斬摧所有惡魔或疫鬼。

拿托兒瑪的人混在門口人群中，但不知道是哪一個，當新娘一來到大門口，這個人會趁隙接近新娘，然後將托兒瑪丟到新娘臉上，這時大門打開，這個人回頭飛也似跑進門內，大門立刻又被闔上。教人不解的是，精心打扮的新娘這時滿頭滿臉都是染紅了的糌粑托兒瑪碎片，除了蒙著五寶布的臉部以外，全身好像被撒了豆腐渣般。藏人這樣做當然是有理由的。

當新娘辭別父母之後，同時也就失去了故鄉和家中守護神的保護，也就是說守護神並沒有跟著新娘出門；失去保護的新娘，一路上就會招惹許多厲神惡鬼的糾纏，這些厲神惡鬼也會隨著新娘進入夫家而加害於夫家。為了去除這些厲神惡鬼，就要丟擲托兒瑪以鎮伏之。至於說為什麼丟托兒瑪的人要趕忙閃進門內然後大門又立即緊閉，原來要是丟擲托兒瑪的時候動作不夠果斷俐落，就會被送嫁的人抓住，他必須付二十章卡給抓他的人當作懲罰。

接著門內等候的人對門外送嫁的一干人說道：「對著大門說出塞帕（讚辭）吧，說了就放你們進來。」讚辭主要是一些優美的語句，以豐富的名詞表達祈願富貴祥瑞的意思。送嫁這邊聽了回道：「雖然我們願意念誦讚辭，但是沒有哈達絲巾又奈何？」於是從門縫看到裡面的人放出哈達的一小段，說：「哈達給您！」說完立即又將哈達抽回去。這也是因為如果哈達被送嫁這邊的人抓住的話，抓住哈達的人也可以獲得對方二十章卡的罰款。

既然看到哈達了，送嫁一方就有人對著大門說道：「這個門是寶藏的入口，有黃金的梁柱、白銀的門扉，門內即是七種至寶[1]所堆砌成的寶堂、玉殿，住在殿堂之中的每一個人都和天神或菩薩一樣集真善美於一身；能夠進入如此優美絕倫的大門真是無上的榮幸啊！」讚辭一說完，大門於焉開啟。

這裡岔開說個題外話。當新娘前來夫家途中經過村落時，村民有可能搶走新娘，他們的理由是「這個女人沒有故鄉守護神的伴隨就出門來，一定會帶來許多厲神惡鬼，讓我們村子受災殃，也會教我們今年的收成大大減少，所以必須搶來新娘當人質做為賠償損害的保證」。村民將新娘搶走，而且不輕易交還給迎娶隊伍，必須等隨行者拿一筆補償金給村民，才能獲許平安通過；這種事在都會地區當然不會發生，只有在偏僻地帶才偶爾會遇到。

當新郎倌家的大門戛然打開時，新娘未來的婆婆會捧著酸乳酪和切瑪過來。切瑪是由糌粑、奶油、砂糖和山芋混合做成的食物；山芋為西藏野生植物，只有指頭大小，味道和一般芋頭一樣，口感比較硬，但很好吃。在西藏，酸奶和切瑪都是帶有祝福意味的食物。

新郎的母親將這兩樣食品各分一點放在新娘和同行的人手掌上，新娘和客人就伸出舌頭舔食。這個儀式結束後，在新郎母親的引領下進入大廳，大廳同時也是盛大婚宴舉行地點。新娘來到大廳後，寧瑪派的僧侶會向村子以及這一家的保護神祭告：「這個新娘是從某某家迎娶過來的，今天開始進入我們的家門，所以請諸位神祇從今而後也成為新嫁娘的守護神吧。」婚宴開始的時候，新郎的雙親和新郎、媒人一起向送嫁的人一一獻上哈達，表示新郎和新娘的夫婦關係就此確立了。

新郎、新娘在酒宴未酣之際就要離開到別的房間去。喜宴上新婚夫婦並不需要像日本一樣喝交杯酒，而送嫁的一行人照樣留在新郎倌家裡吃幾天流水席，短則兩、三天，長則有到一個月之久的；藏族遇到這種喜慶宴會的場合都是好整以暇的。期間新郎的親朋好友都帶著禮物來參加宴飲。藏人的喜宴供應的多半是口味很重的料理，比中國菜還油膩，清淡點的小菜根本沒有，但大家卻可以連吃好幾天才散席。

家境比較好的新娘，通常也會帶著女傭一起過門。婚禮終告一段落，但並未結束，接下來就是新娘帶著新婚夫婿歸寧；丈夫在岳父母家中只待個幾天就回去了，但新娘則會待上一個月甚至三個月之久，完全看新娘的意思，等時候到了再由新郎接回家。

如果新郎有弟弟，那麼在婚禮後半年或一年，會舉行一場不公開的儀式算是嫂嫂和弟弟的婚禮；這時做哥哥的會藉故出去旅行或遊玩不在家，以便讓弟弟和自己的太太成親。這種場合主要由母親作媒，如果兄弟有三人乃至五人，也都是用同樣的方式一一成親。當然也有隨意結合沒有經過任何儀式的。一直要到兄弟都完婚，這場婚禮才算真正結束。藏語稱這種一妻多夫制為「薩森」，薩森的結果生出來的小孩並不知道真正的父親是誰，一如前面說過，只稱兄弟中的老大為父親，其他則一律稱之為叔叔。

這種奇異的家庭結構裡，很少見到所有兄弟同時待在家中，總是一個人在家，其他人就出去做買賣或出差。這種一妻多夫的風俗如今在西藏還很盛行，而且他們深信這是一種優良的習慣。偶有一些經常往來國外的商人瞭解到這種風俗並不好，每隔一段時間就有人出來批評主張廢除，但最後總是被一句「這是祖先傳下來的『鹿蘇敏都』（Luk-su-mindu，傳統習俗）」擋了回去。

這句話在西藏具有莫大的威力，很多尊貴的真理也被這句話所蹂躪，上述婚禮奇俗和夫婦關係都是從古代的苯教產生，即使佛教普及於西藏境內已久，但「鹿蘇敏都」使得這種習慣盛行不衰。藏傳佛教僧侶古來一直奉行隱居主義，與世隔絕，很少注意一般社會問題，也不注重活學活用真實佛教教義於世間法上，因此才讓這種不良習俗流傳至今。這是歷代佛教僧侶的盲點，並不是佛教本身的缺點[2]。

【注釋】

1 七種至寶：《法華經》等大乘經典所描繪的極樂淨土，其宮殿、樓閣、樹林等皆由七種寶物所做成；七寶一般指金、銀、琉璃、頗黎（水晶）、硨磲貝、珊瑚與瑪瑙。

2 清末派張蔭棠入藏整頓西藏內部事務，他提出新治藏政策，並散發《藏俗改良》的小冊子，從他所認為亟須改良的風俗，即可看出當時一般外人對藏人習俗的印象，與本書作者所見略同，其主要內容有「寡婦、閨女不得私通苟合」、「兄弟、姊妹、叔嫂、嬸姪不得同炕宿臥」、「人死宜用棺木」、「身體每日洗浴」、「夫死其婦不宜改嫁」、「見客禮宜以合掌為常見禮，凡屈躬吐舌豎指頭之禮，貽笑各國，皆不可行」、「樓下不宜養牛馬」、「男子不宜戴耳環」、「兩兄弟同娶一婦，各國均無此風俗，令人恥笑」、「婦人配一夫後，必不可與人偷合」等。

84・罪犯的公開示眾與拷問

十月上旬我從拉薩的住處前往八廓街，那邊是拉薩最繁華的地區，如果有犯人都會被綁在路邊示眾；示眾的方式有好幾種。一般就是上了手銬、腳鐐，但那天我看到的卻是非比尋常的示眾：大約有二十個罪犯，有的被綁在十字路口，有的被捆在路旁柱子上，他們的穿著都很華麗，但脖子上一律套著三尺見方、厚約三公分的重枷，枷板上黏貼著以藏文書寫的罪狀，內容包括此人犯了何罪將在此示眾若干天，之後被流放或處以杖刑；杖刑三百下到七百下不等。

我稍稍看了一下罪狀，原來他們是拉薩很有名的丹吉林寺的僧侶。當前世達賴喇嘛示寂尚未尋獲轉世靈童前，丹吉林寺的住持有資格暫代法王之位攝政，寺裡有在家眾也有出家人。丹吉林寺的住持是第穆呼圖克圖（阿旺羅桑成烈熱結），他的總管為傲布才仁；據說這個傲布才仁暗地修密法詛咒法王要取法王性命，他所修的不是佛教的密法而是苯教。密法修完後，他把寫滿詛咒的紙塞在一雙很漂亮的靴子的鞋底，然後將這雙靴子獻呈給法王。

法王穿了這雙靴子之後開始生病，經過調查，發現靴子裡面的苯教咒文，於是東窗事發，所有參與陰謀的相關人等都被抓了起來；第穆呼圖克圖也因為關涉此事而被捕。市井間流傳的說法是，這件陰謀乃第穆呼圖克圖主導、由傲布才仁執行的，因為只要法王一死，第穆呼圖克圖就可以繼任其位。這種說法真偽不論，但當今法王即位之前，確實就是由第穆呼圖克圖攝政的。

第穆呼圖克圖攝政期間，傲布才仁擔任首席宰相，實施高壓統治，殺了不少無辜的人，這倒是事實。當法王親政後，傲布才仁所作所為都傳入法王耳中，法王可想而知對第穆呼圖克圖和傲布才仁不會有什麼好感。

陰謀事蹟敗露，主犯、從犯一律繫獄，第穆呼圖克圖不久就過世了，傲布才仁則被關在石牢中。石牢上方有一扇窗，平時吃的東西就是從這扇窗子遞進去，要問話的時候，人也從這個窗子進出，很難逃脫。只要窗子被打開，外頭的日光射進石牢，多半就是要他出去拷問的時候。我並沒有看到拷問的現場，卻聽人說過種種殘忍的拷問方法。

拷問時，首先將削尖的竹籤刺進指肉和指甲之間，然後剝下指甲，再將竹籤刺進皮與肉之間；十隻指頭每隻都照做，那種血肉模糊的樣子真是慘不忍睹。傲布才仁堅稱這件事完全出自他自己的意思，不是第穆呼圖克圖下的命令，不管如何拷問，他都沒有改變說法。

第穆呼圖克圖還在的時候，聽到傲布才仁遭受如此殘酷的對待，於是向調查者坦承一切都是他下的命令，傲布才仁不過是聽命行事，責任不在他身上。第穆呼圖克圖也曾向傲布才仁說：「我已經認罪了，你就照著我的說法跟他們講吧。」傲布才仁答道：「您是最尊貴的喇嘛，為了救我而說謊是行不得的！」他沒有答應，而且無論受到什麼酷刑也都沒有改變心意。當我抵達拉薩的時候，他受著那非人的待遇已經歷時兩星霜了。

從傲布才仁的表現看來，第穆呼圖克圖應該是與這件陰謀無關的。也有人說第穆呼圖克圖是傲布才仁胞兄，為了保護胞兄不被入罪，傲布才仁才承擔起一切。不過他能忍受這種非常的苦楚這麼久，心志一點也沒有動搖，儘管世人把他罵得很不堪，我卻很同情他。

那天我看到被示眾的一票人都是傲布才仁的手下。涉案的苯教僧侶已經有十六個人被處

悲慘的貴婦人

死，並有大量的人被處以流刑。示眾的這些人有一半將被流放，另一半將在示眾七日後，以很粗的柳木棒棍打三百到五百下不等。我覺得眼前就是人間地獄，揣想那些人內心的感受，真是非常難過。我慢慢走過他們，到了大昭寺西南方一個陽光燦爛的所在，那是八廓街最寬廣之處，我看到青石板上坐著一個正在示眾的美貌貴婦。

貴婦脖子上也和先前看到的其他人一樣，頂著一具大枷；如此沉重的枷具壓在一個嬌柔的貴婦肩上，看她的表情知道非常痛苦。她頭上纏著不丹製的紅色山蠶絲頭巾，低著頭緊閉雙眼。她附近站著三個看管她的警察，身旁有一只盛糌粑的器皿，裡面放著不錯的食品。由於她的雙手被拷住，除非別人餵她吃否則根本無法進食。這個柔弱的貴婦到底是誰呢？原來是西藏最有歷史的家族，也是貴族中最活躍、最受世人尊崇的名門托林家的女兒。

85・刑罰的種類

這位貴婦是傲布才仁的夫人。傲布才仁被送進石牢之前，本來是關在條件稍好的牢房中，只要給獄卒些許錢，就可以前去會面。夫人就是拿著一些好吃的東西去見自己的丈夫，悲不自勝，邊哭邊說了好些話，結果被人發覺，於是也跟著下獄；這天早上剛在牢房門外被柳木棒杖責臀部三百下，打到沒辦法走路，但還是要戴著枷鎖在路邊的青石板上示眾。

現在她已經有些不省人事，教人看了泫然欲泣，不過更令人覺得悲哀的是，圍在她旁邊的不只是一些看熱鬧的人，還有許多貴族模樣的也擠在人堆裡讀大枷上貼著的罪狀；如果默默讀著也就罷了，還用輕蔑不屑的語氣大聲朗讀：這女人犯了什麼罪，要打多少大棒，示眾七日，之後流放邊地，在那邊也要手銬腳鐐伺候關進大牢云云。朗讀完還數落幾句：「活該，誰教你們以前仗勢欺人，現在得到了報應！」看熱鬧的罵聲不絕，貴族則冷嘲熱諷。

這些人看到別人悲慘的遭遇，反而一副幸災樂禍的樣子，真讓人不禁懷疑藏族是否都是無情無義之輩。今天在那裡詈罵、嘲笑的，一定也是傲布才仁還是宰相時在他們夫婦跟前逢迎拍馬的同一批人。

即使犯了罪也不需要對人家落井下石，何況傲布才仁夫婦的罪狀根本是莫須有，家族之間政治與權力關係的合縱連橫，非友即敵；為了打擊政敵，連無辜的婦人也要遭受如此殘酷的待遇，對知道內情的人而言，真是情何以堪。

回去後遇到前財政大臣，我向他描述了今日所見所聞，也問他到底怎麼回事。他告訴我：「聽起來真教人難過，當他們權勢正盛的時候，連天上飛的鳥看到他們都會嚇得掉下來，有誰敢對他們指指點點；時至今日，卻落得這般下場，真的很可憐。尤其是第穆呼圖克圖，很多人講了許多他的壞話，說他金屋藏嬌什麼的。我自己也有女人，是個不折不扣的罪人，所以我對一個人有沒有犯罪很清楚，一看就知道，然而在我眼裡，看不到第穆呼圖克圖任何缺點，他是個戒行清靜的人，慈悲為懷、度世救人，令我非常佩服。可惜他身邊的人不好，才會發生這種不幸的事，絕對不可能是由他下令進行這樁陰謀的。我不方便公開說這些話，但我說的都是實情。」

西藏對罪犯的拷問特別殘酷，處刑的方式也非常野蠻，而牢房更像是人間地獄。拷問的伎倆除了前面提到的以削尖的竹籤剝指甲、刺指肉之外，還有就是戴石頭帽。所謂戴石頭帽就是先在犯人頭上放一頂重約四公斤的帽子，然後同樣的帽子再一頂一頂加上去，直到有五、六頂之多。犯人一開始只是難受得熱淚橫流，到最後受不了連眼珠子都要爆出來。以柳木棒撲打臀部也很殘忍，三、五百下打下來，臀部皮開肉綻，連小便都紅得像血；我曾經拿藥給這種人服用所以知道，而臀部的傷勢則是令人不忍卒睹。

牢房四面是土牆，地上鋪著木板，此外空蕩蕩的，而且日射不到，大白天也是黑漆漆，在如此苦寒的國度住在這種地方，對身體健康影響很大。犯人每天只能得到兩把糌粑粉，這當然不夠生存所需，所以得要家人、朋友時常接濟。接濟的食物一半以上會被獄卒吞掉，犯人能吃到的只是一小部分。

刑罰中最輕的要數罰金和鞭刑，比較重的則有挖眼珠子和齊腕砍斷之刑。砍手的時候還不是一刀兩斷，而是將兩隻手捆起來，讓一個小孩子以大半天時間上上下下拉緊再拉緊，直到兩隻手完全痲痹失去知覺，然後在眾目睽睽之下砍斷。受這種刑罰的多半是小偷，只要一犯再犯被抓五、六遍以後，就處以斷手之刑。拉薩城中許多乞丐就受過這種刑罰。被挖眼珠子最多的也是乞丐，通姦的男女則多處以割掉耳朵或鼻子的刑罰。通姦者被抓，或是告到官府裡，由執法單位懲處，或是家人直接把通姦者的耳朵、鼻子割了都可以，家人這樣做不算犯罪。

流放有兩種，一種是將犯人置於邊遠地區，規定不可離開，但不必關在牢房裡；另一種則是還得關著。死刑則是採用水刑，也分為兩種：一種是把活生生的人裝到皮袋子裡沉入水中淹死，另一種則是把人用船載到河川中流，綁緊手腳，然後繫上石塊放進水裡，約莫十分鐘後拉上來，如果還有一口氣，則再度放到水中，十分鐘後再次提起來看，如果死了就結束，還沒死透就得再沉入水中。確定人已經死了後，再割斷屍體的頭、手、腳，除了將頭留下，其餘全部丟到河裡任水流。犯人的斷頭會被拿到路邊示眾三日或七日，也有的不經示眾直接放到甕中，置於一個房間集中保管。這個房間的名字叫「不浮堂」，意思是犯人的頭一經放置到這裡，就再也無法轉世再生，這對信仰轉世說法的藏人而言是特別殘酷的事。

對虔信佛教的國家而言，這種刑罰真的是過度殘忍，一個人犯了重罪，於是以死抵罪，這就罷了，連來世的可能性都被一筆勾消，這已經遠遠超出刑罰的範圍，只能說是野蠻不講理了。這一類殘酷的作為還有很多，不能盡述。

86・令人驚訝的葬儀

我在拉薩城裡一直住到十月中旬左右，然後為了讀書研究而回到色拉寺。我騎著大臣送我的馬慢慢往城北踱去，由於前晚降了雪，路上還有不少積雪；這是今年初雪。

出了拉薩城，沿修給南卡（僧侶大路）前進，離色拉寺一公里路的地方有一條河，由於入冬了，河裡沒有水，但積了許多雪，五、六個色拉寺的沙彌在那邊興奮地打雪戰，和任何地方的小孩一樣，他們天真無邪的笑聲、忘情的奔跑，顯露出活潑的一面，不禁教人感到憐愛；他們其實還是小孩，看他們沒有師父在旁邊吆喝斥責時的愉快模樣，覺得很感動。

我正在那邊看著，後面來了一個高大的男子，而且將我全身上下打量了一遍。我一時不明白他為什麼這樣看我，再看看他的側面，突然想到，他正是在羌塘高原的聖湖瑪旁雍錯與我一起繞行朝聖的三兄弟裡最小的弟弟，也就是那個曾經在我臉頰上重重打了一拳、教我痛得跌倒在地的人。他現在看起來已經不是當年一起朝聖時那種猥瑣的樣子，而是一個意氣風發騎著馬的貴族，不過他似乎有些顧忌，避開我的視線往前走去。

我叫住了他：「你忘了我是誰嗎？」

「哪會忘記。」

「那就到我住的地方坐坐吧；你現在去哪？」

「去色拉呀。」

「那你不就是要去我掛單的寺院嗎？跟我一起走吧。」於是將他帶領到我的僧寮，並吩咐幫我打雜的沙彌盡可能將最好吃的東西拿出來請這個男子吃，而且也準備了禮物讓他帶走，說：「過去給你添了麻煩，謝謝你的幫忙。」他臨走的時候不斷對我行禮，好像對過去所作所為感到懺悔，流淚而別。他跟我說當年朝聖的時候三兄弟吵得不可開交，最後分道揚鑣各走各的，不過終究言歸於好，結伴平安回到故鄉，現在大家處得還不錯。

色拉寺中這時將有十四、五天的教義問答，我想要全程參與，就在僧寮中住了下來。不意聽到一個朋友的死訊，不得不去參加葬禮；在葬禮中我目睹世界上絕無僅有的儀式。

他們並不將屍體裝進棺木或者壺甕之中，而是放在以木棒組合而成的擔架上，並將整個屍體覆上白布。出殯也不是在死者過世的次日舉行，而是要等到三天或四天之後。主要為了要先定吉凶，看哪一天是吉日，以及決定用什麼方式殯葬，這必須請示喇嘛。喇嘛仔細翻查資料後，決定要念誦什麼經典，在哪一天的哪個時辰出殯，採取水葬、火葬、土葬或鳥葬等等，然後才展開葬禮的準備工作。

西藏所謂鳥葬，就是佛法上所說的風葬；藏人認為將屍骸餵食恰果（Cha-goppo，禿鷹）是最理想的殯葬方式，其次是火葬和水葬，最差的則是土葬。藏人非常不喜歡土葬，只有因為患天花致死的場合才採取土葬，因為要是將患傳染病的屍體餵食禿鷹，怕會傳染給禿鷹，放進水裡流走也怕感染。火葬還算是不錯的方式，但有些地方缺乏木柴，而用犛牛糞燒屍體是不成的；一般說來如果不是上等一點的人家是不能行火葬的。水葬多在大河邊舉行，但不是將屍體直接放進水裡，而是將頭、手、腳都切開來再放，這樣才不會擱淺在沙洲、河灘或涯岸上，而且魚吃起來也方便些。風葬或者說天葬，就是以屍肉餵食鳥類，我談談我實地目睹的過程。

鳥葬前分解屍首

為什麼有四種不同的喪葬形式，乃是來自印度哲學主張人體為地、水、火、風四大元素所組成，因此也有相應的四種回歸方式：葬於土裡即回歸了大地，水、火也是如此，餵食鳥類則是回歸於風。僧侶通常採用鳥葬，只有達賴喇嘛、班禪喇嘛以及其他修行成就的轉世者例外。

我所參加的這場葬儀採用鳥葬，於是我跟著送葬隊伍走出色拉大學，然後朝東前進，直到一條河的河邊，轉而向北面的山上走去，兩、三百米後又有一條河，這時看到山谷間有一塊高十餘公尺巨大而平整的岩石；上頭平坦處約有十五、六坪。這裡就是鳥葬場，四周的山壁岩塊上布滿許多眼神凶猛的禿鷹，正等著屍體的到來。屍體被放到岩石上，覆蓋的白布被取下，這時僧侶在一旁一邊敲擊鐃鈸鑼鼓一邊誦經，接著一個男子手持一把大刀，首先劃開腹部，將腸子取出；然後是頭部、兩手、兩腳依序截斷。等屍首大致分解之後，其他助手（包括僧侶）也前來幫忙切割，肉和肉擺在一起，骨頭和骨頭堆在一塊；這時高處的禿鷹慢慢往下接近，圍繞在葬場四周，當大腿肉或其他比較好部位的肉丟給牠們，牠們立刻撲翅爭食。整理屍體的人接著用大石頭將骨頭用力敲碎，岩石上十幾處坑穴就是放置碎骨的地方，將骨骸、頭蓋骨、腦漿等敲碎後，和以糌粑捏成丸狀，再丟給禿鷹吃。除了頭髮，全部被禿鷹吃得一乾二淨。裹尸布則由殯葬業者拿走；這些殯葬業者不是出家人，但會找出家人來幫忙。碎骨工作很花時間，每隔一段時間大家會停下來休息，並吃點糌粑、喝點酥油茶。

即使手上沾滿了屍體的骨頭碎片或腦汁，他們並不會先洗洗手，不過是用力拍幾下手，或在衣服上擦擦，就若無其事地抓了東西吃將起來。這種景象真是教我看得驚心動魄，而且太不衛生，當我提出質疑時，得到的回答是：「扭扭捏捏怕這怕那的，還能做好出家人該做的事嗎？」

87・奇怪的妙藥

葬禮結束回到家中，還是有僧侶繼續誦經，期間會準備肉粥、蛋餃等美味的食物；除了僧侶外，其他人會邊吃邊喝酒。

至於達賴喇嘛、班禪喇嘛以及其他修行成就的轉世者（活佛）辭世時，他們的葬禮又是哪一種場面呢？轉世者逝世後，屍體會被移入一只大箱，箱中鋪滿西藏產的沼鹽，屍體置於其上後，再撒上大量沼鹽，整個過程都伴隨各式樂器的敲打吹奏以及殊勝經典的念誦。

裝了屍身的箱子放在靈堂中三個月左右，仍像他在世時一樣按時供養、行禮如儀，旁邊有三位或四位弟子日夜念誦經典不絕。棺木前方擺著西藏風格的純金燈台燒著酥油燈，又飾以許多當令的鮮花，七盞銀製水盃盛著阿伽香水[1]，另外還有許多供養品；前去拜謁的人都要獻上哈達和一些錢。這樣經過三個月或一百天之後，屍體的水分完全被沼鹽所吸收，變成完全乾燥的狀態。這種鹽和日本常見的鹽不太一樣，富含蘇打（碳酸鈉）成分。

像木頭一樣硬邦邦的木乃伊被抬了出來，腹部、眼部已經完全凹陷。這時開始在木乃伊上塗滿用很細軟的土、白檀木粉以及不知名藥物揉捏而成的泥，然後最外面鋪上一層金箔即算完成。靈堂中另外準備了一座七寶靈塔，靈塔中央作佛龕形，轉世者的木乃伊被裝飾成佛像般放進這個佛龕裡面。像這樣的靈塔殿在日喀則的扎什倫布寺有五座，其屋頂皆作金色放著金光；這種屋頂都是中國建築的重檐歇山式樣，上面鋪著鍍金的瓦片。不過靈塔殿的裝飾、規模，靈塔是包金或包銀，端視轉世者的地位而定。轉世者的木乃伊就這樣被永久存放祭祀，有一個中國人就笑說：「藏人討厭土葬，覺得土葬好像墜入地獄一般悲哀，可是最尊貴的法王或其他轉世者不就是土葬嗎？他們的屍體既不是餵給鳥吃，也不是放進水裡流走，而是醃在鹽堆裡乾燥成為木乃伊，然後再塗一層泥，這不是土葬是什麼？」

至於醃製木乃伊的沼鹽，在西藏可是異常珍貴，一般平民百姓就是有錢也無法入手；這種特殊的鹽只有貴族、高級僧官才分配得到，大施主和大生意人透過關係多少可以弄到一些。因為這種鹽吸收了轉世者尊貴的生命之汁，可以拿來當藥用，感冒或生其他病的時候，服點這種鹽再喝點開水，身體馬上恢復健康，真是不可思議的妙藥。

十一月上旬，我再度回到拉薩城內前財政大臣的府邸。這個時期現任財政大臣也比較空閒，於是前後任兩位財政大臣、老尼僧和我四個人常常在一起閒聊。現任大臣是老尼僧的外甥，個性非常溫和，平常話不多；他下了班有時過來前任大臣這邊談話，有時我也會到他的住處聊天。有一天聊到一個英國女傳教士的事。

【注釋】

1 梵文 argha 或 arghya 的音寫，或作「閼伽」，指供佛之淨水；密教則為供養本尊之六種供養之一，另外五種為塗香、華鬘、燒香、飯食與燈明。

88・西藏探險者

有一天現任財政大臣在談話中提到，「英國人很奇怪，為什麼對我們西藏這麼好奇呢？真的想不通。距今八、九年前的事了，一個英國婦人帶著兩個嚮導來到中國和西藏邊境上的那曲卡地方，要求入境。」那個婦人是一個名叫安妮・泰勒（Annie R. Taylor）[1]的英國女傳教士，她想從北部進入西藏，經過拉薩，前往大吉嶺。大臣並不知道泰勒女士的名字，但我在大吉嶺的時候已經耳聞這位女中丈夫的事蹟；為她嚮導的男子在大吉嶺偶然與我成為無話不談的朋友。

我雖然對泰勒女士的種種清楚得很，卻必須裝作第一次聽到，以免洩漏身分。大臣繼續說道：「那位婦人到了那曲卡，結果被當地土著扣留下來，幸好土著的酋長是個慈悲為懷的人，因此並沒有加害於她，但他們也不知道要如何處置，因此派人來請示西藏政府，政府於是派我和我的僕人兩個前往那曲卡。當然整個隊伍加上挑伕、馬伕等共有三十個人，裡面政府的代表有三名，我是主要的負責人。到了那邊一問話，幾乎聽不懂她在說什麼。她講的雖是藏語，卻不是拉薩官話，所以很難聽得懂，必須很用心聽才能瞭解個大概。

「她說她是為了研究尊貴的佛法而來，現在想前往神聖的拉薩，然後再去大吉嶺，希望能獲得西藏政府允許通行；不只如此，她隨身帶著中國皇帝頒發的簽證，上面還寫著請西藏政府能夠同意這位女士入境的文字。我告訴她，我很理解她要入藏的殷切之情，也很想讓她進來，但法王卻下了絕對不許入境的命令，若是強行入境就要處死。在這種情勢下，我無法保護她的人身安全。西藏政府的態度是，讓她入境並不是什麼大不了的事，但因此引發一場國際紛爭也沒必要，所以還是設法勸阻她，讓她知難而退。她好不容易來到這麼遠的地方，卻要她半途而廢，我也替她覺得難過，於是婉言相勸；不過她卻不輕易妥協，反過來要求我答應她，而且不是一天，她連續四、五天一再要求我放她入境。

「我也拿她沒辦法，問她是不是想到西藏找死，因為她是沒辦法活著出去的；我問她明知如此還硬要闖關不是太不值得了嗎？我說我可以安排護衛讓她平安地循原路回去，但如果她不顧一切要入藏，則一切後果她自己負責。

「這個婦人反問我：『貴國不是屬於中國皇帝轄下嗎？那麼中國皇帝命令放行的許可證你們怎麼可以置之不理呢？』問得有些咄咄逼人。我向她解釋說，西藏固然臣屬於中國，但基本上並不接受中國皇帝的命令行事。何況我們執行嚴厲的鎖國政策，即使中國皇帝派兵威脅我們一定要讓外國人入境，我們也絕對不會答應。我又說，她的嚮導是藏人，他們到了內地一定會被重罰，要是就此回頭，他們就可以沒事。我一再苦勸她，又過了半天後，她的態度終於軟化，答應從原路回去。我看他們半路上被搶，隨身的東西幾乎盡失，處境非常困難，送了他們許多東西。」

大臣詳細描述了整個過程，最後問我：「到底是為什麼，外國人對西藏為什麼這麼好奇呢？」

我說：「我也想不通，外國人過去不就來過了嗎？」

大臣對這個也很清楚，說：「對啊，六百年前就來過了。」

一三二八年，波代諾內的僧侶奧多里克[2]即來過西藏，他是為了天主教的布教目的而來，卻無功而返。他所見到的西藏是一個擁有許多僧侶、可以像《聖經》中的耶穌基督那樣行奇蹟的國度，他把所見所聞都詳實記錄了下來，不過後來因為顧忌這些內容公開後會涉及基督教，為免除不必要困擾，於是將報告書全部燒毀，沒有留下一字一句。這是後代學者的一種說法。

也有人認為，奧多里克確實去到了祕密之國，但關於祕密之國的紀錄有不少無法證實的錯誤，為了避免這些錯誤流傳後世，於是將所有原稿燒毀。世人基本上相信，奧多里克所描述的西藏是一個比基督教世界還神奇的地方，因此報告書才會被燒毀。據說後來羅馬天主教教廷雖然開始在中國大規模傳教，卻因為有所顧忌所以決定將西藏除外。到了一六六一年，一對法國人兄弟古力貝爾（Johann Grueber）和多爾維爾（Albert d'Orville），雖然沒有來到拉薩，卻似乎曾經抵達離拉薩不遠的地方。

一個叫山繆・凡・德・布特（Samuel van de Putte）的人曾經從印度行經西藏的拉薩前往中國。華倫・黑斯亭[3]擔任印度總督時，想要展開印、藏之間的貿易往來，於是在一七七四年派遣特使喬治・柏格前往西藏；他的身分有如公使，所以他的夫人也隨行前往。他最後也沒能到達拉薩，只抵達第二大城日喀則並在那裡待了下來。他此行的日記後來出版了，到現在都還能看到。

喬治・柏格離開後，一七八一年華倫・黑斯亭再度派遣透納上校（Captain Samuel Turner）為特使前往西藏；透納上校在西藏待了兩年後返回印度，那時印、藏間的貿易已經非常盛行。然而等華倫・黑斯亭辭去印度總督之職歸返英國後，印、藏間的往來倏忽煙消雲散，又恢復到原先完全斷絕的狀態。

那時基督教傳教士雖然仍無法獲准前往拉薩，但傳教士的足跡已經抵達拉薩不遠處，並且為消滅佛教而努力，因此西藏政府對他們特別留意。一八七一年，俄羅斯的普雷惹巴斯基（Nikolai M. Prejevalsky）上校從藏東的康區入境，來到距拉薩府五百哩之處，但隨即被驅逐出境；他等於在中國所屬藏區旅行，卻沒能進入達賴喇嘛的領地。不過這個人自有辦法，他又試著從北方入境，這次來到距拉薩只有一百七十哩的地方才被擋住；但這也只能算是抵達中、藏邊境而已。

一八七九年，英國的基爾上校（J. william Gill）試圖從打箭爐（康定）方面入藏，結果還是在中、藏邊境的巴理塘地方碰了壁。日本的能海寬師父也是在同樣一個地方前進無門。現任財政大臣也跟我說過，日本國的兩個和尚曾經來到巴理塘，但語言不通，問不出個所以然，於是把他們請回去了。一八八一及一八八二年，印度人——也就是我的老師薩拉特・強卓・達司居士以巧妙的手法從西藏政府取得入藏的通行證，一八八一年到達日喀則，在那邊待了兩個月後偷偷出境，並向英國殖民政府報告；一八八二年他再度取得通行證，先到日喀則，再到拉薩。他一直非常小心，平常大白天根本不露臉，縱使要出門也盡量不讓人看見，也不去找人；總之除非不得已絕不出門，所有時間都關在寺院的房間中專注於自己的研究。

他在拉薩只待了二十天，整個從離開大吉嶺到最後回來歷時不滿一年，但已經做了大量調查研究。不過我們前面已經說過，他離去後，所有曾經讓他通行的驛站、村落，借他住宿過的人家，他們的財產都被沒收充公，情節較重的甚至被處以死刑；這件事在西藏引起了莫大的騷動，擾攘了很久[4]，之後西藏進入徹底鎖國的狀態。

【注釋】

1 她有一個中文名字叫戴如意。

2 奧多里克（Odorico de Pordenone）：一二八六—一三三一年，天主教聖方濟各會修士、旅行家，以所寫中國遊記聞名。他在一三一六年被派往亞洲，一直到一三二九年始返回故里，曾經到過小亞細亞、美索不達米亞、波斯、印度、爪哇和中國；他在北京停留三年之後，可能取道西藏和波斯北部返國。波代諾內是義大利東北部威尼斯附近的河港。

3 華倫・黑斯亭（Warren Hatings）：一七三二—一八一八年，英國首任孟加拉總督，一七七一年就任，一七八五年返英。

4 見本書第四、五兩章。

89・鎖國的原因

一八八八年，美國駐北京公使祕書洛克希爾（William W. Rockhill）企圖入藏失敗；後來基督教傳教士前仆後繼想入藏宣教，仍不得其門而入。期間以探險為目的的人就我所知即有二十五、六人，加上一些不明意圖的人的話，總數至少有四、五十名，這都是我在日本報章雜誌上讀到的報導。不過這些報導中充滿錯誤，由於對西藏毫無瞭解，大多根據一些資料望文生義胡說一通，可信度極低。

第一本藏英對照字典的編纂者丘瑪・德・郭羅思[1]在西藏西北方的英國屬地拉達克住了十多年，並向當地喇嘛學習藏語；藉由喇嘛的輔助，他編纂了一本不完整的字典，可是不真的到西藏內地去走走，總覺得隔靴搔癢，於是起心動念要到西藏內地走一趟。由於從拉達克入藏無門，聽人家說從大吉嶺也許有辦法，於是啟程到大吉嶺，不意在距大吉嶺不遠處的密林中竟染上瘴癘之毒而辭世了。這是一八四〇年左右的事，現在大吉嶺附近還有他的墓地。

但是在我所看到的報導中，卻說郭羅思到了拉薩，在那邊研讀藏語、編纂藏英對照字典云云。其後耶思奇（H. A. Jaeschke）根據郭羅思的字典編寫了一本完整的藏英對照字典，他也沒到過西藏，但還是有人說他去了西藏，而且在拉薩住了多久多久，言之鑿鑿。

歷來想盡辦法入藏一窺堂奧的人多到不可勝數，從英國或俄國前來偵查探勘的不在少數，使得原本比較封閉的藏人對外國人特別感到疑懼。其實一開始藏人對外來的人還是懷著好感，但中國政府因為戰略上的需要而向西藏政府下了一道說帖，意思是：「貴國如果讓外國人自由進出，基督教的勢力必會擴張，則佛法將被消滅，此點應嚴加防範，關緊門戶。」純真的藏人完全接受這個說法，因此開始實施鎖國政策。不過這個政策一直到薩拉特居士入藏又回返印度，因而引發一段騷動之前，並沒有真的嚴格執行；薩拉特事件使得藏人草木皆兵，舉國都成為政府的耳目，導致歐洲人入藏變成絕望的狀態。歐洲人不只皮膚、眼睛、頭髮的顏色與藏人截然不同，而且他們一來就是聲勢浩大，大隊的人馬、駱駝，很容易就被發覺而驅逐出境。斯文・赫定[2]在我滯留拉薩期間，也曾好幾次闖入西藏北境，但總是被扣留飭回。

由於外國人對西藏一直充滿強烈的興趣，難怪西藏政府官員不禁會想：「外國人是不是想要謀取西藏呢？」一般百姓的看法是，英國想染指西藏的金礦；我覺得英國的野心不止於此。如果俄國先奪取西藏，然後居高臨下威脅印度，那麼印度殖民地將難以長治久安，這是他們想捷足先登西藏的主要原因。現任大臣的說法很有意思，他說國家被人強占、統治固然是國恥，如果連宗教也被消滅，那更是對西藏莫大的侮辱，所以不得不加以防備。當政府內部產生內鬨被外國知道了，人家一定會趁勢攻過來，為了不讓這類訊息外洩，最好的方式就是不讓外國人進來。所以過去西藏政府確實是為了保護宗教而採取鎖國政策，現在則是為了國防上的原因。

薩拉特事件爆發之後，沒有一個外國人得以進入西藏境內。現任財政大臣也談了許多我的老師薩拉特居士的話題，他說：「自從那件事之後，我們好像從睡夢中醒來一般，對外國人的防備之心完全被喚起了。」

那時節我和前財政大臣一起去走拉薩的林廓[3]。從拉薩的地圖就可以看出來，林廓是繞行拉薩府一圈的外環道路，總長約五公里，走林廓一遍代表朝拜了拉薩府中所有佛、菩薩以及法寶（即經藏），是非常有益功德的一件事。繞行的方式也有許多種，單單步行走上一圈的，一步一拜（五體投地）的，或是三步一拜的都有。

我和前財政大臣及他的侍者三人在林廓上悠哉游哉地走著，一邊輕鬆聊天，不過大臣走得可從容，我卻要小快步才趕得上他，因為他身量實在太大，他走一步，我要走一步半。

【注釋】

1 丘瑪．德．郭羅思（Körögsi Csoma Sádor）：一七八四—一八四二年，匈牙利人，英語名為Alexander Csoma de Koros，一八三四年出版《藏英詞典》（*A Dictionary of Tibetan & English*）和《藏文文法》（*A Grammar of the Tibetan Language, in English*）兩書，為近世西藏學研究的開山祖。

2 斯文．赫定（Sven Anders Hédin）：一八六五—一九五二年，瑞典探險家，從一八九三到一九〇九年間在中亞、新疆、西藏做了三次大規模而且成功的調查旅行，他的重大發現包括古樓蘭遺址、岡底斯山脈、雅魯藏布和印度河的河源等，並見證了羅布淖爾湖（羅布泊）的漂泊遷徙。本書英文版在此處加了一段腳注：「赫定博士在一九〇六年經由喀什米爾成功入境西藏。」

3 林廓：藏語gling bskor音譯，指圍繞聖地、聖像依順時鐘方向、五體投地禮拜一周所走的外環道路。

90・不潔之都

我們走在拉薩府東面的路上，路邊一排排模樣非常奇特的高牆，整片高牆全是由犛牛角堆積起來的，犛牛角的數目恐怕達幾百萬隻。高牆有的長達百餘公尺，有的約五、六十公尺，最長的有兩百多公尺。由牛角高牆圍起來的地方，就是犛牛的屠宰場，這些牆就是用屠宰場歷來所殺的犛牛角堆成的。過去我也看過類似景象，但今天是第一次好整以暇特別加以注意，一看之下感到非常吃驚。

我向大臣說：「殺的犛牛數量相當驚人呢。」

大臣說：「真的很可憐吶。」

說著我們在高牆的門口暫時止步，往內一看，有三十匹待宰的犛牛被綁在一起，較遠處則有一匹被五花大綁，看來馬上就要宰殺的樣子。拉薩的屠戶在殺牛之前並不會把佛經放在牛頭上並念經超度，這是因為拉薩殺牛宰羊的屠戶都不是佛教徒，而是中國的回回（穆斯林），他們不做超度直接就把牲畜斬首。牲畜被斬首的時候，其他同類都一臉驚恐。

站在那裡好一會兒，大臣告訴我：「看到這種景象，哪裡還吃得下肉？吃肉真的是罪孽深重啊，可是我們這些凡夫真的很可悲，等回到了家，餐桌上要是沒有肉又覺得吃不下飯，把悲慘的景象忘得一乾二淨，我們真是羅苦叉鬼[1]的子孫啊。」語氣充滿了懺悔的意味。

林廓大道是由政府開闢、維護的，路況相當不錯，因為五體投地禮拜繞行的人很多，必須常時加以整備。拉薩市區其他道路的路況可就差多了，到處坑坑凹凹、高低起伏，市中心

格魯派始創者宗喀巴

還挖了很深的溝渠，就是給拉薩的婦人或旅人方便的地方，冬天還好，夏天的時候真是奇臭無比，要是下大雨那就更狼狽了。拉薩這個名字有「神之國」的意思，也就是諸佛、菩薩的住處，應該是非常清靜的土地，可惜到處是髒汙的景象。

如此不講究衛生，對健康當然會有相當的危害，還好拉薩的氣候非常理想，冬天固然很冷，但比起日本北海道來又好多了，即使晚上降到冰點以下，白天卻可升高到華氏四、五十度（攝氏五到十度）；夏天高溫不會超過華氏八十度（約攝氏二十七度）。這樣的氣候和我旅行所經過的地方，包括我所聽過的地方比起來，拉薩算是第一流的。也就是這樣好的氣候，使得人們在如此不潔的地方生活卻不會那麼容易害病。

【注釋】

1 羅苦叉鬼：梵文 rakṣas 或 rākṣasa 的音寫，漢譯或作「羅剎」，為印度神話中凶暴的祭祀破壞者和食人鬼。

91・舊教與新教

在這裡稍稍觸及一下西藏的佛教概況。由於是政教合一的體制，如果想瞭解西藏的政府組織，得先對西藏佛教做一番說明；而不瞭解政府組織，關於她的內政外交也無從談起。

西藏佛教主要分為古教（寧瑪）派和新教（格魯）派。古教派通稱紅帽派，新教派又名黃帽派。古教派又有許多分支或別名，如薩迦派、噶瑪巴（Karmapa）、祖古巴或佐欽巴（rdzogs chen pa，大圓滿派）等，但其教義相當一致，成佛的方法也大致相同。

古派的創立者為印度的洛本・貝瑪・瓊內（Lobon Padma Chungne），他生於今巴基斯坦、古名烏仗那的國都一處名為達賴郭嘯（乳海）的蓮花中，所以名叫貝瑪・瓊內（蓮花〔華〕生）。他的一生充滿神怪不可思議的事蹟，可說是個傳說中的人物，而非歷史上實有此人。他雖是個出家人，卻不忌肉食、娶妻、飲酒，所傳的甚深微妙法門，乃是在五濁惡世中修行，也在其中成佛解脫。他主張大欲即大菩提性，而人性中的大欲之一是色慾，如果能夠在愛欲中到達無我之本體，即可得大菩提性。另外食肉也是大欲之一，在肉食中以所食動物之精神感化自己的菩提心，即可得所食動物之菩提性與慈悲心。酒也是快樂的根源，以飲酒之樂與人為善，使人我共同生活於安樂的世上，亦足以發現真實之智慧。總之在飲酒、食肉、愛欲中修習禪定，可即身成佛。

關於其詳細內容如果要說得更清楚的話恐怕有礙風化，許多猥褻處不宜公開宣說。在追求佛法的名義之下，在各式煩惱根源上附會種種說明，日本往昔真言宗裡也出了個立川派，將男女陰陽之道與密法合一，提倡類似的修行模式，毒害社會至深。當時曾盛極一時，不過其使用的經文和中論的著作如今幾乎不存，並不像西藏這樣仍舊大行其道。

西藏這方面的經典傳自印度，流傳甚廣，現在也還存在大量梵文和藏譯經典。後世的喇嘛以自身修行體驗又寫了不少論著，可說將蠹毒佛法的教示以佛法之面貌出現世上；說當今藏傳佛教有一半是這樣的經典也不為過。我所攜回的經典當中，有許多是此宗派最權威的密法，只能做為私下的研究，無法公諸於世。這一派的主張一直到距今五百年前還非常盛行，但實在太容易教人腐敗了，以至於不肖僧侶以修行為名行縱慾之實，造成佛教界的腐化以及信眾的質疑，最終導致藏傳佛教的復興運動和新教派的產生。

新教派奠基於來自印度的阿底峽尊者，發揚光大者即格魯派創始人宗喀巴，一掃佛教界的墮落委靡，主張奉行戒律，並要先充分修習顯教教義、淨化自身，之後始允許修行密教。他強調戒律的重要，不持戒者不能名之為僧侶；而所有戒律中以淫戒最為重要。僧侶身邊若有女人，就只是俗人。宗喀巴在一四〇九年於拉薩東方六十公里處建甘丹寺為根本道場。

藏傳佛教不僅有顯部的經、論，也包括了祕密部。新教派雖也採用祕密部的經、論，但幾乎沒有男女合體的本尊或守護神，而其教示都來自正統派的傳承，對於修習密法時用於觀想、容易招致誤解的男女合體（yab-yum，雙運）形象，宗喀巴給予了抽象的解釋，亦即男性代表方便（慈悲），女性代表智慧，當方便與智慧合一時即是覺行圓滿的佛；絕非色慾的滿足可以成佛。另外也不是以肉代表慈悲而去吃肉，他鼓勵的是真正慈悲的菩薩行；酒也不是指亂性的有形物質，而是表示性智（本體智慧），因此他強調的是在日常生活中發揮自性

舊教派始創者蓮華生大士

的智慧。總之他將一切現象都施以正統佛教的觀點，至於仍舊出現男女尊和合的圖像，也是當時時代背景不得不然。

92・達賴喇嘛的選定

在藏傳佛教中最特別的部分就是化身（tulkus，轉世）的說法。化身的本體即佛、菩薩（慈悲與智慧的本質），然而佛、菩薩無形無體，眾生不可得見，因此假借一個德智兼備的形體降生人世以濟度眾生，這就是化身。在藏傳佛教中不只佛、菩薩有化身，修行成就的喇嘛去世後，也會轉世再生以不斷度化有情。

距今四百年前，宗喀巴的弟子根敦朱巴（Gendun Tub）在圓寂時指明他將轉世於某地；恰好在他所指明的地方出生了一個嬰兒，嬰兒稍大後就向周圍的人說他想回去他的寺院。問他所謂「他的」寺院是哪一座，他說是扎什倫布寺[1]。由於小孩所說的種種與根敦朱巴的遺言一致，確定這個小孩就是根敦朱巴的轉世靈童，乃將他帶回養育，長大後即成為第二世達賴喇嘛；他辭世後，第三、四世也都是確定不移的轉世化身。

不過到了第五、六世達賴喇嘛，從歷史記載看來，發生了相當奇怪的事情。那時所發生的怪事，卻成為晚近認定轉世靈童的法則。五世達賴喇嘛阿旺・羅桑・嘉措身為新教派的領袖，對舊教卻也有相當研究，並且將舊教的一些做法引進新教，包括使用曲均（kuten，靈媒）[2]。當時法王政府在四個地方設有曲均，這四個地方都是寺院，但主要是祭神的地方；曲均的身分不是神官，而是以僧侶擔任。四個寺院分別為乃京寺[3]、桑耶寺[4]、拉摩寺[5]和甘丹寺。設置曲均乃出於政教合一的需要。

達賴喇嘛原來只是純粹的宗教領袖，完全與政權無涉，然而蒙古的固始汗（1582-1654）

將西藏各部落一一擊破，最後征服了西藏全境；但他並未自任為藏王，而是將政權交給了五世達賴喇嘛，而開始了政教合一的制度，其歷史至今未滿三百年。

尋找轉世靈童這件事，如果前世曾經指定轉世地點那還好辦，如果沒有指定地點的話，該怎麼辦呢？藏人相信修行成就的喇嘛去世後，經過四十九天一定會在某地轉世投胎，至於地點，就必須去請教曲均，由曲均降神以求得神諭。

現場有擊鼓僧侶四位、敲打鐃鈸的僧侶四位，在經典唱誦聲中迎接神明悄然降臨。曲均頭戴高高的法帽，法帽後方有長長的五色絲錦垂到腳邊，有時用的是繡金錦緞。身上穿著類似日本僧侶的法衣，料子是繡有花朵圖案的絢麗黃色或紅色織錦，衣帶和帶扣也非常華麗。

曲均雙眼緊閉、身形半蹲，四周誦經聲震天價響，他開始慢慢抖動，然後越來越激烈，突然往後一倒，接著聳然立起，這是神靈附體的徵兆。當他往後倒下、全身抖顫時，口中開始念念有詞，透露喇嘛已經在何處轉世，轉世靈童的家在什麼方向，家裡只有夫婦兩人或總共有多少人，靈童出生於何月何日，他就是不久前示寂的某某喇嘛的轉世者云云。不可思議的是，依照曲均神諭前往探查，彼時彼地果真有這樣一個嬰兒出生。

嬰兒在斷奶前仍舊和母親住在一起，之後才將他帶回寺院施以特別的教育，使得「我的前世是如何如何成就的偉大喇嘛，我是他的轉世者，絕對不能讓世人失望或瞧不起」的觀念深植他的心田。他的自信與知識都必須仰賴周圍優秀的老師嚴謹的教誨，聽說即使尊貴如達賴喇嘛的化身，在修習的過程如果不用功還是要打屁股；有人堅持這種事不可能發生，不過轉世者的教育真的非常嚴格，絕非兒戲。

由於轉世靈童都被施以最好的教養，因此十個轉世者至少有八個會成器，大概只有一、兩個不成材。在教育的過程中，不管教師或監護人對轉世者都異常恭謹，即使轉世者犯了錯，通常不會漫加詈罵，而是婉言相勸：「您是尊貴的轉世者，怎可如此放縱散漫呢？」讓轉世者自己反省。其實教育就是這樣，如果動不動就又打又罵，在小孩還不懂事的時候就將他的自信心剝奪，對小孩只會造成傷害，妨礙他的成長。只有養成孩子的自信心，才會得到充分的進步。

總之從五世達賴喇嘛開始使用曲均神諭以來，不管遇到大事小事都會去找曲均，比方遇到國際、國內的種種難題無法裁奪，或者理性上有一個答案，心裡卻感到不安穩的時候，就會利用曲均所傳遞的語焉不詳的訊息來做最後決定；到後來連很簡單的事也迷信曲均。政府四個護法寺廟當中，以乃京寺勢力最強。

達賴喇嘛圓寂的時候，西藏政府對護法四寺下令，讓他們作法以取得轉世有關的神諭，只要其中有三個地方所獲指示一致，即表示轉世靈童的候補已經出現。

【注釋】

1 扎什倫布寺即是在根敦朱巴的指導下建立的。
2 即以乃穹（Nechung）擔任曲均做為達賴喇嘛及其護法神金剛扎滇之間的媒介。
3 乃京寺：位於拉薩哲蚌寺左前方，格魯、寧瑪、噶舉三派合一的寺院。
4 桑耶寺：公元七六一年，吐番王赤松德贊（Khri srong lde brtsan, 742-797）決定以佛教立國，招請印度那爛陀寺（Nā-landa-）長老寂護（Śā-ntarakṣita）入藏弘法；由於因緣尚不具足，寂護一度離藏。七六七年寂護二次入藏，同行者即著名密教行者蓮華生。七七五年寂護在拉薩東南今乃東縣澤當鎮雅魯藏布北岸選定靈地，由蓮華生動土啟建桑耶寺（bSam yas），七七九年大正殿（dbu rtse）落成。以寂護為首的那爛陀寺系統在桑耶寺奠定了西藏佛教的基礎，整個桑耶寺伽藍呈圓形模擬以須彌山為中心的曼陀羅宇宙圖像。桑耶寺又名大屋頂寺、桑鳶寺或三摩耶寺，全名桑耶不變自然成就寺。

5 拉摩寺：位於拉薩城北郊，是康區商人最崇信的寺院。

93・轉世靈童的擇定

達賴喇嘛轉世靈童的候補者經過祕密調查，發現有三、四名合乎神諭，但一直到他們五歲為止，政府並不會對他們加以保護，只是會稍微留心不讓他們發生意外。靈童候補五歲的時候，政府才將他們一一迎回拉薩。接著中國的欽差駐藏大臣和達賴喇嘛圓寂後代理法王的攝政大臣一起協商，決定哪一個候補才是真正的轉世者；西藏宰相及財政、軍事、祕書處和宗教事務的最高首長、政務次長都會列席這個場合。

首先將候補靈童的名字寫在籤上，放入金瓶[1]；候補者有三名即製三支籤，四名即準備四支籤。將籤放進金瓶封妥，即展開七天的祈禱法會；法會結束後，同樣的政、教界重要成員再度集會，先仔細檢點金瓶，然後拆封開瓶，由中國欽差駐藏大臣手持象牙箸，蒙上雙眼，將筷子伸入金瓶中夾出一籤。籤上寫著誰的名字，誰就是未來的達賴喇嘛。

這樣看起來整個認證過程似乎不會有什麼弊端，不過我聽駐藏大臣祕書馬詮說過，其實弊端還是不能免。由於自己的孩子成為法王的話，做為法王的父母也立刻取得王族身分，而且會獲得中國政府冊封的爵位，財產大增，將可享受世間所有榮華富貴，所以也有人會奔走賄賂。賄賂途徑首先是向駐藏大臣奉上金銀財寶，然後到高等僧官處打通關節，最後這些決策者有可能設計出一種方法，讓施賄者的孩子被選中。不過這僅止於傳聞，到現在為止並沒有任何證據可以旁證這個說法。

其實整個認證過程最容易作弊的是曲均；現下法王政府所指定的幾位曲均都是富可敵國

的人，這只要從當今的轉世者多是貴族、富豪或大生意人的後代，就可以推知到底是怎麼回事了。轉世者出身豪族者十居八九，幾乎沒有貧窮人家子弟，不是很奇怪嗎？中間一定有什麼曲折無疑。這只要從表面上觀察即可推知一個大概，而這些怪事也時有耳聞。

孩子出世前，父母先找曲均賄賂，並且指明要讓孩子成為某座大寺院某某修行成就者的轉世者；大寺院擁有可觀財產，只要自己的孩子入主這座寺院，所有財產必將落入自家手中，這種賄賂可以說就是一種買賣。因此所謂轉世者有很多根本是欺瞞的產物，過去我不敢說，但現在的轉世活佛有不少是賄賂的化身而不是修行成就者的化身。

不過賄賂都是富貴人家暗中在進行，一般人民並不知道發生了什麼事；政府內部的種種非法情事民眾也不得而知。老百姓之間流傳的，無非是說哪個貴族家剛出世的嬰兒是哪位修行成就者的轉世，或者說有人拿了過去修行成就者用過的物品以及其他與修行成就者無關的物品一起擺在這個嬰兒面前，嬰兒竟然一抓就是修行成就者的東西，所以這個嬰兒絕對是轉世靈童沒錯云云。

由於整個西藏都瀰漫著迷信的氛圍，真相也就不容易傳開，然而以我在拉薩、日喀則所見所聞，我敢說許多修行成就者的化身就是賄賂的化身；即使不是賄賂的結果，通常也是相關的曲均因為平時接受特定貴族的保護和照顧，是故雖沒有賄賂之實，卻仍為了討好該貴族而上下其手。

政府官員如果犯了錯，比較機敏的在事情爆發前就趕忙去找曲均送禮，依罪責的大小禮金有多有少，但都不是小數目。當事情被發覺後，政府內部開始檢討治罪的方式，一定會找曲均降神，問明能否對這個人施以懲罰。拿了錢的曲均當然會裝神弄鬼一番，然後假借神諭說道：「千萬不可懲處，懲處過重將影響國運；只要加以譴責讓他知所悔改即可。這個人本性並不壞，對他的無心之失還是原諒了吧。」反過來如果官員與曲均交惡，則即使做了多少好事，曲均也會假借神諭在法王面前搬弄是非。因此西藏政府的大小官員不但害怕法王，也非常顧忌曲均，說西藏政權嚴重受到曲均左右也不為過。當今達賴喇嘛是一個有主見的人，並不會事事對曲均言聽計從，不過他也不能完全違背古來的慣例。

曲均對世間瑣事可以明明白白斷定是非善惡，可是遇到天下大事，比方對國際外交的處理完全沒譜的時候，曲均的對應方式真的很好玩。曲均首先一身光輝亮麗的打扮，黃澄澄的衣袍，華麗的冠冕，在法王、大臣及其他高等僧官面前站定並專注祈禱，不久神靈開始附身，於是有人發問：「最近和英國軍隊眼看就快發生衝突，您看如何是好？」這時神靈不發一言，全身激烈抖動，突然往上一跳，然後重重一摔倒地，不省人事。旁邊的人趕忙說道：「糟了，神明因為我們問了不該問的問題生氣走了。」遇到困難的問題，曲均就說神明落跑而避開答不出來的窘境，真是荒唐。

一些有心的格西或僧侶能夠明辨是非善惡，因此暗地裡非常痛恨這種事，他們認為曲均所造的惡業足以危害社會、國家，根本是惡魔的行徑；這些人絕非佛法的守護者而是摧滅者。不過歷代達賴或班禪喇嘛並非都是富貴人家子弟，反倒有不少出身貧賤，因此也不能說曲均一定影響了達賴或班禪喇嘛的選定；當今達賴喇嘛（十三世）就是出身貧家。

班禪喇嘛（九世）也一樣，母親是個啞巴，而父不詳，有人說他是隱士和啞巴所生，也有人說他真正的父親是個出家人。據一位很可靠的格西告訴我，色拉寺曾有一位名叫梅托給桑（菊花）的格西，他修習寧瑪派的佛法，為女色走火入魔而遠走他鄉，在地方上和一位痞啞的女性結合，他們所生的孩子即是後來的班禪喇嘛；許多人都說班禪喇嘛酷似梅托給桑。即使如此，這個說法並未得到公認。

【注釋】

1 金瓶、玉籤為清高宗於乾隆五十七年所賜。

94·教育與種族

曲均的話題就說到這裡，接下來我想談談西藏的學校與教育。西藏教育並不普及，只有第二首府日喀則一帶對小孩施以很單純的習字、算術、閱讀訓練，其他地方除了寺院外一般民眾的小孩幾乎沒有受教育的機會，因此學校不多，比較像個學校的地方，一所在拉薩布達拉宮，另一所在日喀則扎什倫布寺，其餘都只是類似私塾；而廣泛傳授知識的機構，就是僧侶學校。

一般民眾的子弟如果沒有出家，則無法接受中等以上的教育；平民不能獲准進入政府興辦的學校。一般民眾裡還分有等級最低的族群，包括漁人、船家、鐵匠和屠戶。為什麼鐵匠被列入最下等的階級，這是沿襲印度的風俗，認為屠戶宰殺動物所用的刀具是鐵匠冶煉打造出來的，因此鐵匠也屬於有罪的一群，而納入最低等的層級。

一般民眾和下等階級兩個族群不能進公立學校，其中下等階級還不能成為僧侶；因此有些人特意離家遠行以隱藏其下等階級的出身而成為僧侶。一般民眾由於可以出家取得僧籍，因此地位稍高。至於進入公立學校的又都是什麼樣的人呢？

第一種是噶爾巴（Ger-pa，貴族），第二種是阿巴（Ngak-pa，真言族），第三種是苯缽（Bon-bo，古教族），第四種是舍古（Shal-ngo，古豪族）。噶爾巴出身古代大臣或將軍的後代，其中包括法王的親族雅布西；雅布西並不多，單指歷代達賴喇嘛的家族，他們都有公爵的身分。

世襲的公爵包括了法王一族以及皇族。所謂皇族，指的是西藏最早的國王聶赤贊普一直到導入佛教的第一代吐番王松贊干布這一世系，代代相傳至今。正統的皇族稱為拉迦梨（Lha-kyari），他們壯麗的宅第現在還看得到，但已經失去政治上的權力，不過其位階與達賴喇嘛等高。

至於雅布西是具有公爵身分的歷代法王譜系，這種家族裡若出現比較傑出的人物，通常會成為宰相或是陸軍、財政大臣；即使沒有擔任高階政務官，也會得到相當重要的敕任官銜。達賴喇嘛一系的雅布西在西藏的勢力崇高，遠非班禪喇嘛傳承的雅布西所能望其項背。法王一系和皇族後裔因為其特色大致和其他貴族一樣，所以還是歸入貴族一類。類似貴族階級的還有一種叫德朋徹卡（De-pon Cheka，大將軍族），他們是歷來為國家立下汗馬功勞的軍人譜系，也受到相當的照顧，地位比一般貴族高，其子弟甚至被尊稱為「殿下」。地位最平常的貴族，多是歷史上頗有來頭的家族或是於國家有功大臣的後裔。

這些貴族人家出身的子弟，只要具有長才，都會受到政府的重用，甚至可官至宰相。不過以現今的情形看來，比起治理國家的才能，毋寧是善於運用賄賂手段的人更容易取得高位。在西藏，多數官職是以賄賂買來的，根本不問才能之有無，而且才能出眾反而變成一種妨礙，理由很簡單，在一大堆平庸之輩中鶴立雞群最容易招忌而丟官。總之那些買官鬻爵的人總是勝利的一方，並在政府中尸位素餐。

阿巴（真言族）的祖先都是喇嘛中的佼佼者，具有許多不可思議的法力；這些喇嘛都是娶妻的所以才有後代。他們的密法絕不外傳，只傳給自己的子孫，此一密法因而成為家族的特色，並占有國家許多重要的位子；包括前面提過的成為夏季執法官並且可以抽取防雹稅的權力[1]。他們也以密法的持有者而受到城鄉居民的尊崇，因為大家怕得罪他們而惡咒纏身。真言族因為特殊法力而擁有相當財富，財富來自民眾的供養和防雹稅的收入；但來得快去得也快，所以不少人變成赤貧，在西藏阿巴就是窮人的代名詞。不過不拘其貧富，一般人還是覺得不能不對他們保持敬意，即使貴族遇到衣衫襤褸的阿巴，也要下馬來打招呼。

【注釋】

1 見本書第六十、六十一章。

95・古豪族和下等階級

苯缽指佛教傳入西藏之前的傳統宗教苯教傳承者，由於其僧侶可以結婚，他們的子孫乃被劃歸為古教族，並負責地方神靈的祭祀，也修各種法以防止地方神靈發怒懲罰人民，百姓結婚的時候一定要請苯缽祭告村落的保護神；他們平日也接受請託，行祈福或詛咒之事。喜馬拉雅山區一個非常偏遠的村落叫特爾波，全村三十戶人家都是苯缽，但通常的情況是一個村莊或一個鄉鎮有一位苯缽，而他就被尊為地方的行政和司法首長。即使不擔任地方首長，也不祈禱修法，做的是其他工作，只要苯缽血統純正，仍舊受到相當的尊崇。

所謂苯缽在往昔雖是個宗教體系，現在只剩下其血胤持有苯缽的教法，他們並不會將此教法外傳或對外說明。如果苯缽族從事的是一般世俗的工作，則不能稱之為喇嘛；苯缽喇嘛與佛教僧侶一樣必須剃髮並穿著法衣，他們在苯缽中也是地位最高的。

舍古，亦即古豪族，乃古代富農或富商的後代，如今仍保有大量財產與土地，在地方上有一定的勢力。由於藏人非常保守，因此祖先的財富多半一直被維持下來；一妻多夫的風俗特別有利於家族財產的維護，因此古代的富豪之家現在仍是富豪之家。偶有因故失去了財產與土地而成為有名無實的舍古，但他們的身分在社會上仍舊受到尊重。

在西藏，屬於平民或更下等階級的人，不論再怎麼有錢有勢，也不敢對舍古中的窮人頤指氣使，就跟日本的富商對京城的公卿不敢太囂張是一樣的道理。平民藏語稱作東巴（tong-ba），東巴又分為東巴（一般平民）與東之（tong-du，小民）兩類。東巴指擁有少量財產、土地，不曾為人奴隸的家族；東之基本上世代為東巴的奴僕，卻又不是完全的奴隸，而是境遇很差的佃農之類。過去平民階級不是地主就是佃農，現在的情況並不盡然如此，有時東巴比小民來得窮，而有些小民的土地財產遠勝於東巴。不過一般說來東巴地位還是高於小民，而且其階級的高下關係絕不會紊亂，社會上對兩者的待遇也明顯有別，比方說東巴與東之絕對不能一起吃飯，也不許通婚。

藏人中身分地位最為低下的一群，就是前述的漁人、船家、鐵匠和屠戶，其中渡船和捕魚的人地位稍高些。打鐵的和屠宰的絕對不能和平民階級在同一間屋子裡吃喝；漁人與船家可以自己圍坐然後和平民在一起飲食，唯食器不能共用，不能拿平民餐盤裡的東西，只能吃自己碗裡所盛的食物。四種最下等族群絕對不可和其他階級通婚，如果平民以上族群的子女和最下等族群的人結合，則這個上等族群的小孩立刻被逐出原來所屬階級，而變成最下等族群的一分子，也不允許回到父母家中。即使這個小孩悔過並且與對方離婚，也不能恢復原來的身分地位。最下等人與其他階層的人結合所生的小孩稱為拓塔黎（tak ta ril），意思是「黑白混合的繩族」，其地位比最下等階級還要低下。

鐵匠和屠戶如果存了點錢轉行務農或經商，身分地位仍舊屬於最低下階層，無法參與一般社會上的交際應酬。反過來說，如果其他上等族群裡有人熟習煉鐵製刀的技術而從事打鐵的行業，那麼他會被稱為里克梭（工藝匠），並不會影響他的身分地位。

血統階級之間，法律上以及社會的約定俗成方面，上等種族比起下等種族擁有比較特殊的權利。比方說貴族的小孩和平民的小孩發生摩擦或吵架時，平民的小孩若因為生氣而對貴族小孩講話不使用敬語，反而使用平等甚至蔑視的語言，那麼不管事情本身的是非善惡，在法律上一定判定是平民子女的錯。

平民的子女不管家裡多麼有錢，在任何場合遇到高於自己的阿巴或苯缽出身的人一定要敬禮，同席的場合即使對方是阿巴族的窮光蛋，也要將正席讓出來給他坐；講話的時候一定要使用敬語。由於只跟自己所屬階級的人結婚，因此各個族群之間對品格、容貌、儀態、禮俗的要求很不一樣，從這些外在的表現很容易判定這個人或家族所屬的階層。

貴族一定講究雍容高貴，其禮俗顯得風雅而靜肅；他們內心也總是不忘做為貴族所應謹守的法度。其他阿巴、苯缽、舍古各族雖然沒有貴族那樣講究，但比起平民又高出許多，各種表現不至於讓人感到卑下，而且從穿著一看就知道其出身。

平民的容貌與品格雖然較為卑賤，但心地仍舊很正直，即使家徒四壁，也不會飢寒起盜心，因此還是受到社會上一般人的信任。最下等階級出最多犯了強盜、殺人重罪的人，說他們這個族群是犯罪的淵藪並不為過；從事乞討的也多是這個族群，甚至有代代都當乞丐的乞丐族。最下等階級中即使有很好的人，但基本上社會上並不信任他們。他們的外貌看起來也比較殘忍、猥瑣，很容易辨識。

上等階級的子弟可以上公立學校，學校裡教的是背誦、習字和算術三種科目，其中特別著重習字，其次是背誦；算術所教的無非是前面說過的，以小石子、木籤或貝殼為工具的原始計算。背誦的內容主要是佛經的片段和單純的文法；偶爾也學點修辭學。對藏人而言修辭學比文法來得重要，因為他們講話很注重繁複的修飾，一如中國人喜歡使用各種形容詞那樣，不知道這是受了中國的影響，或是藏人的性格本來就如此。呈給法王或是比自己尊貴的人的書面文字，一定充斥讚美、歌頌的文詞，而且喜歡使用詰屈聱牙、沒有出處且連自己都不太懂的字詞。

由於這種需要，學校當然要加以傳授。修辭學中的作文練習課程常常一寫就是一天，每個學生都使勁寫出難上加難的詞句，簡直跟符籙一樣費解。這樣說來好像教育的目的就是教導學生使用世人難以理解的文字，實在有些奇怪。

96・教育的獎勵法

修辭學所教的內容難度已經超乎學子的負荷，而用來背誦的文章也不容易，因此很難記得住，只好用體罰強迫背誦，到後來老師和學生的關係簡直和獄卒與犯人沒兩樣，學生一走到老師面前就不禁發抖，生怕老師又一個板子打過來；看到學生那種戒慎恐懼的模樣真的好可憐。

我所寄寓的前財政大臣家裡對小孩的教育非常注重，但他使用的手法還是體罰，因此他的小孩看到他就怕。體罰主要用削平的竹片打手心，一次打個三十下左右；要是被打的時候把手縮回去，次數就加倍，因此不管多痛，即使已經涕泗縱橫也不敢稍稍縮一下手，令人看了非常不忍。

我常對大臣說這樣根本不是教他而是害他，體罰並不好，一開始他還反駁我，不過他畢竟是個明理的人，漸漸能夠接受我的意見，對小孩不再施加體罰，書背不出來的時候頂多罵幾句。我又勸他多對小孩進行精神上的開發，凡事加以說明讓小孩明瞭，結果後來大臣告訴我，小孩不打反而書背得更好了。體罰小孩是非常普遍的現象，打手心還算客氣的，有的不讓小孩吃飯，有的甚至把小孩綁一個晚上，小孩根本苦不堪言。

嚴格體罰的另一個極端出現在僧侶和他們的弟子之間：不但教了不懂或背不來不在意，而且從頭到尾都非常狎暱，又是撫摸又是親吻，寵愛得不得了，好像對待一個耽於色慾的女性那樣。但溺愛同樣得不到教育的效果；過度嚴格或過度寵愛都不是教育的應有手段，而是應該出之以慈愛但又維持適度的嚴格。西藏的教育法我看不是太過就是不及，採取中庸態度的人我幾乎沒碰過。僧侶教育則存在前述現象，因此很難培養出優秀的人才。有的僧侶認為和自己的弟子親暱對弟子不好，就去狎近其他僧侶的弟子，而讓自己的弟子在不被騷擾的情況下接受教育。

沙彌在學習中逐漸成長，成長的過程最折磨他們的無非背誦。一個十五、六歲的少年一年大概要背三百到五百頁的經文，而且要不斷接受測驗。所要暗記的經文不是來自閱讀，而是老師的口傳，老師念一句弟子就背一句，並不加以講解，因此弟子所背的可以說是一堆沒有意義的文字。資質稍微魯鈍的學生可以特別通融，一年只要背個一百頁左右並通過考試即可。從十八、九歲到二十五、六歲或三十歲的階段，有人一年可以背誦五百頁、八百頁甚至多到一千頁，怎麼做得到我無論如何想不通；我自己每半年頂多背個五十頁就很了不起了。

除了流行體罰之外，詈罵也是通用的手段：罵小孩是畜生、豬、乞丐、餓鬼、驢子、吃父母肉的狗等等難聽得不得了的話，以這種方式教育出來的孩子，長大了對別人講話也就是這種德行，好像沒受過教育那樣。

97・西藏的物產

接下來我想稍稍談一下西藏的商業。前面我曾提到託在大吉嶺認識的商人查龍巴幫我帶信到大吉嶺以及轉寄回故鄉[1]，這位查龍巴是受西藏政府之命前往印度加爾各答買鐵砂的，而買回來的鐵砂是要用來製造大砲。大砲製造廠位於拉薩南方拉薩河對岸且秋林東邊的迪布（Dib）地方。

大砲製造事業開始於八年前；本來西藏並沒有製造大砲的技術，後來西藏政府命令一位旅居大吉嶺的男子哈則林（Lha Tse-ring）在印度、喀什米爾找了十名熟諳大砲製造的伊斯蘭教徒，並把他們請回西藏，向藏人傳授製砲技術。這十個人入藏後有的去世，有的歸了國，我在拉薩的時候只剩下兩個。

西藏想從別國進口大砲不是件容易的事，尤其從印度要輸入一些先進的東西幾乎不可能。原先他們的武器就是原始的火繩槍，如今已經可以製造新式大砲了，為了製砲必須大量進口鐵砂，於是查龍巴就身懷巨款出國洽購。

這些年西藏人出國從事交易主要是前往英屬印度，其次是中國，然後才是俄羅斯；不過和俄羅斯之間的通商並沒有完全開放。西藏和鄰國之間在政治外交上逐漸密切起來，而彼此的貿易則一直沒有中斷過。我想先談談西藏和英屬印度及其鄰國尼泊爾之間的貿易概況。

西藏對印度輸出的物品最主要是羊毛，其次是麝香、犛牛尾、毛皮和獸皮等，其他的品類、數量都很有限。另外印度方面雖然很想要西藏的古佛經和佛像，不過這類物品如果半途被發現一律沒收，因此出口的很少。過去中國的茶葉會經由西藏賣到印度去，但這條貿易路線如今已經完全斷絕。所謂中國茶經由西藏輸出到印度，但販賣的對象並不是印度人，而是住在大吉嶺附近的藏人，因此總量不多。

每年以騾子運到大吉嶺東方山城噶倫堡[2]的羊毛約有五千馱到六千馱；運到不丹約一千五百馱以上，運到尼泊爾兩千五百馱左右，運到拉達克的則有三千馱上下。這都只是概略的估算，實際可能遠高於這個數量。出口到中國以及阿里地方的羊毛總數我不得而知。

西藏的麝香產量很高。聽說有一種貓科動物叫麝豹身上有麝香，不過西藏所產卻是一種鹿，為草食動物，約有貓的兩倍半到三倍大。牠的外型是鹿，但並不高大，反而像隻可愛的狗兒；毛作深鼠灰色，非常輕柔。樣子長得非常惹人憐愛，一見即知性情很溫順，上顎與下顎各露出兩支彎彎的漂亮牙齒。有人說牠的麝香出在臍部，其實不是，而是在會陰也就是睪丸後方有一個突起；所以雌鹿沒有麝香。

如果在每月的陰曆十五日殺牠取出的麝香特別多，那個時候即使麝鹿的小便都充滿濃濃麝香味，然後越到月底麝香越少；等月初開始麝香又慢慢飽滿。所以藏人都選在陰曆十三到十五日之間取麝香，所用武器是槍。西藏有許多禁止殺生的地域，那些地方麝鹿特別多。

我所掛單的色拉大學後山就有很多麝鹿，但那邊嚴禁殺生，在那裡發射槍砲就和殺自己一樣，因此沒有人會殺生。不過藏人卻有不發一槍一彈取得麝香的辦法。他們將犛牛尾揉成繩子，在山上草叢間做成陷阱，當麝鹿來吃草的時候踏到陷阱動彈不得而發出哀鳴，捕獸人就過去將牠殺了。麝鹿也大量分布在西藏、尼泊爾間的喜馬拉雅山區，不過最多的地方在公波（Kong-bo）、嘉黎（Tsari）以及洛巴一帶，到那邊購買的話價格非常便宜，只要日本的十分之一。

洛巴人還是很原始的民族，全身只遮蔽下腹部不穿其他衣物，他們既非藏人也不是印度人，不過從語言上看來比較接近藏人。他們拿出來的麝香都非常純正，又大品質又好，價格卻非常便宜，很多人就拿小鏡子、水晶、鍋子、刀子、糌粑、餅乾、西洋便宜玩具等物品和他們交換。不過那一帶盜匪橫行，終究很少人為了貪圖便宜而特地跑到那邊購買麝香。

麝香主要輸出地是印度和中國，以前雲南商人從西藏買走很多麝香，自從印度那邊需求量大增以致價格被拉抬上去後，雲南的麝香生意就沒有什麼利潤可圖了，貿易量因此大減。雲南所進口的麝香，打上「雲南麝香」的招牌後也出口到日本。

出口到中國內地最名貴的當數夏伊塔克拉（鹿茸）了。中國人認為鹿茸可以強身、延壽、養顏，有如仙丹一般，於是大量向西藏地方購買。品質最好的鹿茸價格不菲，次品則毫無價值，因為沒有藥效，只能當作裝飾，不過要分別好壞並不容易。可以採高級鹿茸的寶鹿在西藏東南地區最多，西北部的高原地區也有不少，其大小與高大的馬相當，外型和一般的鹿沒有兩樣，但比較肥，毛色稍帶灰白；有些則是別種顏色。

不可思議的是，寶鹿會在每年陰曆正月冒出鹿茸，鹿茸外部裹著一層薄薄茸毛，裡面沒有骨質只有血（筆者也帶了樣品回來）。新生的鹿茸慢慢成長，三、四月左右會長出一個分枝，開始長分枝的時候根部會稍稍變硬好像骨頭那樣，但上面部分仍充滿血。鹿茸漸漸長大，分枝上又生出新的分枝，到九月左右已經達到成長的極限。最大型的鹿角可以有一丈二尺長，我曾在天和堂藥鋪看到人家拿來賣，實際拿尺從根到尖加以丈量，確實有這麼長；這是最大型的鹿角。

大鹿角根部的周長有五十公分，整支鹿角全覆蓋茸毛，到了十月、十一月間漸漸失去光澤，十二月中旬就會從根部自動掉落，然後一月的時候再度發出新芽。採鹿茸的最好時機在四、五月間，土著就是選那個時節殺鹿。他們必須一槍命中鹿頸讓鹿即刻畢命，如果打中其他非要害部位，那麼鹿在呼吸停止之前，會用鹿茸去撞擊四邊的岩石或用力在地上戳刺，如此一來鹿茸血流如注，到最後血流光了，鹿茸也採不成了。寶鹿由於頭上長著珍貴的鹿茸，不幸遭到人類殘酷槍殺的命運。

【注釋】

1 見本書第七十六章。

2 噶倫堡（Kalimpang）：印度城市，位於大吉嶺和西藏亞東之間邊界上。

98・輸出入品與買賣

西藏輸出尼泊爾的商品有羊毛、犛牛尾、鹽、硝石、毛織品等；輸出到中國和蒙古的主要是毛料。毛料的種類有南普（下等厚毛料）、氆氇（上等羊毛緞子）、千麻（中等厚毛料）、欽契（中等薄毛料）、德麻（縱織羊毛薄布）、貢波且黎（渦卷毛料）、茶荼（仿羊毛毯子）等。輸往蒙古的物品中佛經是大宗，還有佛像、唐卡（佛畫掛軸）、法器等。

最近西藏佛像、唐卡的品質日漸低落，已經沒有過去那麼高的美術水準，說是佛畫其實都是同一個樣子，就好像模子印出來的。現在到西藏著名寺院參觀，所見新製佛畫或佛像大多不忍卒睹，何況還有許多是男女合體的金剛明王像。

我在西藏感受到的藏人缺點，最嚴重的有四項：一是不潔，二是迷信，三是破壞倫理（一妻多夫制之類），第四就是不自然的美術作品。至於讓我喜歡與感動的，第一是拉薩和日喀則的氣候舒爽宜人，第二是嘹亮的誦經聲聽了令人心生歡喜，另外還有辯經的活潑生動，以及古代美術作品的自然優雅。

西藏的輸入品主要來自印度，其中以素色的羅紗最多，包括了藍、黃、紅、白、黑、紫、綠等色，多半用在寺院大殿的裝飾，而不在市場上販賣；市場上最受歡迎的是一種深藍色的羅紗。這些印度製品基本上都是平價貨，很少上等的東西。其他輸入品還有絲巾、緬甸綢、瓦拉那西（Vārānasi）錦緞、薄絹、棉料等。棉布有薄有厚，厚的有如帆布；顏色多為白與淺黃。在市場上賣得最好的是一種深藍色蠟染棉布，以及有條紋圖案的。印有人物、風景或寺廟的布料也進口了不少。去印度買布料的時候，當然是以英制尺碼來計算，回到西藏後，藏人則是將布料折成一個正方形稱為一「卡」來計算。

藏人賣毛料、棉布的方式很好玩，他們以客人平伸兩臂的長度為一個單位來計價，不管手長手短價錢都一樣，因此身高手長的客戶就占便宜，相對的賣方就吃虧。也有以手肘到指尖的長度為單位來計算的生意人，同樣地，手長的人去買的話老闆就划不來。但這只限於西藏本身的產品，從印度進口的布匹可不這麼賣法。另外藏人沒有定價的習慣，在拉薩買東西一定要講價，比較有信用的店鋪報的價比真正的定價大概高一、兩成左右，但一般商店總是故意抬高好幾倍。

買賣成交後店家的默朗木（祈願、謝辭）也很有意思：「這東西您買了，我祝福您身體健康、萬事平安、家運興隆，就像您買了這麼多東西一樣，我也祝福您穀倉充實飽滿！」邊說邊把貨品交給客人。如果賣出去的是佛經，則默朗木更加特別。佛經大多是賣給僧侶，老闆總是將佛經恭敬地高舉過頭，然後說：「您買了這部佛經，不只能夠善解經中的真意，也能夠真修實證，長養您的智慧與德行，成為眾生的大皈依主，我但願您因為這部佛經而利益一切眾生！」語氣非常熱烈而真摯，然後將經書交到僧侶手上，而購物的僧侶這時也掏出沾了一層汙垢的銀幣，拿舌頭一舔，再在自己的衣襟上擦一擦，並確認一下銀幣的面額，然後依依不捨地拿給老闆。

僧侶這樣做是別有一番意味在其中的，因為他不希望附在銀幣上的好運也一起交給店家，因此先用嘴把好運一吸，又把剩下的福氣擦落在衣襟上，最後才把這空殼子的錢交出去。這種習慣動作一般人都做，到了地方上做得更誇張，不過大生意人如茶商等倒不會這樣子付人家錢，太麻煩了。

從中國輸入的貨品以絲織品最為大宗，各種綾羅綢緞、刺繡、蠶絲都有；另外還進口不少銀錠和藥材。不過以進口金額而言，占第一位的還是茶葉。藏人不管貧富，不可一日無茶；多半的人購買茶葉，實在買不起的人則去向富貴人家討茶葉渣回來煮了喝。茶葉都製成兩斤重的長方形茶磚（長三十公分、寬十六公分、高約七公分）。

不丹和錫金方面的進口品以野蠶絲所織的布、大尺碼的毛料和棉布為主；還有從印度、喀什米爾和尼泊爾也進口不少穀物、葡萄乾、杏脯、棗乾、藥材等，以及鑽石、琉璃、珊瑚、硨磲貝、瑪瑙、琥珀、綠松石（土耳其玉）等寶石，其中又以珊瑚珠和綠松石等裝飾髮髻的寶石為最多，其質地好的甚至比鑽石還貴。

珊瑚進口量很大，但品質不算太好，瑕疵品很多，不過藏人並不在意，還是照樣佩戴。顏色多半是日本婦人不太喜歡的紅色和淺粉紅色，這種顏色的珊瑚珠用在敕任官的髮飾上，非常好看。高級的珊瑚珠不是印度進口，而是從中國輸入的，印度進口的珊瑚珠看起來好像上面有蟲一樣的東西黏在上面。以便宜的珊瑚枝磨圓串成的念珠也進口了不少。

對下等社會而言，珊瑚珠畢竟還是奢侈品，所以他們用玻璃珠代替。以各色玻璃珠串成的念珠在拉薩的路邊攤陳列著，很多鄉下人來買回去；日本製的人造珊瑚珠也可以見得到。這種假珊瑚珠幾可亂真，剛上市的時候還可以騙騙人，甚至以高價賣出，現在大家看多了也就能夠分辨真假，價格一直往下掉，不過利潤好像還可以，因此仍舊有商人從加爾各答不斷輸入。

從印度也運來各種金屬，包括銀錠、銅、鐵、錫等，還有許多西洋小日用品，以及日本製火柴。從經濟面上看來，西藏的進口品非常多而輸出品比較少，那麼他們應該是嚴重入超而且越來越窮才是，其實不然。西藏的財源有許多來自蒙古地方，蒙古人除了向西藏購買大量貨品之外，對喇嘛的供養金也很可觀，這些錢相當程度填補了西藏因入超所帶來的財政和經濟危機。因此西藏在政治上雖然採取嚴格的鎖國政策，但對於通商則是網開一面，如果突然間連通商也禁止的話，西藏一定很快陷入大饑饉進而引起內亂。不過最近從蒙古進來的財源已經斷了，日清〔甲午〕戰爭之後本來就少了很多，八國聯軍攻入北京城後就幾乎完全中斷，連在西藏留學的蒙古學問僧也都收不到家裡的接濟，陷入了困境，許多人不得不暫時中止學業。過去蒙古僧侶多半埋頭苦讀，很少承接一些俗人社會的外務，現在也跟西藏僧侶一樣，必須為五斗米折腰了。

如果西藏禁止國際貿易的話，原來主要仰賴印度進口的日用品馬上就會缺貨，不過這還勉強可以忍耐，最嚴重的是西藏出口的大宗羊毛將賣不出去；只能在國內銷售的話，價格就會跟從前一樣低落，如此一來牧民的收入會明顯減少，只要遇到糧食漲價，牧民買不起足夠的糧食，立刻就會發生饑荒。以前有蒙古來的財源也許還可以考慮經濟上的鎖國政策，現在蒙古這條線斷了，因此和英屬印度之間的通商一定不能中斷。

由於貿易逐年興盛，人民的生活水準漸漸提高，距今二十年前即使貴族也談不上奢侈，但隨著與他國貿易的進展，藏人學會了很多外國的奢華生活模式，用起錢來也就越來越沒有節制。需要錢的話就要做生意，但只在國內做買賣可賺不到大錢，只有從事進出口貿易才會有可觀的進帳，於是稍有實力的有錢人和僧侶都忙著到中國、印度、尼泊爾等地做買賣。

西藏人體認到貿易的重要性後，除了啞巴、聾子、瞎子和小孩之外，可以說全國皆商。

西藏商隊

這樣說來連一般百姓也經商嗎？確實是這樣，夏天做一般百姓的營生，到了冬天農閒，就前往藏北高原的鹽湖運鹽到南方的尼泊爾或不丹、錫金等地販賣。僧侶從事買賣可不是個別的行動，而是整個寺院組織貿易的隊伍，其隊商行列規模都不小，二、三十個人趕著一百到兩百匹馬馱著貨物四處經商。

政府自身也做買賣，其商隊主要前往北京和加爾各答，但商隊成員對外絕不透露自己的官方背景，而是以民間身分自居。這種官方背景的生意人在西藏境內非常有勢力，不管到哪都能徵召馬匹，而地方政府也要提供他們糧食，因此他們的獲利比民間生意人更可觀。

貴族當然也要經商，組織商隊遠赴國外做生意，但也有人單靠家產度日。這種依賴家產過生活的人難道完全不談生意經嗎？也不盡然。整個西藏都可以碰到這種現象，當你到貴族家拜訪，如果看到難得珍品很想擁有，不小心脫口而出：「這多少錢？」這個貴族主人立刻會告訴你這種東西大概值多少多少錢。接著你問：「那麼可以賣給我嗎？」主人會說：「如果價錢講得定也不見得不能賣啊。」「價格可以降低點嗎？」「不行，不能打折扣……」就這樣你來我往一陣攻防，只要價格能達成協議，他們連家裡的家具、用品都可以賣。遇到這種情形，買方並不會認為賣方這樣做有傷身分。

在全民皆商的風氣下，連小沙彌也要做生意，到了拉薩城裡看到比較罕見的外國小物件，就買回去賣給寺裡其他沙彌賺取差價或者換取其他物品。

99・貨幣與刻版

西藏的買賣，以物易物者有之，有的則以貨幣購買。西藏只有一種重二十四錢（七十五公克）的銀幣（稱為一「章卡」），這種銀幣沒辦法直接拿來買小東西，必須先切割再使用：切成兩半各重十二錢，或者切割成八錢和十六錢，大概就是這幾種切割法。切成兩半的時候，很少真的各重十二錢，而是從中間分割後在中間偷切一些、外圍再偷切一些，到最後都成了三角形，不過大家還是接受。

金額最小的購物可以小到四錢，買四錢的東西，就拿十六錢給店家，店家再拿十二錢找回來。店家沒有十二錢可以找零的時候，則購物者必須拿十二錢和十六錢各一錠（共二十八錢）給店家，而店家則找給客人一章卡（二十四錢）。買八錢的東西，客人拿一章卡給老闆，找回十六錢。

藏人稱四錢為「卡康」，八錢為「卡爾瑪」，十二錢為「卻卡」（chyekka），十六錢為「休康」，二十錢為「卡卻」（kabchi），而二十四錢叫「章卡企克」。小額購物只有在拉薩、日喀則行得通，其他地方只要金額小於一章卡就無法以貨幣交易；西藏沒有其他流通的公定銀幣或銅幣，也沒有比一章卡更大或更小面額的通貨。不過在羌塘高原（阿里）西藏和英屬印度政府勢力所不能及的地方，當地的國王或酋長自行發行了一種類似卻卡的橢圓形貨幣，但這種貨幣在西藏政府管轄的地區不能流通，買賣的時候使用起來也很不方便。

時序已經到了十一月下旬，過去在大吉嶺認識的那位帕喇（攝政）家的公子因為財務上非常困窘而派了一個下人來找我借錢。他要借的金額不是小數目，我知道他不可能還我，就拿出了他所要求的半數的錢，附了封信一起讓下人帶回去，結果聽說他大怒，說：「我不是讓下人去向你乞討！又不是向你要錢你卻拿錢給我，真是太侮辱人了！這種東西我不要！」就讓人又把錢退回來了。我想既然他不要錢，其他我也沒有什麼可以給他的，就不再管這件事，沒想到他又找人送信過來，說他那些話不是真心的，還是希望我把錢借給他。搞了半天他只是裝裝樣子，其實想錢想得要命，沒辦法我還是借給了他。不久之後他差遣來的這個下人也知道我日本人的身分，於是硬向我借了一筆錢，不過因為我對他的主人在大吉嶺的所作所為一清二楚，所以他們還不至於將我的祕密洩漏出去。

由於我平日一應生活所需都不必花錢，到了十二月又有比較多的進帳，於是整個月都忙於購買佛經。普通的佛經在書店就買得到，但是比較有用的參考書或者一些內容比較艱深的經文在書店不可能買得到，如果想買齊的話，唯一的辦法就是到各寺院去，因為每座寺院都有密藏的刻版，比方說出文法學者的寺院就會有文法書的刻版，著名修辭學學者所在的寺院，他所有著述的刻版就會保存在那座寺院；關於歷史或法論的著作也是一樣的情況。想擁有特殊經書或論著，就得找印刷工人去各個寺院把它印出來。

首先需要準備紙張。西藏的紙不是以木漿做成，其原料是草根，那種草有毒，白色的根部也有毒，但富含纖維。用這種草根製成的紙質地非常堅韌，但未經過漂白，顏色較深，像日本的廁紙。買好紙之後，就把紙和哈達絲巾（向寺院執事喇嘛致敬用）以及刻版費一起交給印刷工人。

租用刻版的費用各寺院標準不同，大抵每一百頁要一章卡（二十四錢），多的要兩章卡。派去的印刷工人少則三名，多則六名，但印刷的時候基本上是兩個人一組，一個印刷，一個整理。他們工作起來當然不像日本人那樣動作快，總是邊喝茶邊做事，非常好整以暇，因此進度非常緩慢，費用也就越多。他們每個人的工錢至少要五十錢。不過再怎麼說，租借刻版印刷比購買裝訂好的圖書便宜多了，但相對的紙質比較粗劣，有些刻版也不是很理想。如果能夠直接買到是最方便不過了，但是書店賣的都只是一般的祈禱經文以及學問僧所用的教義問答教科書，其他頂多是一些傳記類或雜記類的著作，很少學術性較高的出版品。我想這是因為現在西藏的學問僧都只在教科書上下工夫，一心一意攻讀格西（博士）學位，並不熱中於查閱各種參考書以從事較為深入的研究。

書店並不開在自家店面，而是在大昭寺前石板廣場上，十名左右的書商在地上鋪著大塊帆布，書就擺在上面，但不像日本那樣平擺著讓顧客看，而是疊成一堆堆。拉薩城裡除此之外沒有賣書的地方；日喀則只有在市場裡，兩、三個人擺了書攤，其他還有沒有書店並不清楚。我所去過的城市只有這兩個地方有書店。

請了印刷工人，寺院方面也不一定允許出借刻版，這時必須自己出馬請人寫介紹信，然後拿到寺院情商出借刻版，才得以取得想要的書籍，說起來真不容易。

就這樣我蒐羅了非常多的書籍，然後全部保管在我色拉寺僧寮裡，附近的僧侶看到了都覺得很奇怪，說：「買這麼多不見得會讀的書做什麼呢？這個人從那麼遠的地方來，根本帶不回去。即使格西的藏書也沒有他的三分之一吶。」我聽到他們這樣說，之後再有購書，我都拿回大臣府邸我的房間裡放著。

到了十二月底，也就是大年除夕，當晚我做了些特別的安排。首先我請小沙彌幫我到拉薩城裡的大昭寺釋迦堂點燈：提了酥油進城，恭敬地注入拉薩的釋迦牟尼如來前面排列著的黃金燈台；並不是把酥油倒進黃金的燈台可以增加供養的功德，而是在釋迦牟尼如來前面點燈，一定要點在黃金的燈台。對釋迦牟尼如來點燈供養的時候，必須繳納兩章卡做為燈台的租金。沙彌點燈的時候，我則在僧寮中掛起釋迦牟尼佛的唐卡（畫軸），前面擺設供奉釋迦牟尼如來舍利的舍利塔，以及三座銀製大燈台，燈台裡注滿酥油；旁邊還備置了許多供養物。我在佛前念誦如來法號、恭敬禮拜，一直到十二點左右，然後開始誦《法華經》。凌晨四點的時候，我依往例向故國的天皇、皇后陛下及皇太子殿下遙拜，行祝聖儀式，祈禱國泰民安。

我繼續念誦未完的《法華經》，窗外元旦的旭日從東邊的山巒間冉冉上升。雪地上映著朝暉，寧靜而美麗，加上色拉寺寬廣的院落裡有幾隻鶴鳥漫步其間，偶爾傳來鳴叫聲，此情此景，令人百感交集，也特別想和萬里外的國人分享。

第六部

拉薩府見聞（二）

100・宗喀巴入滅紀念祀典

從一月四日也就是藏曆十一月二十五日起就是桑追（燃燈）節。十一月二十五日是格魯派肇建者宗喀巴示寂的日子，這一天藏人在他們的房子上點燃了成百成千盞的油燈禮拜供養，因此不管是拉薩城裡或是色拉、甘丹等大寺院，乃至其間各個村落的屋頂上，成千上萬盞的油燈彼此輝映，其絢麗不可言喻。這一天大家都準備了許多好吃的東西，白天裡盡情嬉戲、跳舞、唱歌，到處洋溢著明朗愉快的氣息。

不過也有一件教人困擾的事情，那就是桑追節期間拉薩人大多出門向長輩或比自己地位高的人討錢；十一月十日開始就可以乞討。在這節日向人要錢顯得理所當然，大家就都跑到有錢人家去伸手。因為我認識的人也不少，這個一章卡、那個兩章卡，最後被要走了不小的一筆錢。認識的人一年年增加，散發出去的錢也逐年增長。

桑追節從藏曆十一月二十五日深夜十二點算起，「桑追」的意思是「普賢菩薩祈願會」，從二十五日深夜開始連續十四天，每晚自十二點誦經以迄早上，所有人都可參加。我也懷著虔敬的心情前往參拜，由於是夜間，僧侶、民眾比平時少些，大殿中一片肅穆，誦經聲無比優美，其音調抑揚有致，足以教聽者浮躁的心徹底沉靜。如此情景，彷彿極樂世界的諸佛菩薩來集念誦經典。

這時大殿中處處飾以綺羅錦繡，有的柱子包覆著中國的五色綢，一些較大的柱子則披有紅底繡藍、白纏枝花草文樣的毛織掛毯；平日並未披披戴戴的牆壁及柱子都掛滿了西藏最精美的唐卡。除了各式各樣的裝飾外，本堂中還點著數千盞酥油燈；酥油點的燈比起菜子油燈可以說又白又亮，類似煤氣燈。

在這樣的氣氛中誦經，令人充滿幸福莊嚴之感；而想到所念誦經文的深意，更加教人不禁流下感激的淚水。我想再凶惡的人來到普賢菩薩的祈願法會現場也會變得溫馴吧，因為其中有許多不可思議的力量。天亮後僧侶一一步出大殿，信眾紛紛布施供養，有的是一章卡，或許半章卡。不過一些沒有規矩的僧侶拿了之後，還會繞到殿裡再出來，以便重新拿一份；如果來得及，他們會再拿好幾份。為了防止有些僧侶這麼做，於是安排有鐵棒喇嘛在一旁監督，令人訝異的是，鐵棒喇嘛竟然掩護一些沙彌盡可能去多拿些供養金，然後交給他們；如果沙彌不從，還會被鐵棒喇嘛毆打。與其被打，不如乖乖聽話，即使被發覺而受到懲罰也不在意；反正最多就是被打，並不會遭逐出寺院。這段期間寺院對犯法的僧人較為寬大，要是在平日，僧侶到人家家裡竊取財物被發現，一定逐出寺院。我所掛單的寺院對飲酒管制甚嚴，僧侶喝酒被逮到馬上開除僧籍。

幹這些勾當的多半是雜役僧。雜役僧中，有的剃光頭，有的則留著長長的鬢毛，長到有如山羊鬍子。要是被較為嚴厲的僧官看見，鬢毛就會被硬生生拔掉；一下拔掉很多毛髮，血流滿面，旁人看起來挺恐怖的，不過當事人卻不當一回事。不只如此，他們反而以這樣的形貌表示自己的勇敢。

但盡可能還是不要被發現比較好，所以當他們前往大殿的時候，就把鬢毛往耳後一攏，甚至把鍋灰和上奶油抹在臉上，讓人不容易看出他的長鬢毛。第一次瞧見這種德行，覺得好像見到鬼，後來看多了也就習慣了。為什麼他們會設法留那麼一撮鬢毛，原來這種造型在雜役僧當中被認為是有形有款有氣質的表現，會受到同儕的肯定。

令人覺得厭惡的除了在法會中做些不老實的事情外，比較貧窮的雜役僧也會拚命吃肉；另外也有許多人戀慕著年輕沙彌，有的雜役僧在深夜十二點當沙彌從大殿出來時，就乘其不備把中意的沙彌押走，一邊強掩著沙彌的嘴不讓他們叫出聲來，一邊把他們拖到暗處玷汙。這種事已經被大家默默認可，因此並不會受到懲罰，反正自己多半做過，知道了也不至於聲張；即使有僧官想出面處理這種事，到最後也是不了了之。不少沙彌因為好奇而乖乖跟著雜役僧走，或是看在有好吃、好玩的東西可得，甚至有錢可拿，而成為雜役僧的禁臠。

也有很少數的沙彌因為看到多金而美貌的僧侶心生豔羨，於是把自己打扮得花枝招展去引誘對方，以便得到袈裟等物品的供應。說出來真的有些猥褻，卻是實有其事……導致許多人為了爭風吃醋而決鬥，教人看了啼笑皆非。

這種干犯大罪而恬不知恥的破戒僧，不小心殺死了小蟲、虱子反而非常恐慌，對寺裡一些雞皮蒜毛的規矩也當作什麼了不得的大事一樣來遵守，總之只知道拘泥於微不足道的小事，衣服要怎麼穿才合乎法度啦，話要怎麼說才正確啦等等，認為這樣才能增長道德。到寺院或佛塔參詣時，如果不右繞（順時鐘）而左繞的話，也會被當作犯了大逆不道之罪；那些殺人不當一回事的惡男，遇到這種右繞、左繞的事卻一點不敢踰越。即使一尊佛像只剩下瓦礫般的破片，也一定要右繞禮拜；這當然不是壞事，可盡注意這些表面規矩，夜半卻和沙彌做著苟且的勾當，即使破戒也在所不惜，我真不知道他們在想什麼。蒙昧無知嗎，或根本就是混蛋呢？所謂眾生的顛倒，所謂捨本逐末，大概就是這樣吧。

這裡我想提一個有趣的人。西藏也有一位類似日本一休和尚[1]的修行者，名叫祖古尼庸

（Duk Nyon），意思是生於祖古巴的瘋子，其實他並不瘋，而且是一位非常尊貴的喇嘛，他了悟世間的迷妄執著，因此也和一休一樣到處行腳雲遊，留下了很多有趣的事蹟；讀他的傳記如同在讀一休的故事。雖然西藏和日本各有不同的民情風俗，因此兩人行誼不完全相似，不過以幽默風趣的方式引導眾人趨近真理則是相通的。

祖古尼庸有一次和格魯派的喇嘛一起旅行，在路上看到一粒小石頭，他就誇張地繞了好大一個彎後才繼續前進；接著他又看到一粒很大的石頭，這更加應該繞路了，結果沒有，他直接從大石頭上面跳了過去。那位同行的格魯巴想不通，於是問他：「你怎麼做這種無聊的事呢？遇到大石頭不繞一下不是很危險嗎？小石子不是很容易一跳就過去了嗎？你為什麼反其道而行呢？」

祖古尼庸笑答：「你們這一派的喇嘛所做的事和我又有什麼兩樣？如果我這樣做是反其道而行，那你們也全是反其道而行了。」

「怎麼說？」

「你想想看，你們連殺死一隻虱子的小罪也唯恐干犯，卻又耽溺於男色，而且還畜養動物來宰殺，如此重罪你們不是連想都不想就大步跨越過去了嗎？我不過是模仿你們罷了。」

同行的喇嘛聽了慚愧不已。桑追節非常肅穆而莊嚴，但那是對有心的修行者而言的，對作惡的人來說，桑追節提供他們的卻是犯罪的機會與場所。

【注釋】

1 一休和尚：指一休宗純（1394-1481），傳為後小松天皇子胤，五歲於京都安國寺入僧籍，十七歲起先後隨隱修者謙翁清叟、華叟宗曇學禪，二十七歲開悟；後放浪泉界地方，於酒肆淫坊修行說法，人稱狂僧。中年之後鍾情詩歌、書法、茶道，晚年與盲歌者森女相戀，並重建大德寺。

101・噶廈

接著我想談談法王政府噶廈（bKa' gshags，內閣）的組織。噶廈非常錯綜複雜，難以盡述，尤其我又沒有特別做過研究；即使我想專門研究，對每一個部門的組織架構都追根究柢，那麼親密知己如財政大臣也一定對我起疑。所以我盡量不主動探詢，而是在與大臣交談的適當時機，技巧地順水推舟觸及一點而已。

噶廈由俗人和僧人聯合組成，雙方人數相當：敕任官僧侶和俗人各一六五名。僧侶身分的敕任官叫做孜仲（Tse Dung），俗人敕任官叫做敦廓爾（Dung Khor）。孜仲的總管是四個仲議（Tung yk chemmo），四個人裡又以最資深者為長；敦廓爾的統領則是四位廈貝（宰相）[1]，一樣是以最早就任廈貝者為首席宰相，其餘三人算是顧問。

內閣由四位宰相、三位財政大臣、兩位陸軍大臣、一位宮內大臣、一位宗教事務大臣、一位司法大臣和一位僧侶祕書長組成。僧侶敕任官的出身都是既定的，絕對沒有平民，大多來自噶爾巴（貴族），少數也有阿巴（真言族）或苯缽（古教族）出身者。至於其制度則很難用郡縣制度或封建制度來概括。

從貴族與平民的關係看來，可以說是封建制度。貴族的祖先都是有功於國家的人，因而獲得土地的分封。貴族在自己的封地上有如國王，而老百姓就是王國的子民，貴族對平民操有生殺予奪之權，而且可以徵收人頭稅，再窮苦的人一年也要繳交一章卡，地主或富人則繳納十章卡甚至一百章卡。平民不只要繳交人頭稅，由於他們的土地都是向貴族租來的，因此還要繳納地租。人頭稅是負擔很重的稅目，不繳的話不但被打，財產也要被沒收；每到歲暮，家家都要為人頭稅而愁眉不展，有許多人就因為沒法繳交人頭稅而出家，因為僧侶不用納稅。出家既然是為了避稅，所以對學問、佛法的追求也就不是那麼在意。

有時我的老師甘丹赤巴會感嘆說：「你看現在我們這裡出家人這麼多，照說應該為佛法的昌盛而高興才對，不過一大堆的石頭瓦礫，還不如兩、三粒璀璨的鑽石。哎，真是教人擔心吶。」他就是看到很多人出家只是為了逃避人頭稅所以有感而發。

從另一方面看來，納稅制度對藏人而言真的非常殘酷不仁，只會讓貧者越貧而已。窮苦大眾的苦況比那些一窮二白的學問僧有過之無不及，因為窮困的學問僧不管吃不吃得飽，每個月至少還有一筆微薄的俸祿可拿，偶爾還可以得到一些信眾布施的物品，而且單身一人好歹日子總過得下去；一般在家人都討了老婆，若是生了小孩那負擔更重，養小孩不管怎麼儉省還是要花錢。

需要用錢時怎麼辦，唯一的途徑就是向地主借貸，而且他們多半沒有能力償還。既然無力償還，為什麼地主（貴族）還要借他們呢？因為這樣一來佃農的小孩長大後就成為他們的奴隸，所以他們還是樂意借錢出去。儘管如此能借的也不多，而為了一筆小小的欠債，佃農的小孩可能要為地主做牛做馬十幾二十年。可以說，窮人家的小孩一生下來就成了奴隸，真的非常可憐。

貴族和平民的這種關係，似乎就是封建制度底下諸侯和他的子民的關係，可是從其他角度觀來，也有郡縣制度的成分。因為貴族大多定居拉薩而很少前往轄下封地，即使在封地有自己的莊園，也只是讓人照看著，自己還是住在拉薩。另外也有受到政府的任命而前往治理某一行政區的，所以有的地方平民百姓由貴族管轄，有的地方則直接隸屬拉薩政府治下；或者雖然由貴族管轄，但拉薩政府卻有權徵收部分稅金。這時老百姓就要受到二重剝削，除了人頭稅還有各種苛捐雜稅。由法王敕任的僧、俗兩方官員兩名或三名，手握司法行政大權，每年前往地方徵稅，繳交國庫。人民有的是以貨幣繳稅，也有的拿物品抵繳；產金地區很多人拿黃金繳稅。輸入品的貨物稅不用說是繳交給中央政府。

中央政府拿這些徵稅所得的物品或貨幣充做什麼用途呢？大部分是用於照顧僧侶，也就是居住在拉薩府的兩萬四、五千名僧侶和散居各地的僧侶。但這並不是說各寺院的用度完全由政府來負擔，而是依照一定比例，需要的時候也許由政府出一半，或者依照寺院財產多寡來決定補助金額大小。其次是用在營修寺院以及佛菩薩供養上，這部分的費用相當可觀。還有就是要給付中央政府任命的官吏薪水，但通常只是象徵性的，比方宰相的年俸只有六百石小麥，財政大臣是三百六十石，而且不一定拿得到，所以很多官員放棄了這部分的收入。

我寄寓地方的那位現任財政大臣已經就任十年了，卻從來沒有拿過一石半升小麥，我問他說：「為什麼不拿，難道當官是義務的，或是另有收入來源呢？」他說：「我們家族的封地每年的貢物已經夠多了，不需要再向法王索取什麼。」我又問他難道每一個人都像他一樣，他說：「也不盡然，有的人還是該拿多少就拿多少，只是家裡景況好的人多半不拿就是。」其實我也知道，有的人表面上一介不取，暗地裡拿的賄賂才多呢，不過這位財政大臣並不是個見錢眼開的人，他只會禮貌性接受一些些，不像其他宰相那樣包山包海。

談到僧、俗兩方敕任官吏的職務，這各一六五名的官員要做些什麼呢？他們通常接受政府派遣前往地方擔任行政首長，而且都是僧、俗各一人一起就任；還有遇到比較重大的法律事件，也會指派由僧俗官員各一名或各二名前去處理，他們獲得授權主持調查和審判工作。過去常聽說這些特派官員索賄，並以賄賂多少來決定罪狀輕重，不過當今法王是個英明的人，他非常瞭解這種弊端，因此只要得知有人索賄，馬上就籍沒他的財產、取消他的官爵俸祿，使得大家都非常顧忌，也就比較能夠做出公正的審判。

偶有特別重大的案件，非得由法王親自處理不可，或者要對惡性重大的罪犯處刑的時候，都會拿到拉薩來進行，然後由法王直接下令執法。就這種事看來，法王的身分就很有意思。向人施以刑罰、處死一個人或流放罪犯，對一般掌權者而言是理所當然的，可是達賴喇嘛是個受具足戒[2]的比丘，依照戒法，不管別人犯了什麼罪，他是不能下令殺人的；受小乘佛教兩百五十條戒法的人絕對不能這樣做，但法王又得下這個命令。這樣說來法王是個在家人嗎，那倒也不是，他不娶妻、不飲酒，所有小乘比丘所要遵守的戒律他都遵循無誤；色拉、哲蚌、甘丹諸寺的僧侶也全受了法王的具足戒。有人很認真地勸我去受法王的具足戒，我考慮到法王諸行並不具足所以拒絕了。一個國王犯了佛法的戒律固然還可以是國王，但從他受具足戒是不妥的。

我只從法王處獲傳密法，因為密法與具足戒無關。由於從法王開始就有些僧俗不分，所以底下各級僧侶僧俗不分的情況也就見怪不怪了，有的在家眾裝作是僧侶，而出家人模仿在家眾的也比比皆是，就像前頭提到過的，僧侶也務農、經商、畜牧，根本與俗人無異，唯一的差別只是落了髮、著了法衣罷了。

職是之故，僧侶中自然會有像雜役僧那樣，每天接受軍事化訓練，卻還保有僧侶的名義。類似的紊亂狀況非常多，在我看來，今日的藏傳佛教與當年格魯派開山祖師宗喀巴所提倡的旨趣已經相去甚遠，令人感到不安。

【注釋】

1 廈貝照規定是三俗一僧。

2 具足戒：又稱小乘戒，為教團內比丘、比丘尼必須遵守的戒律總稱，通常比丘為二五〇戒、比丘尼為三四八戒，出家後必須正式受此具足戒（巴利文 upasampada，受戒）始能正式列入僧籍（巴利文 upasampanna，得戒）。

102・婦女的風俗

這一章我想談談西藏女性中水準最高的拉薩婦女的風俗、容貌、教養、習慣、氣質及其欲望等。這是非常重要的事，因為女性要生養未來的國民，所以不能不重視一個國家的女性所扮演的角色。一個獨立而堅強的好母親養育了領導美國走向獨立的喬治・華盛頓，由此可見一斑。因此在講述西藏的外交政策之前，必須先瞭解這個國家國民的普遍心態，而瞭解這一點之前，則要先談談這個國家女性的種種。

首先大略談一下其風俗。婦女的穿著與男性沒有太大差異，服飾的樣式也大致相同，只不過穿戴上比較講究優雅。衣帶寬約三、四公分，長約二・四公尺，算是細長的帶子，其繫法不是打花結，而是在帶子的末端縫一個大紐節，在腰上一圈圈繞緊後，把紐節塞入帶子裡拉緊。

編髮的方式與日喀則或其他部落的婦女不同，拉薩府及其附近的女性大多用中國製的假髮髮髻，由中央梳向兩邊。西藏婦人的頭髮多半不長，因此常常使用假髮；將左右兩方的垂髫像犛牛尾般束起來，然後向後方攏成四條髮辮，髮辮尾端以紅色或綠色絲巾裹纏，再以七顆珍珠鈕扣繫住；珍珠鈕扣的正中央會嵌上大珍珠或綠松石。

頭頂上會飾以昂貴的綠松石、珊瑚珠和珍珠，以帕都喀（頭飾環）將頭髮盤束起來，中央戴上穆切吉夏茉（珍珠帽）；耳朵上戴著耶過珥（鑲嵌著綠松石的純金耳環），胸前掛著多夏爾（瓔珞）。其中多夏爾最是價值不菲，高級的多夏爾甚至有錢也不一定買得到。給塔

（項鍊）也是由寶石、土耳其玉製成，正中（垂掛胸前者）是一具高價的塞爾吉・卡瓦（黃金佛龕）。右腕套著小法螺貝殼編成的手環，左腕戴銀雕手環；每個人都穿著以上等羊毛織成的圍裙。整體看來非常雍容華貴。不過除了貴婦人之外，戒指多半是用純銀打造的。此外她們腳登紅色和綠色厚羊毛布縫製成的漂亮靴子。雖然她們一身華麗裝扮，卻也不時在臉上塗抹煤黑色的粉妝，看起來實在不怎麼雅觀。不過對已經習以為常的藏人而言，一張臉在黑色底下透著紅潤是非常高雅而動人的。

這是藏族婦人在打扮上的大致情形，她們雖然膚色黑了些，但容貌與日本婦人差不多，而且有許多長得非常漂亮。不過她們的體格比日本女性來得高大而強壯，很少看到像日本那樣嬌小的婦女；高大強壯的體格穿上寬大的衣裙，看起來格外碩大。貴族人家的女性，論其皮膚的潔白、容姿的美麗，比起日本婦人不遑多讓。特別是康區出美女，可惜她們的言行不夠嬌柔，並不會教人感到憐愛；還有她們講起話來聒聒聒聒又粗俗，一點也沒有女人味，即使心地都很純良，還是不會很吸引人。在這一點上，拉薩的婦女比較起來就嬌柔溫順多了，因此非常惹人憐愛；雖然在美德方面還是有所欠缺，但外貌就夠讓拉薩的好色男子，不，連普通男子也一樣，暈頭轉向了。

不過在教養方面就差多了，比方邊走邊吃東西的模樣就實在令人不敢恭維。中、下等的婦女總是帶著小生意人的本性，為了一些瑣碎小事斤斤計較，實在太小心眼。即便是貴族人家的婦女也差不多，很少看到幾個人擁有做為一個貴族之妻所應具備的教養；有當然還是有的，不過她們一般出身並不算高。即使出身不高，但長期浸淫貴婦人生活圈中，照說教養和氣質多少會往上提升，可惜西藏貴族社會多的是沒什麼教養的婦人，彼此薰染時間再久也改善不了多少。其實她們對人都很好，就是沒有特別值得稱道之處，這是她們的缺點。我想這或許是以一女事好幾個丈夫有以致之。

婦女普遍最不好的習慣就是喝酒，以及不注重衛生。她們日常工作的勤奮程度遠不及日本婦女，不過和別國比起來還算勤快，尤其是拉薩中、下等社會的婦女；這些婦女充滿買賣的本能，不管遇到什麼事都精於算計，包括選擇自己的老公。拉薩的婦女雖然也會洗臉、洗手，但皮膚還是黑得發亮，大概會洗的就是外人看得到的部位。不過在上等社會就不能一概而論了，因為上等社會的婦人家沒什麼事做，整天忙的無非洗髮、照鏡、化妝；如果說她們還有什麼事情做的話，那就是整天在丈夫身旁幫腔出主意，即使是上等社會，也很少看到沉默是金的婦女，她們對任何事都有意見。做丈夫的不僅對老婆說的話唯唯諾諾，而且許多人凡事還會詢問太太的意見。

西藏婦女完全不做女紅，連縫縫補補的小事也要麻煩裁縫師幫忙；裁縫師都是男性，沒有女性。當然西藏婦人會紡紗織布，不過紡紗並沒有紡車可用，而是以細竹棒尖端加上圓形紡軸，先將羊毛捲在紡軸上，然後再用手一條條捻成紡線；這樣子捻出來的紡線都是粗線。技術好的人則可以徒手紡出沒有毛球的細線。

103・婦人與嬰兒

鄉下地方的婦女除了耕作以外也要畜牧。她們最重要的任務就是將牛、羊乳加熱製成奶油和其他副產品。製作奶油的方法如下：先將牛、羊奶在鍋子裡加熱後適度冷卻，上面即會漂浮一層奶油；把奶油取出，鍋子裡倒進雪（酸奶），蓋上鍋蓋（保溫）放置一天，酸奶即凝固成豆腐的樣子；把酸奶注入長桶子，加點溫水，然後拿一根上頭加了圓蓋的棒子，在桶子裡上下充分攪動，裡面的奶油和塔拉（奶酪）漸漸分離；接著又倒進一些溫水，繼續翻攪兩個鐘頭，讓奶油、奶酪完全分解開來，再將奶油（酥油）舀出來放著。

將剩下的奶酪充分加熱後，酸水和純奶酪也分離了。純奶酪看起來很像碎豆腐，藏語稱為芻拉，比豆腐滓更柔更細，非常好吃。從塔拉漉出的酸水也不會隨便拋棄，飲用可以止渴，帶有微酸，味道很不錯。芻拉可以直接生吃，但因為太多了，所以陰乾後就貯存起來，就是乾乳酪。

婦人除了製作這些乳製品，還要趕羊、放牛，所做的事情不比男性少。因此從工作的分擔而言，男女並沒有分別；就家族關係來看，家庭的主宰是婦人。接受人家的雇傭時，男女工資相同，並不會因為是女性就少拿，當然工作內容也完全一樣；實在是藏族婦女身體強壯、吃苦耐勞的緣故。儘管如此，平日她們的性格看起來還是很溫和、甜美，似乎永遠不會與人結怨，也很少發怒的樣子；不過偶爾動起氣來可是驚天動地，很難善罷甘休，即使老公叩頭道歉都沒用。

這樣說來她們的任性挺嚇人，有如魔女或夜叉，所以或許藏族女性就是貓也說不定，平時溫柔而優雅，捕起老鼠卻像隻猛虎，做丈夫的只能退避三舍。她們的我行我素到了極點，除了給老公臉色看以外，還會在外頭交男朋友，耽溺於肉體的歡愉。

一些比較窮困的家庭，婦人家會故意去另外找個男人，若是被發覺了還神色自若地對丈夫說：「還不是因為你養不起我，我才到外面找賺頭啊。」實在非常過分。她們的錙銖必較、只關心身邊瑣事的傾向也很明顯，完全不考慮長遠的未來，也從不想想村子裡的事，更不要說國家大事。對婦人家要求這麼多也許沒什麼道理，不過她們要是能夠偶爾替他人著想的話就太好了。

然而她們總是對別人漠不關心，甚至自己的丈夫在外面吃了虧，只要吃虧的不是自己她們就不會很在乎；說起來她們就是精於算計，而這種精明常常反過來害了她們自己，因為為了己身利益不惜讓丈夫吃虧，到頭來吃虧的還不是自己？然而她們哪想得到那麼多，永遠只汲汲營營於眼前的蠅頭小利。所以藏族婦女的私房錢可是有名的，從做妻子的到做老闆娘的，沒有一個沒有私房錢，即使是一個家徒四壁的婦人也擁有私房錢。所以不管什麼時候老公說要離婚，她們都可以有恃無恐地說：「那就再見啦。」

難道說她們只有缺點而沒有一些好處嗎？那也不盡然，對自己喜歡的人她們可是非常周到，比任何文明的婦女都來得心細，不管什麼都照料得好好的。她們非常善解人意，常常對方還沒開口，她們就把對方所想所要的準備好了。這個部分的性格真的教人無話可說，只不過反面的性格很教人頭疼就是。總之她們集矛盾、極端於一身，足以令人瞠目結舌。

就她們的欲望而言，一如前述，只注意到眼前的蠅頭小利而無暇顧及其他，而她們也不是獨力取得所要的利益，永遠都不忘攀附他人，即使自己一個人經商、衣食無虞，還是會設法依附別人以取得更多好處。她們嫁為人婦後，如果不幸死了丈夫而得到一份丈夫的遺產，在西藏很少看到婦人就此守寡，安分守己地養兒育女；除了太老或太醜之外，沒有人會守寡，只要有點姿色，一定會再找個丈夫。藏族婦女到了四十、五十歲都還可以嫁人，她們畢竟缺乏獨立自主的想法，總把自己的幸福托付在他人身上，永遠不會滿足；雖說這是人性的本然，而且對生涯也不能不有所打算……然而一點不知守節，也不考慮自己的身分，丈夫死去未滿四十九天就急著再嫁，也實在令人不知道要說什麼好。在西藏即使受到良好教養的婦人，也很少聽說願意從一而終守寡一輩子的。

接下來談談婦女生產後的習俗。藏人如果產子，就會舉辦慶祝儀式，若是生女，多半不會有什麼慶祝活動。儀式因地方不同而有所差別，不過通常是在男嬰產下後第三天舉行命名儀式。最教人感到驚異不置的是，嬰兒出了娘胎是既不洗也不擦，只會將身上沾的一些髒汙拿掉而已；當然他們也沒有專門接生的人（產婆）。嬰兒出生後，每天會用酥油塗抹全身兩次，尤其頭部塗得特別多，稱之為「酥油浴」也不為過。

第三天的命名儀式上，首先舉行灌頂式，把鬱金香放到高僧以密法加持過的淨水中，再將此純淨呈黃色的水淋在嬰兒頭上，同時念誦諸佛菩薩名號，並在佛前禮拜，然後由主持儀式的僧侶為嬰兒命名。命名的法則很不一樣，多半依出生的日子命名，例如禮拜日（日曜日）出生的小孩不拘男女都取名為「尼瑪」（意為「太陽」），禮拜一（月曜日）生的叫「達娃」（月亮），禮拜六（土曜日）生的名為「平巴」、禮拜五（金曜日）生的叫「帕桑」，以七曜（日、月、火、水、木、金、土）來命名。

這樣一來同名的人會很多，容易混淆，於是再在前後多加一個名字以資區別，比方說尼瑪．旦林是「日曜長壽」，達娃．朋措是「月曜圓滿」。名字有時由主持儀式的喇嘛來取，有時由降神的巫師命名，當然由父母依自己喜愛而決定的也有，直接以動物為名的也有，林林總總，但整體看來，像日本出家人一樣取個抽象名字的最多。如果小孩長大進入寺院成為僧侶，另外有叫做「吹銘」的法號命名儀式。

命名式當天，親戚、朋友會前來送禮，或是酒、肉，或是衣服、銀子，而主人則招待他們喝茶、喝酒、吃飯、吃肉；不過這種祝賀和饗宴的儀節僅限於都會及其周邊地區，其他偏遠地區除非是有錢人家否則是沒有的。命名式之後，就由僧侶向地方及家族的守護神祭告，謂「今賜名為某某的小孩在這個家裡誕生了，此後希望能在各位尊神的庇佑下平安成長」，然後誦經供養。誦經供養儀式可以由新派〔格魯巴〕僧侶主持，也可以是古派〔寧瑪巴〕或苯教僧侶，沒有一定。如果是巫師自己家裡的小孩，則不必經由僧侶，而是由巫師本人來主持命名儀式。

104・兒女與病人

男孩子到了八、九歲大的時候，就送到老師那邊就學，多半住在老師家裡；如果距離不很遠，也可以通學。開始上學的日期會先行通知親朋好友，於是這些人當天會送哈達絲巾給這個孩子，一一披掛在孩子的身上，祝願學業有成。孩子的父母除了會在就學日宴請這些親友外，孩子學成後也會再度舉辦慶祝的宴席；若是哪一天孩子當官了，更是大宴親朋，客人送來可觀的賀儀，主人則獻上最豐盛的美食。

女孩八、九歲時，則會選擇一個吉日良辰舉辦弱冠禮，在頭上戴起髮飾，同樣也有哈達和酒宴。說是髮飾，也不是大人所戴的那種，只是很單純像康區婦女那樣將頭髮往後梳，然後把四股頭髮編成一條辮子垂在背後，辮子上插著由美麗的珊瑚珠、綠松石鑲成的髮飾，非常可愛。

這些小孩子在拉薩的空地上都玩些什麼遊戲呢？他們也是和各地的小孩一樣天真無邪，冬天最喜歡打雪仗，夏天則愛玩摔角，比賽丟擲石頭的遠近或準頭。比較壞的小孩則有樣學樣地模仿大人賭博，以土塊丟擲對方的土塊，或是在地上畫格子，格子裡放錢，如果能把錢打出格子外就算贏。他們也玩跳繩，有時自己跳，有時由兩個小孩各執長繩一端讓十個人一起跳，小孩必須算好節拍跳過繩子，如果絆到了繩子，就要去當甩繩子的人；跳繩不限男孩子玩，女孩也玩。

另外他們也玩阿杰哈模（Aje-lhamo），模仿舞台上的歌舞戲劇表演；偶爾也看到他們踢鍵子。藏人喜歡騎馬，貴族家庭的小孩常年以騎馬比賽為樂，窮人家小孩玩不起，只能挑個像馬背的岩石，坐在上面模擬騎馬奔馳過乾癮。

女孩的遊戲比較文靜優雅，她們玩扮家家酒，唱阿杰哈模的歌謠，或是拿拉瑪瑪尼，也就是畫了佛、菩薩、古代高僧、國王故事的圖片，以歌唱般的語調，或悲傷、或幽默、或活潑，將畫中的故事說出來：一個女孩先起個頭，其他女孩聽了跟著接下去唱，有如西藏式誦經的腔調，非常動聽，也非常可愛。

西藏很流行拉瑪瑪尼，但冬季在拉薩就很少會看到，因為到了冬天大家都到地方上賺錢去了。五月左右正是地方上農耕或畜牧最忙碌的時節，雖然有拉瑪瑪尼，在地方上卻賺不了錢，於是都在農忙後集中到拉薩去。拉瑪瑪尼來的時候，正當拉薩原野上小小紅蜻蜓紛飛的時節；只要紅蜻蜓開始在青草之間翱翔，拉瑪瑪尼就來了，於是這些紅蜻蜓也被叫做拉瑪瑪尼。小孩很喜歡捉拉瑪瑪尼玩，大家在野地上奔跑，有時還會跳到水裡弄得全身濕透，於是就脫光了衣服照樣玩。這大概是小孩最歡樂的時光了。

我也想談談西藏婦女讓人感動的地方。藏人要是生病了，他們的習慣是不管病情輕重都不許在白天平躺在床上，而是在床頭墊個東西靠坐著，這時旁邊一定有個婦人負責照看，而且不會隨便走開；通常是白天夜晚交替輪班。貴族人家是由兩、三個人輪替絕不中斷，而看護者總是盡量保持安靜不打擾到病人，更不會說些刺激病人的話。

而且病人如果有什麼需要，心裡才那麼一動，不待說出口，她們馬上就知道，如果病人想方便她們早已將便器準備好，若是病人口渴她們早已將水碗捧到病人面前；病人的便後穢物她們也一定毫不遲疑地幫忙清理，一點沒有厭惡的樣子。藏人的病房和日本不一樣，一進去就會聞到一股異味，不隨身帶個麝香簡直受不了，可是她們卻可以長時間在裡面待著而沒有怨言。

藏人相信病人如果在白天躺著睡覺，體溫一定會升高，本來治得好的病也會變成藥石罔效，因此在一旁看護的婦人最重要的任務之一就是防止病人大白天躺下去睡。除了看護的婦人外，有時還會另外再找一個監視者，專門注意病人睡著了沒，病人一有睡意，他們就把病人喚醒；他們的前面還會放一碗冰冷的水，水裡有一支樹枝做的刷子，一旦病人昏睡，他們就把刷子沾了冰水灑在病人臉上，這樣一來病人自然會警醒。由於病人知道別人這樣做是一片好意，非但不生氣，還會感激對方的用心。

如果這樣做病人還是昏昏欲睡，監視人就會走到病人後方，以雙手在病人背上施壓，讓病人因為壓迫感而睜開眼睛；有時則只是大聲叫喚。在外人看來這簡直是在虐待病人，可是藏人絕不是故意整病人，而是希望病人早日痊癒。這種觀念深植藏人心中，醫生去看病人的時候，就問病人白天有沒有睡覺，如果聽說病人睡了，就會叫看護人多加留意，不要讓病人睡著；醫生也會向患者說：「如果你想死的話就睡吧，要是還不想死那麼大白天就不要睡覺！」這是每個醫生都會告訴病人的第一個大禁忌。

有人來探病，先拿出慰問的禮物或禮金，然後鄭重告訴病人：「白天不要睡喔，一睡著我們以後就不能再見面說話了，請你謹記在心。」也會對看護的人交代：「我相信你們一定非常留意，不過時間一久難免會疲倦，所以還是請注意不要疏忽了；病人要睡也沒有辦法，但你們可得千萬當心。」對其他家人也會加以提醒。要是病人意外早死了，大家就會說：「這家人實在太糟了，多半是白天沒有好好留神而讓病人睡著才會這樣。」把病人的死亡歸罪於這件事。

藏人如此堅持這個觀念絕非沒有來由，因為我自己也扮演郎中的角色，接觸的病人不算少，所以經過一番觀察研究後，終於瞭解了其中道理。西藏的某些病症，患者如果白天睡覺的話體溫會逐漸升高，使得病情惡化，甚至危及生命。不過藏人罹患的主要是感冒之類的毛病，還有就是水腫病；我們感冒的時候，白天實在不能不休息，由於睡的時候注意保暖，反而讓感冒好得更快。藏人不會區別其間差異，讓所有病人都遵守白天不睡覺的規定，並且成為看護者首當留神的事情。

105・迷信與圜遊

藏人認為要讓病人早日痊癒，主要不是依賴醫藥，最有效的反而是祈禱，因為他們相信人之所以會生病乃是受到惡魔、厲鬼或死靈加害有以致之，所以如果不通過密法、密咒祓除那些壞東西，即使有耆婆、扁鵲的神藥也沒有用。一般人並不知道病人是被什麼樣的惡鬼所祟，所以一定會先去請教喇嘛，或寫封信去問，或派個僕役去探詢，有時也會親自前往。

喇嘛知道了就去翻閱相關的書籍，並指出致病原因，說這是羅剎鬼所害，或是鳩槃陀鬼或夜叉鬼所害，也可能是死靈、惡魔或地方的惡神的傑作云云，接著指示，對治的方法就是要去請哪裡的某某喇嘛為病人念誦某某經文。有時會寫上那位喇嘛的名字，有時則否；如果是大家都知道的方法就不必特別指定哪一位喇嘛，要是難度較高，才會特別指定是誰誰誰。

喇嘛還會詳細說明：先修三天或四天的密法，然後再去找哪裡的哪一位醫生來看病；或者一邊修法一邊就把醫生找來。甚至說這個病人其實並不需要吃藥，現在吃的藥都不要再服用了，只要祈禱病就會好。那些會親口答覆種種問題的，通常都不是什麼高等喇嘛，而是中等以下的喇嘛；中等以上的喇嘛一定會叫自己的侍者來寫對治的方法，然後再由喇嘛自己蓋上印章，交給前來請示的人。

本來應該當天就趕快找個醫生來診治病人，卻因為喇嘛的處方書上寫著五天後再去請某某醫生看病，所以病人家屬就專心一意誦經祈禱，不去找醫生給病人投藥；即使病人因未得到及時診治而死去，家屬對喇嘛或巫師也不會心生不滿或怨懟，反而會安慰說：「果然是了不起的喇嘛，他知道病人今天必死無疑，根本不需要麻煩醫生，所以故意寫五天以後才去找醫生，真是太體貼了。」

如果有人頭腦比較清醒，指責道：「那個喇嘛簡直草菅人命！病人要是能及早吃藥就沒事了，卻因為喇嘛寫的騙人的處方書，結果反而害死病人。」別人聽到了，反而會生氣地罵這個人說：「這樣說是外道，是大罪人！說喇嘛的壞話實在太大逆不道了。」很多人就是因為怕被人指責，明明知道不對也噤聲不語。

不過很多名為醫生的人其實一點也沒有醫學知識，他們所學的無非古代印度「五明」中的醫方明[1]，在今日已經不夠用了；儘管醫學知識不夠完整，如果稍稍有些心得，對病人好歹有些助益，可惜他們知道的大多只是口耳相傳的一些粗淺常識，並不瞭解所謂醫學。

西藏醫生所開的藥方很少沒有添加楂茶（tsa-tuk）的。楂茶是一種植物根莖所含的毒素，吃進一定分量就會要人命，它類似興奮劑，稍微放多些會引起病人身體各部的痲痹，有時只放一些些，也會導致某些症狀的病人嚴重下痢。這種藥到底有效無效不知道，可以確定的是會造成生理上的變化，有了變化看起來就好像有效的樣子，於是醫生為了證明他開的藥有效常常不分青紅皂白加進楂茶，就好像古來的漢醫都會在藥方中加入甘草以為藥引。

與其服用這些郎中亂開的藥，真的還不如虔誠祈禱來得有效；至少心會得到平靜。我認為就今日西藏的醫療環境看來，所謂自然療法或信仰療法還比較實際些。

藏人舉辦強薩（酒宴）有許多種樣式，我覺得最有意思、藏人自己也最為喜愛的一種，就是到林卡園遊時舉行的酒宴了[2]。這也是藏人表現出最高尚飲酒文化的場合，其他大家聚集喝酒的場合則無非大聲喧譁甚至吵架，而園遊飲酒的時候，不管如何潦倒的破落戶、無賴漢也很少看到他們爭吵。那些雜役僧到林卡園遊雖然玩得很野，但絕不至於打架。

園遊的地點是哪些地方呢？只要離開拉薩市中心半公里左右，除了南面有拉薩河外，西、北、東三個方向都是山林。有的山林屬於貴族或巨富的別莊，被高牆緊密圍繞，無法隨便進出；有的山林雖然也有主人，卻容許別人自由進出遊玩。其中最理想的園林位於拉薩河畔，雖然樹木繁茂，卻也有廣大的青翠毛毯般草坪，景致非常秀麗。

雖然園林的植物到了冬天一片荒枯寥落，可一到四、五月間開始冒出嫩芽後，特別是河岸上的一排排垂柳新綠，極為優美動人；桃樹也很多，桃花盛開時節美得不得了。西藏冬天的山野光禿而枯槁，只能說是一片灰，唯一可觀的是雪地上無數鶴群踟躕起降。拉薩下了雪後頂多兩、三天就化了，很少積雪超過三十公分以上，所以美好的雪景不可多得；到了地方上則處處雪景，但拉薩是沒有的。

在漫長的冬季裡，不只景色荒涼，看多了這種荒涼的人心也變得了無生氣，而且沒有了歡樂。當野地開始長滿青草，翠綠的葉子漫山遍野時，每個人都忍不住要出去踏青，於是三五成群背著裝滿酒的皮囊或酒瓶出門去。

郊遊時所帶的美食包括小麥麵包、小麥粉炸的餅、乾酪、葡萄乾、杏脯、乾肉等，由家中僕人扛著這些食物，並攜帶野外煮茶器具，朝綠意盎然的園林走去。通常早上九點出門，在園林喝酒、唱歌玩到下午四點甚至六點始回。酒有內嗆（青稞酒）和貝嗆（米酒）兩種，但喝米酒的極少，大多喝青稞酒。青稞酒（麥酒）的做法非常簡單，並不像啤酒那樣。

首先將青稞煮熟，煮之前並不加以清洗；煮熟後攤開冷卻，冷卻的同時加入麥芽攪拌，之後裝入壺中，三天後變為酒麴。在酒麴中加水攪拌，然後將浮在上方的液體舀出，或者將酒糟濾掉，就是青稞酒。由於一升青稞可以釀出五升酒，其純度之低可以想像；特別好的青稞酒是一升青稞釀成兩升酒，不過一般商店買不到。

以三天時間釀造的新酒再濾過一次，並貯藏個六、七天，就成為貴族喝的上等酒；一般不會放那麼久。要是放上一個月，就變成很醇的老酒，這種酒除非喝過量，否則不怎麼醉人，何況西藏氣候較冷，即使喝醉了也醒得很快。不過很多人從早喝到晚，或是從晚上喝到天亮，要不醉也很難。

【注釋】

1 參見本書第五十五章。

2 參見本書第六十九章及其注釋。

106・舞蹈

到園林冶遊的時候，先在樹下青草地上鋪上花毯，上面擺滿各種好吃的食物，然後一邊吃一邊喝酒或唱歌、跳舞。藏族婦女和男子沒有不喜歡跳舞的，除了比較偏僻的地帶因為沒有學的機會所以不會跳以外，大家都以跳舞為最大歡樂；即使不會跳也很喜歡看。

看他們唱歌跳舞確實很有意思，雖然不見得有他們以為的那樣好玩。在歡樂的歌舞飲酒享受之外，更加令人心曠神怡的就是無限美景，以及拉薩河和支流清澈水湄旁孩童的嬉鬧了。不只小孩，連大人也在那裡追逐奔跑，一片天真無邪，充滿歡笑。在這一切之上，是矗立遙遠彼方、除頂上冠雪外皆綠意盎然的壯麗雪山，此情此景，讓人頓覺拉薩真是名副其實的「諸神的國度」。

以上形容的算是中上人家的園遊概況，至於下等社會就不出來園遊了嗎？他們當然去的。只不過他們除了喝酒還會一邊賭博、摔角；摔角並不像日本的相撲，而是兩人分開有一段距離，以手腕互相拉扯，比較手勁，並不會將對方摔倒在地。雜役僧則會比賽丟石頭，有時也會賽跑；下等社會的人是不做這些活動的。不過藏人最最喜好的還是舞蹈，不拘上流社會、下等社會都一樣，只不過上流社會的人跳起舞來比較講究格調，下等社會跳的舞則有些猥褻，教人不敢恭維。

這些下等社會的婦人女子和喜歡吵架鬧事的下等社會男子群聚飲酒作樂，照說更容易出狀況才對，可就像我前面說的，完全不會；我想他們是在不知不覺中被這種歡樂的情境所感

藏人在園林遊樂一景

化的緣故，所以可以相安無事。

酒宴還有很多種，但這是最美好的一種；婚宴在前面已經提到過，另外親人死去的時候也有酒宴，不過常常伴隨著爭奪財產的鬧劇，完全沒有園遊那種清靜的優閒。

在談論西藏的外交政策之前，必須對西藏人民一般的個人主義心態加以描述。西藏人民總是優先考量個人的利害，很少想到國家整體的利害；也就是說，對一己的利害一目了然，卻看不清楚國家的利害所在。或者可以說，一般藏人甚至很少意識到國家的存在。政府官員或一些知識分子多少有國家觀念，但說到以國家利益為重或個人利益為重，我想他們還是會把自己的利益放在前面，把國家利益擺在一邊。

不只如此，今日許多西藏政治家

還會為了自身利益而不惜犧牲國家的利益。真正關心國家的命運，為了國家以及佛法的存續而願意犧牲一己利益的人，就我所知少之又少。也許有些人口頭上說得冠冕堂皇，但骨子裡想的都是自己。在上位者都這個樣子，一般人就更不用說了。不過在下位者心裡還是認同佛教，也願意為佛教做任何事，因此政府很善於利用這種心態，不管要做什麼，都先把佛教抬出來；想對誰不利，也一定先攻擊這個人所作所為對佛教的發展如何如何有害。

不管政府這樣做是否真為了佛法，但到最後大多是在妨害佛法。他們的統治如果沒有佛教當作大義名分也無法教人民心服，可是在佛教的名義下他們常常做些殘虐人民的事，而人民只能偷偷含恨飲泣。也許有人因此認為與其這樣倒不如沒有佛教，不過真正敢說出來的人恐怕沒有。

前面也說過，西藏婦女為了自身利益很工於算計，很少想到他人的利益，一般民眾在這樣的婦女養育下成長，眼界自然很難超出狹隘的範圍。有人或許會想男性畢竟有別於女性，說不定觀念不太一樣，稍加注意一看，半斤八兩！有些人對朋友的事很重視，極愛護與自己有利害關係的人，但僅止於此，他們對國家大事完全置之度外，不曉得國家大事對自身利害的影響。

那些想對西藏搞外交策略的國家於是抓住這一點，只要對相關大臣加以籠絡，就可以輕易達成外交目的，因為那些大臣只知為自己家裡打算，不惜犧牲國家全體的利益。所以說到西藏的外交政策，其實牽涉的反而多是個人的利害或好惡問題。外國人很清楚這一點，為了達到目的，於是大量賄賂高官，以為這樣就可以搞定，其實不盡然。理由很簡單，個人的利害、好惡是一種情緒性表現，並沒有主義或方針的一貫性，是善變、捉摸不定的。因此要和這樣的國家維持良好的外交關係，一定要使用其他的方法。

俄羅斯對西藏下工夫並不是今天才開始，而是三十年前就逐步著手進行；或者開始得還更早些，只是到三十年前才顯露無遺。西藏北方的西伯利亞，也就是青海湖東北方向，住著原中國（清政府）所屬蒙古地方的布里亞特族，後來為俄羅斯征服，如今已成為俄國領地[1]。

俄國本身以基督教為國教，在國內採高壓統治，不容許宗教自由，可是對布里亞特人的佛教信仰卻採取寬大政策，不只准許他們保有原來的宗教信仰，而且對寺廟加以保護，還實施扶持佛教發展的政策。這並不表示俄國政府也信仰了佛教，而是表現對佛教的支持，以籠絡僧侶的心。

這個部族有許多喇嘛來西藏的學問寺進修，甘丹寺、哲蚌寺、色拉寺以及日喀則的扎什倫布寺都有。總數多少不是很確定，估計約一百五十到兩百名左右。如此大量的俄屬蒙古利亞僧侶當中，近來出現一位非常傑出的人物，他就是取得藏尼堪布（定義教師）位階並成為當今達賴喇嘛侍講（教義問答老師）的德爾智（Dorjieff）。「藏尼」是佛教法義問答的意思，「堪布」即老師。這位藏尼堪布和法王關係非常密切，他升任藏尼堪布是在十八、九年前，也就是法王還是個孩子的時候，就開始教導年幼的法王辯經技巧，從此法王就很喜歡他，也非常信任他。他才華洋溢，而且度量寬宏，在睿智而好學的法王眼中，一定是個很了不起的老師，因為法王另外還有三個定義教師，可是最為推重的還是他。

當法工漸漸長大成人，辯經的訓練不再需要，於是這位定義教師一度回返故國；由於他在西藏的傑出表現，俄羅斯政府希望他幫忙在西藏做些事情，於是給了他大筆機密經費。藏尼堪布並沒有把這些錢留為己用，他把錢帶到西藏，然後善加使用。他不只運用了大筆經費，而且從俄羅斯首都[2]帶來許多西洋珍玩，包括時鐘、懷錶、手槍等，他不只上貢法王，也送了不少給當時最有勢力的年輕宰相倫青霞札。

他總共給了霞札多少錢沒有人知道，但從他給其他大臣的數目十分可觀看來，給霞札的一定相當驚人，何況後來兩人關係比親兄弟還親。不只如此，由於法王對他言聽計從，所以他的權勢之大難以想像。

西藏社會最有影響力的無非僧侶集團，因此他也必須對僧侶下工夫。他對各大寺院的僧侶布施大量金錢，而且不只一次，由於僧侶對政治毫無概念，因此他們滿心只想「藏尼堪布是個大富豪，而且他把所有財產拿來供養西藏的僧侶，真是太了不起了，沒有人能夠比得上他」，從來沒想過藏尼堪布的錢從哪裡來。

如果有些僧侶感到懷疑，特別跑去問政府方面的人，他們得到的回答是：「藏尼堪布在他的故鄉被當作國王般尊敬，大家都拿錢給他以表示敬意，所以才會有這麼多錢，沒什麼好奇怪的。」於是這些僧侶也不再懷疑，加上人人有份，沒有人會感到不滿；更不要說藏人對切身利害那樣機敏，有人常常給錢高興都來不及，對這個人所講的話不管是好是壞自然都不會有意見了。藏尼堪布就是這樣把西藏工作做得很成功。

當然也必須取得一般人民的支持，這方面藏尼堪布的做法也很高明。他完全能夠入境隨俗，充分掌握民情風俗，隨順每個人的欲望、性格，最後取得外交上的成果，實在令我非常欽佩。他在我入藏之前不久開始做一件事，這件事不需要花錢，但效果非常顯著。古代一位格魯派喇嘛在他的著作中寫下了關於未來的預言，也就是讖緯，而這個讖緯不只是這位喇嘛一個人說而已，歷代應和他這個預言的論著非常多，到最後深入了人心；一般民眾不是從哪本著作，而是從民間傳說中得知的。

【注釋】

1 布里亞特人（Buryat）為位居最北邊的蒙古部族，其活動範圍在貝加爾湖以南、以西地區，此區清政府在尼布楚條約中已經割讓給俄羅斯帝國。

2 指聖彼得堡。

107・西藏與俄羅斯

識緯的來龍去脈如下：距今兩千年到一千二、三百年之間，迦濕彌羅（喀什米爾）地方的佛教非常興盛。這裡物產豐富、景色優美、氣候絕佳，一年到頭杜鵑啼聲不絕；迦濕彌羅北方就是傳說中許多羅漢或菩薩居住的地方。如此美好的國度有一天被伊斯蘭教徒所滅，佛教也跟著消失，但因為一度繁榮昌盛過，以正因正果的道理推論，每個人都堅信佛教必將於此國度再起。雖然迦濕彌羅北方的菩薩國土為伊斯蘭教徒所蹂躪，但是未來這塊菩薩國土將出現一位一統世界的救世主；這位王者會是西藏格魯派始創者宗喀巴的轉世，而他的輔佐就是宗喀巴的弟子妙音法王（Jam yang Choe Je）、大慈法王（Cham Chen Choe Je）或根敦朱巴（一世達賴喇嘛）等人的轉世，他們將復興這個國度，並將佛法之光普照天下。所謂讖緯所諭示就是這樣的未來之書。

這個國度的名字叫羌・香巴拉。「羌」是北方的意思，「香巴拉」指的是迦濕彌羅北方的都城或地區。歷代格魯派的許多喇嘛在預言書所說的救世主誕生之前，就相率前往尋找這個國度，其路途、里程在讖緯中都有交代：位於印度菩提迦耶（釋迦牟尼成道處）西北約兩千公里的地方；這與迦濕彌羅相去不遠。雖然怎麼走法讖緯裡說得很清楚，但這不過是想像的烏托邦，不用去一一求證。在西藏的佛教衰微而充滿亂象的時刻，說將有以佛法一統天下的救世主降誕，對藏人而言當然是歡迎而且相信的。

在這個預言書的影響基礎上，藏尼堪布寫了一本書，主張所謂羌・香巴拉就是俄羅斯，而俄羅斯的皇帝即宗喀巴轉世；他說俄羅斯的皇帝常以人民福祉為念，給予人民自由，對外國也非常友善，其人格的殊勝處連古代德慧兼備的金輪王[1]都比不上。不管從皇帝的人格、言行，或國家的方位、距離等等全與讖緯若合符節，如果有人狐疑不信，就是與佛教為敵，也就是與宗喀巴開創格魯派的偉大旨趣為敵。

藏尼堪布又說，由於有這個讖緯，我輩才能知道宗喀巴轉世的國度所在，以及他的化身是誰，真是可喜可賀的事。俄羅斯的皇帝就是昌楚顯巴千波（菩提薩埵、摩訶薩埵[2]之意），大家必須服從他、尊敬他，絕不可與之為敵。藏尼堪布將這種說法與藏人的信仰緊密結合，書裡除了藏文還有蒙文，令藏、蒙大眾信以為真。

我無法直接讀到他的著作，但讀過的人曾經跟我詳細說明了內容。當我設法取得這本書的時候，已經是我不得不離開西藏的當口，最後還是無緣目睹，不過聽說書裡還有一種沒有人看得懂的文字，我想那大概是俄文吧；如此說來這是一本藏、蒙、俄三種語文對照的版本。這本書雖然在西藏大量流通，但藏人都把它當作尊貴的經典那樣加以密藏，如果我硬要人家取出來給我看，恐怕會招惹疑慮，所以不敢勉強，不過內容大概就是這樣了。

現在藏人的觀念裡，都認為把北方的俄羅斯譯為藏文就是羌．香巴拉，並且深信俄羅斯皇帝在不久的將來將統治世界，並成為世界佛教之王。就當今的形勢看來，一般大眾比政府更加傾心於俄國。這種對俄國抱持好感甚至崇俄的現象非常明顯，而其原因還不只一端。從俄國輸入的日常用品都是高級貨，不過都是非賣品，是拿來送人的；不像從英屬印度進口的都是便宜貨。因為西藏的商隊或者個別的貿易商如果到印度購買高價物品運回西藏，幾乎都賣不出去，而且運送成本高昂，即使賣出去了也沒什麼利潤，所以盡可能進口便宜貨，薄利多銷。從俄國進口的東西從一開始就不是為了販賣賺錢，而是拿來贈與有力人士，所以再貴的東西都可以進來。最後藏人產生一種印象，就是英國貨一用就壞，而俄國製品很耐用，同樣是西洋的東西，但俄國貨比較好，很多人因此認為俄國是個值得信賴的國家。

大約四年前，俄皇透過藏尼堪布贈與達賴喇嘛一襲主教（bishop）的法衣；聽說達賴喇嘛非常欣喜地接受了這襲金色法衣。他不僅接受法衣的贈與，也受封為大主教。這件事說來有些奇怪：以基督教為國教的國家，她的皇帝將基督教僧侶最高職階「大主教」授與佛教僧侶，亦即西藏法王。接受贈與、封號的達賴喇嘛由於不諳外國狀況，以為俄國也是一個佛教普傳的國度，而他的受贈、受封乃是來自這個國度的最高僧侶，亦即俄皇。如果他知道他所收到的是基督教大主教的法衣，不要說穿上，大概連看都不能看一眼，現在卻因為被蒙蔽而犯錯，這全是因為藏尼堪布的誤導。對這件事的形成有決定性影響的就是首席宰相霞札。

這裡必須先談談霞札的來歷。霞札在高官及貴族這一階層中地位非常突出，前面曾提到過，霞札和丹吉林寺向來關係不睦；當今達賴喇嘛親政之前，由丹吉林寺的第穆呼圖克圖攝政期間[3]，霞札在西藏無容身之地，於是長期流亡大吉嶺、錫金一帶。他這時目睹英國政府所作所為，又聽聞了大英帝國征服印度地方的歷史，於是對英國政府心懷顧忌。

今天整個西藏國內沒有一個人比霞札更瞭解英國以及英屬印度殖民地的狀況，這位年輕的宰相深知，除非與中國或其他大國聯手，否則與英國作戰毫無勝算；他也常常在別人面前提出這個觀點。當丹吉林寺的第穆呼圖克圖退位、十三世達賴喇嘛主政後，霞札回到了西藏並就任宰相；可想而知他也會設法消滅丹吉林寺的勢力。

霞札外表看起來很溫和，不過骨子裡陰謀詭計無法勝數，當丹吉林寺的僧侶所做的一些不利達賴喇嘛的事情爆發，必然連累到第穆呼圖克圖，以致橫死獄中。就在霞札就任宰相那一刻，第穆呼圖克圖已經預見了這個結果。

霞札在國內對付政敵的手段非常果決殘酷，想當然耳處理外交事務的時候也不會手軟。他和藏尼堪布的關係極為親密，對俄羅斯也抱著孺慕之心，藏尼堪布當然會善加利用這一點。其實達賴喇嘛接受大主教法衣這件事有些大臣並不知情，知道的人則抱著相當的疑慮，因為不清楚俄國的底細就展開這種形式的交往，對西藏來說是很不利的。不過西藏政府內閣的決斷權幾乎在首席宰相手上，而不是由所有閣員共同做出決定；何況閣員也很少不識時務地表露自己的看法，只知道以前任的意見為意見。對俄國懷著疑忌之心的大臣不少，我就親口聽過一名大臣對我說，他覺得霞札和藏尼堪布的親密關係非常可疑，但是當達賴喇嘛接受大主教法衣的時候，他也沒有表示反對的勇氣。

另外西藏一心傾向俄國的原因，乃是日清（甲午）戰爭之後，中國的國勢日衰，其影響力不再能及於西藏地區。過去西藏的達賴喇嘛要做任何事，總是害怕中國方面會強烈表示異議，甚至對西藏加以懲罰，完全是君臣關係；但現在無論做什麼中國都管不著，包括丹吉林寺勢力被殲滅、第穆呼圖克圖橫死這樣的大事件，中國根本沒有插手餘地。

不只如此，如果中國政府有所踰越激怒了藏方，則駐藏的中國軍隊或居留西藏的漢人就會被藏人所殺。從這點就可以知道，中國政府如今已無力顧及西藏事務，更不要說征服西藏了。這種情形藏人也心知肚明，所以達賴喇嘛明瞭與中國攜手並不實際，而英國的懷柔手段無非想把他國納入自己的勢力範疇，因此與英國親善也非上策；反而和反英態度明顯的俄國聯合，在外交上最為有利。

我相信對深謀遠慮的達賴喇嘛而言，他絕非看上那襲漂亮的大主教法衣而欣然接納，其實是別有所圖。為了答謝俄皇贈送那襲法衣，達賴喇嘛派遣了以侍從長為首的四名特使，於明治三十三年（一九〇〇）十二月自拉薩北行，藉道藏尼堪布的故鄉，最後搭上火車，於數月的旅程之後抵達俄羅斯的首府，致贈西藏的各種珍寶給俄皇[4]以示感謝並致敬意，同時與俄國簽訂條約。

條約的內容無從得知，只知道特使團在明治三十四年十二月或翌年一月啟程返藏；兩個月之後，當我騎馬前往拉薩東北方三十餘公里處散策運動時（說是運動其實是想觀察當地人民的生活實態），看到兩百匹駱駝從東北方走下來，駱駝背上馱的都是箱子，上面蓋著皮革，內容物不明，不過相對於大型駱駝的搬運能力而言，那些箱子尺寸未免太小了些，但又像很重的樣子。

我立刻想到這可能是蒙古人要運送銀錠到西藏，於是向趕駱駝的詢問那些沉重的貨物是什麼，對方答道：「不是很清楚，大概是銀錠吧。」我又問：「從哪兒來的？」他說：「我們是半途接下這批貨的，所以無從知道，多半是從北邊的蒙古地方過來的吧；肯定不是從中國那邊過來的就是。」他也不知道隊伍裡有沒有一路從俄國前來的人。我在那一帶繞了繞才回到財政大臣宅邸，正好現任財政大臣也回來了，聽他說道：「今天從俄羅斯運來了不少貨物。」

我問是什麼貨物，他叫我不要問比較好，我想他有所顧忌，於是閉口不談，因此對那批貨物的內容無從知曉。不過也有口風守得不實的高級官員，當我有意無意提到駱駝的事「我看可能有兩百匹」，他一聽就說：「兩百匹是最近這一次，上一次有三百匹呢。這件事其實不應該說的……。」我追問：「到底都運些什麼，銀錠嗎？」

「銀錠有可能那麼多嗎？那是侍從長所帶領的特使團到俄國達成的協議。」

「結果運回了什麼？」

這位高官意氣昂揚地說：「大砲的砲彈，還有很多西洋製的珍玩，今後我們不會害怕英國的侵略了；英國要是挑起戰端，我們將立刻予以還擊，因為我們取得了不少精良的武器，可以充分應付外侮。」

其後我在一個地方看到他所說的一挺大砲，確實是新式武器，但射程不會太遠，真正打起仗來並不會太管用，不過藏人卻把這個當作祕密武器。藏人多半無法解讀羅馬字，因此也不知道大砲是哪裡製造的，以為就是俄國首都所生產的；其實一看上面所刻的字就明白大砲為美國所造。我並不知道總共進口了多少千挺大砲，但五百匹駱駝所馱運的貨品中有半數以上是大砲。這件事中國政府即使知道了也無計可施，雖然駐藏大臣用盡辦法想逮捕藏尼堪布，卻因為西藏政府的迴護而功虧一簣。就在中、藏關係趨於緊張之際，藏尼堪布突然逃往大吉嶺，有時又跑到尼泊爾。英方對他非常注意，尼泊爾政府對他的一舉一動也很留心。

俄國和西藏的關係因為經營得法而越來越緊密，可以說是俄國在外交上的一大成功，她因此可以西藏為踏腳石，從喜馬拉雅山居高臨下面向英屬印度，慢慢建立對印度的影響力，雖然今天看來她還難以掌握印度。不過仔細推敲西藏政府內部，真正打從心底寄望於俄國的，大概只有達賴喇嘛和霞札兩個人而已，其他人只是盲從附和罷了。

如果俄國從此在西藏取得絕對的影響力，那麼西藏也只有和俄國聯手了，只是俄國政府是否就此如願以償，將勢力順利伸入英屬印度，我想這還需要相當長的時間，因為西藏政府內部已經有不少人對藏、俄關係充滿疑慮，並心生反對的傾向。我就聽到有人這樣說：「先別說俄羅斯是不是大菩薩所統治的國度，在這個人人為己的世界上，他們卻無條件地將大量金錢和武器送給西藏，我想這一定是他們想要奪取西藏的誘餌，如果我們吞下這個誘餌，就會成為俄國的禁臠，這種事絕不可雲淡風輕來看待啊。」

如此憂心國家前途的人在西藏雖不是很多，但我確實常常聽到這樣的呼聲；這些人在政府中位居要津，他們的想法也非常務實，在政府內部已經形成一種有力的聲音。這些聲音雖然還沒有傳入法王和宰相耳中，但其他人多少都聽過，只是沒有明白表示出自己的意見；藏尼堪布的計畫一路暢通無阻，反而容易疏忽西藏政府內部的變化，俄國政府花費大量金錢的結果，或許到最後只是一場大笑話也說不定。

【注釋】

1 輪王：或稱為轉輪聖王（cakravarti-rāja），其形象為駕馭戰車或日輪，為主持正義、統治世界的王者。轉輪聖王分金、銀、銅、鐵四種，金輪王統治四大洲全體，鐵輪王則只統治贍部洲（閻浮提）。

2 菩提薩埵（bodhi-sattva）：簡稱菩薩，摩訶薩埵（mahà-sattva）即大士或大菩薩。

3 參見本書第七、第八十四兩章。

4 此時在位者為尼古拉二世（Nicholas II of Russia, 1868-1918），在位期間為一八九四至一九一七年。

108・西藏與英屬印度

藏人對外國人一向很熱情，現在雖然對英國懷著怨憎之心，其實他們不管對哪一國人都充滿好意，所以英國政府這些年來要是能夠稍稍對西藏好些，就不會像如今這樣，造成讓俄國以西藏為跳板謀取英屬印度的麻煩情勢，而且對西藏的外交工作也一定成果豐碩。不過這是後見之明，我要說的是，英屬印度當局因為不能掌握西藏的國情和政府的意向，而陷入錯誤的泥淖。

西藏人民自從與英屬印度軍隊發生戰事之後[1]，對英國就抱著強烈的反感，加上普遍受到西藏人民尊崇、學德兼備的高僧大獅子金剛寶因為薩拉特居士入藏事件的連累而被處死[2]，更加讓藏人感到痛恨，於是採取嚴厲的鎖國政策。鎖國政策不只針對英屬印度，更擴及北方的俄羅斯、西北方的波斯，最後連印度教徒都不准入藏朝聖。因此現在英國除非大軍壓境，否則對西藏是無可奈何的。從這一點看來，俄國的處境就比英國好多了。

不過英屬印度政府對西藏的政策也有所修正，試圖恢復與藏人的感情，從大吉嶺、錫金等地的現狀看來，確實有所進展，他們對從西藏來到這兩地的藏人給予比當地人還周全的照護。舉其中一個例子，藏人子女只要進入政府所設的學校就讀即一律免費；不只如此，他們還頒贈獎學金給成績優異者，即公費生，學成之後大多在英屬印度政府治下擔任土地測量、郵政業務或教育等工作，其中以土地測量員最多。他們對一般藏人也很優厚，比方說大吉嶺的登山挑伕或嚮導是收入很高的職業，這都是藏人的專利，其他種族無法分一杯羹；警察或官吏對藏人也比較寬大。

因此在大吉嶺的藏人大多對英屬印度政府的處置非常滿意，而且打從心裡願意為他們服務。只待個半年一年的人也許不會這樣，但住個三、五年之後，都會認為英屬印度政府是公正、廉明而且寬厚的，成為這種政府的子民最是理想。在西藏如果偷竊被抓，很可能被處以斷手、挖眼的酷刑，但在英屬印度不管犯下多重大的罪業，最起碼不會被處以極刑。

道路建設也很出色，有如前往神之國度的道路；生病的時候有設備精良的醫院診療，而且藥是免費的，對窮苦大眾也有生活補助。沒有比這個更理想的政府了。在西藏如果沒有東西可以吃，誰也不會施予救濟，唯有餓死一途，因此藏人一旦踏上大吉嶺的土地，多半不忍離去。當然西藏的巨富來到大吉嶺大多不會長住，很多都會再回去，但是這些人也都是在領教了當地道路、醫院、學校的建設之後帶著佩服的心理回到西藏的。還有很多令藏人驚異不置的事物，像火車、電報、電話以及其他很多快捷而充滿效率的機械，在他們看來只有具備神的知識才能做出這些東西來。

這些從英屬印度轄下地區回到西藏內地的人，雖然不會將所見所聞告訴政府官員，但私底下卻到處傳播讚嘆之詞，於是更加讓藏人爭先恐後前往印度，做生意賺了錢再回來吹噓。如今那些往來印度經商的民眾對英屬印度政府已經不懷惡感，不過因為說英印政府的好話會受到懲罰，所以表面上還是一副痛恨英印政府的樣子。英國的這套懷柔措施在一般西藏民眾裡發揮了極大效用，只是對西藏政府還是無轍。然而西藏政府內部還是有許多人抱持和民眾一樣的想法，並且還想從與英國的往來中謀取利益中飽私囊，就跟拿俄國政府的賄賂一樣，只要有就要，誰給的都沒關係，一點也不須躊躇。

一些知道我曾經遍歷了印度的菩提伽耶及尼泊爾等地的學者、格西，常常向我打聽有關英屬印度相關的訊息。不過我若答得太詳細的話，他們免不了起疑，所以我總是含糊其詞地說：「那是個很奇怪的地方。」而學者們的看法是這樣的：「英國人要麼是惡魔的化身，要麼是神的化身，或者就是兩者的混合，他們建造鐵路、醫院以造福人群，這跟佛教的旨趣是一致的，可是他們又想奪取別人的國家、搾取他國的利益；英屬印度一定集合了惡魔的化身和神的化身於一堂，否則怎麼能做出那麼多不可思議的事情來呢？」

不僅如此，西藏民眾甚至還相信英國女王維多利亞原來是拉薩大昭寺的守護女神，亦即具有征服世界各國之神力的旁登拉莫（神聖的戰鬥女神）的化身，因此英國女王對西藏人民特別具有好感，也充滿愛護藏人的心念，只不過女王陛下——也就是佛菩薩——的身側還有很多惡魔化身的大臣，他們主張征伐西藏，讓西藏成為惡魔的宗教（基督教）教化的國家。所以說應該崇仰女王，而憎惡那些惡魔化身的大臣。以上這種無稽的說法，不是一、兩個人的妄語而已，而是西藏各地都有人深信不疑。因此後來女王駕崩的消息傳來，西藏人民表示了深刻的哀悼之情，但同時也因為旁登拉莫將回到西藏而感到高興。

【注釋】

1 英國殖民印度後，一直要求西藏開放通商，而且認為西藏是印度屏障，必須與西藏有緊密連結；一八八八年英國與西藏在錫金發生第一次武力衝突，西藏開始鎖國政策，並急遽與俄國親善，讓英屬印度方面倍感威脅。一九〇三年底，英屬印度強派楊赫斯本（Sir Francis Edward Younghusband, 1863-1942，中方文件稱榮赫鵬）上校率領「武裝使節團」再度侵攻入藏，翌年四月在江孜遭遇藏軍頑強抵抗，六月中解圍，繼續進軍，終於在八月三日進入拉薩，達賴喇嘛十三世土登嘉措逃往蒙古，噶廈（西藏政府）與英軍簽訂城下之盟「拉薩條約」，奠定英國在西藏的優勢地位。河口慧海書中所說的應該是第一次武裝衝突；本書當年在日本報紙連載期間，正好爆發了第二次英、藏武裝衝突。

2 詳細請參閱本書第五章。

453

109・輿論

假使俄國政府試圖利用北邊的西伯利亞鐵路運送軍隊到西藏，從有火車通行的地方到拉薩至少還需要五、六個月的日程，中間會遇到下大雪，也會經過安多地方或康區等強悍無視政府或任何人命令的無法地帶，那裡的部落很可能向俄軍發動狙擊，或者設下許多陷阱、路障以坑殺之。何況西藏高原深處非常廣袤，很難瞭解其確切的地勢，俄國政府到底有沒有可資利用的地圖資料令人懷疑。

我認為能夠完全掌握地形地物的土著，足以制伏擁有先進武器裝備的俄國軍隊，因此俄國想以優勢的兵力征服土著、迅速進軍拉薩的可能性極小。儘管藏尼堪布使用了種種高明的手段籠絡西藏人心，但最近也傳出了很難聽的話來。主要是藏人還是比較對中國政府心悅誠服，這並不自今日始，而是因為西藏從立國以來就一直與中國保持密切關係。率先將佛教引入西藏的松贊干布迎娶了中國的文成公主，西藏百姓感念這位來自中國的佛教之母，對中國也就懷著孺慕之心，有什麼事總要以中國的意見為依歸。儘管今天的中國積弱不振，但藏人還是普遍心向中國。

他們認為中國是文殊菩薩的國度，文殊菩薩的道場就在山西的五台山，而中國皇帝就是文殊的化身，因此儘管藏尼堪布把讖緯加以巧妙地穿鑿附會以達到他的政治目的，但畢竟要取得保守的一般藏人的信任還是很不容易；儘管西藏沒有報紙，但民眾之間還是盛傳政府中哪個哪個頭腦比較清楚的高官對俄國的西藏政策感到很不以為然云云。

僧侶之中也有不少人抱持同樣的觀感，附和者更眾。此外大家對霞札非常反感，大學的僧侶和雜役僧更是恨透了他；丹吉林寺的第穆呼圖克圖冤死一事，大家都認為霞札難脫干係。總之只要與霞札有關，不拘好壞，僧侶一定先反對再說。霞札是首席大臣，他很信任曲均神諭，因此常常慫恿法王找曲均降神。除了在上位那些人頗好此道外，僧侶或稍稍有點學識的人眼中，曲均不過像瘋子、醉鬼，是造成國政腐敗的種因之一；有識之士一談到曲均總是忿恨不已，儘管有少數人是因為忌妒曲均所得到的大量好處而發出這種意見，但所有對曲均的批判都很中肯。

藏尼堪布以為從政府、僧侶到人民都信服於他，但這只是一時的現象，現在政府內部和民間反倒悄悄湧起一股反藏尼堪布的暗潮。所以我覺得俄國對西藏所採取的外交策略說不上是成功。接下來我也想談談英屬印度殖民政府和西藏之間的關係。

英屬印度政府自兩百年前開始一直到距今五十年前為止，和西藏始終保持良好的關係[1]；雖不能說已經收攬了西藏的民心，但彼此也沒有什麼芥蒂，這可從十八世紀英派孟加拉總督華倫・黑斯亭為了通商派遣喬治・柏格進駐西藏第二大城日喀則一事看出[2]。接著透納上校做為第二位通商使者，在日喀則逗留了兩年時間。其後雖然不再有使者往來，但只要是印度人，一直到距今二十二、三年前都可以自由進出西藏。

當時進入西藏的多半是印度教的修行者或僧侶，他們入藏主要為了到西藏各處靈場朝聖，而且人數頗眾。也就是說，在我的老師薩拉特・強卓・達司居士入藏之前，那些臉上塗灰、一手提水葫蘆、一手拿鐵製火箸的裸體苦行僧絡繹不絕於朝聖路上的景象，如今都還在藏人口中流傳。可見直到二十二、三年前，即使政府之間已經有些齟齬，但人民之間的交流管道仍舊暢通無阻。

如果那個時候英國殖民政府稍稍用心經營與西藏的關係，那麼說不定不會讓西藏陷入鎖國的境地。薩拉特居士也和其他印度教徒一樣，正式取得入藏許可才前往西藏內地，以學者身分做了許多調查和研究後返印。他把調查研究結果公開發表，英印政府即依此準備與藏方議定西藏和英印的保護國錫金的國界。彼時西藏政府照例請曲均降神，並遵照神諭在錫金境內建了一座城寨。

城寨最後為英軍所破，已成廢墟的堡址位於印藏邊境城市亞東以南三十多公里的山上。當曲均神諭指示搭建城寨使之自然成為國界的時候，西藏政府一開始有些顧忌，於是神諭又說：「若是英軍前來侵攻的話，你們就將我的神像供在城寨中，我保證他們無法接近。」經過法螺這樣一吹，西藏政府只有言聽計從，在不屬於本身領土的錫金境內築城。

這塊土地現在看起來明顯位於錫金版圖內，西藏固然沒有權利占領錫金，但錫金長期臣屬於西藏，若是英印政府染指錫金，西藏當然不甘人後。只不過強在錫金境內築城，英印政府自然無法漠視，最後導致十六、七年前的一場藏、英之戰，雙方的死傷都頗為慘重。

我問人家那次戰役的實況，他們說藏兵非常害怕英軍，不敢太接近，只能一邊躲避英軍視線一邊隨便開槍。本來藏軍占有充分的地利，只因為恐懼而無法發揮戰力，加上一些將領和參謀聽說根本沒有花時間分析戰況，若無其事般在那邊賭博作樂。那種鎮定不知道是裝出來或是真的，但是一般而言藏人遇到大場面總是不慌不忙甚至有些傲慢的樣子，這一點正是內陸人的特性，做什麼都不疾不徐，結果搞得吃了敗仗，讓英印政府將國界推進到亞東才算沒事。另外英印政府也同意從春丕谷為錫金領土，而從那裡後撤[3]。

現在看來當時英印總督雖然擴張領土有功，但對藏外交可說完全失敗，因為輕啟戰端只會招來對方的怨恨。英印當局如果忍下一口氣，失去個三、五十公里的土地，讓藏方在那邊築城，對她的威嚴並沒什麼大不了的損害，反而可以利用這個口實在外交上取得優勢，只要再效法俄國花點錢、使些手段，讓藏人嘗點甜頭，籠絡貴族的心，使得西藏當局傾心於英印方面，那麼現在西藏的大門一定為他們而開，英國人的別墅已經林立在空氣清新、風景優美的拉薩了。

【注釋】

1 成立於一六〇〇年十二月的英國東印度公司，自十八世紀初以迄十九世紀中葉止，一直是大英帝國在印度的代理人，但一直到一八五八年，英國國會才正式通過法案，將印度轉交英國國王管理，從此印度成為大英帝國直轄殖民地。作者所回溯的歷史，應該是指東印度公司而不是殖民政府。

2 喬治・柏格於乾隆三十九（一七七四）年到日喀則晉見班禪六世；由於噶廈（在拉薩的西藏政府內閣）反對，加上未經清廷批准，柏格未能到達拉薩。

3 光緒十二（一八八六）年，為了防制英印進一步威脅西藏，藏方派軍在原屬西藏、後劃歸哲孟雄（錫金）的隆吐地方建立卡房、設置砲台；英國向清廷抗議，清廷因鴉片戰爭、英法聯軍之役連連敗北，不敢對英強硬，於是多次迫藏方從隆吐撤兵，而藏方不從，英軍終在次年三月向隆吐進攻，藏軍也三次反擊，但都被擊退；至十月戰事底定。光緒十六年駐藏大臣升泰在加爾各答與印度總督蘭士頓簽訂「藏印條約」，英國正式領有錫金。

110・清廷與西藏

西藏與中國之間有著長遠的歷史關係，說來話長，我想只就今日的狀況略述一二。西藏必須向中國納稅，因為她以屬國身分接受中國保護；這筆年貢金過去一直都有繳納，但近幾年卻一次也沒繳，理由是西藏年年為中國皇帝舉辦默朗木祈願法會，所費不貲，必須由中國政府提供。藏方認為中國政府拿錢辦法會，藏方則向中國納稅，一往一來太費事了，不如就以稅款當作法會的經費來抵用。

歷來中國在西藏擁有絕對的勢力，因此即使做些無理要求藏人也無不遵從，造成中國在西藏越來越跋扈。甲午戰後，中國在西藏的勢力急遽下落，導致今日藏人不只對漢人毫無敬意，還多了份輕蔑之意。這使得居留西藏的漢人憂心忡忡，總想做點什麼來重振聲威，但是藏人早看穿了中國政府對西藏已經無能為力的事實，因此漢人只能眼睜睜看著對西藏影響力的消失。

中國今後將繼續積弱不振，自然無能恢復在西藏的地位，藏方對中國政府的命令也就陽奉陰違。當中國在八國聯軍之役敗戰後與各國簽訂辛丑合約，合約議成即在中國全境十八行省以及西藏、蒙古兩地方頒布寫在黃絹上的皇帝聖旨，內容大致是「歷來我國民多次陷外國人於危殆之中，乃因不明外人真相故。彼外國人來至我國，無非從事實業或布教，皆為謀相互之利益者。職是之故不應危害彼外國人，從今而後勿犯是盼；犯之者處以重刑。我國已對諸外國開放，今後外人足跡所至之處慎勿違礙使自由進出通行無阻」云云。這份詔書首先一份送達拉薩，就張貼在大昭寺旁邊商家的石牆上；後來又送來若干份，公布在許多地方，內容大同小異，無非告知百姓中國政府已經和外國講和，希望人民遵守合約。我在拉薩好幾次讀到這種詔書，才確知八國聯軍攻陷北京、光緒皇帝和慈禧太后遠走他方，直到議和後才鑾駕回京，並頒布了這份詔書。

即使是這樣緊要的詔書，藏人看了也一副事不關己的樣子，我曾問一位高官：「這樣的詔書頒布了，今後英國人會不會以此為口實大舉入藏呢？」

他說：「哪能說來就來？」

我問他什麼意思，他答道：「什麼意思？那是大清皇帝自作主張，我們可沒有同意啊。其實稍稍想想也知道，那東西並不像是皇帝的本意，根本就是他身邊一些壞人拿了外國人好處搞出來的名堂，皇帝並不知道。我這樣說是因為中國皇帝乃文殊菩薩化身，他絕對不會寫這種顛倒的東西，什麼讓外國人自由進出。這都是騙人的，肯定沒錯。」這不只是一、兩人的意見，而是許多人都抱持這種想法。我相信這是中國皇帝的詔書不假，不過其他人可不這麼想。堂堂大清皇帝的聖旨在西藏被視為比娼妓的信件還不如，真教我錯愕不已。

接下來也談談尼泊爾和西藏的關係。尼泊爾近來人口增加得很快，那是實施一夫多妻制的關係。他們認為只有增加人口才能向外擴張勢力，於是非常鼓勵一夫多妻，稍堪溫飽的家庭至少會娶兩個太太，富裕一點的話則娶三、四個不等，所以小孩越生越多。同樣是喜馬拉雅山區的國家，沒有一個像尼泊爾人那樣會生，不管走到哪個角落，都會看到許多大腹便便的婦女，這可是別處沒有的景象。尼泊爾多山，許多山區都已經開闢為梯田，而且人煙已經深入到喜馬拉雅山深處，除了像海子大森林這種棲息大量猛獸的地方以外，很多山區的樹木都被大量砍伐銷往印度。

在尼泊爾的感覺就是人口密度很高，西藏的土地面積至少有尼泊爾的十二倍，但人口卻比尼泊爾少。地狹人稠導致很多人生計困難，必須遠赴國外謀生，其中有的到印度從軍或經商，有的前往大吉嶺、錫金一帶墾荒，因此生活有了顯著改善。尼泊爾政府也瞭解到人口過剩所帶來的壓力，為了解決這個難題，他們自有策略。對英印政府發動戰爭以取得土地俾便移民是最快的方法，但實際做起來有困難，因為是以小敵大、易守難攻，於是他們把目標放在西藏，密切等待進軍的時機。尼泊爾軍隊人數遠多於鎮壓國民所需，這是尼泊爾政府刻意建軍的結果。

111・尼泊爾的外交

尼泊爾在教育方面，或是其他文明事業如醫院的建立、法院的設置、法律的整備等都沒什進展，唯有軍隊的訓練素質僅次於英屬印度；至於在山區的戰鬥力則遠在英印軍之上，因為他們都生長在山區，每天背負重物爬上爬下的緣故。尤其氣候不像印度那麼炎熱，人民都非常勤奮。

印度人是著名的懶散，而尼泊爾人正好相反，可以說與日本人極為類似。就其容貌、矮小的體型、膚色、富於俠義感以及不畏死種種特點看來，簡直要讓人誤以為和日本人是同一個種族。

從這等強悍的國民當中挑選出來並加以訓練，其戰力當然不容忽視。這些士兵在國內並無用武之地，只有在移植其國民、擴張其領地的時候才派得上用場。那會是在什麼地方呢？以今天尼泊爾政府的立場，只有北方此外無他。

在這種情勢下，如今又碰上尼泊爾政府不得不發動戰爭的局面，因為俄國不但和西藏政府簽訂密約、贈與西藏法王主教的榮銜，還提供西藏大量武器，這種種跡象當然會引起尼泊爾政府相當大的注意，並且懷著強烈的戒心。畢竟脣亡齒寒，俄國若是侵攻西藏，接下來第一個受威脅的就是尼泊爾，因此得早做防備。

不久之前尼國政府好像對西藏政府提出了一個說帖，意思大約是說：「如果貴國與俄國締約是事實，而且兩國關係將日益親密的話，我們必不能坐視；為了保護我國安全，只好與貴國一戰。」這當然不是公開提出的，而是非正式表態，否則兩國開戰勢將難免。

然而尼泊爾向西藏威脅要開啟戰端，真的是尼泊爾本身的意思嗎？最期望這件事情發生的，其實正是英屬印度政府，因為英印方面如果直接和西藏開戰並不符合他們的最大利益，於是他們在暗地裡和尼泊爾接洽，並且給予尼國相當的援助，想讓尼、藏之戰成為事實。

若是尼、藏開戰，以大量士兵生命為賭注的尼泊爾人恐怕只能得到有限的好處，真正的大贏家將是英印政府；只不知尼國政府瞭不瞭解這一點。對尼國而言，即使現在對藏方有很多不滿，但如果能積極派遣實業上的專才前往西藏，以厚植尼國在西藏的經濟基礎，進而掌握工商業方面的實權，才是最明智的做法，因為這將不費一兵一卒而達到完全相同的目的。

等尼國在藏地贏得經濟上的穩固地位之後，即使將來俄國勢力進入西藏，尼國再名正言順地以保護本國僑民利益之名義對俄國宣戰，可能更有充分勝算。倘若現在慌忙出兵，怎麼看都是下下策，只不過變成英印政府的馬前卒。但考慮尼國國王也是個頗有見地的人，我認為他不至於鹵莽地發動一場毫無利益可言的戰事。我曾經多次面見尼國國王，聽他說了許多話，深深覺得他不但有很高的道德修養，也充滿睿智；何況輔佐他的一群高級官員都是一些精通國際局勢的人，不是那麼容易為人所左右。因此我的結論是尼國並不會在英印政府的教唆下對西藏發動戰爭。

一般觀察家的看法，即使尼泊爾向西藏下最後通牒，應該也只是一時的外交策略而已。藏人對尼國百姓沒什麼偏見，同時也不會害怕，唯一擔心的是尼國一直擴充軍隊的規模，而他們又是如此驍勇善戰，一旦真的有事，將會有不可逆料的後果。

西藏政府方面則致力於取得尼國政府的歡心，從一件事可以看出端倪。幾年前尼國國王想要請一部《大藏經》，於是指派邊境上一個名叫施巴・哈爾克曼的縣長偷偷入藏購買。這位縣長行事輕浮，到了印經的那塘寺即公開宣稱他是奉尼國國王之命前來請經，要寺方無條件奉送一部。那塘寺住持一聽不敢等閒視之，說必須先向西藏政府請示。

本來尼泊爾北部喜馬拉雅山區住了不少藏族人，他們歷來即有從西藏購藏《大藏經》的習慣，所以各寺廟以及豪族家中多半有一部《大藏經》，而藏方也一向供應無缺。由於哈爾克曼也是尼國北境的人，以前就曾經入藏買過《大藏經》，自己家中就藏有祖師部《大藏經》，我在他供經的經堂住過一個月因此很清楚。

噶廈知道這件事以後，指示那塘寺方不可向對方拿一毛錢，並說拉薩這邊已經有一部精印的《大藏經》，將直接以這部現成的藏經無償贈與尼國國王云云。這部《大藏經》如今收藏在尼國國王圖書館裡。藏方就是如此苦心經營雙邊關係的。尼國方面也做了不少努力以取得藏人的好感，尼國國王本身是印度教徒，卻允許信教自由，對尼國境內的藏族佛教徒不只加以保護，而且對佛寺以及聖蹟也都妥加照顧，或是布施金錢，或是提供建築材料，實質上幫了不少忙。

雖然這是針對尼國境內藏人所做的事，但內地西藏人看到同文同種的同胞受到如此照顧，佛法得到這般護持，當然也會覺得窩心。如果現在尼國政府能夠更加積極，多花些錢做西藏工作，必能收攬西藏民心並取得噶廈官員的好感。

不過尼泊爾政府內部亂象不少，掌握實權的總理大臣屢屢遭受暗殺，或是被強迫退位，引起了各種騷動，導致不但無暇顧及西藏事務，也沒有多餘資金可以使用在西藏事務上。所以當今尼泊爾雖因軍事上的實力而沾沾自喜，在外交策略上則是乏善可陳。

112・西藏外交的將來

一如上述，西藏正受到三大強國的脅迫，而世人也非常關注最後將由哪一個強國入主西藏。當然三國聯手侵攻西藏是不可能發生的事，英印和尼泊爾攜手作戰也許還有可能；而一般認為俄國勢將南下牧馬。

俄國入侵西藏的目的，當然不是想治理這片乾燥不毛之地，而是以此取得銅牆鐵壁般的喜馬拉雅山脈做為天然萬里長城，進而征服山脈南麓世界知名的富饒之地印度。正因為如此，英國與俄國不可能聯手染指西藏。

然而未來在西藏必定是英、俄兩強相爭的局面，尼泊爾身處其間，與其對藏用兵不如厚植在西藏的經濟實力，不管將來誰控制西藏，尼泊爾在藏地的利益都不會有所損失；若是拿武力強奪，將不免於和英、俄兩強兵戎相見。

前面已提到，西藏政府內部極為腐敗，只要有賄賂就可以隨時見風轉舵，因此不能以西藏政府做為交涉的對象。目前對西藏政府高官籠絡最為積極，並取得足以動搖西藏之實力的非俄國莫屬；不過若說要讓一般民眾都心服口服的話，只有英國做到了，俄國根本瞠乎其後。英國方面的西藏事務處理得最為成熟，但不管使用外交手段或權謀運作，都不能保證最後的成功。也許未來勝出的是比較誠實那一方吧。

若是外力果真入侵西藏，則西藏將束手無策，因為西藏人民篤信佛法、心地善良，遇到這種變故只會以消極的因果觀來看待，把它當作前世所注定，缺乏積極的精神，完全不思致力於本國的獨立自主，建設一個富強之邦。因此俄國若入侵西藏，藏人將會坐以待斃，放棄抵抗，而英國的西藏策略將面臨最大的挫敗。

掌控海權而發動海戰固然可怕，以喜馬拉雅山脈為橋頭堡，居高臨下發動戰爭，其勢亦不可擋。到那一天，俄國就真的實現了彼得大帝著名的遺願了。也許有人會覺得這種說法太誇張，這是不瞭解西藏地勢之堅固程度才會說的話。

但是西藏真的就完全沒有獨立自主的可能性了嗎？那也不見得，只不過今天藏人的依賴心不是一朝一夕所養成，全國上下有如孱弱的婦人女子，一下向印度靠攏，一下又把希望寄託在中國，看不到獨立的決心。就我在西藏的觀察，確實有不可言表的地方，那就是儘管當今法王非常銳敏果斷，度量寬宏，能力亦強，幾乎可說是一個完美的人類典型，但最大的不足在於缺乏文明教育。不過他致力於通達民情、察納雅言以收攬民心，並且講求法治，賄賂對他完全產生不了作用，因此我認為法王依舊有能力領導藏人走向獨立自主之路。

過去英印政府要是對西藏採取什麼行動，只要面臨武力侵攻的威脅，法王就會非常恐懼，甚至食不下嚥，日夜煩憂，但最近有些跡象可以看出他已經變得比過去強硬。英印政府最近在與藏方訂定新邊界線的過程中，想在某些地域多占些便宜。這是英印方面眼看俄國在西藏的策略已經取得可觀成效，想以這件事試探藏方的態度，沒想到法王毫無懼色，並且聲言不惜與英印開戰，充分表現了豪快的英雄本色，令許多人非常激動。由於以前我常聽人說法王如何如何怯懦，因此看到他這種反應，頗感驚詫。

過去我常為西藏的命運而悲歎，現在法王之所以從昔日的處子變身為意氣昂揚的脫兔，一方面是已經和俄國締盟，約定對英印方面採取一致行動，同時又取得大量武器的緣故。藏方相信，當今之世唯一能夠一挫大英帝國雄風的唯俄國而已，因此他們再也不擔心英印方面的威脅。

所以說在我所認識的藏人裡，還沒有看到有誰致力謀求西藏的獨立自主，總覺得不找個強國來依靠不行，這就像一個人，不管長得多高多壯，終究還是個稻草人；沒有自立自強決心的豪傑，不過是人家的奴隸而已。也許將來會有一個不世出的真豪傑出現，應用佛法因果理法的積極面，推動富國強兵之策——雖然這只是一個夢想——也許西藏可以得到最後的獨立自主。

113・默朗木祈願法會（一）

默朗木大會是西藏最著名的祭典，每年從藏曆元月三日（偶爾會從四日）開始，一直進行到二十四日，然後在二十五日舉行結束的儀式。這是西藏規模最大的盛典，也是一場大祈願會。「默朗木」直譯為「許願」，並沒有祈禱的意思，但法會實際上是為了祝願中國皇帝政躬康泰而舉行，因此把它的實際意義翻譯出來的話就是「大祈禱會」。

藏曆元月一日到默朗木開始為止，即是藏人的春節，雖然各地過春節的儀禮有異，但慶祝一元復始的意思則一。各寺僧侶因為必須從三日開始出席默朗木的大法會，一直忙著誦經及其他各種相關行事，因此大概從年底十二月二十日到春節期間會讓他們先放假休養。假期中寺院的景象老實說非常嚇人，我一開始還不相信在西藏會有這種事：僧侶們竟然公然丟骰子賭博。

這段期間不管玩鬧到多晚也沒有人會加以制止。小沙彌也是盡情吃喝玩樂，幫我打雜的沙彌平日非常聽話，但到了這時根本不聽我使喚，晚上也不知道到哪裡玩去了，徹夜不歸。這時如果有什麼事需要差遣真的很不方便。我另外雇用的一名沙彌也是一樣，什麼忙都幫不上。據我觀察很可能都是去做前面提到過的見不得人的事情。

到了這時節，如果還堅持誡律、謹守清規簡直就像個笨蛋，因此即使平生不苟言笑的學者型僧侶，也是通宵達旦飲酒作樂，喝到精神渙散、不成人形。有的熱中於呼盧喝雉，有的猜酒拳，一些很體面的僧侶也拿著食物對賭。看他們的樣子都充滿了歡樂，尤其是雜役僧，或是唱歌，或是角力，總之寺院中變得毫無章法、亂成一片。近年來這種現象更加嚴重，一到春節前後，把平生嚴持的誡律宗規徹底丟在一邊，就像魚群逃出網羅再度游回大海一樣，為所欲為。

不過即使如此，可也沒有發生把女性偷偷帶入寺院的事，反之，那些清秀俊美的年輕僧侶則忙得不可開交，聽說收入頗豐。一些有心的喇嘛博士對這種現象感歎不已，還著書立說勸戒寺中僧侶有所不為；可見並非所有人都認同這些行為。在勸戒之作中，他們認為偶爾稍放鬆一下尚情有可原，但對賭博及男色行為則期期以為不可，把本應保持神聖清淨的寺院弄得比市場還喧譁騷亂，這種種教人說不出口的現象根本是佛法滅亡的前兆。這類忠告勸戒的著作不少，不過多數僧侶都當作馬耳東風，充耳不聞，好像人家說的是遙不可及的寶貝，與自己沒有關係似的。

上述的淫亂行為等一直持續了十二天，等到元月三日開始，各寺僧侶全趕赴拉薩市區；色拉大寺離拉薩城只有六公里路，三日早上出發就來得及了。哲蚌寺入城要走十二公里，也是當天出發即可。甘丹寺距拉薩六十餘公里，必須提早兩天出發，在二日晚上或三日一早抵達。其他較小寺院的僧侶也一併出席，因此這時拉薩城裡共集結了約兩萬五、六千人。

法會期間僧侶們都租住城裡的人家，把家裡一個乃至兩個房間空出來供僧侶住宿是拉薩市民的義務。地位較崇高的僧侶在五到十名的弟子陪同下，可以單獨租到兩個專用的房間，一般僧侶則必須二十個人共用一個小小房間，再加上五、六個幫忙打雜的沙彌，簡直像擠沙丁魚；甚至還有人就在室外打地鋪。只要不下雪，打地鋪的人基本上還禁得起外頭的酷寒。平日只有三萬居民左右的拉薩府，突然間湧進兩萬五、六千名僧侶，更不要說從各地前來參拜的大量朝聖客，使得城裡一片人山人海，好不熱鬧。

不過所謂各地前來朝聖的現象是當今法王的時代才有的，以前很少地方上的人來參加默朗木的祭典，不只如此，過去在默朗木期間拉薩市民甚至要逃往城外。也許有人會問：「這不是很奇怪嗎？默朗木大祈禱會時人潮洶湧，住在市區正好做生意大賺一筆，為什麼反而還要跑出城去呢？」這是因為不瞭解當今法王主政之前拉薩默朗木的狀況。

過去的默朗木期間，執法僧官對老百姓欺壓得很厲害。執法僧官來自三大寺中最大的哲蚌寺，任期一年，每次有兩位，稱為協敖（大鐵棒喇嘛），意思是哲蚌寺的司法官。為了獲得這個職位，必須先向政府官員行賄，其金額非常龐大。他們就任後，在任期中除了擔任哲蚌寺的司法官，同時在拉薩府舉辦默朗木（傳大召）和「錯卻」法行祭（傳小召）期間（領導法僧隊）負責整個拉薩府的治安。

因為舉行默朗木時，整個拉薩府變成一個僧侶充斥的大道場，因此包括百姓都必須服從協敖的管理。由於協敖為了買官投資了不少金錢，法會期間必得趁機會大賺一票，除了取回賄賂的本錢外，順便再狠狠撈一筆供未來享用。為了達到目的，當然對老百姓苛虐無比，手段也狠，連門口沒掃乾淨都要罰，而且金額不小；若是有人吵架鬧事，罰金更高，不僅罰款，還要揍人。

有些人欠債不還，債主就拜託協敖幫忙催討，即使最後只能分到一半債款也聊勝於無。另一方面，欠債的人不只財產會被沒收，還會連累其他親屬。那時的協敖幾乎擁有無限的權力，所作所為簡直跟強盜沒什麼兩樣。

老百姓受不了這種荼毒，於是默朗木開始前幾天，就把家私種種收起來鎖好，然後扶老攜幼逃到鄉下去，只留下一個人看家，把房間通通租借給僧侶暫住，到最後全城留下不到十分之一人口，往來全是僧侶。

114・默朗木祈願法會（二）

跑掉的人固然無法剝削，但協敖仍舊會找各種口實，向僧侶以及仍羈留城內的百姓要錢。因此即使任期僅僅一年，由於收入相當誘人，每年爭取這個職位的人非常踴躍。協敖不只在法會期間需索無度，回到寺內還是盡可能搜刮，其橫行跋扈之惡形惡狀，可以說是諸佛殿堂中的大強盜、大惡魔。

關於這有個好玩的說法。有一個喇嘛擁有相當的神通力，可以自由往返地獄與天堂，很受社會大眾的信賴。一個拉薩商人前去找他，問道：「聽說您可以到地獄走一遭再回來，請問什麼樣的人在地獄中受到最大的苦刑呢？您一定看過吧？」

喇嘛說：「沒錯，我看過。」

「那麼是誰呢？」

「說來挺嚇人的，地獄裡和尚還不少呢，到處都有光頭和尚被小鬼以鐵臼、鐵杵折磨，弄得血肉模糊、苦不堪言。不過一般的和尚在地獄所受的待遇還算客氣的，最最嚴酷的人你道是誰？」

商人睜大了眼睛：「是誰呢？」

「是哲蚌寺的協敖吶，他正在無間地獄受著極大苦楚。這協敖在我們這裡連飛鳥看到都會怕得掉到地上來，可到了地獄就完全不是那麼回事了。」

默朗木一開始，拉薩城裡原來遍地都是的糞便被清除一空，變得格外乾淨；位於鬧市平常為供人排泄而挖的溝渠這時也全部掩埋起來，成為平坦的通道；拉薩經過打掃整容之後，真的成為名副其實的諸神之國度。對僧侶而言，此時的拉薩風光最為迷人，走到哪裡一看都很賞心悅目。而不拘僧侶、婦人，平日一向隨便一蹲就拉了起來，這個時候都乖乖找個廁所才敢方便了。

雖是鄙俗的話題，談到拉薩的廁所，一般一棟房子設有一處或兩處，而且是設在很寬敞的房間中，大小約四公尺見方。入口很窄，但一進到裡面就看到四面塗了漆的土牆之間，挖了兩道乃至三道深三公尺、長約兩公尺、寬十五公分的坑穴，坑穴兩側均豎有四方形大柱。每一個坑穴可以容兩人或三人並排，最多可容九個甚至十個人一起使用。

在西藏一般除了在家的男子外都不站著小便，僧侶、婦人以及一些比較文雅的在家男子一律是蹲著小便。廁所的坑穴之間並沒有隔板之類的東西，家人無論男女同時使用也習以為常。比較過分的是市區的偏僻處有條小河，當僧侶到河邊小便時，對岸就會有婦人也蹲下來小便，其實是故意撩起裙子給這邊的僧侶看。難怪有些出家人會笑說，這是默朗木期間最可口的美食。

默朗木的大祈禱會主要會場在大昭寺的釋迦堂。釋迦堂是三層樓的大伽藍，但法會時擁擠不堪超乎想像。如果是小孩子則會被夾著連動都動不了，有時法會散場一片雜沓，不小心還會有小孩被踩死。

依例僧侶每天集會三次，首先是清晨五點到七點為止，第二場十點到下午一點，第三場從三點到四點半左右；領取布施金是在第二場的時候，有信眾的布施，有些則來自政府發放，數目不定，有時一章卡（二十四錢），多的時候四十八錢或七十二錢。若遇到法王即位、出生、圓寂的年分則例外，普通僧侶的收入可以加倍；高級喇嘛的收入則相當可觀，非一般僧侶足可比擬。

不過僧侶必須自付住宿費，但很便宜，普通僧侶的話一個人大約二十五錢，好點的房間則是五十錢左右；豪華的房間則非常昂貴，只有貴族僧侶才租得起。然而不管出多少錢，僧侶不准租住賣酒的商家以及女眷較多的家——這種家裡多半就是賣酒的。另外鬧市的店鋪是不能住的，除非是與店鋪完全隔離的住房。祭典期間還有一種叫做康村吉根的長老教師，專司監督僧侶的品行；照說混雜中最容易發生爭吵了，怪的是並不多見，至少表面上大家還是謹守規矩。

由於每天要出席三場祈禱會，所以一定要住在拉薩市內，只有病重的僧侶才允許回自己的寺院休養。雖說滯留拉薩市區，但並沒有硬性規定一定要參加每一場法會，不過缺席的人倒也不多，尤其中午那一場祈禱會一定發放布施，而其他兩場偶爾也會有少量布施，所以多數僧侶大抵三場都會前往參加。

到了藏曆一月十五日夜間，則會舉行盛大的供燈節；慶典只在夜間進行，一直到第二天凌晨四點結束，期間僧侶不許外出，一律蟄居屋內。慶典的供養品主要是由貴族、高官等奉獻，為高達一、二十公尺呈火焰形的酥油雕塑，上面飾有各式紋樣，兩側還有兩頭向上盤升的龍。供養品依序排列在大昭寺四周的八廓街上。

酥油雕塑的正中央有鮮花圖案組合起來的宮殿，宮殿裡有的是描繪佛菩薩濟度眾生的模樣，有的則是王公大臣的造像；稍下方則有各種人形。這一切圖樣都是以酥油捏塑而成，包括極樂世界的天人、天女、迦陵頻伽鳥、共命鳥等[1]，在沒有受過正規美術教育的藏人手中，仍是製作得分外美觀，這都是從古代傳承下來的技術。

材料也不只酥油而已，上面還會包以金箔，或是塗上各種顏色，遠望有如絲綢所縫製的精美繡花衣袍。酥油本身即有光澤，添上顏色後光澤更加耀眼。在巨大的酥油雕塑前方，則擺滿小型酥油花燈；馬路正中燃著篝火，其位置遠近正好在可以為酥油花雕塑藝品提供照明，卻又不至於融化酥油花的程度。供養進行到早上四點，然後在日出前全部撤掉，因為太陽的熱力會將酥油花融解。酥油的光澤加上金箔、銀箔、五彩，成百上千互相輝映，其美觀與壯麗幾乎讓人懷疑不是世間所有，我也從沒在西藏看過比這更出色的供品。

藏曆元月十五日正當陽曆二月二十三日，這一晚的光景，說是將天上宮闕搬到地上人間並不為過。這不是我的一家之言，即連不識風雅的藏人也有諺語形容十五日的供養是兜率天上彌勒淨土[2]在拉薩的再現。

然而僧侶並不被允許觀賞這些迷人的供養，除了與供養過程的行事有關的僧侶外，兩萬五、六千名出家人得見酥油燈供養的不過兩、三百人而已，其餘則不准外出。

【注釋】

1 迦陵頻伽鳥見第三十一章注釋。共命鳥為梵文jīvam-jīvaka直譯，在經典中時時以「同一身體卻有雙頭、二心」的珍貴鳥類形象出現。

2 參見第十三章注釋。

115・默朗木祈願法會（三）

為什麼如此盛大而罕見的慶典反而不許僧侶參加呢？因為此時拉薩市民不分男女老少都會出門賞燈，八廓街人潮洶湧、摩肩擦踵，如果雜役僧此時惹是生非，難免危害到市民安全，畢竟人太多了，實在難以維持秩序，因此近三十年來僧侶被禁止賞燈。慶典從晚上八點持續到次晨四點左右，達賴喇嘛也會前來觀賞，各種安全檢查做得很嚴密；不過法王也有不來的時候[1]，倒是中國的駐藏大臣一定會出席這個盛會。

我也是僧侶的一員，照說同樣不許觀燈，不過因為前財政大臣的好意邀約，我乃與他同行。有大臣在旁，執法僧官和其他法僧隊的人並不會對我怎麼樣，若是一個人前往，肯定被他們體罰還要被綁起來；與大臣同行，這些執法者看到我反而要行吐舌禮以表敬意，並且立刻迴避。我受到財政大臣之邀，從巴勒布商人大房子的二樓，一同觀看安全檢查的隊伍巡視酥油雕塑。

沒有經過安全檢查就不允許開始觀燈。聽說前些年法王一定駕臨，但這一次法王並未出現，駐藏大臣則到了。駐藏大臣的行列異常華麗，乘輿上方吊掛著二十四盞薄絲宮燈，裡面點著西洋蠟燭，大臣身穿中國的豪華官服，頭上是表示其位階的頂戴，一動也不動地坐在乘輿中，前後還有數十匹馬隊護衛。

由於燃著成千上萬盞的酥油燈，以致整個城區宛如點了大量瓦斯燈般燈火通明，在這樣的時刻又乘著掛有蠟燭吊燈的轎子，實在是加倍好看。即使如此我還是覺得有些反感，理由是雕飾過火，變成了俗氣；藏人倒是看得目不轉睛，而且難掩驚訝之色。駐藏大臣之後，是西藏的高等僧官以及一般高官，殿後的則是現任宰相。

西藏政府共有四名宰相，霞札、碩康、帖康喇嘛和霍爾康，一向四人會一起出現，但這一天只來了霞札和帖康喇嘛。碩康的夫人剛剛去世，不方便參加；霍爾康則上任不久，或許還不到出現的時機。宰相出席的目的，主要是評判這些酥油雕塑的好壞與等級。酥油花主要出自拉薩府的著名貴族或大寺院，以及部分頗富資產的小寺，由他們年年提供。不過與其說這是供養還不如說是該納的稅金，因為每一個供養物都所費不貲。

默朗木期間我寓居財政大臣宅第，只去觀了燈，並未出席法會，理由是人太多了，連坐的地方都沒有，就算勉強有得坐也完全不能動彈，想想就放棄了；可是仍想瞭解法會大致的情景，所以還是出去走走看看，果然非常好玩，尤其是雜役僧聚集的地方。

雜役僧鬧事的時候，協敖底下法僧隊的警護僧即提著長三公尺餘、粗約十五公分的柳木棒過來巡邏。當遠遠看見棒頭出現，原來在那邊哼歌、吵架或比腕力的人立刻安靜下來，裝成很虔誠模樣開始誦經，看起來真的令人啼笑皆非。等法僧隊一走開，誦經聲立刻轉為唱歌；在這些人心中根本沒有絲毫祈禱的念頭。

至於學問僧方面則完全是另一種景況，每個人都專注於經義問答，因為這是他們學期考試的時刻，關係能否獲得學位，所以場面非常熱烈。這時不只色拉寺舉行考試，三大學問寺僧侶中學習成績最好的人都各自接受考試，如果通過即可獲得格西（博士）學位。應考者無一不是二十年間夙夜匪懈寒窗苦讀者，他們希望通過考試讓自己名震三大寺，即使同為博士也期許自己是第一等的博士，因此在問答過程中，其聲勢直如獅子和老虎的殊死戰，儘管每個人仍舊是神情愉快。

發問的一方好像要用盡辦法將猛獸誘入陷阱中，而應答的一方則試圖從陷阱底部脫身，彼此手段之激烈超乎想像。此時三大學問寺出身的博士、學者們圍坐四周，不只對應考者的答問嚴加批評，如果有人答不出來，他們還會笑聲如潮湧。笑聲分成三段，「呵呵、呵、呵呵喝」，一段比一段更加高昂；只要有兩、三個人聯袂出聲譏笑，為數百千人的僧侶即跟著大笑，聲音之大似乎要把經堂震垮似的，可以想見參加這種問答考試並非易事。

每年默朗木期間從三大學各選拔出十六名拉然巴（Lha Ramba）格西（特別的博士學位），指拉薩府默朗木時所獲得的博士，為博士中的傑出者。參加這場問答測驗的都是從三大學挑出來的佼佼者，一般的學問僧是無法與會的。其後在二月的法行祭期間將再各選拔十六位次一級的學問僧，授予曹然巴學位。另外各寺也各自頒授博士位。

這分為兩種，一種稱為朵然巴，一種叫林塞[2]。朵然巴裡出了不少大學問家，有時拉然巴中間也會有學行超卓之士。要直接成為一個無上榮耀的拉然巴需要花很多錢，若是先取得朵然巴學位後再接受拉然巴的大考，則不需要花什麼錢。常有一種情形是，一個非常優秀的大學者，如果一時阮囊羞澀，即使被選為拉然巴大考的成員也無力出席測驗，只好繼續寒窗苦讀，導致有些玉石混淆的狀況；不過林塞這一級的學問僧其實並沒有什麼學問。

尤其哲蚌寺和甘丹寺裡最下等的博士學位，只要讀個五、六年書，然後就可以用錢買得，然後回返自己的故鄉；在鄉里之間只要有個博士學位，不拘學問之有無，總是會受到相當的尊敬和信賴。這種現象在日本也一樣，不過在西藏特別嚴重。即使如此，在默朗木時選拔出來的十六名博士還是很傑出的人才，而名列第一更是無上榮譽，那些只靠熟讀教科書而

學問僧經義問答試場

取得學位的人是無能承擔這種榮譽的。

除了教科書之外，沒有用心研究其他經藏的話，絕不可能順利通過默朗木大考。從這一點上看來，西藏的佛教學者比日本的佛教學者高明得多。日本固然也有不少精通天台、唯識或真言之宗義的大學者，但能夠全面會通佛法，並且可以即席提出精密見解的，恐怕就遠遠不及西藏的博士了。

【注釋】

1 達賴在親政前，既不能參加默朗木，也不能出來觀燈；親政之後，只要有人邀請，則達賴可參加默朗木，並在十五日白天向三大寺僧眾講經說法，當晚也可以率先觀燈。

2 拉然巴指全拉薩的博學高明之士，曹然巴指全寺性的優秀學者，朵然巴意思是寺院選拔出來有才學的人，林塞則是指在佛殿門前石階上通過問難而考取的格西。

116・投祕劍會

雖說默朗木期間偶爾出去看看熱鬧是一大樂事，但我最重要的任務還是到色拉寺去聽拉康巴大博士和摩耶堪布講課。所以當其他僧侶忙著賺錢的時候，我每天忙的卻是上課。其實當時我已經到了非離開西藏不可的時候，所以只要有機會進修都會覺得很愉快。

自從我住進財政大臣宅邸之後，讀書和上課的時間比起之前忙著幫人醫病時多了許多，因此著實有不少精進；這段時間直到我離開西藏，也就是五月十五、六日前後為止，整個人身心都處於一種非常理想的狀態，確實是用功的好時機。

陽曆的三月四日，也就是藏曆元月二十四日有一場托給（投祕劍會）儀式，我也去看了。儀式舉行時，所有僧眾都必須離開現場，幸好我認識住在大昭寺前方的貴族一家，因此得以從他們家窗戶目睹整個投祕劍法會的過程。

此時除了拉薩府及其附近所有兵士之外，連後備軍人也都出動了，總共有兩千四、五百名騎士，他們的裝束非常有意思。首先有五百名穿著類似日本古代的甲冑，還有一件紅底白條紋的披風長長垂到身後；接著是綠白相間的一隊，然後是紫色以及其他顏色的行列。他們手上有的拿著弓矢，有的持槍，甲冑上還插著各色旗幟，看起來很是華麗。與其說這是上戰場作戰的裝扮，不如說是花車遊行。他們的隊形變換也充滿儀式性質，一點感受不到戰場的緊張氣氛。這天在一聲信號砲發射後，兵士們同時出動，擺出各種陣式。最引人注目的是，在大昭寺西面釋迦堂上方設有法王的御座，達賴喇嘛就在那裡觀賞。

每五百名騎兵隊伍輪流操演之後，從本堂中魚貫走出三百名衣著鮮麗的僧眾，一隻手持裝有長柄、鼓面畫有龍首圖像的波浪鼓，一隻手拿著弓形的鼓槌，在大昭寺前方圍成圓圈；接著出來的是持鐃鈸的僧眾三百，和鼓隊圍成同心圓形。他們的法衣上都裝飾著閃亮的金屬片，有的在法衣底下穿著繡有金線圖案的貼身衣物，整體呈現出豪華而美觀的效果。

鼓隊和鈸隊圍成圈圈後，鐃鈸隊伍的領頭者即走出來，邊敲鐃鈸邊跳舞，其他人則應和他的節奏一起敲打，同時發出「嗚——嗚——」有如猛虎的吼聲，非常低沉響亮，直透雲霄。演奏告一段落後，身披西藏最耀眼錦袍、頭戴金碧輝煌冠帽的曲均靈媒被兩個人架出來，他已進入恍惚狀態，仰頭閉眼，嘴巴像魚在呼吸時那樣張闔，兩腳踉蹌好像隨時會倒下去。旁觀的民眾看到了就拚命跪拜，但也有冷眼旁觀忍不住想吐口水的僧侶，殊堪玩味。

伴隨精神狂亂的曲均一起出來的還有不少僧侶，一身裝扮也是華麗奪目，前面提到色拉寺的祈禱儀式時曾加以說明過[1]，他們走在曲均之前，從兩側排成兩列，約二十四、五名手持以五色絲綢裝飾的長劍，然後是捧著金香爐及種種寶物箱的僧眾。他們和被護法神附身的曲均一直走到大昭寺前方約兩百公尺的平坦處，表示護法神將庇護整個投祕劍會的圓滿。

此時我的師父諦仁波切穿著甘丹赤巴的法服，與達賴喇嘛一起頂著黃色傘蓋慢慢走出來，原來看著曲均一臉不屑的僧侶們，現在則神情肅然以表敬意；在我等眼中，他們就像覺行圓滿的如來。儀式最後由他們兩位施放祕劍為中國皇帝禳災祈福。

儀式雖然結束，但整個法會要到第二天早上才閉幕，此時會有一個很特別的習慣：僧侶也好拉薩的民眾也好，會購買一粒或兩粒石頭，然後扛到市區東南隅的拉薩河畔堆放，以消滅自己的罪障。石頭是特別由山上切割運到市區來賣的。

說起來這是很好的事情，因為夏季拉薩河洪水為患，每年都會造成極大損失，把石頭大量堆積到岸邊，等於是築堤的意思；信仰上偶然的、消極的作為，卻有一個積極的結果。這些石頭不小，我總共搬了兩、三趟，自己覺得很得意。一些富裕人家要不自己扛，要不就雇請五、六個人代為搬運。

【注釋】

1 參見本書第六十六章。

117・西藏的財政

西藏政府的財政狀況非常錯綜複雜，不容易釐清，政府的主計官員每年收支詳情如何，外人根本不得而知；何況財政大臣私下告訴我，這些數字甚至本身都不統一。所收的稅大多是物品，將物品換算為金額說起來容易做起來難。因為物品的價格隨時都可能變動，另外也有許多物品無法訂出價碼，所以統計上的問題頗多。西藏政府因此並沒有確切的統計，我當然無法做出（數字上的）說明。不過出納的方式、納稅的來源、支出的對象以及賦稅的規定等都是固定的，因此還是可以談一談。

噶廈的財政部藏語稱之為「拉柏蘭千波」，直譯為「喇嘛的大廚房」，他們每年從法王直轄的地方以及各莊田主那裡——一般人民採間接納稅——收取稅品，並且直接運到拉薩，不許換為現金繳納。這些物品不拘遠近，兩百公里也好、五百公里也罷，都要一路運送到拉薩，對納稅者而言實在是一大困難，不過納稅者可以無償使用沿途驛站所提供的馬匹；馬匹做為地方上的賦役，不能不提供出來。納稅者所納的物品主要有大麥、豆類、小麥、蕎麥、奶油和乾酪等；另外設有稅關的地方則會上繳包括珊瑚珠、寶石、布類、細紗、絲綢及葡萄乾、杏脯、棗乾等物品。有些地方則是獸皮和鹿茸等，總之西藏所產的物品也好、從國外進口的貨物也罷，都必須依一定比率上繳財政部。

不可思議的是，財政部度量奶油的工具有二十種，度量大麥、小麥、豆類的工具有三十二種，每種大小都不一樣。一種叫波趣的度量衡大約和日本的一斗相當，這是標準的量器，然而同樣稱為波趣，有的卻大到一斗五升，有的則只有一半大小，總之大大小小總共有三十二種。既然這麼混亂豈不是跟沒有一樣，為什麼不乾脆不用呢？西藏政府卻認為非常需要。「最小的」一斗用在什麼地方呢？用在法王的出生地，或者與政府高官有特殊因緣的地域，縱使名目上每一塊田要納二斗穀物的稅，結果因為用的是特別的斗，所以最後納的只及別人的一半；反之有些地方則名目同樣為二斗，真正繳納的卻是三斗，而法王出生地的人只要納一斗五升就可以。雖然受到特別禮遇，但這個地方若是有反政府的行為，或者出現危害社會國家的大壞蛋，則此後課稅就改用比過去大一倍的斗來量。有的只納一半，有的多納一倍，看起來正好得到一個平衡，其實不然，因為度量的升斗有三十多種大小的關係。

政府的支出用在什麼地方呢？前面曾提過要用在各寺院的維持與修葺，如堂塔伽藍的修理、油燈及其他器材雜物的購買、清掃、誦經僧侶的報酬等等，其中耗費最大的就是酥油費，因為寺裡日夜點著幾萬盞油燈，比方單單大昭寺就有兩萬五千盞以上油燈；若是遇到節慶法會，還會多點上一萬乃至十萬盞燈，所燒的都是高價的酥油，很少使用菜籽油。

一般人認為點燈供佛使用菜籽油是大不敬，聽說許多喇嘛臨死時交代「千萬不要點菜籽油燈供養我吶」。大昭寺的釋迦牟尼像前供養著二十四、五盞純金大油燈，其他也有可容一斗的油燈；全寺的用油除了由財政部供應外，也依賴信徒的布施。

西藏的財政部不只負責徵稅，還處理各類捐款和布施金，不管是大昭寺的香油錢，或是大法會的收入、信徒對僧眾的供養金等，都要先送到財政部，再聽從財政大臣的指示發放。

政府支出的第二大筆費用是法王的宮室費，這部分理論上可以無限制支用，但實際上並非如此。當今法王親政後，財政收入增加不少，支出也相對變多了。另外財政部也要支付大小官員的薪給，這部分比起其他國家數目算少，但官員們除了從政府領取莊田外，還有一項福利，就是可以用極低的利息向政府借一筆錢，然後轉借給商家周轉，從中收取利息。西藏一般借款的年利率少則一分五、六厘，多則三分左右，但政府借款利息只有五厘；他們從商家那邊至少可得到一分利的好處。如果官吏、僧官未依約還錢給政府，依照西藏法律，也不許以複利計算欠款。

政府除了給予僧俗官吏種種好處外，也大量供應三大寺茶葉與酥油，以及僧眾的俸祿。法王自己則另有財源，包括信眾的供養和法王專屬莊田與牧場。法王也有直轄的商隊，前往中國和印度行商。財政部本身也有所屬商隊，但與法王商隊是兩回事，彼此不相統屬。法王的財庫稱之為「且拉柏蘭」（山頂上的喇嘛廚房），因為法王的宮殿建在山頭上。法王的宮殿既是宮室也是寺院，同時還是城堡，具有三合一功能。這座城堡建築在西藏是第一流的水準，說是寺院也很突出，而做為宮殿基本上亦是妥當，唯一的缺點是，一口井都沒有，因此一滴水也沒有。

由於城牆高聳，遇到敵人來侵攻，防守起來可說堅固異常，可是沒有水源真是太奇怪了。布達拉宮用水必須往山腳下走約兩、三百公尺，到了平地上再走個兩百公尺，那裡有一口挖在河邊的井可以取水，然後再搬運上去。直線距離雖然只有五百多米，但其中有三百多米是非常陡斜的台階坡路。由於取水不便，因此產生了專門上山賣水的商人。

布達拉宮裡居住了一百六十五名貴族僧侶，此一特殊集團稱之為「南給塔桑」。這些貴族僧侶外貌漂漂亮亮的，生活方面可說是全西藏的出家人中最為養尊處優的一群。

過去從蒙古來的供養銀很多，充實了法王的財庫，但現在這部分的收入幾乎斷絕，所以西藏百姓的負擔益形沉重。當然名目上的賦稅額度還是與過去一樣，只不過用來量的升斗變大了。

地方上幫政府徵稅的單位有兩種，一個是寺院，一個是地方行政官。受寺院管轄的人向寺院納稅，屬地方官管轄的則繳稅給地方官。地方行政單位稱為「宗」，是一種為了軍事目的而設計的城砦，平日則當作政府辦公處，法律裁判、治安、稅賦稽徵等都由這裡執行。

宗通常建在高出地面兩、三百公尺的山頂，負責人稱為「宗本」（Zongpon，城砦長官之意，身分為在家人），等於日本的地方知事。出產大麥的地方徵收大麥，有小麥則徵小麥，畜牧為主的地區則徵收酥油，因地制宜，每個地方徵收的物品都不一樣。集中到宗裡來的物品或銀錢再送繳中央政府。不過宗本並未從中央政府領取年俸或月薪，而是自地方所收租稅中取其應得部分；由中央政府向地方政府提供物品或金錢的情形很少，只有當地方上發生特別的事故，百姓陷入嚴重困境時，政府才會向地方發放救濟金。

另外由中央政府直轄地區的人民要向中央政府繳納人頭稅，而隸屬於貴族及寺院的人民分別要向貴族和寺院納稅，有的會從其中分出一部分上繳中央政府，但規定並不明確。以上是西藏中央及地方財政的概略。

當達賴喇嘛駕崩時，他遺產的一半——表面上說一半其實遠多於一半——將由他的親族承接，其餘的銀錢則分派給諸大寺僧侶及格魯派僧侶當作俸祿。普通僧侶的場合，其遺產比方有五千元的話，大概四千元要留給寺中僧侶當作俸銀及酥油錢，剩下的一千元做為喪葬費或其他善後處理費，如有剩餘才屬於其弟子所有，這部分頂多三、五百元。有時弟子會借錢來以師父名義發放俸銀及酥油錢，做為師父的功德，這種現象並不見諸俗人社會，但在僧侶的世界中則很平常。

118・西藏的兵制

西藏現今的常備兵名目上雖曰五千名，但據我觀察應該不足五千。以西藏人口五百萬來算，五千常備兵實在是極小的數目，不要說對外國，即使要平定內亂以保社會安寧恐怕都不太夠。

不過西藏並非以軍隊治理國家，他們不用威壓治國，只要佛教的信仰力存在，國家即能長治久安。多數平民百姓衷心以佛教為念，深信達賴喇嘛即觀世音菩薩化身，因此絕不會和法王武力相向，打從內心沒有一絲一毫要與法王為敵的想法，這是兵員不多卻少有內亂的理由。西藏的內亂大概都起於法王駕崩，或是法王年紀尚幼不能親政時，有野心的大臣趁機專擅弄權，甚至篡奪法王的權柄，苛虐人民，這時老百姓才會因為憤激而發動內亂。等法王長大親政後，即使偶爾發生矛盾，也會當作是對觀音菩薩的供養與奉獻，一切仍舊以法王是賴，所以根本不太需要軍隊。

但是我在西藏感到他們迫切需要軍隊，尤其是和尼泊爾兩度發生戰事又與英印交鋒之後。現在他們只有雇傭兵五千名，義務役一個也沒有。這些募集而來的軍人都分遣到要塞或重要地域，拉薩只剩下一千名，日喀則有兩千，近尼泊爾交界處最重要的防禦點定日號稱有五百，實際可能不到三百；定日的城砦還有中國軍隊約兩、三百名。另外江孜、樟木、芒康地方各有五百，共計五千。西藏全境共駐有中國軍隊兩千名，其中拉薩、日喀則、定日、靖西各五百（定日只有兩、三百），計兩千名。西藏兵制中，每五百名有一位大將統領，稱為「代本」；

每兩百五十人設一將官（如本），每二十五人設一軍官（甲本），每五人有一隊長（定本）。

西藏雇傭兵月俸大麥二斗多一些，城市的軍隊沒有營房，軍人散居城中，他們很多是生意人，平常還兼做生意，或做其他營生。軍人的房子由市民負擔建築費，引起不少民怨；中國軍人也是住在市民提供的一般房子裡。有的雇傭兵經營理髮店，有的開飲食店，還帶著妻子和小孩，每個月二斗大麥當然養不活妻小，所以才要兼差。

拿了二斗大麥的月俸，相對的義務是每個月要參加五到六次操練，然後一年參加一次大演習，演習地點在拉薩前往色拉大學的路上，一個叫扎普几（Dabchi）的小村，那裡祀有中國的關公。藏人稱關公為格薩爾吉．嘉樂波（意思是「花蕊之王」），因為能夠驅除惡魔神通廣大，受到相當的尊崇。去祭拜的多半是在藏的漢人。關公祠堂也養了許多雞，旁邊是扎普几大寺，有幾個僧侶負責祭祀格薩爾吉．嘉樂波。關公祠堂中有一些有趣的東西：青面獠牙等地獄鬼卒的雕像非常多，它們被當作關公的手下，美術方面的表現很傑出，姿勢、表情都生動異常。

經過關公祠堂和七、八戶人家的小村後，稍稍往北走就看到高出平地的兩百米見方台地，武器庫就建在這裡。然後再往北郊走去，那裡有一大片平野，軍隊在此舉行大型演習。開始兩天是中國軍隊的操演，後兩天由藏兵操演，時間多半在夏末，陽曆八、九月間，此時麥作都已經收割完畢，因此不管怎麼奔跑都不會影響收成。

演習時中國駐藏大臣、西藏各高級將領全部出動，對表現良好的兵士賞給現金或銀盾。藏兵至今仍必須修習射箭技術，也學槍炮的操作，但看不出有什麼實力；這個部分由中國軍人或是曾經赴印度受訓的藏軍擔任教官。

就我的觀察，不管中國駐軍或西藏士兵都沒有什麼軍人應有的氣概，甚至比一般老百姓還不如。中國駐軍中瘦弱而臉色不好的比比皆是，藏兵雖不至於如此，但還是缺乏英挺氣概，想來乃是待遇太低，必須為生計煩惱有關。比起這些一臉沮喪的軍人，寺院雜役僧勇武多了。雜役僧既無妻子也無兒女，沒有後顧之憂，所以總是勇氣凜然，一無所懼。從這一點看來，雜役僧反而比較可以信賴。總之一旦有事，這些軍人恐怕成不了什麼大氣候。

他們最在行的，是發生騷亂的時候混水摸魚，藉機搜刮國人的財產，對於保家衛國根本起不了什麼作用，主要還是攜家帶眷的關係，沒有比攜家帶眷更容易讓士氣低落的了。藏人的情感非常濃烈，思念妻子的心也最強，相對的戰力就最弱。就這一點而言，康區的藏人可說是天生的士兵，雖然他們有些太無情了些。說那裡全民皆兵並不為過，即使婦人也一個個是女中丈夫。他們當然也從事各種職業，買賣、耕作、畜牧等，但最令他們勇氣百倍而且最喜歡做的事，就是強盜搶劫。他們最為讚歎的好玩工作就是去當強盜，或者去攻打其他部落、殺人放火。康區到處流傳強盜之歌，俗謠也很有趣，唱起來充滿勇壯活潑之感，一副死而後已的氣概，連小孩都很喜歡唱，而這些歌謠頗能振奮小孩的心性。

西藏沒有軍歌這類東西，於是就以康區的強盜之歌代替，現在試著抄錄幾首即可見一斑。

一望無際的草原上，巉岩嶙峋的險崖高處，
騎著鐵蹄駿馬，我們一心趕赴戰場。
不管槍林彈雨、風雪狂暴，

無畏地穿著鐵鞋，我們一心勇往直前。
沒有想念我的妻子，也沒有等待我的父母，
什麼艱辛苦難都不怕，我一心期待勝利！

唱這些歌謠的時候，一開始會先發出「啊、拉、蠟——拉、喇、莫」的聲音，並以「拉、喇、莫拉——拉、喇、莫」結束，從頭到尾充滿豪邁之情。

這一類氣魄凜凜的歌謠很多，曲調也非常活潑，每個人不知不覺間都會被激發出高昂的鬥志，不管身在環境多麼險惡的曠野、荒漠或積雪的高山峻嶺，都會帶著拋卻一身、勇往直前的決心赴戰。這樣的歌曲對人心真的很有幫助，因為沒有這樣的決心與勇氣畢竟無法殲滅來犯敵人、拯救國家的危難。在強盜搶劫的時候，這樣的歌就像凶器，唱的人變得凶惡無比，如果用在戰場，則唱的人會變成武勇忠臣，為國家奮不顧身。

勇敢奮進的心雖然一樣，但因為目的不同，所以結果不一定都是好的。最近一些淺薄學者、無知僧侶以及半吊子才俊都被一種有毒的觀念迷惑了，那是一句非常可厭的話：為達目的可以不擇手段。這句話的極端解釋，就是說為了達到自己幸福的目的，只要不觸犯法律，縱使迫害他人、白晝公然搶劫也沒關係。如果用這種方法達致成功，那是可悲的惡魔得勝。因此我斷然認為，為達目的，唯一手段就是誠實。就目的而言，如果只為謀求自身的利益，那還是算了；以利益他人為目的，並且出之誠實的手段，則最後連自己也可以受惠。為政者能夠誠實利他的話，則國民將團結一致，國家也可以治理得很圓滿。所以康區強盜之歌積極勇敢的一面仍舊很可取，拿來當軍歌也非常適合。

119・西藏宗教的未來（一）

我想在這裡談談西藏宗教的未來。前面說過，對西藏一般國民而言，生活中最主要的部分就是佛教。許多學者看待這件事，無非理解為迷信。當然迷信的成分也不少，我常會為了許多人的迷信執妄而感嘆扼腕，但我必須說，這種信仰中也有相當程度的真實，把他們的信仰當作完全的錯誤並加以否定，實在是太輕率的判斷。就像眾多小石粒中間藏有寶石那樣，如果玉石俱棄，識者不為。

西藏國民的真實信仰主要有兩個部分。一是超越人類的實存之物，而此實存無可置疑地保護著人們；通過信仰，人們和實存之間得以溝通往來。由於對此一實存的信仰，產生了許多不正確的祭祀與儀式，但這是小小寶石周圍的巨岩，信仰的本心乃是對佛陀與菩薩的信念，以為彼等可以拯救世人的危難、賜予眾生幸福。

此一信仰中也承認神的存在，而任何神都會憤怒並加害或懲罰人類，例如基督教的神由於人類陷入罪惡的淵藪難以救贖，於是憤怒地降下大洪水奪取罪人的性命，但善人即挪亞獨能受到憐怙疼愛度過此一劫難；西藏諸神亦然，都具有人類喜怒哀樂的情緒並且毫不保留地表現出來。唯獨佛不憂不怒，藏人相信世上沒有像佛般擁有深厚慈悲和圓滿智慧的人。可見即使蒙昧的人民也能夠瞭解神與佛的相異處，亦即神是可怕的而佛是可親的。

即使藏人抱持許多毫無價值的迷信，但仍舊保有此一非凡的信仰，理解因緣果報的道理，知道自己所做的惡事將會使自己為此受到苦難的報應，而所為善事將帶來快樂與幸福；

此一因果律將持續至未來永劫之際，就宛如種籽將會結實，而果實又將生出種籽。

同樣地，他們也深信人類儘管肉身終會銷亡，但心識、靈魂不滅，必將再度轉生到這個世界上，這種觀念可謂瓦礫中的美玉。儘管如此，對因果輪迴之信仰，發展出喇嘛轉世的一套誇張做法，不能不說是超過了正信的範疇，而進入了迷信的境地。因果的道理是佛教徒最重要的一個觀念，藏人從小就從母親口中像聽童話故事聽了很多這樣的道理，可以說，他們的家庭就是道場，不管神話或傳說無一不和佛教有關，因此迷信的程度既深，真實的信仰也同樣普及，以致連古來自有的苯教也佛教化，即使教義完全不同，也必須用佛教式的說明來解釋自身的義理，而發展出新的苯教系統，使得傳統苯教的面目消失無蹤。

新苯教的教義類似佛教，同時仍帶著萬物有靈的思想，一如日本的兩部神道[1]，而且更加酷似佛教，主張苯即是真如的本體、法身，然後全面性進行佛教化的解釋。這可以說是一種以大化小的現象。

頗令我感到驚奇的是，西藏也有伊斯蘭教的存在，其信徒都是漢人以及往昔喀什米爾人的後裔，集中在拉薩和日喀則兩地，共約三百人。這些穆斯林至今仍謹守教義，在拉薩郊外還有兩座清真寺，郊山上也有兩處伊斯蘭教墓園。其中一座寺院為喀什米爾伊斯蘭教徒的聚會所，另一座則為漢族穆斯林的集會處。在佛教鼎盛的國度，竟還有保持著微弱勢力的伊斯蘭教存在，令人不禁嘖嘖稱奇。

聽他們談伊斯蘭教教義很有趣，他們說伊斯蘭教和佛教一樣，都相信前世與來生，而現世生而為人，來生也必生而為人，動物則同樣轉生為動物，不像佛教主張人可能轉生為其他下等動物。至於轉世的終結，則或是去到神的國度，或是墮入地獄。

我跟他們說：「你們所信仰的伊斯蘭教中並沒有你們所說的這種教義，這恐怕是來自基督教的道理吧。《古蘭經》中雖提及前世，卻沒有談到來生轉世等等事情。基督教《聖經》中可以看到近似的說法，但你們的教會中並沒有談到這類問題。你們這樣說不是有些奇怪嗎？」不過他們倒是堅持絕對有，看來是受到了佛教教義的影響有以致之。

最近歐美的傳教士以百折不撓的精神希望將基督教傳入西藏，他們布教的熱誠真令我非常佩服，不過西藏嚴格實行鎖國政策，所以他們的布教活動終究無法及於西藏內地，只能退而求其次，先對住在大吉嶺及錫金的藏人展開宣教活動。為了達到目的，他們已經花費了相當大的一筆經費，藏文《聖經》已經翻譯出來，此外不少出版品都譯成了藏文；另外他們也以藏文出版一些針對西藏佛教的迷信加以批判的宣傳品。數十年來隨著大吉嶺對外人開放，他們在那裡得到初步的成效，對當地藏人進行熱心而親切的布教。

【注釋】

1 簡單說即是以真言密宗金剛界、胎藏界兩部教義系統解釋日本傳統的神道教，代表著作有吉田兼俱（1435-1511）的《唯一神道名法要集》和假托空海所著的《天地麗氣記》。

120・西藏宗教的未來（二）

儘管基督教傳教士費盡苦心，但在藏地的傳教企圖可說完全失敗。他們在西藏內地以外藏族聚居地的傳教，所吸收的少量信徒可說是不誠實的信徒，絕非真正的信眾；有些比較虔誠的信徒，則是自稱藏人的錫金人。總之沒有一名信徒真正來自西藏內地。

那些信眾裡有些人純粹是為了餬口而受洗入教，並非真的信仰基督；我曾到一個看起來非常虔誠的信徒家中，發現在比較隱蔽的房間裡還是恭奉著佛陀，而且日夜點燈供養，對外則自稱是基督徒，禮拜日抱著《聖經》到教堂做禮拜。這種人無非以基督教尊貴的《聖經》為道具，誑騙歐美傳教士以達到謀取個人利益的目的，令人看了非常驚訝。有些長期擔任傳教士助手，對基督教義已經能夠琅琅上口的藏人，等他們弄到了一點錢，就會說自己本來就是個佛教徒，然後逃出教堂不再回頭。

這些狀況其實也是可以理解的。一個正信的佛教徒很難改信基督教，因為佛教所謂解脫，是指自身的解放，也就是精神上的絕對自由，而基督教有一個高高在上、具有無限權柄的上帝，人因此無法得到絕對的自由。此外基督教中沒有明顯的因緣果報說，雖然有類似良木結出好果實、朽木結出壞果實的說法，但觀點還是過分狹隘。如果他們能夠將這種道理推而擴之，既包含前世，也及於來生，則一定可以打開在藏地的局面。

其實基督教義中也不是沒有因果的說法，耶穌基督說「爾等的信仰將治癒爾等自身」就有這個意思，但並未特別強調其真實意義，所以不太合乎深信因果的藏人口味。如果基督教想在西藏達成宣教的目的，則必須將救世主所說義理的真實意味加以發揮才有可能，否則為了感化西藏人，以數十年時間、經過數十名優秀傳教士的努力、花費鉅萬，卻連一、兩個信徒都無法獲得，實在不得不教人驚訝其失敗之徹底。

關於西藏宗教未來的前景，看來苯教、伊斯蘭教和基督教如果繼續維持現狀的話，在可預見的將來仍無法撼搖佛教的地位。雖說佛教在西藏已經腐敗，但因為藏人可說天生傾向於佛法，加上藏傳佛教仍存有許多不錯的現象，只要出現一位真正的大菩薩，一洗佛教界的腐敗，並發揮佛教的真面目亦即活潑潑的身心解放之道理，則佛教將再度得到復興。

佛教界如果繼續當今的局面，必將式微；只是基督教若仍奉行其教會系統陳腐的教條，那麼在西藏也不會有得到宣揚的可能。只要西藏沒有戲劇性出現一位大菩薩，藏傳佛教將只能維持一種形式上的存在。

前一年到印度經商的查龍巴於明治三十五年〔一九〇二〕四月三十日回到了拉薩。我曾託他幫我帶信到大吉嶺轉給薩拉特師和夏波增喇嘛，並替我寄信回故鄉。他到我在色拉寺的僧舍報知歸來的消息，但那時我借住財政大臣處，不在色拉。僧舍的沙彌特地過來通知我這件事，於是我在五月一日早上前去找他聽取回音。

他正好在家，我們寒暄話舊之後，查龍巴告訴我：「我剛到大吉嶺的時候，薩拉特師恰好回印度去了，來不及將信交給他，沒辦法只好託夏波增喇嘛轉交，沒想到喇嘛也正好到加德滿都朝聖。等我去加爾各答辦完事重返大吉嶺，薩拉特師和夏波增喇嘛已經先後都回來了，於是將信件交到他們手上。薩拉特師要我過幾天再到他那裡，他說他要給您寫封回函，可是我實在沒辦法再去一趟他那裡，理由是我奉西藏政府的命令暗地裡買了很多鐵砂，要是這件事被英印當局知道了，一定會將我逮捕並且懲罰我，因此我在大吉嶺無法久留，隔天就走了。不過夏波增喇嘛的回信倒是幫您帶回來了。我想夏波增喇嘛的信中也會有詳細交代的。」說完就把信拿給我。

上面寫道：「給薩拉特師的信收到，裡面要寄回故鄉的信我也以掛號寄出去了。謝謝您特地寫信給我並送我禮物。」在西藏如果寄信給人家，一定同時附上禮物，如果沒有適當的禮物，通常會奉上一條哈達絲巾。我送出相當的禮物，對方則回我西洋白砂糖以及另外兩、三樣珍品。我又聽查龍巴談了英杜戰爭[1]以及其他從大吉嶺帶回來的各種外界消息才回去。

五月十三日即藏曆四月四日，此時後藏首府日喀則扎什倫布寺的班禪喇嘛來到拉薩，因為他年滿二十歲，已經有受具足戒的資格，所以將由當今法王土登嘉措為他授具足戒[2]。

這是非比尋常的大典，和達賴喇嘛的坐床大典以及授戒大典為同一等級，僧俗官員與各界代表都前往拉薩市郊、法王宮殿西方的帕麻里地方迎接。我也隨藥鋪老闆李之楫一家出去看熱鬧，整個迎接儀式非常盛大，與我在日喀則時所看到的大典行列一模一樣。

看過迎接行列後，因為查龍巴說要送我茶葉，於是就順道去他府上。我剛在上座的墊子上坐下，一個紳士走了進來，他是法王直屬商隊的隊長，名叫拓波宗拜泉追。由於查龍巴常幫政府赴國外購買鐵砂等物品，所以彼此都有往來。泉追走進來之後，以銳利的眼神瞪著我看。我看他的模樣，知道他一定是個凶惡之人，但也是個能力很強的人。

【注釋】

1「杜」指南部非洲的杜蘭斯瓦（Transvaal）地方，因在十九世紀末發現黃金而為英國所覬覦，於一九〇二年以武力納入管轄；後成為南非共和國最北的一個行省，北臨辛巴威和波札那。

2 比丘、比丘尼等出家眾在教團內必須遵守的戒律總稱，通常比丘為二五〇戒、比丘尼為三四八戒，南方上座部則各為二二七戒與三一一戒。受具足戒儀式梵文稱為upasampadā（受戒），受戒完成正式獲得出家許可，稱upasampanna（得戒）。受戒儀式必須有三師七證，即戒和尚、教授師、羯磨師以及七名僧侶在場。

第七部

身分曝光

121・祕密開始曝光

商隊長一直走到我面前坐下，在座的還有查龍巴和他的夫人。此時正有個危機在孕育中，其原因不能不詳加說明。查龍巴要前往印度行商前，對我當時在西藏的發展前景寄以厚望，一旦我成為法王的御醫，他覺得他也會得到不少好處。等他從印度回來，我的聲望甚至比從前更高。

有些人誇大了我真正的名聲或所做的事，明明治好三個人的病，卻說成好像治好了五十個人。不只如此，由於我寄寓財政大臣府邸，與所有高官、高僧都有往來和交情，查龍巴於是一直認為我前途看好。等他到了加爾各答，又聽人講起日本人如何講義氣，對中國發動的〔甲午〕戰爭其實都是為了中國著想等等，他更覺得日本人了不起，回到西藏後還跟我提起過這個想法。

拓波宗拜泉追這個人除了擔任西藏大富豪拓波宗拜的總管之外，過去也不時帶著法王的商隊前往北京做生意。八國聯軍事件發生時他正好人在北京，手頭的貨物被日本兵沒收，他向那名兵士解釋這些貨品絕對不是北京政府所有，請對方把貨品還給他，但對方不予理會。眼看這些貨物就要被運走，他趕忙直接找日本軍統帥請願。

他向日本將軍說明，這些東西完全與北京政府無關，希望日軍能退還給他。那位將軍聽說他是西藏人，大表同情，立刻以漢字和一種奇怪的文字（應該是平假名、片假名）寫了一紙命令狀，在上面蓋了章，叫他拿給那位日本士兵。泉追把這份文件拿給那名士兵看，順利取回了所有貨品，回來後屢次向查龍巴稱讚日本人的義氣。

查龍巴的想法是，泉追身為法王的商隊長，親身感受到日本人的義氣，又知道日本在世界上的軍事實力，此時如果找個機會把我日本喇嘛的身分對他明講是再好不過了。我可是作夢都想不到查龍巴有這種想法。

此時泉追注視了我好一陣子，也沒打招呼，脫口就說：「你看起來很奇怪。」我默不作答，他接著又說道：「我第一個念頭以為你是蒙古人，可是怎麼看都不像是純粹的蒙古人；說是中國人嘛也是一點都不像。當然更不會是歐美人了。你到底是哪裡人呢？」

我正要應答，沒想到查龍巴就自作聰明搶著說：「這個人可是個日本人呢。」

這事情可嚴重了。有一個日本人在拉薩的事，這是第一次被揭露出來。我雖知道這下子會有麻煩，可是又沒辦法辯解，只好閉口不語，而泉追一副釋然的表情，有些激動地說：「我明白了。其實我也想到你可能是日本人，但日本人哪有那麼容易來到我國呢？因此沒敢說出口，等聽說你是日本人，就越看越像，因為我在北京見過幾個日本人。」

泉追確定了我的日本人身分；當然不用他確定我本來就是日本人，可是到今天為止隱藏得很好的事就此曝光。我靜觀其變，泉追則繼續對我說道：「這真是一件大好的事情。我曾經想過如果能夠前往日本，買一些珍奇的物品回來拉薩賣，一定可以大賺一票，不過我聽說做買賣的地方中國話多少還可以通，可是一到了日本內地，幾乎就沒有人懂中國話了。我中國話講得不錯，但在日本行不通，而且以一個外國人的身分去談買賣，也很容易吃虧上當，所以一直沒有成行。如果能得到像您這樣優秀的人幫忙那就太好了。您這位色來・安契（色拉寺的醫生）現在紅透半邊天，而且聽說您很樂於幫助別人，有幸在這裡認識您我真的感到很滿足。您是一個可以完全信賴的人，能不能讓我跟您一起回日本去呢？」他的態度倒是意外地充滿善意。

我說：「您說得也是，我早晚要回日本去，到時就一起走吧。」算是答覆了他。彼此又談了許多有關日本的話題，商隊長這時才提起在北京的遭遇，如何從日軍手上取回自己的貨物，日軍如何比歐美的士兵更勇敢善戰云云說個不休，並且對日本表示極大的好感。從他的語氣知道他並不是在奉承。

接著我告訴他們：「現在整個拉薩府知道我真正身分的只有你和查龍巴兩個人，如果你們將這件事傳出去的話，我擔心反過來會給你們增添麻煩，所以你們一定要多加留意。」泉追說：「那是當然，我一定會等對您有利的時候再對外宣布您的身分，這樣子也可以因為您而讓日本人傑出的一面在西藏大大彰顯。」

整個談話過程非常愉快；當晚我就住在天和堂藥鋪。隔天中國駐藏大臣的馬祕書又過來閒聊，談話中有些事情喚起了我的警覺。他說：「您說您是福州人，我當然相信您，可是您的氣質和一般中國人的氣質真的很不一樣，會不會您的祖先是打從哪個外國來的？」

「我祖先從哪裡來的我從來就不知道，但您為什麼說我的氣質和一般中國人不一樣呢？」我反問他。

他答道：「像日本人的個性就顯得比較機敏，做事的時候懂得分析判斷，而且沉穩，中國人雖則也埋頭苦幹，卻少了點機敏。像您這樣的人真的很少見。還有我們中國人無論做什麼總是一派意態優閒，比較不那麼說一是一、說二是二，但您卻不一樣，不管怎麼瑣碎的事情都不放過。一言以蔽之，看不出是中國人的樣子。到底您老祖宗是哪裡人呢？」

他這樣問我目的只有一個，他想看我的反應再做判斷。馬祕書先前跟我談話就非常注意一些跡象，並且幾乎認定我根本不可能是中國人，而且一定是日本人；過去我總是故意把話岔開，或藉機告辭結束談話，也就糊弄過去，但時日一久，他的疑竇益深。

和馬祕書這一席話談過沒多久，有一天藥鋪的老闆娘跟我說的話更是意外。她先開個頭說道：「哎呀，先生您真是無妄之災啊，碰到個瘋子亂說話。」

我問：「什麼事啊？」

她說：「帕喇（攝政）家那個精神錯亂的公子說了些很奇怪的話；他瘋了，說的話當然不必當真。他說他知道一個天大的祕密，這在我國是個不得了的事。大家就問他是什麼事，他說從日本來了一個和尚，這個人身分雖是和尚，卻同時是政府的重要官員，為了探查我國的底細而來；這個人是誰呢，就是色來．安契（色拉的醫生），我在大吉嶺就遇見過他。您看他說的話是不是很怪？根本沒有人知道他去過大吉嶺，您說呢，他真的去過嗎？」

我說：「他精神不正常，講的是夢話，不必當真。」

老闆娘說：「他家裡的人平常固然會把他的話當作是瘋言瘋語，但這件事倒是信的。總之我在外頭聽到了這些傳聞，想想還是告訴您，您自己要當心些吶。」

這是五月十四日的事。當晚我回到財政大臣家，第二天即刻前往我在色拉寺的僧舍，然後在夜深人靜時擬了封給法王的奏章，準備事機一旦敗露時上書法王。

122・商隊長洩漏祕密

我之所以必須先準備好寫給法王的奏章，乃是因為不知道事態會如何發展，而身分已經開始曝光，屆時若被揭發卻沒有任何對處的話，恐怕會有難以逆料的禍事臨身。我想到的就是設法證明自己是為了佛教修行才來到西藏，於是擬了這封奏章；這份文件至今仍保留在我手上。

我覺得奏章寫得不錯。過去我以藏文寫過許多文章和詩歌，但從沒有像寫這封奏章時那樣愉快過。我很有信心奏章的遣詞造句既彰顯了我求道的熱心，也足以產生感動人的氣勢。我總共花了三個晚上才寫好奏章。

內容大概是這樣的：首先以西藏的習慣向法王表示敬意，然後再向這位白雪般清淨而優美的主人說明，我是為了拯救世人精神上的苦痛、發揚真實佛教的法義才來到這個國度。當今奉行佛教的國家雖然不少，但多為小乘佛教，而奉行大乘佛教的中國、朝鮮及尼泊爾等國則沒有太好的表現，真正維持大乘佛教真面目、保留佛法菁華的，全世界只剩下日本佛教與藏傳佛教而已。

我認為將此尊貴的純粹佛教之真理種籽播撒到世界各國的時機已經成熟，因為全世界人類已經厭惡了感官的滿足，開始熱中於追求精神上的最大自由。在這種時刻如果不設法以真實佛教填滿精神上的匱乏，做為大乘佛教之國的我們就沒有盡到該盡的義務，也是我們的羞恥。而我就是為了確認到底藏傳佛教與日本的佛教在精神上是否一脈相承，才前來藏地。

所幸西藏新教派（格魯派）的佛教確實與日本的正統真言宗一致，其教主（龍樹菩薩）也是同一個人。兩國的佛教徒應該聯合起來努力將真實佛教普及全世界。這正是我忍受千辛萬苦，越過雪原、雪山，涉渡河流險阻來到這個國家的理由。這種虔誠的精神連佛陀都感應到了，在佛陀神力護持下，我通過重重嚴格封鎖順利抵達了目的地，並且進行佛教的修行至今。這個國家守護佛教諸神，也接納了我誠摯的願望，允許我留下來追求佛道。

因此如果法王殿下也能夠像佛陀及護法諸神的庇佑那樣照拂我，並且攜手致力於佛教光輝的普傳，這不正是佛教徒最大的義務嗎？我深切盼望這件事情的實現，因此有不可已於言者。另外我在奏章的最後提到，我在印度菩提迦耶金剛道場受錫蘭法護居士之託，要將釋迦牟尼如來的舍利和銀製舍利塔敬呈法王云云。

奏章擬妥後，我只知急著搜尋比較高級的紙張抄寫上去，渾然忘了呈遞這份奏章將暴露我的身分，使自己面臨死刑的危機。五月二十日我再度回到拉薩市內，住進財政大臣府邸。當天我和前財政大臣一起前往賈瑪林卡[1]遊園，這是我在西藏最後一次歡樂的冶遊了。我們在那邊無拘無束地交談，說了許多西藏古代高僧的故事，也說了其他許多話，度過愉快又自在的一天。這段期間由於班禪喇嘛來拉薩受戒，不論政府官員或老百姓都非常忙碌，從各地來了很多人，各商家都生意鼎盛。

正好在我遊林卡那天，商隊長泉追也去找雅布西・薩爾巴（貴族身分的達賴喇嘛家人）遊玩。當今法王的父母已經亡故，家族只剩下一位胞兄；達賴的胞兄於是代表他們的父母獲得中國皇帝公爵的封號，住進拉薩府南邊新建的宅邸。由於法王的威光，他的哥哥在藏人之間非常顯赫。泉追見了法王胞兄，談了許多話，不知怎的說得興起，竟把我的事情說了出來。他們當時的談話過程，查龍巴後來對我做了大致的追述。

泉追對法王胞兄說：「您知道嗎，我們國家來了個很特別的客人？」

法王胞兄問道：「什麼樣的人呢？」

泉追說：「他是從日本來的，是日本正式出家的喇嘛，這種喇嘛和中國的和尚很像，但是比中國出家人還了不起。他是真正的出家修行人，每天吃兩餐，過午不食，既不吃肉也不飲酒，實在令人佩服。」

法王胞兄又問：「這個人到底住在哪裡呢？」

「您肯定知道的，色來．安契，就是那位著名的色拉的醫生。」

法王胞兄聽了，想一想說道：「色來．安契這陣子評價非常高，連法王都接待過他，貴族和高僧們也爭相延請這位名醫，短短一、兩年之間就能以醫術博得如此響亮名聲，怎麼看都不像是中國人的樣子。我甚至想他會不會是西洋人，聽你這樣一講我終於明白了；日本人確實不比西洋人來得遜色。不過這下子可麻煩了。」說著表情有些困惑的樣子。

泉追問他：「您說的麻煩是什麼呢？」

「沒有別的，據我所知日本和英國關係非常密切，這一點很要命。而且這個國家還是個可以將大中國打得落花流水的強國呢。不用說他們一定想將我們這個小小的佛教國納入自己的勢力範圍，而首先一定會派遣情報員來從事國情調查，這是毋庸置疑的。現在事情可棘手了，和色來．安契有關係的那些貴族恐怕會遭遇和當年薩拉特．強卓．達司入藏時一樣的大麻煩吶；色拉大學也同樣會受到難以想像的打擊啊。這可傷腦筋了，不過不能當作沒這回事，一定要想想辦法才行。」

泉追原以為把我的真實身分說出來法王的胞兄聽了會很高興，沒想到完全不是這麼回事，馬上開始擔心起來。本來就沒什麼特殊主張和見識的泉追，由於充滿恐懼而開始為我辯護，他說：「色來・安契不可能是政府派來的情報員，因為他住在每天一定要吃肉的拉薩，尤其色拉大寺是最常獲得信眾布施肉粥或其他肉類供養的地方，可是他照舊只吃他的糌粑，如果他不是日本修行成就的出家人，絕不可能這個樣子。」

法王胞兄聽了說道：「這就是你不懂的地方了。這世界上有一些看似如來的惡魔，釋迦牟尼滅後，有一位優婆掬多尊者（Upagupta）由於從來沒有見過佛陀，一心想看看佛陀真正的面貌，也就是具三十二相、八十種好[2]金色圓滿的模樣，可是毫無辦法。後來他聽說第六天的魔王[3]於佛陀世尊在世時，曾經多次親見那種莊嚴相好，於是請求魔王運用神通讓他一睹佛陀的尊容。魔王一聽馬上變成佛陀世尊的模樣，端坐尊貴的金剛道場。優婆掬多尊者見了不自禁對他行三拜之禮。對惡魔而言，化身為佛陀的模樣非常容易，恐怕色來・安契的真實身分是日本政府的情報員，喬裝成純正僧侶模樣只是為了混淆我們的判斷罷了，你絕對不可以相信他。何況我們邊境封鎖得非常嚴密，他卻能通過重重考驗來到這裡，可見絕非一般的人。說不定從哪裡飛進來，或運用不可思議的方法潛入的，所以不可掉以輕心，哎，這下可麻煩了。」

泉追聽了滿臉蒼白，喝的酒全醒了。

【注釋】

1 賈瑪林卡：位於拉薩市區南邊拉薩河的河中島上，林蔭扶疏，藏人喜至此遊園、玩水、沐浴。

2 三十二相：梵文作Dvātriṃśa Mahāpuruṣa-lakṣaṇāni，指佛或轉輪聖王的三十二種完美的外貌特徵，如足下安平立相（扁平足）、正立手摩膝相（手長及膝）、馬陰藏相（性器不外露）、四十齒相（四十顆牙齒具足）、廣長舌相、頂髻相、眉間白毫相等。八十種好：又稱八十種隨形好，梵文作Aśīty ānuvyañjanāni，指佛、菩薩所具八十種形象特徵，如舉止如獅子王（威儀如獅子）、具象聲雷音（聲音和雅美妙）、眼青白分明形如青蓮華葉、指色滑澤、諸指豐滿、身無痣點、耳輪相（耳肉厚、耳垂修長）、額廣圓滿等。

3 第六天的魔王：佛教中眾生世界分為六道，其中之一為天界，天界又分為欲、色、無色三界，欲界有六天（六欲天），其最上層即第六層為他化自在天，又稱第六天，住有天魔波旬及其眷屬，常相率到人間界妨害佛道。

123・決意離開西藏

泉追憂心忡忡地到查龍巴家去，但似乎並不打算談這件事。因為是晚上，查龍巴就請他喝酒，兩個人喝了不少。查龍巴看泉追一直喝悶酒，因為已經是老朋友，他很瞭解泉追，就問他：「我看你一定有什麼心事才會一直喝悶酒，到底發生了什麼事？」

泉追一開始不說，回道：「沒什麼事啊。」

等他越喝越多，帶著強烈醉意本來不想說的事情到這時也就滑出口來，他把和法王胞兄的談話一五一十告訴了查龍巴。等說完這件事情，時間已經是半夜十二點，他才施施然離去。隔天一早查龍巴立刻派了一名僕役牽了匹馬到色拉寺接我去他家，可那時我不在色拉的僧舍。查龍巴其實知道我比較可能在財政大臣府上，不過他不太敢直接派人去那邊接我。

前一晚泉追回去後，查龍巴夫婦兩個人心亂如麻，一晚沒有闔眼。到色拉接不到我，又派人到財政大臣家想偷偷叫我出去，那天是二十一日，我因為有事人在外頭；這使得他更加慌亂。他怕的是我手上有他從大吉嶺帶回來的信件，要是我被逮捕，那封信就會被當作證據，讓他鋃鐺入獄；同時他也很擔心我的處境。

由於惟恐災難將降臨身上，加上對我放心不下，他們夫婦拚了老命在拉薩到處找我，找到筋疲力盡卻仍不見我的蹤影，不知如何是好，甚至已經有被人捉拿入獄的心理準備。那天傍晚，我又順道去他家走走，沒想到他們看到我就飛也似跑到我跟前，淚眼婆娑地說道：「您終於出現了，這一定是佛菩薩把您帶來的！」

我不知道事情又有了什麼發展，於是勸他們說：「不要慌，你們這樣子話講不清楚。」於是三個人坐下來，然後查龍巴詳細轉述了泉追的話。

兩個人輪流把事情說完，然後問我：「您現在有什麼打算呢？不管怎麼樣我們幫您帶回來的那些信件趕快燒了吧。我們也想聽聽您接下來要怎麼做。」

我告訴他們：「我已經決定好了。這些天我也寫了給法王的報告，不管發生什麼事我都不會連累你們，所有事情我都想過了。」

他們又問：「原來您都知道了？」

我說：「我都知道，你所聽說的那些事我還不至於不知道。」

「所以說您是個很不簡單的人吶，難怪法王的胞兄認為您具有超乎想像的神通力。」

「這跟神通一點關係也沒有，我不過是推理得知這些事必然發生，因此預先做了些準備。」

雖聽我這麼說，可是查龍巴拙於推理，還是堅持道：「哪裡是這樣，您一定是憑藉神通得知商隊長和法王胞兄的談話，您現在會來到這裡也是對那件事有所感應的緣故。如果您早就知道了，怎麼不快點來，害得我們一整晚都睡不著。」真是冥頑不靈。

他又問：「您給法王的報告已經送上去了嗎？這樣子處理我們會很慘的。您固然毫無疑問是修行成就的喇嘛，但法王的胞兄是個心狠手辣的人，天曉得他會怎麼說。要是法王聽信他哥哥的話，接下去會怎麼發展難以逆料，我們也會有大麻煩，你說怎麼辦？」

我說：「總之今天晚上不先打坐進入斷事觀三昧來做判斷的話，我是沒辦法決定什麼的。現在我先告訴你們我的處理原則。第一個想法是，我是第一個進入拉薩的日本人，事到如今我的身分、想法如果無法讓藏人充分理解，我會覺得很可惜，所以即使我遭遇任何災難，只要不連累你們以及財政大臣還有色拉大寺的話，我就留在此地並且向法王上奏章。第二個原則是，如果上奏法王能保住我自身卻會殃及無辜，我就絕對不做這件事。

「第三，如果不上奏章就離開西藏前往印度，最後也不會害到各位，那我就這麼做。第四，不管上不上奏章，如果我出走印度，結果留下各位承受各種災難的話，那我就絕對不離開西藏；人留在西藏，然後上奏法王請求諒解。要是我走人也好不走人也好都會連累各位的話，那麼留下來和我的朋友們一起受苦並且死在這個地方是我的義務。我絕對不會只為了自保而逃走就是。如果斷事觀三昧的結果，知道出走印度不會對這裡的朋友造成太大的困難，或者完全不會有影響，那麼我就走。

「今天晚上我會就這四個可能性入斷事觀三昧以尋求正確的判斷。不過這只是我個人的判斷，也許會有不周延的地方，因此我還會向我的師父甘丹赤巴仁波切請示。當然我不會說我是日本人，因為出了事想問問他好不好就這樣回去，而是問他，我必須離開前往外地朝聖，但離開後對此間的病人會不會有不好的影響，請他幫我判斷一下。如果他的答案和我的想法一致那就依此採行，倘若不一樣，我再找徹滿林寺的喇嘛問，答案和我師父一致，就採用師父所說那一案，答案和我的想法相同，就用我決定的辦法。」

查龍巴夫婦聽了說：「根本不必向其他不知情的人請教，只要您決定了就照著做不就好了嗎？無論如何請您一個人下判斷吧。」

我說：「這樣不好，像這麼重要的事情不能不聽聽別人的意見，我一定要這麼做。」

他們說：「既然如此，那就越快越好。」

說完我就回去了。當晚我在財政大臣的別殿中獨自一人靜坐以入斷事觀三昧，希望明確求得一個最好的處理方式。

經過很長一段時間我才開始進入無我之境，不久答案就浮現出來了：如果我留在西藏，即使不遞上奏章向法王解釋也會有麻煩，而前往別的國家並不會嚴重連累這裡的人。這是我自己得出的結論。第二天起床後，我火速前往甘丹赤巴的住處，向他請示出去朝聖的事。師父笑著告訴我他的想法，他說：「我想你出去朝聖的話，到現在還在受苦的病人反而會變好。不過你所說的病人大概不是真正的病人吧？反正你留在這邊拉薩其他醫生就沒錢好賺，就算是幫他們好了。」

他真的很厲害，知道我將離開這個國家。西藏固然還有許多修行成就的大喇嘛，不過我對曾經親炙其教誨的甘丹赤巴特別感到敬服。這也是我的師父甘丹赤巴和我最後一次見面。

124・恩人的義烈

這一天我仍舊回財政大臣府邸，本來打算直接向他坦承我的祕密，不過正好是五月二十二日，藏曆的四月十三日，法王要從羅布林卡離宮返回拉薩城裡的日子，前財政大臣必須去加入奉迎的行列。我一時也沒什麼辦法，於是跟著他出去參觀法王的鑾駕。這一天法王的鑾駕特別盛大，以四名宰相為首，包括各部會大臣等都穿了換季服裝，全副行頭穿戴整齊前往出席歡迎的行列。不過鑾駕還沒進入拉薩市街就開始下起雨來。

這場雨真是凶得很，教人頭疼，因為它不只是雨水，還夾雜著冰雹，打得看熱鬧的和奉迎的人都苦不堪言。遇到這種場合是嚴禁穿上雨具的，一些僕役及馬伕因為披著斗篷所以不受影響，但那些一身織金繡銀的大臣，從頭到腳被雨水和冰雹打得濕淋淋一片，一行人騎著馬過來的模樣真的狼狽極了。

等法王鑾駕繞了拉薩城一圈進入大昭寺的時候，雨停了下來，天氣突然放晴，叫人心情感到非常愉快。有些幸災樂禍的中國人，看到法王一行在途中淋成落湯雞高興得邊笑邊罵。不過這種下雨的方式確實有些奇特，很不可思議。當晚我特意去拜訪前財政大臣和他的尼僧伴侶，打算稍稍提及我的祕密。

尼僧待我就像母親，雖然只有一年的相處，卻好像已經認識了十年、十五年般感情深厚。現在已經到了不能不向他們陳明我真正身分的時候了。我決定離開拉薩府遠颺，但不向恩義深重的他們說出一切真相就走，我是無論如何也不忍的。

我見到他們，向他們報告：「其實我並不是中國人，而是日本人。今天突然這樣說或許您們不會相信，不過我可以讓兩位看個證據。」然後把日本政府發出的護照拿給他們看。前財政大臣粗通中文，一看到兩頭飛龍中間「大日本帝國外務省之印」的字樣，就確認了我的日本人身分。

前大臣說：「我終於明白了。其實我一直不認為你是中國人，雖然一開始還這樣想，但我從未遇到任何像你這樣熱中修習佛法的中國人。中國的出家人雖然為數甚多，但具備佛法修養的人卻很少。有些甚具名望的中國高僧，在我眼裡卻不怎麼樣。但是你和他們不一樣，是個真正在佛教上下工夫的人，我想也許你根本不是中國人，但你又自稱福州人，說不定福州這個地方佛教特別興盛而我不知道。總之心裡一直有股疑惑。現在總算釋疑了。」說完他接著又問：「有人說日本人和西洋人一模一樣，這是真的嗎？」

我答道：「完全是不一樣的人種，日本人和貴國的人民是同一個種族，也就是蒙古種，絕非歐羅巴人種；另外宗教也和西洋不同。」

前大臣多少知道一點，因此立刻相信了我，又說：「好吧，那麼所謂祕密就單單是日本人這件事，還有其他特別的嗎？」

我說：「現在有些狀況使得我不得不將我的真實身分向法王政府坦白。」

他問：「到底怎麼回事？應該沒有這個必要吧？」

於是我將事情的來龍去脈詳細向他訴說了一遍，唯有我使用斷事觀三昧做判斷，以及其結果和請示甘丹赤巴的結果一致這兩件事沒有說，理由是這樣一講他們就會覺得我很想離開西藏前往印度。

前大臣想了想，說道：「那麼接下來有什麼打算呢？」

我斷然答道：「既然專程遠道來到這裡，我想向法王陳明我的日本人身分，所以寫了這個東西。」我從懷裡拿出寫好的奏章，交到大臣手上。接著我又說：「把這封奏章上呈法王是很容易的事，可是這樣做說不定會為您們惹來巨禍，不如您們把我這個外國人綁起來交給噶廈，這樣我就不擔心您們會被我連累到。然後我還是會對噶廈說明我真實的意圖，也就是為了佛法修行而來到這裡。」

大臣聽了皺起眉頭說道：「這樣做不行，這樣一來你肯定會被關起來，最後不是餓死就是凍死；就算沒有餓死、凍死，也會被殺死。當然對你這個外國人是不會公開處刑的，而是偷偷把你毒殺。所以你不要這樣自己去送死，死了就什麼事也完成不了了。」他的語氣非常嚴峻。

我解釋道：「即使成了什麼大事，如果禍及他人就不算什麼了。雖然自己失去性命卻不至殃及無辜，我反而比較能接受。您們把我當作親生的孩子一樣疼愛，我卻自己逃走，丟下您們在這裡受難，這我無論如何做不到。」

老尼僧本來只是稍稍顫抖，滿眶淚水憂心地聽著，這時卻忍不住趴下來痛哭失聲。

大臣嚴正說道：「殺害一個懷有大志的人以保全我們這去日無多的老命有什麼用？我雖不肖，但也是真實信仰佛法的人，為了免除自己的災難而送人去死是不可能的，更何況我從各種方面觀察，確知你既不是政府情報員，也不是前來盜取我國佛法的外道。縱使我們性命難保，也不能為了保命而讓一個真實為佛教修行而來的人受苦。以我國目前的狀況，絕非你表明本籍的時機，所以你還是暫時回國，等待其他機會再來吧。我是個無能的人，但我是甘丹赤巴的親弟弟，也是他的弟子，從他那裡學習了大慈大悲之心，不會只想到自己而拋棄他人。就算你走了後我們遭遇什麼不測，也會當作是前世的因緣果報。」說著看了看老尼僧，說：「你說對不對啊，寧皆依瑟（悲智尼）？」

老尼僧聽了這才抬起頭來，面露喜色說：「您說得很對。事情很危急，能夠的話您還是早點離開吧，絕對不要擔心我們的事，我們自有辦法。不要再講些沒有用的道理了，最好是快點走。現在正好是偷偷離開的最好時機，因為班禪喇嘛駕臨拉薩，這個月拉薩到處亂烘烘的，您走的話不會有人注意到，真是再好不過了。要不是這種時候，即使您沒有受到什麼懷疑也是寸步難行，理由是法王的御醫認為無論如何應該將您留下來，而他已經向法王提出這個建議。所以現在正是最理想的時候，趕快加緊準備好早點離開吧。」她的語氣一片真摯，帶著眼淚殷殷規勸。

125・出發的準備

兩位長者真摯的慈悲讓我打從心底感到喜悅，不知不覺流下淚來。他們所說的話確實非常受用，不過暫時還不能聽從他們，所以我再一次勸他們：「為了兩位日後著想，還是請將我解送給政府吧。」

他們無論如何不接受，最後老尼僧對我說：「這樣爭執下去對事情毫無幫助，乾脆我們去找甘丹赤巴仁波切看他怎麼說吧。只要對雙方都不會造成危害，就依照您的辦法上奏章給法王也無妨。我們這樣僵持不下，問題永遠解決不了。」大臣聽了也表示同意。

這時我才將剛才一直沒有提起的，去找甘丹赤巴請示以及斷事觀三昧的事和盤托出，他們聽了就笑著說：「如果是這樣那還擔心什麼，不過就是你必須盡早離去罷了，還說什麼把你綁起來送到政府那邊去。雖然你說了很多道理，但這樣做一點好處也沒有。只要甘丹赤巴也確認過，那就沒有問題了。你的判斷竟然和甘丹赤巴的指示若合符節，實在是佛的旨意，如果你不照著做反而會發生不好的事。你就早點歸國吧，雖然你回去的一路上我們無法為你做些什麼，但要是事情敗露後有追兵，我們一定全力為你祈禱，祝願你能平安離開這個國家。」

他們真是完全不以自身的禍福為慮，一心只想到我的安危，這種心意我一輩子都忘不了。於是我將放在大臣府上的經書類物品全部收拾起來，然後拿到天和堂藥鋪寄放。我對天和堂老闆李之楫說，我目前有些計畫，而且還需要購買一些東西，所以想去一趟加爾各答；

去了加爾各答，如果運氣好能收到從國內匯來的錢，我就立刻回返拉薩來買書，如果收不到錢，我將回國一趟，等明年或後年再來西藏。現在事情會怎麼發展完全無法判斷，但我必須盡速出發。最頭痛的是行李的問題，我必須將這些書籍、經典一一帶回去向國人展示我此行的真實性；可是行李這麼多就必須購買馬匹或想其他辦法運送，我問他有什麼建議。

李之楫氏和我交情匪淺，信任我到可以為我拋擲身命的程度。只要有這樣一個人什麼事情都可以順利解決，要是他對我信心不足，則不但幫不了忙，說不定還會惹禍上身。不過他對我真是充分信賴，我想他大概也知道我是日本人吧，因為他幾度到我的住處，看到日文的圖書，就覺得有些蹊蹺，後來在這方面特別注意各種蛛絲馬跡，所以我看他雖然不說，但心裡似乎已經確定我是日本人。

當我向他說我要走，而關於我的一些流言也開始四處傳播的時候，一般人多半會覺得危險而不願幫我，但他並不是這樣的人，反而爽快地答應了，他說：「這麼說有件事很巧，我有一個雲南同鄉四天後要出發到加爾各答做買賣，你跟他一起去怎麼樣？把行李託給他搬運也可以便宜一些。」

我說：「太好了，那就請你幫我說一聲。」

他說：「沒問題，他是我的好朋友，不會不答應的，何況他回程要運載許多貨物，因此去的時候有很多馬背是空的。」

我們正商量著，李老闆那位雲南同鄉正好來了。李老闆跟他說：「說曹操曹操就到。是這樣子的，有一些行李想請你幫忙運到加爾各答去，不知道方不方便？」

這個商人原來和我也有生意上的往來，因為我常向他購買麝香、鹿茸及其他藥材，而我和他之間的銀錢往來一向清清楚楚，所以他一口就答應了，不過他又說：「其實我這邊空著的馬匹倒是沒有，幸好還有一個機會，有個生意人也是四、五天後要出發，而且會比我早日抵達加爾各答。他受到駐藏大臣行轅委託，要順便送補給到卓木[1]給守城的官兵，他的馬匹大多沒馱什麼東西，如果由他來運送說不定更加合適，但是可能要稍稍多花點錢，您有沒有問題？」

我說：「這樣也很好，只要我的行李能夠早日送達，多花點錢是應該的。」於是事情就這樣說定了。大家又談了些話直到傍晚，然後我回到色拉的僧舍，開始整理放在那邊的各式經卷，準備送到拉薩城內。

我徹夜將所有經卷打包，並在次日也就是五月二十四日上午雇人搬到拉薩城裡的天和堂。那些天寺院裡特別安靜，原來六、七千名僧侶活動的地方變得每個康村只剩下兩、三人，所以行李搬出的動作並沒有引起特別的注意，不管徹夜打包或雇人搬運都很順利。

有一個沙彌昌百依瑟（慈智）長期幫我料理僧舍裡的大小雜務，我必須給他個交代。這些日子我不在僧舍的時候，就把他託給一個師父教他讀書，等我回到僧舍，他就過來幫我打水、燒茶；現在我不能說走就走，必須正式將他辭退。何況我突然把書籍行李都取走，如果不跟他說一聲，也會令他起疑。

我告訴他：「現在我有一個很好的機會，必須馬上出發去朝聖。西藏有三座大聖山，一座是羌塘高原的岡仁波齊峰，也就是凱拉斯山；另一座是西藏和印度阿薩姆省交界上的察利雪山；還有一座就是世界最高峰珠穆朗瑪，也就是埃佛勒斯峰。現在我打算前往財政大臣的弟弟所住的察利雪山那邊朝聖，大概要花四個月時間，所以我會把四個月的學費和食物留給你。」於是我把昌百依瑟四個月分的學費和糧食託放在他老師那邊，如果留給小孩子，他會一下子花光光。

我進色拉大學時有一個師父充當我的保證人，我留給他一套法衣和少許金錢；還有其他照顧過我的，或是教授過我佛法的師父，我也留了一些物品以及金錢當作紀念。把這些事情都料理完畢時，已經過了下午四點。我前往我所屬的吉札倉大經堂敬獻供品，並且點酥油燈供養。我在釋尊像前朗讀告別的祈願文，我念道：「在西藏國色拉大寺吉札倉的大經堂上，慧海仁廣向本師釋迦牟尼佛稽首百拜。佛法本來無礙而遍在，然因眾生業力差別而不識解脫之道。慧海仁廣宿業拙劣，今天無能促成日、藏佛教徒的和合成就，只能空手離去，但願依今日的善緣繼續努力，以期未來日、藏佛教徒能圓滿和合成就，顯揚真實佛教的光輝於世界之上，謹此至心祈禱奉聞。」念誦完畢後，又口唱釋迦牟尼名號，行五體投地之禮十遍，才辭別經堂。

【注釋】

1 卓木：位於西藏與錫金、不丹邊境的城砦，在今亞東縣境內。卓木為藏名，清廷方面則稱此城為靖西或仁進崗。

126・出發準備完畢

我走下經堂的石階，從青石板的院子左轉，一路走過去底下是一段很陡的石板路，那是位於法林道場（辯經處）旁邊的階梯，走下去就會抵達法林道場漂亮的大門。大門比平地稍高，走上三公尺高的石階，迎面一座中國式山門，裡面就是法義問答的場所。道場周圍都是低低的石牆，牆面塗抹白灰。進門處非常寬闊，是等級較低的僧侶做辯經前練習的地方，四處植滿了榆樹、柳樹等一片翠綠，而此時西藏的木蓮花正散放迷人香氣。

對不甚講究的西藏人而言，這個地方大概是他們所建造出來最最風雅的場所。我一一參訪過三大寺，但沒有一個地方比得上這裡。法林道場的後方，就是高高聳峙的巖山，陽光照射在岩石間流水上，風景非常優美；天然美景搭配上人工的優雅，自成一種風流。

來到這個法林道場，我的心情非常激動。馬上就要訣別這個難忘的地方回去日本，而好不容易來這麼一趟，卻不能坦承我的日本人身分就要低聲下氣離開，實在感到很遺憾。我也不知道接下來會不會連累這裡的朋友。死亡終歸不可避免，不管走到哪裡，不管早或晚，人生終有一死，只是在面臨死亡的威脅之前，我到底要不要將奏章上呈噶廈表明身分呢？這麼有力的文章都已經寫出來了，卻來不及拿出去就被殺掉，這將多麼令我飲恨啊。我在極度的激動中走出法林道場，竟聽到道場一角傳出很大聲的「覺布培卜」。

那是藏語「快點走」的意思。到底這是誰在對誰說話呢？我環視四周，但一無所見，只有夕陽照著法林的樹枝發出綠光……也不是黃鶯的聲音；難道是我內心迷惘的呼聲？我邊想邊走了兩、三步，不可思議地又清楚聽到「覺布培卜」這美麗的聲響。這一定是誰在跟我說話，我又遠方近處仔細搜尋了一遍，連法林道場後方都過去看了，但一個人影也沒有……實在太奇妙了。

等到我非常確定不宜再滯留西藏，歸國的時刻已到，整個心非常篤定而沒有猶疑時，那奇妙的聲音也消失了。那時我正走在解脫佛母小堂側面的石階上。然後我又通過色拉寺的大經堂，回到我的僧寮，把剩下的少許行李帶在身邊，當晚即回到拉薩城裡，住在天和堂。翌日亦即二十五日我出門去取訂購的圖書，因為已經訂購且經卷難得，我想至少要把付過錢的取回。當天及隔天我又蒐羅不少經卷回來，李老闆幫著我一一打包。

又次日，因為每天下午兩點會宰殺很多犛牛，我請賣皮革的商家幫我到屠宰場買了三張犛牛皮。剛剝下來的犛牛皮非常柔軟，上面還帶著血，我用這些皮包覆在箱子外面——經卷已經捲起來且層層緊密包妥，不擔心會弄髒——內皮朝外，有毛的那一面向內，然後仔細縫牢。等到皮革乾燥後，就會跟木板一樣堅固，對行李起了很好的保護作用。打包完畢已經是五月二十七日，而二十八日雲南商人一行就要出發，我向他借了匹馬，準備和他同行。那天晚上，我前往財政大臣府上辭行。

由於我把法衣、袈裟等一般衣物都裝進了行李包，出門變得有些不方便，於是向前財政大臣借了　套法衣，而大臣也贈我一百盧比餞行。他說這是為了答謝我這些時日來給他們的幫助，其實他們照顧我才多呢，我致贈他們禮金還差不多，但當時情況下一百盧比對我幫助非常大，也就不客氣收下了。和他們殷殷話別後，又回到天和堂去。

沒想到當天發生了一則變故，那就是我此行依賴至深的人開始反悔答應我的事。這名中國商人和駐藏大臣的祕書馬詮關係非常親密，當馬祕書知道了我要隨著他離藏的事，就向他分析了利害關係。

他說：「那個喇嘛肯定不是中國人，而看起來多半是個日本人；我不知道他哪來的膽識敢於深入藏地，雖然他在佛法方面根基很深厚，但這種敏感時期單單為了佛法入藏實在有些令人難以相信，說不定是受了英國人的委託前來探查西藏國情。如果讓他和你同行會要了你的腦袋啊。」

這名中國商人聽了非常驚慌。馬祕書在拉薩中國人當中是最懂道理、做人最練達的一個，平日很受眾人尊敬，因此經他這麼一說商人就聽信於他，以致我原來與他講好的事情完全泡了湯。

花了那麼多工夫溝通，結果既不能與他隨行，行李的運送也沒有了著落。李之楫君告訴我：「儘管如此至少行李部分還是有可能說動他幫個忙，也許要多花點錢；我用藥鋪的名義向駐藏大臣的下屬關說一下，讓他們祕密帶著走。到底要花多少錢不知道，不過我會跟他們說這是我的藥材，這樣一來他們應該不會獅子大開口才對。」

我說：「至少請他們幫忙運走一箱吧。至於我也必須緊急出發，能否請你幫我準備一下禦寒衣物和食物，否則路上很不方便；另外我也需要找個挑伕。」李老闆即刻出去幫我交涉，不過對方人不在，只有訕訕地回來。

隔天五月二十八日，平日睡得很遲的李老闆特地早起幫我交涉行李搬運事宜，順利達成協議：付給行李的監督者二十盧比特別報酬，另外兩匹馬把行李運到靖西也就是卓木為止的運費是四十盧比。我把錢交給李老闆，他即刻拿去付給對方；行李則在當晚偷偷先搬到對方那裡。原來中國商人赴印度行商，若是順便接受駐藏大臣委託運送補給，明明只需要十四牲口，卻會徵發十五、六匹，然後把多餘的馬拿來私下幫人運貨，以賺取多餘的利潤。這種外快在中國人之間已形成默契。

於是我的行李就被當作天和堂的藥材委託給他們運送。行李的問題解決了，但和我同行的嚮導兼挑伕則還沒有著落。天和堂的李老闆非常擔心，他太太也努力為我奔走，終於找到一個不錯的人。他是個叫做田巴的還俗僧人，原來是丹吉林寺很出眾的僧侶，只因第穆事件後，第穆呼圖克圖死於牢獄，丹吉林寺被毀，寺中僧侶四散流浪。

田巴也是其中之一，潦倒的結果還俗娶妻。他是個正直的人，不只如此，年輕時還去過大吉嶺三趟，對大吉嶺一帶的地勢瞭如指掌。我告訴他的行程大致是這樣的：先到大吉嶺，然後前往附近不丹、錫金的雪山聖地朝聖，再回到大吉嶺，南下加爾各答，順道參訪菩提迦耶、瓦拉那西等聖地，回程再去尼泊爾巡禮，然後返回拉薩。

整個行程前後預計四個月時間，他的食物和衣服由主人提供，另外每個月另有工資若干，出發前預付一半工資。田巴把預付工資全部交給他的妻子，做為今後四個月的家用。第二天五月二十九日，就是藏曆的四月二十日，應該處理的行李都處理好了，於是整裝準備從拉薩出發。

第八部 離開西藏

127・辭別拉薩

這段期間拉薩城裡一片混亂，全城上下鬧哄哄的程度教人瞠目結舌。三十名寇察巴（警官）加上三十名喇恰巴（巡警）就是拉薩所有的警力。他們平常主要負責抓小偷或揭發不法，但這時全部擔任達賴喇嘛和班禪喇嘛的貼身保鏢去了，對其他亂象根本管不著。另外所有高等俗人官吏及高等僧官也都各忙各的忙得昏頭轉向，無暇顧及別的事情。這真是我離開的最好時機。

拉薩來了很多外地人，我所屬的色拉寺僧侶也都進城了，這時要離開拉薩如果穿著旅行裝束反而容易招人懷疑，所以我還是穿上向財政大臣所借的法衣，看來就像很普通的一名色拉寺僧模樣。早上十一點左右，天和堂李老闆夫婦特別準備了豐富的精進料理（素食）為我餞別。

最叫我不忍的是李家十一歲的女兒和五歲的小兒子，兩個人因為我即將離去而啜泣不已，尤其姊姊更是低著頭一直哭，不讓我看到她的臉。等我終於要出發了，她媽媽叫她起來向我道個別，她才忍不住放聲大哭。由於感情太親了，即使只是小孩，這時也深深感受到離別的痛苦。

李老闆的弟弟（藥鋪總管）、內弟、內弟的女兒，還有田巴的太太四個人說要送我們一程，不過一伙人如果走在一起太惹人注目，於是約好在拉薩城郊離哲蚌寺不遠的樹林中會面，然後分別出門。我穿上僧服，和嚮導慢慢往拉薩市外走去。到了離大昭寺不遠的地方，一個巡警大喇喇向我走來，由於正是敏感時刻，我擔心會不會他已經發現異狀要逮捕我，沒想到他走到我跟前注視著我，然後說了聲：「恭喜。」我不知道他為什麼原因和我打招呼，只好不做回應，他又說：「真是可喜可賀，一切都很圓滿，恭喜恭喜。」我依舊滿頭霧水，只能支吾地應一聲「是啊」，結果他竟對我行了三拜。

我想：「他這樣子應該不至於會抓我，可是幹嘛還對我行禮？」突然我想通了，我身上穿的可是向大臣借來的法衣，只有高官或御醫才可以穿。因為那時我的評價很高，謠傳我將擔任法王御醫，現在我穿著如此堂皇的服裝，他大概以為我已經就任御醫了，所以才說「一切都很圓滿，恭喜恭喜」。

我想我應該給他一點賞錢。他三拜之後，又吐舌為禮並且向我低下頭，我就伸出一隻手摸摸他的頭，給了他一章卡。他舌頭也沒縮進去，高興地回頭就走了。離城途中來到大昭寺，聽到那麼吉利的話，我覺得是好的徵兆。

我想稍稍提一下西藏巡警的狀況。這裡的巡警風氣很壞，教人頭痛。首先他們沒有固定薪水，所有收入都是在市區到處向人要的。他們可不像乞丐那樣低聲下氣討錢，多半三個人一起站在商家門前大聲地又吼又唱。他們口中吼出來的內容很有趣。

「接受有千萬金銀財寶的人施捨的是我們，接受身無長物的人要求把千萬金銀毫不手軟地施捨出來的人就是您！給家徒四壁的大爺三十大洋吧，給茅屋裡住的大娘三十大洋吧！您是世間的救主，體恤下民、慈悲為懷的救世主！把今天您所賞賜的東西晚上拿回家裡，讓飢腸轆轆的老婆高興高興。在空空的碗裡不斷斟滿美酒，讓我們喝到不省人事，讓我們喝到喝不下為止吧。拉迦羅（願真神得勝）！」

他們這樣又唱又吼，一遍接著一遍，門裡就有人在金屬的盆子裡裝了糌粑，有錢人家就在正中央放三枚銀幣，一般人家則放一枚或半枚銀幣，加上一條哈達絲巾，拿出來賞給門口賴著不走的三個人。如果賞的東西太少，他們就會開始討價還價，說以前不是這樣，以前你們家都是每個月賞兩枚銀幣云云。由於會弄得人很煩，所以大部分人家都不會少給免得惡鬼纏身。

他們也會到寺院去要錢。寺院一般不准乞丐入內，只有特定時候才准許；但如果平日不賞些錢，在特定時候被這些人騷擾很沒面子，所以平常遇到討賞的還是會給。他們所要到的錢全部交到巡警頭目手上，然後再按照每個人每月應得的數額分發，絕對不能多拿一分一毫，否則立刻會被發覺……。

這些巡警不只靠這種手法要錢，他們也會向鄉下來的朝聖者索討。如果朝聖者以為給一章卡已經很多了，巡警就會很不客氣地說，你穿得這麼好，怎麼就給這一點點錢。我在鄉下的時候曾聽人家說，這時你若挺身理論，他們就會出手打人，錢也不會少拿。大家為了減少麻煩並避免挨打，都會乖乖把錢拿出來。

我剛到拉薩的時候，穿的不是正規的僧衣，而是旅行的服裝，就有巡警過來跟我要錢，我很識趣地馬上給他一章卡，也就沒事了。這次要離開拉薩，因為穿得太富麗堂皇，才會有人過來討賞，照說他們是不許向僧侶收錢的，不過有喜事的時候，比方這人的等級提升了，他們就會討喜錢。這人就是以為我升等了才過來要錢的。

這些巡警出門去抓小偷強盜的時候隨身絕對不會帶錢，到任何地方都是白吃白喝。要是到三、四天都看不到人影的地方，就會預先向附近的百姓多要些東西一路上吃。警官的身分比較尊貴，不會像巡警那樣做這種事，他們領取政府的薪俸，所以在外頭的行事格調也很不一樣。

離開那個巡警後，我到大昭寺參拜，向佛菩薩一一辭別。接著走過布達拉宮山腳下，繼續往城外前進。跨越一道橋，前面就是廣袤的平原。快到哲蚌寺的時候我們彎進一座小樹林中，藥鋪的總管和其餘三人正等在那裡。我一向不喝酒，飯也已經吃過，所以不用再吃什麼東西，但必須把衣服換下來。我脫下法衣改穿旅行裝，法衣則託他們幫我送還財政大臣。

他們帶了不少酒來，邊喝邊和我話別，大家心情都很沉重。有的說：「雖然只是四個月的旅行，但印度那邊燠熱難當，一定要活著回來。」有的說：「您對我們有照顧之恩，現在要離開了，不知道什麼時候才能再見。」說著說著大家都哭了起來。我雖然沒有像他們那麼激動，可是看到他們那樣哀傷地來送別，我和嚮導田巴還是忍不住哭了。依依不捨地別過之後，我們走過哲蚌寺前面；等抵達辛喀宗驛站，已經是黃昏時分。

128・剛巴拉的絕頂

五月三十日我雇了一匹驛馬，從辛喀宗出發。昨天我邊走就邊提醒田巴一些事情。西藏人講話比較誇張，常會做些吹噓，如果田巴在半路上逢人就說我是達賴喇嘛的侍從醫師，反而會招來不必要的麻煩。我耳提面命，要田巴絕對不可以這樣講，結果昨晚在驛站當別人問他我是誰時，我聽到他回答說：「他是一個轉世活佛。」這樣一說人家就會幫我們換個比較好的房間，床鋪還有其他東西都不必跟別人共用，雖然會帶來一時的方便，但說謊騙人到頭來一定會惹上大麻煩。

我跟田巴說：「我明明不是轉世活佛，你卻騙人家說我是，這就跟拿毒藥去害別人一樣，以後絕對不可以再這樣說了。」

田巴辯解道：「就算我什麼都不說，人家也會問我您是不是轉世活佛，我覺得最好說是；底下的日子不這樣說實在不划算。在這一帶說是轉世活佛固然沒什麼用，但是到了鄉下人家會特別恭敬，甚至會禮拜供養，到時可以賺不少錢。像您這樣不知變通永遠賺不到錢。」

我有些生氣，說：「我不是為了撈一筆才出門遠行的，更別說誆騙別人來賺錢了。犯妄語的罪孽向人騙錢，你知道你在做什麼嗎？」

經我一指責，田巴點頭稱是，可嘴裡還是念念有詞：「還不是因為需要錢。」

這一天我們在聶唐吃過中飯，又走了十公里就到了南木村。我曾寫道在我抵達拉薩府之前在南木村唯一的人家借宿，聽說有人指出這和薩拉特居士的著書不一致。我寫旅行記文字盡量精簡，有些敘述能省則省，像南木村的變遷等等並沒有特別一提的必要，但既然有人質疑，我還是稍加解釋。

距今二十二年前，我的老師薩拉特居士來西藏的時候，南木村共有三十戶人家；十六年前，拉薩河氾濫成災，席捲了整個村落，災後村民把村子遷到八、九百公尺外西邊山谷稍高的地方。這樣一來在聶唐和江堆之間的中繼驛站就沒有了，於是村人就在村落原址建了一幢房子，裡邊也賣些酒食之類的東西；我那時就是在那間房子裡住了一晚。

過了南木就是江堆。江堆住了一位我在色拉寺認識的僧侶，他的家境相當不錯。到了他家，他很高興地迎接我，又問我去哪裡，我說：「我要去朝聖。」他說：「這是很好的事。」他熱情地接待了我，還借給我一匹馬。

三十一日天還沒亮，我騎上這位僧侶所借的馬，來到恰桑（鐵橋）渡口；前面曾經提到過，這是有木頭平底船和犛牛皮筏的地方。在這裡我讓馬伕把馬牽回去，乘上平底船過渡到對岸，岸上就是帕車驛站。這是剛巴拉險峻山口底下的驛站，我們抵達時天已經快黑了。當晚我又租了匹馬，六月一日凌晨四點離開帕車驛站，騎著馬往剛巴拉攀登；走到半山腰，比我早一天出發的雲南人一行正在那邊放馬匹吃草，並煮了茶正在吃早飯。我和他們簡單打了招呼，問我的行李怎麼樣，他們說有帶著，要我放心。

和那些人道別後，又騎了馬登上剛巴拉最高處。在隘口上回頭遠望，拉薩府在東北方向隱約可見，也可以看到布達拉宮的輪廓。所幸來的時候和走的時候天氣都很好，讓我可以從這麼高的地方遙拜布達拉宮。剛巴拉海拔四千五百多公尺，拉薩則是三千六百多公尺，兩者落差九百公尺，路程卻將近八十公里，直線距離也有五十六公里。

每個西藏人都說登上這個山口就可以看到拉薩的布達拉宮，但也有人說從這裡見不到拉薩，事實並非如此。不過只要從山口背面走下去，就再也看不到拉薩了。我在這裡向拉薩告別，突然想起一個好玩的故事。

一個名叫朋巴本措非常天真有趣的人，他在一個有錢的尼泊爾藏族人家雇傭。有一次他陪著自己的主人以及鄰近的藏族同胞一起到拉薩朝聖。他在尼泊爾的時候，那邊的食糧充足價錢又便宜，每天都可以吃到米飯；麥也是盛產。到了拉薩，發現食物很貴，因此一行人都不敢吃太多，每次都是餓著肚子去參禮高僧；由於高僧都很有錢，每餐吃得很豐盛，餐桌上肉乾成堆，還有蛋餃等等美食。反過來朝聖者只能在碗裡放一點摻雜了沙粒的糌粑，然後倒點茶攪一攪就吃了；如果這樣子能填飽肚子就罷了，可是連這樣每餐也只能八分飽，有時甚至只有半飽，而酥油茶也喝不太起，只能喝白開水。所以大家原來一張紅通通的臉到最後變得面黃肌瘦。

當他們朝聖完畢，回程經過剛巴拉的時候，每一個人都停下來回頭遠眺拉薩，流著感激的淚水向佛菩薩祈求道：「我們有幸參謁那個神聖的地方，實在是太幸福了；但願來世也能降生在那個美好的佛國。」只有朋巴本措把自己的屁股朝著拉薩做一些猥褻不敬的動作，把同行的人嚇壞了，以為他發神經病，就紛紛指責他，他倒是不慌不忙地說：「真是太過癮了。沒有一個地方比拉薩更爛、更教人生氣了，那是餓鬼住的地方，也是惡魔住的地方。我是在祈求再也不要去到那種地方啊。」

「即使如此你也不用做那些難看的動作嘛。你是不是瘋了？」

「我說你們才瘋了呢。咱們在家裡每餐飯吃得飽飽的，還有肉吃；糌粑也是吃不完，而且不像拉薩那樣裡面摻著沙子。拉薩那些活佛大喇嘛，都像夜叉、羅剎鬼，乾肉堆積如山，卻只顧自己吃，從來就不會分一點給我們。這哪裡是極樂世界，簡直就是餓鬼之國、惡魔之邦。」

看他這樣大罵特罵，其他人很生氣，說：「我們不想跟你這種傢伙一起回去，否則會遇到倒楣的事。」

他說：「倒楣一點也好，我來世才不要降生在拉薩這種地方。我真是快樂極了，就讓拉薩那些惡魔懲罰我不教我降生在那裡吧，我簡直求之不得！」真是個天真的傢伙，不過好像也言之成理。

俗話說「強盜也有三分理」，我看這個人至少有八分道理，因為窮人在拉薩真的活不下去，說拉薩是餓鬼住的地方並沒有錯。不只朋巴本措吃了很多苦頭，拉薩的貧民和乞丐也每天在飢餓邊緣掙扎。

不過同樣是當乞丐，拉薩也有放高利貸的乞丐；即使如此，放高利貸的乞丐也吃不起好吃的東西，連粗劣的食物也沒辦法把肚子填飽，永遠是餓著肚子想盡辦法存錢放貸。等他們死了，就把埋在地底下的銀幣挖出來，布施給色拉、甘丹或哲蚌等寺院的僧侶。這就是拉薩很不一樣的放貸乞丐。畢竟是餓鬼之國的乞丐，連存錢的方式也很不一樣。看到這些怪現象，指著拉薩大罵是餓鬼之國，喇嘛都是夜叉、羅剎、吃肉的惡魔，並非無理取鬧。

129・從山路進入第三大城

我想到這個故事不禁笑了起來。這不是很久以前的事，發生還不到二十年，這個朋巴本措現在仍住在尼泊爾和西藏國境上的聶拉木附近。當然我並沒有他那麼極端的感覺。

我在拉薩府的所見所聞前面都已經說過。不管哪一個凡聖同居的淨土，一般而言總是有各式各樣的人、事、物，所以拉薩固然有很多惡魔，但除了惡魔也有很多菩薩。我但願能夠重臨此地，為日本佛教和西藏佛教的合作盡一臂之力，若是有幸能奠下世界佛教的基礎，那將是如何快慰的事！

臨別之際，為了願望的實現，我誦讀了三遍《般若波羅密多心經》。接著我和大家一起往山下走，中途則獨自趄到塔馬倫村。本來不必這樣走，不過如果不在村子吃中飯並更換馬匹的話，將到不了白地驛站。白地驛位於景色優美的羊卓雍錯湖畔，但現在看起來並沒有上次經過時感覺那麼好。

我們沿著蜿蜒起伏的路徑往南方前進，於傍晚時分抵達白地驛。到了這裡我又聽田巴跟人家說我就是色拉的醫生，結果村長來了，希望我幫村民看看病，雖然我嚴詞拒絕，不過看起來他們不會輕易罷休，想想還是答應了。我沒想到色拉的醫生到了這種地方名氣還是那樣響亮，簡直被當作藥師如來般禮拜尊崇。第二天凌晨兩點，我們從白地驛出發，乘著昨晚雇來的馬匹，於早上八點左右來到雅謝驛東方，沿途景致非常動人。

從雅謝驛東邊一公里處，有一個河流匯入湖泊有如海灣的地方，從上面所架的石橋走過，接下來即朝南面前進。到目前為止走的都是和來程一樣的路徑，過了這道橋以後，所走的就是全新的路徑了。沿著東南方向的湖岸前進六公里，接著折向南方，走了二十公里漸漸離開湖岸，就到了浪卡子，在那邊吃中飯。

田巴看起來很疲倦，很想在那邊過一晚，但因為我急著趕路，還是催促他出發。離開浪卡子朝西邊前進，即是一片廣漠原野，可以望見不丹國境一帶的連綿雪山。從平原漸漸走進山中，沿著非常狹隘的山谷往上攀爬，遠遠望見河邊有間屋子。由於下一個有人居住的地方離這裡還有二十公里路，所以我們就留在這裡歇腳。雖然那間屋子才在十四、五公里路外，但天快黑了，田巴又累，我們花了大半天才走到。

接著我們在半夜十二點起床準備出門，田巴這時抱怨連連，但我有我的苦衷：現在如果不走快些，要是有人追來就大事不妙。所以還是早早離開了這間獨立家屋。田巴並不知道時間，只是納悶天色為何一點也不像要轉亮的樣子。我沒告訴他現在才半夜十二點……。

逐漸往山中攀爬上去，越走越寂寥荒涼，積雪也越來越深，田巴顯得很害怕，希望我走在前頭，幫他先探探路。他膽子很小，我問他怕什麼，他說他也說不上來，這一帶有很多惡神，想到惡神有可能整我們就無來由怕起來。我安慰他說，不用擔心，那些惡神如果看到你一個人也許會對你怎樣，和我一起的話他們很少會出來整人的，你安心地走吧。聽我這樣說，他還是怕，全身一直發抖。

我又跟他說，你年紀比我大，都四十二了，怎麼還像個小孩沒有膽量？我一直鼓舞他、安慰他，爬了二十公里山路，終於在天亮的時候安全抵達扎喇村。我們在村子用早餐，並且雇了匹馬。要雇這匹馬並不容易，如果不是碰巧有可以馱運或走長途的馬是雇不到的。雖然有驛馬，但那是專供政府每天使用的，我們根本無法取得。順利雇到馬匹帶來很多便利，因為接下來必須攀越西藏內地最高的寧金崗桑峰[1]。

往上爬十二公里，再往下走十二公里之後，來到傾斜的一片野原，這一帶的山路極為苛酷，騎著馬爬得異常辛苦——當然下坡時不必騎。這裡並未修建道路，我們沿著岩石和岩石之間積雪的地面前進，馬雖然挺熟習這種地形，但不隨時保持警醒的話很可能掉進山谷裡。這一帶空氣特別稀薄，更增加了攀爬的困難度，不過騎馬趕路實是不得已。

我們走在傾斜的野原上，一路看著遠處有如刺入天空般高高聳峙的美麗雪峰，前進了十四公里，於傍晚好不容易抵達熱龍。我們早早休息了，隔天也是半夜就開始出發趕路。我們騎著馬沿山間的小河往下走，四十二公里外就是車仁村。這段路我們一直走在低低的山谷上，完全看不見雪山。在西藏如果路上望不見雪山則風景真是乏善可陳。在車仁住一宿，隔天也就是五日我們騎著馬來到江孜。

江孜有一座規模很大的白居寺，僧侶數接近一千五百名[2]。白居寺的會計長（吉索）是由噶廈直接任命的敕任官，他入贅給老尼僧（悲智尼）的姪女，曾和我一起住在財政大臣府邸，人非常好，於是我去拜訪他，他見了我非常高興。他住的地方位於寺院隔鄰，是一棟叫做謝爾曲的大房子。

主人歡迎我住個十天、二十天都沒關係，我說因為要朝聖本來明天就得離開，不過在這裡必須先採購一些用品，否則接下來的路途非常偏僻補給困難，另外我也想去參拜白居寺，所以決定多留一天。

白居寺是規模極大的寺院，內有一座西藏最大型佛塔；僧侶雖然比色拉寺少了許多，但僧舍卻有色拉寺一半大小。白居寺不只有格魯派僧侶，寧瑪、薩迦和噶瑪等派僧侶也可以來此留學。我參拜了寺中的珍藏後回到借宿的地方。江孜是個商業興隆的城鎮，每天一早在白居寺山門外就有早市，從附近各村莊來了很多人，或是購物，或是販賣，非常熱鬧。

大家在市場上各自搭起棚子設攤，排滿了蔬果、肉類、糌粑粉、牛羊乳、奶油、棉織品和羊毛織品等；從羌塘高原和藏北高原要輸出印度的羊毛和犛牛尾等也都以這裡為轉運站，或是直接運往不丹邊境上的帕里，或是再由日喀則商人轉一手賣出去。當然羊毛類輸出品並不是全部經由這裡輸出，但比例相當高就是。

【注釋】

1 寧金崗桑（Nechen Kangsang）峰：在今浪卡子縣和江孜縣境上，標高七二〇六公尺。

2 白居寺建於一四一八年，全名班廓居德寺，因寺中的班廓居德塔得名。班廓居德塔作者譯為「聖迴塔」，塔高九層，共分為七十七個小間，每間除了供奉各種佛菩薩像外，四壁更畫滿了佛菩薩及護法神像，總數達十萬尊，故又名「十萬佛塔」。

130・逐漸接近關哨

我們在江孜待了一天，然後於六月七日凌晨五點出發；接待我們的主人盛情悃悃，提供了五天行程的馬匹。我們騎了馬走過江孜市區，渡過年楚河，慢慢往南方前進，來到全部是尼僧的南尼寺。南尼寺中有解脫佛母（度母）的轉世者，當時年僅七歲，不過我無緣得見。

我們在南尼寺前吃中飯，然後往南方的山區走去，四十公里路外即是田巴的故鄉；我們在那裡的小寺院落腳。由於田巴遇到久違的兄弟，當晚喝了好多酒。他哥哥對他說：「那個人看起來皮膚很白，和蒙古人的淺膚色又不太一樣，會不會是西洋人啊？」田巴聽了急忙為我解釋。

他說：「他就是尊貴的色拉寺醫生。」然後對他們詳加說明，結果他的兄弟又說：「這些我都聽說過，不過這位色拉的醫生還是很奇怪，做了很多不可思議的事情，聽說還讓死去的人復活。會做這種事的只有西洋人，你傻傻跟著走，說不定會很倒楣的。」他們甚至忘了我就在隔壁房間，說得很大聲。這些話教我很頭痛，如果影響了這個跟了我老半天的正直男子那就麻煩了。不過田巴又很熱心地對他們解釋，還說：「別多心了，他和天和堂老闆交情匪淺，是中國人沒錯。」就把從天和堂李老闆那裡聽來的話告訴了他的兄弟。

隔天早上我當作沒有聽到那些對話，凌晨五點準備出發的時候，我注意到田巴的兄弟在他耳邊不知道說些什麼。我們慢慢走上南方的山路，行進二十八公里之後抵達康馬驛，並稍作休息，看到前面有十二、三匹的馬隊，裡面有兩匹馱的正是我的行李。馬隊的人都是中國人，他們根本不知道那是我托運的行李。看到行李已經來到距邊境不遠的地方，我覺得放心了不少。

倒是田巴看到那些行李，心裡的疑惑突然加劇，因為他曾經在天和堂看到我們打包，而且看起來我是打算寄放在藥鋪的樣子，現在居然出現這裡。他一臉訝異，但並沒說什麼，走了一段路後，他跟我說：「再走不到五、六天路，就是帕里驛，與其直走帕里，我知道另一條更方便的路，因為帕里驛的檢查非常嚴格，沒有保證人的話不會發給護照。需要保證人乃是保證出境的人不會就此留在印度，一定會返回西藏。

「保證人還得是帕里的居民，找個帕里保證人可要花很多錢，另外要順利領到護照也得賄賂驛站官員。花錢就沒事了也還好，擔心的是搞了半天還不一定通得了關。我有個很好的建議，您不用花那麼多冤枉錢：只要將那筆錢的一半左右給我買酒喝，我就帶您走一條滿理想的小路，一直走就能經由桃溪（Khambu-Rong）抵達境外。那條小路稍稍有些難走，也不敢說一定沒有野獸出沒，不過多半不會有事，那條路我走過兩次。要是覺得那條路太危險，也可以先到不丹。不丹境內雖然強盜很多，只要把行李藏好，穿上不起眼的衣服，就不太會被搶。您看這兩條路您要走哪一條？」他問道。

我立刻反問他：「為什麼你會替我擔心到帕里會被搜刮一大筆錢呢？」

他說：「我倒不擔心，只是覺得花那些冤枉錢不太值得就是。」

「話是這樣說，雖然我不知道得花多少錢，但真正冤枉的是拿自己的生命開玩笑。如果照你說走桃溪小路然後經過不丹的話，十之八九死路一條。與其去送死，還不如給點錢走好走的路不是嗎？你真是胡說八道！如果沒錢不得已只好走那條路，可我並不是沒有錢，不需要冒那種危險。何況走強盜成群的不丹包准被殺。你那麼需要酒錢嗎？我給你的一個月工資就夠你在西藏一整年不用工作了，而給這麼高的報酬就是因為走這一趟路不容易，你瞭解嗎？至於說酒錢，我並不是不給，等到了目的地我自然會給你的，但到達目的地之前我是一毛錢也不會給。以後不要再講這種話了！」田巴聽了對我的疑慮似乎消解了不少。

想來他肯定是懷疑了我，故意拿話試探我，其實他一點也不想走小路；如果我答應了他，請他帶我抄小路走的話，當晚他一定等我熟睡了以後，行李拿了就逃。我很清楚他在想什麼，這一方面絕對不能相信西藏人。如果是熟識的朋友，還講交情的時候，彼此並不會我虞爾詐，可是一旦在遠離社會制裁的地方，也就是不在輿論的有效範圍時，就會變得很狡猾，不管什麼事都做得出來，千萬不能稍有疏忽。

我們邊說邊在山中走了二十公里路，然後在莎魯村過夜。六月八日凌晨一點我們再度出發，朝南方前進，不過田巴照樣一臉驚怖，一邊走一邊念念有詞。我們又往西南方走了十二公里，眼前是一個非常高峻的所在，又不能不往上走。攀爬了十八公里路，來到一個很大的池沼；池沼側旁有條小河。沿著河南岸上行，六公里外有座大湖，湖名拉姆（Lham Tso／Bam Tso）[1]；我們順著走的那條小河連結了剛才的大池子和拉姆湖。到了湖畔往右邊也就是往西面走可以抵達帕里；左轉沿湖南下也就是靠著東面走一樣可以通達帕里。我們在這裡左轉。

這一帶往四面一望盡是喜馬拉雅山脈的雪峰矗立在荒原之上，特別的是並不很高，大概只比高原再高出三百公尺左右，但全部覆蓋著皚皚白雪，這麼美麗的景致恐怕在世界任何國家都看不到吧。夏天馬上就要到了，山麓一帶青草已經吐出嫩芽，湖岸邊尤其繁茂，可以想像必定是夏季的理想牧場。

沿著湖畔南下三十二公里，傍晚時分抵達尚木麥村，農曆五月二日的新月正高懸空中。我們在一個畜牧人家的石頭屋子暫歇。屋子南面可以看到一座非常高大的山峰，這就是藏語稱為珠穆勒哈里（Chomo-Lhari，尊母神山）的著名聖山[2]。西藏有很多珠穆勒哈里，因為對藏人而言，高大的雪山都是神聖無比之地；據說共有二十一座珠穆勒哈里，也有人說是三十二座[3]，到底哪一座才是真正的珠穆勒哈里眾說紛紜，反正在西藏各處只要看到高大雪山好像都叫這個名字。

這座珠穆勒哈里大雪山聳峙曠野盡頭，像極了毗盧遮那佛端坐山巖的模樣，而沿著湖泊四周羅列的雪峰，則有如天然的白衣觀音或妙音觀音吹奏著無聲的音樂，供養毗盧遮那大佛，整片天地彷彿壯觀的天然曼陀羅。這一帶大麥、小麥都種不起來，和羌塘高原一樣只能從事畜牧，但冬天此地還是無法放牧，必須移轉到別的地方。不過拉姆湖中有很多長十五到三十五公分大小的魚，有人專門以捕撈營生，每年夏天來這裡打魚，或是直接拿去賣，或是風乾後儲存起來當冬天的食糧；這些漁夫到了冬天就前往拉薩一帶乞討。所以這裡有很多夏天捕魚、冬天討飯的人。

【注釋】

1 從地圖上看來，此湖即今日康馬縣和亞東縣交界上的多慶錯。

2 作者在第一二五章中稱此山為察利雪山。從地圖看來，可能是康馬縣與不丹交界的康說把峰（海拔六一〇二公尺）。

3 作者在去程經過薩嘎之後也看到一座珠穆勒哈里大雪山，見本書第五十章。

131・五層關卡

六月九日我們還是沿著湖畔騎著馬南下，沒想到田巴又起了妄想。他認為明天就要抵達第一道關卡帕里，如果被發覺我們真正的目的地是西藏境外的話，兩個人一定會被抓起來關到牢裡，於是又跟我說：「我曾經建議您繞小路走，您並不同意，可是您想想這實在沒什麼道理啊？小路沒有您說的那樣難走，我走過兩趟所以很清楚，即便一個人都不會被猛獸侵害，頂多聽到牠在不遠處吼叫會有些毛骨悚然罷了，只要生個火保證沒事，還是聽我的話改走小路吧。帕里真的很嚴格，錢也要得兇，而且搞不好會被刁難羈留個四天甚至超過一個星期。您行程很急，為什麼還要浪費那些時間和金錢呢？走小路只要兩天時間，您考慮考慮吧。」

我說：「你又在囉唆什麼？那些官吏愛錢也沒關係，要多少就給他們多少，就算是送給達賴喇嘛的禮物好了。」田巴一聽感到非常意外，對我的疑念幾乎全部冰消瓦解了。那一天還有件趣事，走了八公里後，突然有四個人來到我的馬前，一起對我跪拜請願。

他們說：「我們是從北方來帕里賣鹽的，前晚放犛牛吃草的時候，看守的人打起瞌睡，結果來了些人，也不知道是不丹人還是藏人，偷走我們四十五、六匹犛牛。我們現在正在追趕那些小偷，請您幫我們看看他們大概往哪個方向逃跑，若是往不丹方向，那麼我們當即回頭向南追趕；要是往西藏方向的話，我們就繼續朝北邊追去。由於沒有人能幫我們算一下，能否請您幫個忙？」

我想如果我說我不懂卜算，他們也未免太可憐，於是我就裝作占卜者的樣子，對他們說：「快點往北邊追過去的話，今天就可以追上他們。」他們聽了很高興就繼續往北走了。當晚我們在珠穆勒哈里山區赤貧的尚木堆村宿營。這座村子幾乎沒什麼吃的，也沒有向政府納稅的能力。

不過每年都有不丹人在前往拉薩納貢途中經過這裡。不丹雖然是個獨立國，但不丹國王並未能統一全境，所以是由各部落單獨向達賴喇嘛政府納貢，而不是由中央政府統一向西藏納貢。他們一方面向西藏納貢，一方面又從西藏拿許多東西回去，這種貢物交易就跟尼泊爾政府每五年以象牙、虎皮等向中國政府納貢，然後從中國獲贈許多絲綢、高級織品一樣。尼泊爾政府如果拿一萬元的貢物去中國，大概回頭可以取得五萬元的贈品，跟做生意賺錢沒有兩樣。

接下來關卡越來越近了，我雖斷然向田巴說要走官道，但心裡其實還沒能決定怎麼走，當我正想打個坐進入斷事觀三昧來做判斷的時候，剛剛聽我指示去追偷牛賊的四個人回到我們過夜的村子，而且被偷的犛牛一頭不少地牽了回來。他們把我當作佛菩薩一樣頂禮，又供養我兩章卡銀元和一條哈達絲巾。

田巴見狀更加吃驚，覺得我並非常人，因此變得很敬畏我，更不會對我有任何疑慮了。夜裡當大家都睡著的時候，我先誦了段經文，然後打坐入三昧，最後決定取官道而行。就一般性推論，走官道的話要通過五道關卡的檢查，而第一道關卡就是最嚴苛的帕里宗，將會被徹底檢查一遍；而且還得花一大筆錢找個保證人，給官吏的紅包更不能少，這樣折騰個四、五天大概可以取得護照，然後拿著護照前進到第二道關卡春不谷。護照經過檢驗、人也經過調查後，如果得到官員許可，就可以繼續前進，到中國軍隊駐守的第三個關哨碑碑塘（Pimbithang / Pipitang），然後接受檢查並取得通行許可。

如果順利通過第三座關卡，接下來就是到第四重關卡卓木・仁進崗接受調查並取得通行證；這份通行證是出亞東城大關卡的非正式許可書。拿了這份通行證去到第五個關哨亞東，花大筆錢賄賂官員，並且接受亞東最高階官員的面談，之後才能得到一紙憑證；接著必須拿著憑證回到仁進崗，把它交出去查驗，沒問題的話當地的協敖會發給通關者兩份書面證件。

拿著這兩份文件，再往回走到第三關哨碑碑塘，然後將其中一份交給中國軍官，中國軍官這時會發放一份中文證件。把中文證件和第四關哨協敖所發的另外一份證件帶到最後一個關卡亞東，交給把關的軍人查驗，然後才可以通關出國。

出了大關卡，走過亞東小村落，又跨越一道小橋，就會碰到駐屯的中國士兵，這時要把手上的中文證件交出去，只留下仁進崗協敖所發的文件。出關者將來從印度辦完事回來後，必須出示這份文件始可重新辦理入境西藏的手續。這些一道又一道的手續雖然繁複得不得了，但基本上沒什麼好擔心的。

問題是從帕里宗到亞東之間住著一些我當年在大吉嶺認識的朋友，而認識我的人也所在不少。尤其是基督教女傳教士泰勒〔戴如意〕女士就住在亞東城對面的小村子裡，而那裡還有檢查行李的官吏，這位官吏是位藏人，對我的事情知道得很多，他本性很壞，不能不多加注意；泰勒女士的僕役也認識我。因此即使一路通關順利，也不知道會發生什麼事，唯一可以確定的是，花這麼長的時間通過這麼多關卡，不可能從頭到尾都不碰到認識的人。

另外在帕里宗至少要停留四、五天時間，如果有人在後頭追趕我那可就麻煩了。當然我很有把握最快也要等我離開拉薩十天之後才會被發現，因為從藏曆四月二十日到三十日之間拉薩的官員都非常忙碌，大概不會發覺我失蹤的事；等班禪喇嘛受了具足戒，官員們開始喘口氣的時候，才有可能發現異狀，然後猜測我的去向，再派人追捕我。

今天還只是藏曆五月三日，今、明兩天追捕的人還不至於趕上我，但我若是在帕里宗待個四、五天，追捕的人肯定就到了。他們可是跟我不一樣，我又有挑伕、又有行李，他們攜帶令狀，騎著快馬，一行只有兩個人頂多三個，晝夜兼程趕路，我估計他們只需六天就可以趕上我。如果我在帕里宗待五天，也就是留到藏曆五月八日；追兵三日從拉薩出發的話，差不多我在關卡要出不出的時候就會被抓起來了。

從常識面判斷，要順利通過這五重關卡可以說幾乎不可能，不，應該是說完全不可能。所以說入三昧禪定所得來的指示就常識而言，我選擇的是一條不應該走的路。抄小路會有強盜及猛獸之難，走官道則難免縲紲之辱，到底要怎麼走才能平安抵達目的地呢？

132・第一道關卡

我的想法是，雖然應該依照常理上的判斷而行，但不管走哪條路其危險的程度則一。也就是說，取官道而被捕、走小路為猛獸所噬或為強盜所殺三種可能性如果都不可免的話，寧走官道；何況到目前為止依三昧的靈感而行一直都很順利，所以最後還是決定依三昧禪定所示採取行動。當晚我僅稍稍闔眼，第二天騎上馬出發，繞珠穆勒哈里大雪山山腹南下，終於走出拉姆湖的範圍，進入南邊的高原，此時東西兩方仍舊是雪山林立。高原上雖然時序已經快進入夏季，但氣溫仍舊偏低，以致寸草不生，只有地衣之類的植物，其他都是石礫地。我打算今天趕到帕里，於是催馬快走，無奈田巴徒步，無法趕上來；等我們抵達曲加村的時候，天已經完全黑了下來。

這一帶不只地勢高而已，兩側還羅列著無盡的雪山，因此氣溫極低，入夜後如果不多收集些乾犛牛糞生火取暖，實在凍得受不了；那種冷比日本隆冬時節更加厲害。從拉薩到大吉嶺之間，大概這裡最冷了。第二天六月十一日凌晨四點起來，喝了點熱茶就動身，沿高原的河流向南走去，前進了十公里左右太陽升起來的時候，我們抵達了帕里。

帕里也是把城砦建在山崗上，外型有點像拉薩的布達拉宮，當然規模不能相比。城砦底下就是家屋，全部都是黑色的。帕里位於雪山之間的平坦地帶，從大吉嶺、加爾各答和孟買輸入的貨物都經由此地入藏，因此設有海關對所有輸入品課稅。西藏的輸出品也多半在這裡轉運，輸出品的稅率從十分之一到十分之四都有。

稅率不算高，但多半以貨物取代現金；如果不方便以貨品繳稅，就換算成相當的現金繳納。從城下通過後，路旁有一個周圍三百餘米的池沼，在池畔的山腳下有一個人等在路上，為旅館拉生意。我們一點概念也沒有，因此請他介紹一家好點的客棧。他看我像個貴族僧侶，於是就帶我們去一間比較好的旅舍。

所謂旅舍不過是間木頭搭蓋的屋子，整個西藏一家真正的旅館都沒有。拿了乾犛牛糞然後給住宿費，說是牛糞客棧也可以。我們必須在這間牛糞客棧待個幾天。客棧主人問我們：「要去哪呢？」

「本來計畫去加爾各答，順便到菩提迦耶朝聖，現在突然有別的急事，大概去不了菩提迦耶了；恐怕必須提早回來。」

「您去那邊有什麼貴幹呢？」

「倒沒有特別重要的事，也沒有說的必要。」

「您是打哪來的？」

「我來自拉薩。」

「拉薩什麼地方？」

「色拉寺。」

他一聽就問道：「呵呵，那麼您是轉世活佛嗎？」

「不是，」田巴在一旁插嘴道：「不是活佛，比那個還要厲害。」

「那麼是誰呢？」

「他是達賴喇嘛的……。」

我連忙制止他：「閉嘴，你不要又亂說話了！」

客棧老闆看這情形覺得有些怪怪的，又問道：「那麼您是什麼人呢？噶廈的僧官嗎？」

「不是，我只是籍隸色拉寺的一個出家人而已。」越是聽我這麼搪塞，他越是好奇，又出言發問，我就說：「沒必要說那麼多吧。」

老闆說：「不說清楚可不行，這裡是很敏感的地方，一定要問清楚從哪裡來的、什麼身分等等，如果有任何可疑的地方一定要求對方拿出證明。還有您也必須找個保證人，保證您確實會從印度回來。不過保證人並不好找，如果要為你作保，一定得問個詳細。」

「那我就向你說清楚吧，我是色拉寺的普通僧侶，在大學部讀書，進修法義問答。」

他說：「可是看起來不太像，從您的外貌還有穿著看起來，您不是高等僧官就是轉世活佛。」

「你要怎麼看是你的事，但我並沒有那種身分；你只要向我所屬的札倉打聽就知道了。」

「是嗎？」說著他就出去了，田巴則跟在他後面也走了出去。由於房子很小，他們在隔壁小聲交談我卻聽得一清二楚。

「你家主人雖然那樣說了，但我還是想聽你怎麼說。你們不老實說的話，不要說十天，就是待個二十天也沒辦法再往前一步。」

田巴對他說：「如果我跟您講，他會非常生氣的。」

「那你們這樣就算了嗎？在這裡花一個月的時間也不在乎嗎？」

「不不，我們在趕路呢。我們有急事，連晚上都趕。」

「那就怪了，連夜裡都趕路，雖然我不知道你們有什麼要緊事，不過他一定不是普通出家人，到底是誰？」

田巴說：「那我就老實對您講了，不過您可不要跟他說是我說的。其實他就是色來・安契（色拉的醫生）。」

「哦，那不就是可以把死人救活過來的醫生嗎？」

「對啊，他也到達賴喇嘛跟前行走，不知道是擔任御醫還是侍講，一般人都認為是御醫。不過我並沒有一直擔任他的僕役，而是這次出發之前我認識的藥鋪老闆介紹我擔任這個臨時性工作，所以其他詳細情況我不是很清楚，可以肯定的就是他在拉薩名聲之響亮，說飛鳥聽到他名字就會掉下來也不誇張。」

「原來如此，那就早點辦好手續，看四、五天能不能取得護照。」

「對，不快點不行。」

「說到這個名醫，我倒想起我們這裡有個病得很重的人，是我親戚，不知道能不能請他去診斷一下？」

田巴說：「他不幫人看病，真的頑固得一塌糊塗，不管怎麼求他都不答應。跟他說沿途幫人看看病可以大大賺一筆，他卻不為所動，我都覺得好可惜。」

「你還是幫我問問看吧。」

田巴把我的身分洩漏了出去，然後進來對我說：「啊，是這樣子的，老闆一直追問您的底細，我不小心說漏了嘴，不過只告訴他您是醫生。他聽了說這裡有個生了重病的人，反正還有四、五天時間要逗留，就請您抽空去看一下吧。」

我說：「你這樣一說，有病人找我就看，那就沒完沒了啦。我有急事在身，沒空幫人看病。」

「就算是濟度眾生吧，請您答應幫忙看一下。」他這樣一說我再拒絕也不是辦法，就答應了。

客棧的老闆聽了高興得飛奔出去，不久帶了一個人過來，然後一起領我到病人的家去。這一帶的屋子都是黑色的，仔細一看，原來是用草和著泥巴曬成長約三十五公分、寬約十八公分、厚約七、八公分的泥磚，然後堆疊起來就成了屋子。泥磚雖然很硬，但這樣疊著要是風大點就會被吹垮，所以中間又以許多柱子加以固定。雖然說是草堆起來的房屋卻滿寬敞的。這裡只有城砦是用石頭蓋成，可能是因為離山較遠，搬運石塊很花錢，所以大家只好以乾草築房。

和拉薩那邊很不一樣的是，幾乎沒有兩層樓的房子。偶爾看到一、兩間，底下一層是石頭的牆，上面一層才是乾草泥磚；如果第二層也用乾草，可能有倒塌的危險。我要去的人家就是這種兩層樓。我單單把了脈，病人整個心情好像就輕快起來；其實病人是靠著信念而變好的。病人是這家裡的女兒，病症是神經痛，也併發了肺病，所以呼吸很不順暢，導致幾乎不能出門。

我給了她幾帖藥，並且告訴她：「把這藥吃了就會舒服起來；另外每天早晚出門去廟裡禮拜一下觀音菩薩吧。」看完了病我就回到旅舍。

不久病人氣色變得好很多，旅社老闆非常高興地來到我的房間，說了很多感謝的話，然後問我：「這裡要找個保證人很不容易，您有什麼打算呢？」

我說：「我也在為這個煩惱，非得找個保證人的話，我想我會付相當一筆錢給他的。」

老闆聽了說道：「那麼您就和我一起去找保證人談一談吧。在這裡可不是什麼人都可以擔任保證人，如果連我們都可以當的話就方便多了，可是政府不允許。別人去拜託這位保證人，他不見得就會答應，不過我去說那就另當別論了；而且對方索取的費用也不會太離譜。」

我當即請他幫這個忙，和他前往保證人的家裡。通常藏人要是看到來人穿著好點的衣服就會獅子大開口，還好那位保證人還不錯。一路上我不忘交代老闆不要提我的身分，但沒想到老闆一看到對方就說：「他是色拉的醫生，也是達賴喇嘛的御醫，很了不起的一個人。」經他這樣一說，保證人的事情立刻就敲定了。

133・通過第一道關卡

保證人告訴我：「我不收您任何禮物或金錢的報酬，您只要出手續費一個半盧比就夠了。我們現在就得去辦手續，但今天要取得通行證是不可能的。會議可能是明天或後天舉行，但要盡早提出申請，這樣子也許四、五天後就可以出發了。我現在就帶您過去辦理。」說著帶了我前往關卡辦公室。

關卡建在城砦下方民居之間，但並沒有什麼看起來像會議室的地方，不過官員倒不少，共有十四、五人，其他還有沒有我不清楚。西藏官場有個陋習，雖然大家都在，但為了索賄，劈頭就說今天不開會。我看如果賄賂的金額沒談妥，不要說今天，恐怕還有得拖，所以最要緊的是弄清楚他們到底要多少錢才願意及早放行。

保證人要我提出申請書後，其中一個看起來地位最高的官員過來跟我打招呼，說：「今天當然是不開會的，大概明、後天開吧，您既然已經提出了申請，開了會就會給您一個答覆。您也不用每天自己來問，明、後天問問您旅舍的老闆就知道了。」

這是擺明了今天不發通行證，但只要照規矩給一筆錢，那麼多半明、後天開會之後會把通行證發下來；總之至少要耗上五天。我想既然只要有錢就好辦事，就向他說，我有非常要緊的事，問他能否通融在今天就發給我。他說他不知道我有什麼要緊事，但當天申請當天發證沒有這種先例，而且他也不能一個人作主。這時讓我看病的女孩的父親和旅舍老闆來了，他們把官員叫到另一個房間，好像跟他說我是達賴喇嘛的御醫。不久那位官員出來問我：

「您有什麼事那麼急？」

我說：「就是非常緊急的事，能否請你們明天就開會然後把通行證發給我？」

他說：「這沒辦法。」

聽他的語氣，好像多等兩、三天也拿不到通行證的樣子。於是我打定一個主意。我對他說：「我可以多等幾天沒關係，但是請你寫個書面的證明給我，上面說我今天抵達，但因為來不及開會，希望我等三天時間。」

他說：「沒做過這樣的事。」

我說：「也許沒有先例，但我出國並不是為了私事，我這一趟有祕密的任務，但現在不方便明講。如果你想確認，可以想辦法向拉薩噶廈的外交部打聽。我真正的身分現在也沒辦法透露，但你要我等我就等，只希望你寫個證明給我就行。」

「您此行的任務大致上是哪一類的呢？」

「大概告訴你也無妨，拉薩那邊有個重要的人生病了，急需一種藥物服用，我必須趕快買回去。去菩提迦耶只是順路，最要緊的還是去加爾各答買藥，然後早日回到拉薩。事情十萬火急，連在加爾各答過夜都不行，藥一買到就得趕回去。所以如果在這裡拖延兩、三天，就會嚴重影響我的行程，無法如期達成任務，必須拿個書面的證明回去交代。其實我倒想多待兩、三天，這陣子日夜兼程拚命趕路，身體累得不得了，能夠在這裡休息幾天真是求之不得，只是這樣一來我的祕密任務就無法達成了。今天能拿到通行證我也是今天就走，但我並不想勉強你，另外幫我寫張證明就好了。」

他又問：「到底您是擔任何種職務的呢？」

「我不方便說，不過既然是去買藥，你應該可以猜得到。不過我走這一趟也不只是買藥而已，還有其他非常緊要的任務，一天都不能耽擱的。」

這位官員很是吃驚，臉色有些蒼白，說：「我沒想到事情是這樣的，那您稍等，我盡快處理。不過既然您是個醫生，我們這裡有人病得很重，想請您看一下。我知道您不能久留，不會耽擱您太久，不過通行證的事不是我一個人可以私相授受，總之要跟大家開會協商，成不成我會盡早給您個答覆。在這之前，是不是請您去看一下病人？」

我被帶到一戶人家為一個病人診治，同時通知我下午三點過去關卡一趟。去到那裡，那位官員告訴我：「今天我們開了個特別的協議會，因為您狀況特殊，我們決定盡早將通行證發給您；這是從來沒有過的事，請您稍等到四點。」

我在那邊稍等了一下，果然在四點取得了通行證。過去即使是西藏政府的官員或商隊，在這裡也是要經過重重的協商和行李的檢驗，至少得待個兩、三天時間，但是我當天就被放行。本想當晚就出發，但因為途中沒有歇腳的地方，所以還是住了一晚才走。

第二天一早我們朝西南方的山區前進，這一帶四周都是高聳的雪山，雪山之間則出現一點平地。我們往上走十二公里到平地的最高處，此時帕里城已經看不見。接著我們從這個山口開始往下走，由於昨晚下了冰雹，地面非常濕滑；四邊的雪山也因為新降冰雹而披戴一身新衣。此時空氣非常凍人，而太陽光的反射則強烈得教眼睛發痛。除了有水流的地方看得到一點短短的青草外，一棵樹也沒有，光景極為荒涼。

河流以這個隘口為分水嶺，一邊往西藏的曠野流去，另一邊則朝印度方向流去。越過這個隘口，在雪山的山谷出現一條非常寬闊的河流，水質非常清澈，河底的白色和黑色石頭看起來就像晶瑩的玉石。由於口渴，想用手掌舀點水來喝，才一碰到水立刻縮了回來，實在太冰了，教人一點也不想再碰到這水。馬匹這時已經回帕里城了，所以沒辦法騎馬渡河。

我對於把鞋子脫了涉水而過非常躊躇，田巴看了就先把行李送到河對岸，再回來背我過去，讓我不必涉入冷冽的水中。這河水的冰凍程度其實和我在羌塘高原所涉渡的那些河流沒什麼兩樣，但我已經在拉薩習慣了舒服的日子，頓時也就無法忍受這種冷。深感人處於艱難的環境下，再怎麼困頓的情況都可以輕易忍耐，可是安樂一久，則一點點困難也會覺得不可忍受。

134・途中的絕景和軍營城市

往下坡走八公里後，在雪山山麓疏落的小樹之間，紅、橙、紫、粉紅各色不知名的漂亮花朵像地毯般鋪滿了地面。我沒有植物學常識，對這些花一無所知，但它們的美完全征服了我。除了身邊的美景，遠方雪山頂上飛騰的白雲也是變幻莫測，好像有雪山仙人正乘雲而入遊戲三昧，四處徜徉優游。

繼續往下走去，漸漸下起小雨，原來在陽光下幻化莫測的美景突然消失無蹤，但雨中的雪峰自有它可觀之處。路旁開滿了香味馥郁的帕兒（黃色杜鵑）、絲兒（紅色杜鵑）和其他花花草草，上面水珠閃閃發亮，有如山間晶瑩的玉石。我們沿著山谷的溪流往下走，奔騰的流水在山岩間濺起飛沫，打在我們的腳上，感覺很是愉快。這些迷人的風光對不識風流的藏人而言也足以令他們津津樂道吧。

「這種地方下起雨來真的很令人頭痛。」田巴很生氣地說：「如果老天有眼，應該讓天氣放晴才是，一下雨行李又濕又重，真的很不是滋味，而且晚上也沒有地方可以過夜，真衰。」一直念個不停。

這樣的旅途本來就不輕鬆，可是如果能夠欣賞沿途景致，身體的苦楚將會忘掉大半吧。可惜藏人似乎不太會欣賞自然美景，更不可思議的是藏人好像對風景沒什麼興趣。或許是他們多數生長於岩塊和荒山之間，不知如何欣賞風景。在他們的繪畫作品中，我從沒見過一幅是描寫西藏山水的；即使有也只是模仿中國水墨畫的東西。

難怪像田巴這樣的人來到景致如此優美的地方，和去到滿是犛牛糞便的曠野並沒有什麼兩樣。即使下雨把衣服打濕了，但山水奇景使我渾然忘了這一切。這裡的風光之奇之美，如果我會畫圖，我就把這裡的一山一水都畫了帶回去日本，一定會獲得許多人的喜愛；要是隨身有照相機，把沿途景致拍下來，也一定會讓許多人著迷。景色時時刻刻變化萬千，而千年老樹上以及崢嶸的巉岩之間，到處盛放喜馬拉雅山著名的山杜鵑（rhododendron），鮮豔的顏色非常誘人，而絕美的風姿更是筆墨難以形容。

放眼都是奇花異卉，伴隨著轟轟激流，讓人百看不厭，真想在這種地方佇足，就此與風景冥合為一；不禁想到，如果我的父母、國人也能夠看到這樣的風景，將會如何快慰。我暫棲岩端坐了許久，出神眺望這一切。那時的興奮和愉快至今想來仍舊足以洗去塵勞。雨越下越大，連吃飯的地方都沒有，倒真有點不方便，於是繼續往前走，來到一處大岩窟，我們趕忙進入洞穴中放下行李，並且好不容易才將河邊撿來打濕的枯木點燃；我們以溪水煮茶，吃過中飯，再朝下方的達卡坡（白岩村）前進。

這天共走了三十二公里山路，白岩村居民不多甚至不像個村落，但有一座軍營，裡面有十六名士兵，此外就是一間獨立家屋，裡面住了士兵們的家眷。軍營側旁有一塊高達五十公尺的白色巨岩，看不出岩石的成分，但顏色很白，上面附生著一些青草。我們當晚就借宿軍營中，他們根本沒有檢查我們的通行證。

這裡是帕里和垂天康布之間郵遞的中繼站，西藏沒有一個地方像這裡一樣完全為了郵遞業務而存在。其他地方大致每隔八十到一百二十公里所設的驛站也具有傳遞信件的功能，但只限於政府和地方之間的公事往返，不處理平民的郵件。老百姓如果想寫信給別人，必須自己雇人專程跑一趟。

晚上我們在軍營非常舒適的床上睡了一覺，這是我離開印度至今第一次睡在西洋式的床上。這段期間適逢雨季，從大吉嶺以北的喜馬拉雅山區雨量尤其多；第二天仍舊下著大雨，不過沒有在這裡逗留的必要，所以不管田巴如何苦苦哀求，我們還是在清晨五點冒著大雨出發，往茂密的森林中走去。

森林裡樹圍達三、四人合抱的大樹非常多，這兒雖是西藏政府的轄地，但因為河流急湍、運搬不便，無法從這裡伐木送回內地。何況這裡的河流都是往南方的印度洋出海，完全幫不上忙，所以森林都保持原貌。走了十六公里走出森林，前方是一片平坦的地段，有來自帕里附近雪山的小河，原來只是涓涓細流，越往下游河面漸寬。不久即抵達垂天康布。

我從未在歐洲探險家的著作裡看過垂天康布的記載，大概是因為這座城鎮的歷史還很短；或者他們知道但不明講。外邊似乎並不知道這座新城鎮裡駐有兩、三百名中國士兵，當我隨後抵達大吉嶺時，當地的官員雖然知道這座城鎮的存在，但對城鎮的其他資訊則一無所知，一直向我打聽相關的消息。

我說：「有關的消息你們應該不用問我也知道吧。」對方說：「不，祕密偵查根本到不了那裡。」也許他們說的是真的，因為久居大吉嶺的藏人也沒聽說過這座城鎮。藏人做生意的時候非常精明，但對於這一類軍事情報則很不在乎，只要知道就不當一回事地告訴別人，什麼有一座城門啦，裡面有多少士兵駐守啦，他們來此駐防的目的是什麼啦等等。城砦底下是往來的通路，不過我特地到城裡走了一趟，並沒有人找我麻煩。城裡有中國軍隊所形成的市街，共住了約三百名軍人，雖位於深山中卻頗為繁華，有些軍人在幫人理髮，有些則在賣餛飩、豆腐等食品和各式雜貨。軍人好像都在做買賣，而且攜家帶眷的；整個營區就是一個市街。他們每半年換防一次，由江孜和日喀則來的軍隊彼此替換。他們不只領取中國政府的薪水，西藏政府也付給他們俸祿，收入不算少，所以生活都過得很好。

135・順利通過第四道關卡

我們來到軍營城市一座營房，向他們點了客中飯來吃。他們說有白米，於是特地為我煮了包括豬肉和犛牛肉的料理，田巴吃得津津有味，我說我不吃，他們就拿非常美味的泡菜給我下飯，就跟吃到日本的茶泡飯沒兩樣；他們對我與眾不同的習慣並沒說什麼。這座城砦非常堅固，南面沿著兩側的山岡砌了很高的石牆，正中設了兩道門，門上寫著告示：每天早上六點開放，下午六點關閉。

我問裡面的人這個規定是否嚴格執行，他們說沒錯，除非軍隊出任務或有其他急事，提出申請的話會特別開放，此外一律不准；尤其夜裡出去城外很容易遭遇猛獸襲擊，所以一般都不放人出去。我們出了城，跨過一道橋前進兩公里後，前面是一片往上升的平野，然後沿著原來的小河在森林中往下走兩公里，眼前就是綠意盎然的草原，上面放牧著許多馬匹。

走過草原，跨過一道橋，再向前五、六百公尺，即來到春丕橋。這座橋規模很大，長約四十五公尺，寬約三米六，兩旁沒有欄杆。橋的東側有一道門，門前有一間小屋，有士兵看守著這道門。必須把通行證交給守門的士兵，在這裡如果被認為是有問題的人就會立刻被解送回去。這種事大概不會發生吧，但我又聽說如果不給士兵一點好處就過不了關。到了士兵面前，他看看我的樣子，問道：「到哪裡去？」

我不願說得太清楚，他就一直問個不休，田巴於是趕忙將通行證拿給裡面的軍官看，那位軍官馬上下令道：「不用問了，快讓他們過去！」

原來通行證中寫道：「絕對不要向這個人詢問不必要的問題，也不可以刁難他；如果給他帶來不便的話，以後反而會有大麻煩。最好盡快讓他通過。」於是我們順利過了這道門。

現在終於通過兩道關卡了，底下還有三道關卡，可以說是全新的考驗；目前基本上第一道試驗已經及格了。也可以說三昧所示還是最正確的，想到這裡覺得很愉快。我們沿著溪水朝南慢慢往下走，十公里外就是碑碑塘的軍營。

這一天雨下得很兇，我和田巴都非常疲倦，就在碑碑塘的營房借宿；聽說明天也不用接受軍隊的調查，只要從這裡直接到仁進崗，向那裡的長官取得一紙證明，以這張證明通過中國人看守的亞東城門，接著就去見第五個關哨，亦即亞東的守關長，接受他的查驗，並取得他的同意書，之後必須重新回到碑碑塘來。唯一要注意的是碑碑塘只有在上午十一點到十一點半之間接受申請。

這樣看來最好能夠在明天一早出發前往仁進崗，可是手續在明天之內辦好的可能性是零；恐怕得待上四、五天才行。可是這樣一耽擱，天曉得會不會被後面的追兵趕上；何況如果帕里已經接到要逮捕我的通知，一定會把這個訊息星夜送往亞東，那麼我的計畫就無法達成了。我知道我必須想出個解決的辦法。

不知道他們是哪來的消息，當晚碑碑塘守城的中國軍官夫人來找我看病，她是位藏族女性，長期被病痛所折磨，病症有點像歇斯底里。她長得很好看，她的先生很聽她的話。有一個士兵告訴我，他的長官在部隊裡固然發號施令非常威風，可是回到家卻像個小兵般聽從老婆指揮。

這多半是士兵的風言風語，不過既然對方來了，我還是幫她診斷了一下，並且向她說明病情以及必須注意的事項，然後給了她一些藥。大概我的說明和她的症狀若合符節，她大大歎服說畢竟色拉的醫生還是了不起，高興之餘問我：「我想贈送您一些禮物，請問有沒有想要的東西呢？」我答說什麼都不要，她一聽逕自往家裡走，不久拿來一包東西。

我也不管那裡面包了多少東西，直接退回給她，並說道：「我明天有急事必須趕到亞東，向亞東城守取得同意書後，將再度回到這裡申請正式通行證；也許我自己會回來，也許只叫僕役回來，總之到時候這邊的長官會拖延一些時日，不知道能否請你幫我說一聲，請他立刻將通行證發給我？」

她聽了答道：「沒問題。我丈夫是個公事公辦的人，即使他自己的部下要出關，也一定等十一點到十一點半之間才會把通行證發下；不過我保證他一定以最快速度發給您。」

「我就這件事拜託了，等我回來的時候再來看看你的病，你送我的東西我不要。」硬是把她的禮物塞回她手上。她高高興興地回去了。

如果明天能順利取得亞東發的同意書，則這邊的手續應該很快就可以辦好才是，不過還是挺不放心，於是向借宿的軍人家太太問了一下，她說：「如果她這樣說那麼您就不用擔心了，她在她老公面前一向說一是一。」果然是大女人當家沒錯。

第二天六月十四日凌晨三點，我們冒著雨走到將近十公里開外的仁進崗，由於天還沒亮，每間房子都緊緊關著，我們連休息的地方都沒有；還好雨勢漸小，我們就在一個人家的門檻上等天亮。沒多久門開了，我們向屋主請教關卡所在，他說在村子外面。所謂關卡，連個門都沒有，不過像個警衛室而已。我們抵達的時候裡面的人才剛起床。

我向他說明情況，並請他發給我通行證，照舊得到的回答是沒有立刻發放的先例。田巴一急又脫口而出：「這位可是色拉的醫生喔。」

對方一聽即問道：「就是那位擔任達賴喇嘛御醫非常著名的醫師嗎？」

我只好用西藏紳士那種油腔滑調說：「我並沒有擔任法王的御醫，不過我確實有非常緊急的任務在身，必須趕快出境才行。」我這一套倒還管用，對方立刻相信了我，比想像還容易地取得了通行證。

從村子出來往上爬了四公里路，離開河川的幹流，沿著西邊稍偏南的一條寬闊河流繼續往上爬。這附近一帶大樹非常稀少，只有一些矮樹，中間開闢了幾塊田地，好像種的是小麥。走了四公里後又來到一座城砦，這就是最大也是最後一道關卡亞東了。邊境上總共有三座城砦，亞東有兩百名守軍，碑碑塘有一百，垂天康布有兩百，總數五百；聽說有時會從這裡調派五十名兵士到碑碑塘去。

亞東的大街有兩百多米長，都是面窄進深的長屋。這裡和垂天康布一樣是軍營城市，駐軍同時經營各種買賣；碑碑塘也差不多是這個樣子。從這個軍營城市走過去，前面一道高聳的門，有兩名士兵在門前看守，我把通行證交給看守，他很快就蓋了關防讓我通行。從這裡再走個一百五十米左右，就是亞東驛站所在，這個驛站對我而言是非常危險的地方。

136・抵達第五座關卡

亞東之所以危險，主要是那裡有很多認識我的人。當然這中間沒有一個和我有任何過節，只不過藏人天性嗜財，說不定有人看到我就去向西藏官員打小報告賺點賞金。這裡也有兩個英國人，其中一個是女傳教士泰勒〔戴如意〕女士，關於她的事蹟前面章節曾經提過，為了入藏取道中國，後來一直到那曲才被擋住[1]。

從那曲到西藏內地的拉薩府騎馬約十二天行程，步行的話要二十到二十四、五日。她好不容易抵達那曲卻被摒擋在外，因為之前還是中國轄下的藏區，接下去卻要進入達賴喇嘛轄下的地域，藏人就是不許她入境。她知難而退，但仍為了在藏地宣揚基督福音而再度來到亞東住下。亞東位於英屬印度和西藏的交界上，這裡有西藏的政府官員，也有英印方面的官吏，同時還有中國政府所聘雇幫忙處理進出口貨物的英籍海關官員，以及藏人助手。

從大吉嶺移居此處的藏人也有四、五名，這些人多半認識我，要是被這幾個人碰見那我就完了，必須非常注意。我抱著最壞的打算慢慢向前走。那裡面有十間房子，其中最大兩間是官員和傳教士的住處；另外也有一間好像是中國官員的住宅。

傳教士住處對面住的是基巧（總管），他實際的名字叫薩答・打耳給（Sardar Dargye）。「薩答」意思是挑伕的節度者，「打耳給」則是他的本名。大吉嶺有一種「擔力瓦」也就是轎伕的工作，打耳給從前在大吉嶺控制這些挑伕，很會欺壓人，也用各種手段取得不少不義之財，是大吉嶺人盡皆知的大壞蛋，到現在都還有被他欺負過的人流著淚控訴他。

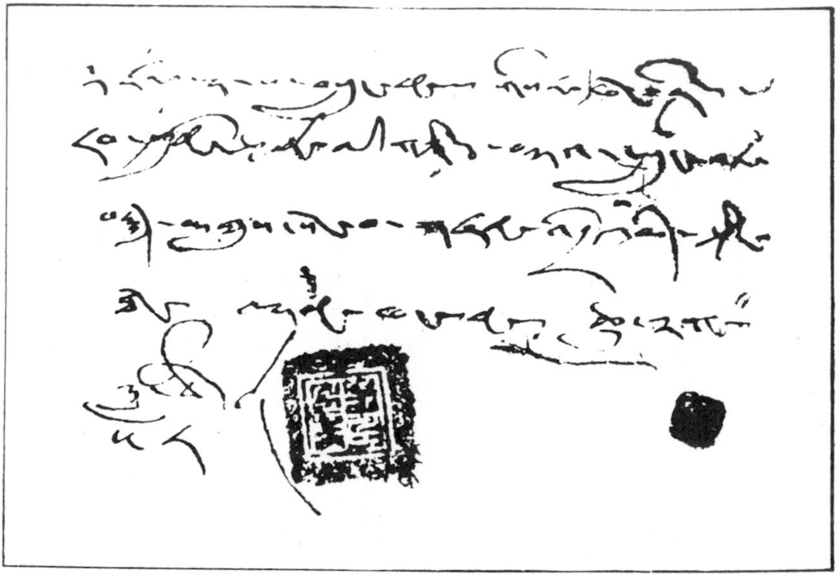

亞東關基巧所寫通關令原件，上書：「亞東的守關長同意色拉寺的慧海和他的從僕兩人前往噶倫堡，謹此證明。壬寅五月八日。書記印。」

他從一個挑伕的吸血蟲變成西藏的敕任官基巧，手上握有不少權力，戴的帽子上還鑲著珊瑚珠。那種身分的人講起話來比拉薩的宰相還威風，一般人如果想去見他肯定會吃閉門羹。對面一看就是歐洲人的住處，有寢室、書房和會客室，非常豪華精緻，裡面許多僕役來來去去忙著。

那邊一定有我認識的人，由於我不想讓人看見，也就無從得知是什麼人。我前往基巧的家打聽辦手續的事，但一開始不讓我進去，後來一個人走出來，上下瞧了瞧我，問田巴道：「這個人是誰？」

田巴說：「他是色拉的醫生啊。」

還沒說完，對方就接著說：「哦，就是著名的色拉醫生嗎？誰叫色拉的醫生來這裡的？」

田巴說：「因為有要緊的事，一天都不能耽擱；我們在帕里是當天就拿到通行證，請您也盡快發證件給我們。」

他似乎聽進去了，說：「先進來再說吧。」

這位基巧有兩個老婆，一個是在大吉嶺時代就迎娶來，另一個比較漂亮的是擔任基巧後才娶的。

我把出境原委說明了一下，並要求他發通行許可給我，他問道：「您出境有什麼事嗎？」

我拿出老套，答道：「是這樣的，我這一趟要出法王內殿的祕密任務，必須早日抵達加爾各答，可能的話我二十天後就會回到這裡來。不過如果在這裡必須耽擱一些時間的話也沒辦法，只要你能幫我寫個證明，我回拉薩好有個交代，拜託。」

基巧聽了說：「您所謂的祕密任務，我職責所在必須問個清楚。」

「是這樣子的嗎？你有與聞總理大臣祕密的權力嗎？更不要說你的職務允許你聽取達賴喇嘛的祕密嗎？如果你一定要我說我也不會隱瞞，但是我希望你能夠寫個證明，上面蓋個章，表示你願意擔負這個祕密洩漏的責任，那麼我們就把閒雜人等打發走，我單獨向你吐露法王的密令內容。」

他一聽馬上正色道：「不不，這種事我當然不問。既然身負法王交代的重要任務，一天也不要耽擱，讓我想個讓你盡快取得通行證的辦法吧。這樣好了，我親筆寫份文件，您讓下人跑一趟仁進崗，把文件交給守關就行了。仁進崗方面會發出兩份證件，拿著這兩份證件到碑碑塘，那裡的中國軍官會給您一份許可書。只要有這份許可書，就可以從這裡出境了。」說著他馬上寫了一份給仁進崗的文件。

我前面談到過這些文書往返的規定，這裡再詳細說明一下第四道關卡也就是卓木．仁進崗所發行的兩份證件。兩份證件中，中文證件是拿去第三個關卡用的證明書，直接交給碑碑塘的軍官；另外一份藏文證件則是從印度回來的時候要在亞東交給基巧，基巧再據此發出新的旅行證。由於我從西藏出境後就不再回去，所以手頭還留著這份證明書當紀念。

要從基巧手上取得書面證明是有名困難，因為所有人都知道他嗜錢如命。不過看他的樣子實在教人厭惡，一開始向我耍威風，語氣傲慢得不得了，可是當我透露了身分，態度卻馬上丕變，那種前倨後恭的樣子令我大開眼界。我認為不管在哪個國家，一個對下面作威作福的人，一定對上面極盡諂媚之能事，而諂媚上級的人也一定是對下面頤指氣使的人。我眼前就有這麼一個。

【注釋】

1 見本書第八十八章。

137・終於通過第五重關卡

我把第五道關卡的基巧所發給的證明書交給田巴，說：「把這份證明書拿給卓木・仁進崗的關守，他們應該會把文件發放下來，但是到碑碑塘的話他們大概會問東問西，如果是這樣，你就去找守城軍官的老婆請她幫忙說一下，我想他們不會刁難的。」

田巴聽了很吃驚，說：「怎麼可能這麼快就把證明書給了您？簡直像作夢一樣。不過如果您不跟我一起去的話，卓木那邊可能不買帳。」

我說：「你放心，這我也想到了，因此向基巧請教，並且請他在證明書上寫清楚，所以卓木的關守一定會把要交碑碑塘的文件給你。基巧說我不必大老遠又跑一趟，只要讓你一個人去，我在這邊等就成了。」

於是田巴拿著這份證明書以及帕里發給我們的通行證——上面有基巧蓋的章——往回走，由於沒有行李，他健步如飛。

田巴回來後向我描述了這趟行程，他說他先把基巧蓋章的通行證交給亞東大城門的守衛查驗，然後帶著證明書去仁進崗；到了那裡把證明書交出去，一般人即使拿錢賄賂也要耽擱個兩、三天，但由於有基巧的特別指示，而且他們也信賴我，所以馬上發給了兩份文件。

田巴再拿著這兩份文件走十公里回到碑碑塘，把其中一份交給關守，並向關守請求發給他一份以中文寫就的通行證，但因為時間已經是下午一點半，對方拒絕立刻發證。於是田巴依照我的指示，到軍官家裡去向他太太說：「請催他們把文件發給我吧。」這位太太立刻和田巴前往關哨，要她丈夫趕快把文件發下；她丈夫說：「今天沒辦法，明天再給。」太太生氣了，表現出西藏婦女的潑辣本性，對她丈夫說：「我答應人家的事你敢反對？」她丈夫知道頂撞不起，於是馬上改變態度，把文件發給了田巴。田巴拿了文件一路趕回亞東，於下午四點多抵達。這兩份文件一為中文，一為藏文。

由於下著雨，而且時間也過了午後四點，照說在亞東住一晚比較好，可是想了想還是離開再說，因為從亞東走個半天，就能進入英屬印度的國境。基巧聽說我當下要出發，就對我說：「今天雨下個不停，路不好走，而且從這裡到納塘驛站[1]路途很遠，半路上沒有可供過夜的地方；不過從這裡往上走個十六公里處有一間房屋，今晚要是能走到那裡就沒問題了。這樣的話明天到納塘的路走起來會很輕鬆，否則即使明天凌晨三點就從這裡出發，恐怕走一整天也到不了納塘。您這一趟有重要任務在身，雖然苦一點，不過還是現在出發比較好。」

我說：「我覺得很疲倦，很想今天在這裡過夜休息，但這樣的話明天真的到不了納塘嗎？」

他說：「到不了。」

我問田巴：「你走得動嗎？」

田巴說：「實在走不動了。」

基巧聽了大聲對田巴訓斥道：「你主人有重要任務在身，你怎麼可以這麼無能？連走不動也說得出口？」田巴只能點頭稱是，整個人像水蛭身上被放鹽巴那樣縮著。

我想在這裡多待一天說不定就會出事，於是對基巧說：「那我們這就出發。」然後向他辭別，出了第五道關卡。

亞東城勢

亞東城就像附圖一樣，是個雄偉的城砦。出了亞東驛向下走即是一條河流，越過四米長小橋不久，即有一間房屋，由中國士兵駐守。我把碑碑塘發的中文通行證交出去，通行證上面注明准許兩個人出境，我們於是被放行。接著我們慢慢往上走，由於下雨的關係，上坡路特別難走。不過這條路倒是修得不錯；這一帶仍舊屬於西藏境內，而不是英屬印度轄下，住在亞東的英國人等於是向藏方租借土地暫住。

冒雨登上有著茂密樹林的陡坡，走了八公里後天色暗了下來，這時田巴又開始念念有詞：「即使不住基巧家也有別的地方可以住，明明下著雨卻硬要上路，您說要住到哪裡去呢？行李又重，我快走不動了。」

我說：「那你把行李分一半給我吧。」

雖然我這樣說，他還是一屁股坐在路上，動也不動；我又哄又勸，好不容易他繼續走到八點左右，但離前面那間房屋還有八公里路，而田巴已經走不下去，沒想到前面出現一頂帳篷，裡面還生著火，帳篷附近有許多騾子在吃草。

這是來自卓木的隊商，以騾子馱負羊毛要運到噶倫堡。我請求他們讓田巴和我進去借宿，然而裡面已經有五個人，根本無容身之地。這時田巴已經完全走不動了，於是對他們說只要有坐的地方就好了，總算獲得同意入帳。

到了帳內卻睡不著，盡是坐著，想到那麼嚴格的五道關卡，竟然只花了三天時間就通行成功，不禁有些激動，而且覺得不可思議。即使一些常常進出的西藏商人，每次至少也要花七到十四天時間通過這五道關卡，沒想到我們只用了三天，而且還下著大雨呢。當初我會下定決心走這五道關卡，乃是相信這一切無非前世的羯摩（karman，業力），如果發生不可避免的災難，也是時節因緣，那麼不管繞道不丹的小路，或是取桃溪小徑，其命運都是一樣的；幸好一點也沒有耽誤地來到了這裡。還有一件自己也不敢相信的事，那就是臨場一急竟然逼出了從來沒有預想過的謀略，而且非常管用。

每一道關卡的負責人都是閱人無數，眼光非常銳利，尤其是基巧，這位二十年來在印度備嘗艱辛、見識過種種風風雨雨的打耳給，對我所言不但沒有一絲懷疑，而且還必恭必敬，當天就讓我出境，這全是我所信仰的本師釋迦牟尼世尊慈悲庇護有以致之。想到一路上諸佛菩薩暗中護持，激動得眼淚都快掉下來，所以這一夜我徹夜誦經，完全沒有闔眼。我真正放心不下的，是拉薩的友人會不會因為我而遭遇各種災難。

【注釋】

1 納塘（Nakthang / Gnathong）：現在位於錫金境內，靠近亞東縣和不丹國境。

138・告別西藏

現在我將我所走過的行程做個整理。從大吉嶺到拉薩我總共走了二四九〇哩（三九八四公里）：明治三十二（一八九九）年一月五日從大吉嶺出發，搭火車經由加爾各答前往塞溝里，然後步行於二月五日抵達加德滿都；塞溝里到加德滿都約一八四公里。三月七日從加德滿都出發，抵達波卡拉的時候是同月的十一日；十四日離開波卡拉，於四月十六日來到離西藏國境只有二十九公里的羅州查藍村。加德滿都走到這裡約四一六公里。

接著在羅州的查藍村住了一年，於明治三十三（一九〇〇）年四月六日離開，為了入藏方便稍稍往回走到叨拉吉里山東麓的馬爾巴山村，再於六月十二日出發，越過叨拉吉里山北面海拔六千公尺的山口，進入羌塘高原。並於七月四日抵達西藏羌塘高原霍爾德修區的山谷。從查藍到馬爾巴約一一二公里，馬爾巴到霍爾德修區約二四八公里。

其間因為在山谷中迂迴繞行，因而實際所走的路程比預計多出許多。十二月五日來到日喀則的扎什倫布寺，逗留了三天，然後在明治三十四（一九〇一）年三月二十一日，距自大吉嶺出發已經過了兩年三個月，終於抵達拉薩色拉大寺。從霍爾德修區到拉薩府因為繞路的關係，行程總長達二〇四六公里。

第二天一早起來，因為還有很多昨晚撿來的枯木，我們就燒水煮茶吃糌粑，然後準備出發。這一天半路上可能不太方便進食，所以我們盡可能多吃了些，吃飽了才開始爬山。雨已經停了，路況還不錯，往上爬了不到八公里路，就走出茂密的樹林，在一些小樹叢之間穿行。半路上唯一的一間房屋，主要是用來監視過往行旅，要是看到從大吉嶺來了形跡可疑的人，就會將他們拘留起來，並向亞東方面通報；如果有偷偷入境的人前來，也會將他們逮捕然後告知亞東守軍。現在這間房屋住了一個老太婆還有另外一個人，老太婆的兒子到噶倫堡做買賣不在家。我們在那裡喝了酥油茶，又吃了糌粑，然後走上陡峻的山嶺。

在小樹之間走了四公里後即進入積雪地帶。登上雪山之前，路旁有個小池，池水都結冰了。從這裡又往上走了四公里，四周積雪非常深，不過因為來往的人很多，路徑上的積雪被踩踏得很結實，但上面還有昨夜新降的雪，所以走的時候腳還是會稍稍陷入雪中。這道陡坡叫做芥拉。

走在深雪中，可以看到底下廣袤的山谷平原上雲氣蒸騰，並且在大片森林間飄飛，非常迷人，而白雲上方的山岩間則是各色杜鵑盛放。

走過四公里長的雪坡抵達山口，這個山口是英屬印度和西藏之間的分界，只要再踏出一步，我就成為西藏律法無法支配的人了。東北方向就是西藏，而西南邊為英屬印度。我在那裡稍事休息，遠眺東北方聳峙雲表的連綿雪峰。

那片雪峰之後還有雪峰，而雪峰彼端就是拉薩。離開拉薩府之後，現在是真正告別西藏的時刻了。算起來從我抵達西藏國境的查藍至今，已歷經三星霜，一路走來終於能夠平安回到文明的國度，完全是釋迦牟尼如來的加持與庇護，於是我又三禮世尊釋迦牟尼佛，並有感吟詠了兩、三首詩，然後正式向西藏告別，走向英屬印度境內。

由於在低溫的高山上待了相當長一段時間，當時因為興奮與激動而渾然忘記了寒冷，這會兒待情緒平復，才開始覺得冷起來，還好有陽光照在身上，還不至於受不了。在積雪的山路上又走了四公里，前面出現寬約九十公分的石頭路，這種路在西藏是作夢也看不到的，平整而好走。

我離開西藏這一年下了很多大冰雹，這種冰雹可說是雪山的特產，我從前在尼泊爾時曾經遇到過，體積大得驚人。我試著從雪堆裡挖出來一看，大小像鴿子卵，想像剛降下來的時候恐怕和雞蛋一樣大。那樣大的東西像雨一般從天而降，聽起來有些難以置信，但現在看到的冰雹還有鴿卵大小，可見所言是真。

這一帶有很多前往大吉嶺做生意的人往來，他們都是從卓木那邊過來的，到大吉嶺批貨，或是把東西拿到大吉嶺出售。聽他們說冰雹正像我所見的大小，前一陣子降了很多，道路封閉了一個半月之久，到最近才又開放。

我們又在起伏的山徑上走了二十公里路，抵達納塘驛站。納塘住有二十戶人家，另外還有一些過去的兵營，現在則成了堆放羊毛等貨物的地方。我們到的時候雨下得很大，村裡的道路泥濘不堪。我們在其中一戶人家借宿，當晚終得以好好睡了一覺。

六月十六日清晨五點我們又冒著大雨出發，沿著鬱鬱蔥蔥的林間道路往山下走了二十一公里，抵達林塘驛並住了一宿。如果天氣晴朗的話本來還可以多走些路，但雨一直下個不停，而且已經遠離西藏的領土，所以不自覺放慢了腳步，變成要在林塘過夜。隔天我們又往下走了六公里多，開始覺得燠熱難當，我把袍子脫了交給田巴，換穿薄衫；現在即使不是上坡路，還是走得全身濕透。

從那邊又朝西南方往上走，一直到宗拓壩才歇腳，這時還是下著雨。隔天是十八日，我們在雨中往下走了五公里，過一道橋，然後上行五公里。這一帶多半已被開發為農地，很多尼泊爾人移居至此，又開墾了很多新田。這裡屬於英屬印度政府管轄，所以他們也向英印政府納稅。除了尼泊爾人，也有部分是錫金人。

我看到很多農人在雨中的田裡耕作，覺得很是賞心悅目。這裡的米產量很大，和日本米一樣非常香甜。如果是印度米就不好吃了，但喜馬拉雅山區這一帶所產的米煮熟後帶著光澤，飯香四溢，米粒大小和日本米差不多。看到雨中的農作，不禁想起日本的情景，於是作了幾首打油詩。

走著走著我們來到北通驛。這裡住了些歐洲人，不過主要是務農的居民，不但有郵局，還有天主堂，以及天主教會附屬貧民學校，是個頗為熱鬧的地方。郵局是棟氣派的房子，我們走到郵局下方，有一個紳士站在郵局的走廊上看著底下往來行人。

他看到我好像很吃驚的樣子，突然對我說：「請到上邊來吧。」

我說：「我不想上去，我只想找個住的地方，你有房間出租嗎？」

他又說：「一切都好說，您先上來吧。」

我說：「雨一直下，找個住處比較要緊，我上去做什麼呢？」

他笑著說：「住的地方沒問題，您就上來嘛。」

我覺得很奇怪，這種講話語氣好像老朋友，等我走到上頭，他用英語對我說：「已經把我忘了嗎？」

我注意一看，原來是我在大吉嶺時學校裡的藏文老師，不是我的指導老師，算是次要的老師；他不是學問多好的人，但懂得很多事。他現在擔任郵局局長。

我沒能一眼認出他來，連忙向他道歉，然後兩個人就談起分手之後的種種。他說聽人講我在西藏，很擔心我遭遇不測。突然我注意到田巴聽我們說英語後一臉茫然，但也無可奈何，這位局長雖然是藏人，但生於大吉嶺，完全不懂拉薩方言；即使用藏語交談，也很快又轉為英語。

我英語不太靈光，講兩句就蹦出藏語來，於是變成了雙語對話。田巴覺得怪怪的，就到另一個房間向局長夫人問道：「他到底是哪裡人啊？」「他是個日本喇嘛。」

「日本在哪裡？他講英語，不是英國人嗎？」

「是啊，是跟英國一樣強大的國家，連英國都會感到驚訝的強國，現在就像上升的朝陽般受到全世界的矚目，我丈夫在報紙上看了很多報導所以知道。」

田巴聽了臉色發青，說：「這下糟了，我一定會被殺掉。」

這是局長太太後來向我追述的。田巴嚇得直發抖，臉上充滿了憂慮，我暫時也沒力氣跟他解釋。當晚我睡在非常豪華的西洋彈簧床上，這是離開拉薩後第一次像樣的睡眠。

139・因托運行李遲到在中途滯留

第二天我們在雨中抵達噶倫堡，共走了二十四公里。噶倫堡位於大吉嶺以東，中間隔著一道大峽谷，海拔比大吉嶺還低。噶倫堡的市場非常繁昌，貿易規模比大吉嶺還大。這裡雖然比較少高級貨，但平價商品非常豐富，西藏、錫金和不丹人大多在此從事交易。噶倫堡和大吉嶺一樣，住著歐洲人、西藏人、印度人、錫金人、不丹人和尼泊爾人。這裡建有基督教堂、學校和醫院，此外還有佛教寺院和不少其他宗教的小祠堂。

噶倫堡有一個藏人叫普瓊，他原來是日喀則的僧侶，還俗後來這裡做生意，日子過得相當不錯。我經由天和堂的介紹，託隊商幫我把行李連同中國軍人的俸祿一起運到卓木・仁進崗，然後再請一個中國人由卓木轉運到這裡。我想行李應當已經送達，於是去拜訪普瓊，但不知何故我的行李仍舊沒有運到，我不得不住在他家等待行李。普瓊剛看到我的時候還錯把我當作西藏人。

田巴後來趁機問普瓊：「有人說他是日本喇嘛，日本喇嘛到底是怎樣一種人呢？」

普瓊說：「我聽說以前在大吉嶺有一個日本喇嘛，後來那個人去西藏拉薩當醫生，難道是同一個人嗎？」

田巴說：「正是他，哎呀，這可糟了。」

普瓊於是來找我，說：「剛剛聽你的僕人說了些關於您的事，您以前曾經住在大吉嶺嗎？到了這裡應該沒什麼好隱瞞的，您就實話實說吧。」

我說：「本來就不需要隱瞞，他昨晚就聽北通驛郵局局長說了，結果一直很煩惱的樣子。」

田巴滿面愁容，整天都吃不下東西。普瓊問我要怎麼處置田巴，我說完全聽田巴自己的意思，我只負責付錢給他，其他還是得問他本人。他家裡有個懷孕的太太，此外也有孩子，如果他想回去，就設法讓他回去；要是他害怕不想回去，那麼留在這裡做生意也可以。如果他想留下，我會建議他寫封信把太太叫來；總之我尊重他的意見。我請普瓊幫我問一下田巴，也請田巴不要那麼擔心。結果田巴跟著普瓊回來找我，要我幫他算個卦，看回拉薩會不會有牢獄之災，或者留下來比較好。我說這不能答應，一方面田巴並不是我的僕傭，而且如果是和我完全無關的人我倒好算，但是因為這件事和我有關，如果卜算的結果說留下來比較好，田巴也許會認為我是為了自己的方便才騙他留下來；要是我告訴他回去拉薩比較好，他又說不定認為我怕他留著惹麻煩，於是拿點錢就把他打發回去。我建議田巴去找這邊的其他喇嘛請示，這件事我幫不上忙。田巴還是堅持要我幫他算，因為他聽人說我算的很準，一路上也看我算過。我說在西藏的時候有時不得已裝模作樣一番，現在可不想再裝神弄鬼了，即使有其他人來找我卜卦，我也絕對不會答應。

田巴只好去找別的喇嘛幫他算了算，結果說是回去比較好。我也覺得他應該回拉薩才對，於是依照約定給了他三十五盧比，又送他一些舊衣服，還有回程的食糧。後來我聽說他取道桃溪小徑回去，而他跟我一起出境的事情也沒有被官方發現；我回到尼泊爾後還繼續打聽他的消息，知道他沒事才放下心來。

我又等了四、五天，可是運送我行李的中國人一直沒有出現。行李比我稍晚出發，但也不至於遲到這麼久。除非是被關哨留難，否則早該到了；行李應該不至於被扣留。我等到第七天還是沒有任何消息。

第八天從卓木來了一名商人，我向他打聽，他說有兩個中國人帶著一大票僕從，趕著二十匹馬和騾南下，因為天雨路滑，在一個險坡上三匹馬不慎失足掉進河裡溺斃，行李的下落則不清楚，他只知道行李中有很多麝香和銀幣。現在那兩個中國人改變了行程，回卓木去了。我想很可能錢不見了，來這裡也沒辦法批貨。我又問掉到河裡的是哪一個中國人的行李，他說是個頭比較高那一個。

那正是我托運行李的人，這下不妙了，我的行李將到不了這裡；等到第十天也沒有行李的蹤影。我日夜盼望，到了第十二天一早，有個消息說當晚兩個中國人將同時抵達，而且我的行李也在裡面。我終於可以順利取得我的托運行李了。從卓木到這裡，兩匹馬的運送費用是十三盧比，我付清之後在七月一日領取行李，隔天立刻從噶倫堡出發，往下走了十六公里，抵達寬闊的提剎（Tista）河畔。

河上架了一道歐式鐵橋，是長約百米、架構壯觀的吊橋，底下流水湍急。要來這裡有近路和遠路兩種，遠路的話是繞著山盤旋而上噶倫堡；很多貨物可以從西利古里車站運到噶倫堡，甚至可以一直運到更偏僻的北通驛。

關於提剎河有一種傳說：現在仍居住在喜馬拉雅山區的原始部落，據說他們的始祖就是誕生在提剎河附近。這個原始部落族名叫拉布查（Labche / Lepcha），分為兩支，其中一支比較開化，一支則停留在原始狀態。開化一支的始祖，男的叫提昆・色隆（Tikum Serrong），為喜馬拉雅山的土壤所化生；女的叫朵米（Domi），為提斯塔河的水所化生。兩人結合而孕育了拉布查族。提剎河沿著大吉嶺東北方的山谷南下，最後注入印度的恆河。

比較原始的一支，其始祖誕生於大吉嶺西北方高地達蘭坦村的大石頭，這粒祖先石至今仍留在村子裡，村民都是這粒石頭的子孫；另外還有一些後裔散居錫金周邊。據說族人的性格冥頑不靈，有如岩石。

拉布查族婦女都會在下顎部以黑色植物顏料繪上三道直線刺青。在大吉嶺住有若干拉布查人，但穿著打扮已經和藏族或尼泊爾人同化，而留居山地的族人則保留固有風俗，衣服是用草莖的纖維織成，完全沒有用線縫。所謂衣服，也只是稍稍蔽體而已。他們以山林之間自然生成的植物根莖和菌類為食，對植物的毒性、藥性都知道得很清楚，而且每一種植物都有特定的名字，這方面的知識為一般印度人所不能及。

他們雖然也吃肉類，但主要還是植物性食物。對他們而言，最重要的植物是竹子，他們習慣將植物根莖、蔬果、穀類加上鹽或蜜裝入竹筒中加熱食用。汲水、儲水也都是用竹筒，牛、羊乳也貯存在竹筒中。他們不用鍋、灶之類，煮食用的竹筒用過即棄。他們也使用竹弓，矢尖沾上劇毒射獵。

140・與老師重逢大吉嶺

拉布查人的家庭一般是一夫一妻制，偶爾會看到一夫多妻的情況，但不允許多夫一妻。他們的個性比較怯懦，像亡國奴般不思奮起。那麼這個種族是否會逐漸趨於滅亡呢，目前倒也看不出這個跡象。他們繁衍子孫的能力不比西藏人低，也許是施行一夫一妻制的關係。他們是否古代神話傳說中源生於喜馬拉雅山區的土著仍然無法確定，不過從語系上考訂，文法和藏語相通；也許在遠古時代是藏族的一支。

拉布查人長得很好看，膚色白皙，而且顯得很有教養；我認為他們是喜馬拉雅山區族群中最漂亮的，其他的尼泊爾人或不丹人就比不上他們。拉布查人臉色的白皙程度，看起來和日本的肺結核患者差不多，女性、男性都一樣，除了少數比較有活力的人外，多半顯得孱弱不堪。不過他們本性並不壞，雖然會幹強盜的勾當，卻不是會殘酷到殺人的野蠻民族，可以說是溫順的未開化民族。

來到大吉嶺的拉布查人是兩個分支中比較開化的那一支，而較為原始的那一支偶爾也會離開山區，但畢竟對外面的世界懷著恐懼，最後多半還是逃回原始居地。由於他們長得比其他喜馬拉雅山民好看，所以他們的婦女有很多成為以大吉嶺軍人為對象的娼妓。

藏人和不丹人移居錫金的也不少，他們所使用的雖然不是純正藏語，但可以彼此互通，所以知道他們也是藏族，而且不管體格、容貌、習慣等都和拉布查人明顯有異。拉布查人雖然也信奉藏傳佛教，但並非全面性的深入信仰。如果從人類學角度對他們加以研究的話，應該會有很多有趣的發現。如果確定他們是純正土著，接著就可以追蹤研究他們是如何慢慢向外發展的。

我跨越提剎河上的鐵橋，慢慢沿著很好走的鋪石道路往上走，如果一直向上走，二十七公里外就是鳩邦迦羅，但因為下雨而且馱行李的馬匹體力不好，這一天到不了那裡。我騎著馬還好，但兩匹馱獸就是走不快，最後只好在十公里處的小村休息，而在次日一早抵達鳩邦迦羅。

接著我們沿著鐵路、公路兩用的大道走了五公里，終於在七月三日來到大吉嶺的拉薩別莊，這裡住著我當初學習藏語的教師薩拉特居士。我進入他家大門，薩拉特師和他的夫人、小孩都在，我出聲打了招呼，小孩跑了出來，我還記得他們，但他們顯然已經忘記我是誰，問道：「您是誰？」薩拉特夫人隨後也走了出來，問道：「請問您有事嗎？」

我笑著說：「你們都不記得我了嗎？」即使如此他們仍然認不出我來，這時薩拉特師出來一看，驚訝道：「哎呀這是誰啊？」他沒想到我能順利返回，因而喜出望外。他叫我趕快把行李卸下，並吩咐僕役來取走。我給馬伕工資和三匹馬的運費，讓他們回去。

去年及今年春天我託人帶給薩拉特師的信件他都收到了，因此知道我順利抵達拉薩；另外他從別人那裡也得知我幫人看病，好像還成了法王御醫，所以放心不少，唯一擔心的是這樣一來我要怎麼離開那裡：入藏不容易，離藏更難。他認為我已經走到那一步，差不多該離開西藏了。

當時他本想寫封回信讓查龍巴帶回去，但查龍巴沒說一聲就走了。薩拉特師說從我寫的信看來，也沒有繼續學藏文的必要，他本想告訴我希望我早日設法出境。他說南條文雄博士

[1]也很擔心我的處境，每次寫信給他都不忘打聽我的消息。於是他當即寫了封信給南條博士，告訴他我離藏的事。

次日我突然發起高燒，而且非同小可，腳尖、手指頭開始痲痹，之後失去感覺，而且我知道痲痹將漸漸波及心臟。手腳都不能動，但不是風濕症，感覺有種體熱將開始進擊，如果連心臟也痲痹了，就是俗話所說的腳氣衝心，很可能性命難保。

薩拉特師非常擔憂，一直待在我身旁看護，醫生也來過了，他並不清楚病因，但判斷是提剎熱，也就是提剎瘧疾，大概是在提剎河一帶被感染的。我想我會死掉，來到這裡才死，死訊可以傳出去，也算是死得其所了。我唯一在意的，是要把帶出來的經卷圖書等贈送給日本的大學，或故鄉的國人能夠方便閱讀得到的圖書館，因此必須草擬一份遺書。

我想以英語口述，請薩拉特師幫我筆錄遺言，但是整個人痛苦得連說話的力氣都沒有。薩拉特師說，你就不要說了，我知道你的意思，少花點氣力對身體比較好；醫生也要我不要勞神，應該讓精神平靜下來。當晚倒不覺得特別難過，但手腳痲痹的狀態並未好轉。我設法凝神觀想，讓心識盡可能遠離病源，這時在旁人看來一定以為我已經精神錯亂。

病情持續了整整三天，由於醫生非常賣力地幫我診療，三天後我的手腳終於開始恢復了知覺。身體狀況逐漸平復，到了七月八日手腳已經稍稍可以移動。這時我很想打個電報回故鄉，但從大吉嶺到日本每三個字就要三十七盧比，而我一路上花費到最後身上只剩下兩盧比。我想可以先向薩拉特師借支，不過由於身體還不能自由行動，即使想打電報也是枉然。

但我已經勉強可以動筆，於是寫了封信想告訴故鄉的肥下德十郎我已經回到大吉嶺；我完全忘了我寫些什麼，只記得向他報告抵達大吉嶺的事。我慢慢恢復了健康，但整整一個月的時間什麼事都不能做，而且整個人瘦了一大圈。從我初抵拉薩並在那裡待了十個月之後，身體變胖許多，體格也變得很強壯，連西藏人都認不出來；現在又恢復原來的身材了。

幸好有佛陀的護持，經過一個多月時間，我已經可以書寫，也可以閱讀。期間有許多人來看望我，談了許多話，有的很嚴肅，有的很好笑，有的很八卦，由於都和西藏之行無關，這裡也就不特加交代了。

【注釋】

1 南條文雄（1849-1927）：於一八八五年首先在東京帝國大學講授梵語，被尊為日本現代印度學的開拓者。

141・冤獄事件

我暫時必須留在大吉嶺休養，如果馬上南下印度的話，印度平地氣溫很高，以我現在的狀況根本無法承受那種熱；況且我在寒冷的西藏待了很長一段時間，現在去印度一定會讓剛有起色的病情惡化。醫生也勸我至少在大吉嶺住三個月左右，所以我繼續留了下來。

時序進入十月，總算有商人從拉薩來，之前帕里到大吉嶺之間的交通處於斷絕的狀態。當我出境而行李最後也抵達噶倫堡之後，這條路上就沒有人出入往來了，主要是因為氣溫高升後，很容易罹患傳染病的關係。卓木・仁進崗那一帶的人因為比較習慣南方的燠熱，所以不太會感染。藏人都斷定我出境後必然罹患熱病，因為那時已經不太有人走那一條路線；我自己也很清楚這種狀況。

向來喜馬拉雅山區的夏季不太適合旅行。如果僅限於北部的雪山地帶的話還好，但是到了南部低地的山谷，就會感染瘧疾；即使不患瘧疾，也會有其他傳染病肆虐。我明知如此但又不得不走這一趟，所以到大吉嶺才會受到病魔的折騰。從西藏方面到十月左右才又有商隊開始南下來到大吉嶺，我聽他們說，色拉的醫生因為日本人身分曝光所以逃出了拉薩，在他離開後不到一個月期間，拉薩府就發生了一件大冤獄事件。

事件牽連甚廣，接待色拉醫生的前財政大臣、同住大臣官邸的老尼僧以及大臣最信賴的管家三人都被捕下獄；新財政大臣因為沒有直接關係所以沒事。另外色拉大學被封，查龍巴夫婦和商隊長泉追也入了獄，每天都被刑求。其他和色拉醫生常相往來的人也都在接受調查，什麼時候會繫獄並不知道，因此整個拉薩府風聲鶴唳，只要和色拉醫生沾上丁點關係的人都恐慌不已，為了全力隱瞞事實所以賄賂盛行。我聽了想，藏人常編造一些驚心動魄的故事到大吉嶺來嚇人，他們聽說色拉醫生回到了大吉嶺，就添油加醋串連成那樣一個大冤獄事件，實際可信度很低。我一出來這種消息接踵而至，雖然真實性不高，我還是有些擔心。

這個傳聞很快就傳到大吉嶺地方長官耳中，他把我叫去，問我色拉寺的僧侶數目、制度，以及有沒有法律明文規定發生這種大事必須封閉寺院等等，最後問我相不相信這個傳聞。我說：「我不認為這是真的，雖然也很難斷言它絕對是假，但多半是藏人編造的故事。」不只藏人，中國人也一樣，明明只有俄羅斯支配下的蒙古人來到拉薩，在大吉嶺卻到處有人吹噓說看到俄羅斯人在拉薩市街走來走去。

大吉嶺的地方長官渴望得到西藏的情報，從西藏出來的人講的話，不管牛皮吹得多大，他都認真地記錄下來；在鳩邦迦羅甚至特別設有蒐集西藏資訊的官員，任何人從西藏過來都要接受訊問，如果狀況較為特殊，立刻帶到長官面前來詳加說明。

這位長官雖然不算精通藏語，但他的小孩倒都識得藏語；每次有人從藏地出來，他就會請一個藏人幫他居中翻譯成英語。如果一個地方長官稍稍懂得藏語和藏文，就有資格參加考試，若是及格，就能從英印政府領得一千盧比的獎金。

所以大吉嶺一帶的地方長官沒有不努力研讀西藏語文的；噶倫堡的官員也一樣。從這裡可以窺知英印政府重視西藏事物而不敢稍有怠忽的程度；而他們以高薪雇人沿路擔任監視，也很令人驚訝他們注意的綿密程度。

照說一般藏人不會知道我進出西藏的內情，但他們講得好像是真的，等兩個禮拜後，又有藏人來到此地，沒想到他們也流傳著同樣的說法。後來有一個我在拉薩認識的商人來到大吉嶺，我前往他住宿的地方問他這些話的真假，他說：「沒有他們說的那樣嚴重，但也並非完全無事。前財政大臣曾被叫去問話，但沒有被關起來，很快就讓他回家了；不過一般人都認為他已經在牢裡。雖然大家這麼說，我離開拉薩的時候，我想他應該還在家裡，但現在或許被關進牢裡了也說不定。可以確定被捕的是色拉寺的教師和保證人，另外還有查龍巴夫婦和商隊長泉追，他們每天都被柳木棒毆打三百下。我們有些人想送東西進去給他們，但怕人家說閒話最後還是放棄了。」

我問他：「即使知道我是日本人，也不必對他們這樣吧？」

他說：「西藏政府知道日本是一個有能力打敗中國的強國，同時又信奉同樣的宗教，所以頗有好感，但政府認為您是英國的密探。」

「有人主張我是英國人嗎？」

「亞東的基巧守關長向拉薩報告，說那位進入拉薩的日本喇嘛其實不是真正的日本人，他是一位旅居英國的高級官員的兄弟；為了達成那位高官的期望，於是自稱是信奉佛教的日本人而前往拉薩；在拉薩期間和大吉嶺方面也常常有函件往返。他說聽人講攜帶函件的信差不是查龍巴就是泉追，也有人說有些商人其實是日本人。這位英國的密探出很多錢讓人把密函傳送到大吉嶺，也從大吉嶺傳回上級的指令。後來這件事不知道是誰告的密，事發後這位密探從拉薩潛逃。不過這個人身懷絕技，絕非凡人；歐洲人裡確實有這種不可思議的神通者。基巧又說，英國密探並未經過我的關哨，而小路嚴重毀損，也不可能從那邊出境。所以很可能是來到高山上，然後從空中飛了出去。基巧向法王上奏，說從英國密探逃出拉薩並未經過亞東關卡即抵達大吉嶺這件事觀來，可見他的神通不假。總之法王政府收到這份奏章之後，那些被捕的人被折磨得更加厲害。到底您從亞東到大吉嶺是走來的還是飛過來的呢？」

142・營救受難者的計畫

竟然有人問我是不是飛過來的。我說：「我又不是鳥，怎麼會飛？」他說：「可是大家都認為你可以。你連死掉的人都可以救活，在天空飛算什麼呢？在西藏，大家都相信基巧向達賴喇嘛上奏所說的事。」

我說：「我是不是飛過來的有個東西可以證明，你只要到我住的地方看看就知道了。」

「什麼東西？」

「就是憑著那位基巧的命令而取得的出境通行證啊。那是准許我和我的隨從兩人出境的證件，你看了就明瞭啦。」

「有這種事嗎？你別騙我。」

「我能騙你到幾時？廢話少說，我們過去看看吧。」

那時節大吉嶺有很多人也傳說：「雖然那個人說他是走過來的，但不太可能，那麼多行李他怎麼帶得動？我們只要拿少少一點行李就困難重重，更不要說他那麼多行李，竟然順順當當一路帶出來，而他本人也毫髮無傷地抵達大吉嶺，這除非是魔法否則無法解釋。」西藏人之所以相信這件事，都是因為基巧為了脫罪而編了個故事給達賴喇嘛的緣故。

後來這位地方長官到我的住處，看到准許我回拉薩的通行證因而相信我的話，但此時他又起了個念頭，認為那是我施法迷惑了基巧讓他昏了頭才會發給我的。我真是拿他沒辦法，藏人就是這樣，跟他們講真話他們不信，偏偏要相信一些不可思議的說法。如果能夠對人誠實，也聽信誠實的說法，則既不害人，也不損己，到最後所有事情都能夠圓滿成就，但藏人總愛把真話弄擰，編造的故事滿天飛，真是傷腦筋。不過與我有關的人一一被捕下獄，我不能不設法加以營救。

前財政大臣及其家人是否入獄無法確定，但既然我的身分以及祕密進出西藏的事情已經被揭發，他與我有那麼密切的關係，隨時可能奇禍罹身，而且可能性極大。前財政大臣是個耿直的人，平日樹敵頗眾，現在被抓到把柄，說不定那些人來個私仇公報，那他就危險了。

還有為了我而盡心盡力的查龍巴，以及色拉大學的老師和保證人等，聽到他們遭受縲紲之苦，我無論如何也不能高枕而眠。我既不是神也不是佛，無法飛到拉薩去解救他們，只有日夜思索，看有什麼辦法可想。最後我大致得出兩個選擇：去北京向中國政府請願，請他們命令西藏政府放了這些人，或者前往尼泊爾，請尼泊爾政府出面為這些人說項。

如果我到中國請求清政府出面解決這個問題，必須先得到日本外務省的諒解與協助，由他們透過外交途徑與清政府協商，這對於一個普通的僧侶而言並不容易。何況考量一下當今西藏的實況，他們已經不太相信中國政府，因為西藏風傳中國皇帝納了一個英國貴婦人為妃子，並且與英國關係越來越親密；這個傳言連西藏政府裡都有人深信不疑。

西藏不只不再信任中國，而且清政府積弱不振，對西藏也談不上什麼絕對的影響力，尤其與外國有關的事務，如果中國對西藏有什麼指示，西藏肯定不分青紅皂白反對到底，因為中國對諸外國友好的外交方針特別為西藏方面所厭惡。所以透過清朝政府來解決這件事並非明智之舉，不但無法有效幫助西藏人，說不定還會害了他們。

考慮尼泊爾乃是因為這陣子西藏對尼國相當恐懼，除了尼泊爾人本來就驍勇善戰外，他們的軍隊最近又接受英國式訓練，如果發生戰爭，他們的戰力會變得很強，所以西藏政府知道要盡可能對尼泊爾友善。這種時候透過尼泊爾的幫助應該是最理想的辦法，何況尼國政府對日本有明顯的善意，還送留學生到日本學習。我想唯一的選擇還是前往尼泊爾請求協助。

但要做這件事需要不少錢，而我手頭一文不名，還有如山的債務尚未償還。幸好故鄉的肥下、伊藤、渡邊諸位親友非常盡力，找了五、六個人湊了三百日圓寄來給我；我決心以這筆錢前往尼泊爾尋求營救的方法。不過由於薩拉特博士委託我幫他編纂一部藏語字典，使得我暫時無法離開大吉嶺。

薩拉特師已經寫就一部《藏英辭典》，目前很需要有一本收錄完整的藏語字典，而他認為我是最適合的撰述人選，希望由我來完成。當時我只寫了二十頁左右，編字典和幫報紙、雜誌寫文章不一樣，沒辦法隨想隨寫，必須參考很多書籍，也要請教很多人，內容才能完整可信，因此進行了三個多月，完成的東西卻很有限；我想這是三年乃至五年的大工程。更教我無法專心的是拉薩的冤獄事件，我還是要盡我所有的能力去營救他們，同時也該是返回故里的時候了，編字典可以慢慢來。我向薩拉特師詳細解釋求得他的諒解後，於十一月下旬出發前往加爾各答。

143・大谷、井上、藤井三師的勸阻

我前往加爾各答的摩訶菩提學會，在那裡逗留了兩、三天；學會裡既無日本人，也沒有可以交談的人，只有幾個緬甸和錫蘭的和尚，我並不很想和他們深談。我有一個同窗好友大宮孝潤久居加爾各答學習梵文，我就跑去找他。我沒有其他衣物，還是穿著藏袍去他那裡。大宮君向當地一家商店租了間精緻的二樓，他又是個講究的人，一進去就讓人覺得很舒服。

我直接進到樓下的會客室，由於相當一段時間沒有說日語，竟然說得很不流暢，說著說著藏語就跑了出來。我本來英語不行，但使用的機會還多些，所以說英語甚至比日語還來得容易。

由於日語說得疙疙瘩瘩，傻傻站在那裡看著大宮君，大宮君也盯著我猛瞧，然後以藏語問我：「您是從哪裡來的？」

我同樣覺得莫名其妙，問他：「您是大宮君嗎？」

他又問：「您是日本人嗎？」然後請我坐下，仍舊是愣愣地看著我，而我也是很不解的一張臉看著他，但我確定他就是大宮君。

他問：「您是哪位？」

我說：「我是河口啊。」

「哎呀失敬失敬！」

場面真的很滑稽詭異。由於我完全變了個樣，他以為我是個中國人或西藏人；可以想像我改變了多少。大宮先生屬於天台宗，是一位灑落的人。

十二月十四日傍晚，我剛要離開的時候，井上圓了博士正好來到大宮先生的住處，我們就在彼處巧遇。我曾在哲學館受教於井上博士，和他有師生關係，見到他非常高興。於是我就帶他前往大吉嶺，並在抵達次日凌晨三點一起爬上虎丘遠眺世界第一高峰。那時是觀覽喜馬拉雅山最理想的季節，但多半早上九點或十點左右就會雲霧漸攏，所以我們起了個大早。井上先生看著埃佛勒斯峰發出「只看唯我獨尊山」的歎詞，我們同時也吟詠了許多詩歌。二十三日我們回到加爾各答，當晚又啟程前往菩提迦耶朝聖。

這一趟我並不是只著眼於菩提迦耶的朝聖，我還想前往德里市。這時日本的奧中將正在德里參加印度皇帝的加冕大典，我想請奧中將介紹我認識尼泊爾國王，然後再請尼國國王將我的請願書轉呈達賴喇嘛。不過我與奧中將無一面之緣，承蒙大宮孝潤君介紹，我先從孟買三井物產的負責人間島與喜氏那裡取得一紙介紹信，然後再拿著介紹信去面見奧中將。

我們先聯袂到菩提迦耶，接著朝謁瓦拉那西的佛跡，然後與井上先生辭別，我去德里，先生去孟買。當晚我們從加爾各答搭上火車，次日中午過後抵達班基浦爾；我們必須在這裡下車，等五個小時換搭前往迦耶（Gaya）的班車。井上先生去打電報，我則在候車室看管行李，這時有一個講英語的印度人走過來，問我：「您是西藏人嗎？」

我答道：「不，我不是。」

「那麼是尼泊爾人囉？」

「也不是。」

「可是您不是從西藏來的嗎？」

「我是從西藏來的。」
「從西藏來怎麼可能不是西藏人呢？」
「從西藏來的不見得一定是西藏人啊。」
這時從廁所慌慌張張跑出一個人來，一直跑到我身旁，然後說：「我聽到您說話的聲音，果然是您！」興奮地跟我握手的，是最近逝於法國馬賽的文學研究者藤井宣正師。
「沒想到在這種地方見面；能夠活著回來真是太好了。您現在在這裡等什麼呢？」
「我正要去菩提迦耶啊。」
「您一個人嗎？」
「不，井上圓了先生也來了。」
「那真是不可思議的奇遇了。您出發前我祈求您平安回來，現在果然如願了，您這一趟真是了不起啊。」他非常高興地說著，井上先生打完電報回來看到他也是很意外，大家熱烈地寒暄，並且討論接下來的行程。
迦耶沒有旅舍，但可以住在驛站接待所（Dak bungalow），不過井上先生說那邊住的人太多了，恐怕沒有床位，沒想到藤井先生說：「哪裡是這樣，大谷光瑞先生[1]現在就住在迦耶的驛站接待所，我們先打個電報給他，然後連夜趕過去也沒關係。」
「那真是太巧了。」
於是立刻發個電報到迦耶，再上車朝迦耶進發。抵達迦耶的時候，大谷先生派了兩個人來接我們；我們坐上馬車前往位於迦耶市區的驛站接待所。
已經半夜十一點了，但大谷上人和他隨行的弟子仍與我們圍坐歡談。談到後來，大谷上人問我：「接下來你要去哪裡呢？」

井上先生代我答道：「說起來很傷腦筋，他還得去尼泊爾一趟，而且問題還挺複雜的。」

藤井先生聽了立刻跳起來說：「現在去尼泊爾太沒道理了，對您自己很不好。我不知道您有什麼要緊事，但您千萬不要去。」

井上先生代我陳述了理由，他說：「不能不去尼泊爾有兩個理由，一是過去所買的書籍都寄放在尼泊爾，必須去取回來；最重要的事，則是要設法營救拉薩的友人。這是一樁大冤獄，不只河口師聽到了這個消息，我在大吉嶺的時候聽到這件事也覺得非常冤枉。現在他要去尼泊爾安排營救的辦法，不過能否成功還說不定。救人固然要緊，不過我認為河口師應該早日回到日本，然後把對世人而言仍是未知之謎的西藏詳情介紹出來，這是比什麼都重要的事，不知各位意下如何？」

藤井師說道：「我贊成您的看法，但是河口君，您還是堅持要去嗎？」

「我當然要去。」

「真是太令人驚訝了。井上先生，您怎麼不阻止他呢？」

井上先生說：「怎麼沒有，他不聽嘛。」

「即使他不接受您也不應該就此罷手啊。河口君，您非去不可固然有您的理由，但您必須看得更遠，您已經不是過去的河口慧海了；您知道您馬上就要成為世界的河口慧海嗎？您還把自己當作普通學者才會想走這一趟，但若是途中罹患瘧疾，或被猛獸、強盜殺害該怎麼辦？為了那種小事情而奮不顧身，不如早點辦好回國手續吧。」他的勸誡態度非常強硬。

井上先生問大谷先生意見，上人說道：「河口先生自有他的考慮我也理解，但以現在的情況看來，應該以自身為重早日回到日本才對。我也贊成他們兩人的意見，你這樣一意孤行真的不太好。當然如果你沒有這樣一股勇猛的精神，也不可能完成西藏的探險行動，但想到你現在的身分，不如聽從他們兩位的意見回國吧。」他的態度非常懇切。

我對大家說：「各位所言甚是，但如果我這樣做，等於失去了做為一個日本人的義氣，尤其我是一個佛教的修行者，即使沒有任何因緣的人遇到困難都必須義無反顧伸出援手，何況這些罹難者不僅與我有一段因緣，而且我還受到他們非比尋常的深恩眷顧；是因為他們我才能化不可能為可能，順利離開西藏來到這裡。現在他們為了我而受苦，如果我明知此事卻只考慮自身的禍福，放棄營救行動回到日本去，我真的做不到。我現在待在這個溫暖的地方，而我的恩人們如今在拉薩正受著大苦難，白天嚴刑拷打，晚上則睡在冰凍徹骨的牢房。那是太陽照射不到的地牢，每天只能吃幾口糌粑，我不知道他們是如何度過每一天的。想到這些，我即使在睡夢中也會掉淚，只覺得肝腸寸斷。我不能放下他們不管！」我斷然回答了他們。

【注釋】

1 參見本書第十五章注釋。

144・到軍營拜訪奧中將

由於我並沒有把他們的忠告聽進去，藤井先生說道：「我真的不懂您在說什麼，不過是婦人之仁罷了，是所謂知小仁而不知大仁的人才會說的話。我想您還不太懂我的意思，我再把話說得詳細些好了。在西藏發生的事故，不知道有多少人將遭受死刑，我們暫且假定十個或二十個人好了，這十幾二十個人被處以死刑，財產遭到沒收，您想想看，對世界而言會造成多少損失呢？只會讓他們更加厲行鎖國政策而已，並沒有其他害處。可是如果您此行去尼泊爾途中不幸遇難的話，等於好不容易去難以一窺堂奧的西藏走了這麼一趟，卻又將介紹西藏給全世界的空前絕後大事業帶進墳墓裡去了不是嗎？這樣做有什麼好處？早日回到日本，把一路上所見所聞介紹到世界各國，又將間接造福全球多少學者呢？所以您現在必須以全世界的利益為重，放棄對西藏少數人的義務。如果您分不清輕重緩急，像個小孩或女人般，為區區人情而想不開，實在太莫名其妙了。」他說完大谷上人和井上先生也表示同意。

我說：「您的說法我完全理解，但歉難遵命。也許這樣一來對世界是件好事，但我一點也不覺得，反而是佛法修行上的不圓滿；僅僅為了自保，卻說成是對世界的義務或學者的福音等等，不過是自欺欺人。我有不能不做的事，如果丟下它而回去日本，我的內心何嘗會得到安寧？縱使善盡對世界的義務，但自己連自身該盡的義務都做不到，則一切都變得沒有價值。我把眼前對恩人該盡的義務丟在一邊，回去日本將神祕的西藏介紹出來，假定一時利益了學者或社會，但誰能預料未來天下後世將如何看待日本人？全世界的人都說日本的某某明知恩人為他而入獄受苦，卻撒手不管回國，只急於追求自身的功名，不在乎別人的苦難，日本人太絕情絕義了。以現在的情況，與其爭取世界性的名譽，不如善盡搭救恩人的義務，即使為此而喪失性命，得不到世界性的聲名，我也會覺得非常滿足。請各位不要再對我施加壓力了。」容或說成這個樣子，但藤井先生等人還是不厭其煩地對我勸了又勸。

一直講到深夜三點左右，我已經撐不下去都快睡著了，於是對他們說：「我從昨晚就沒睡好，現在很睏，今晚就說到這裡，大家睡覺去吧。」

藤井先生說：「除非您答應不去，否則我們大家都不睡。」

「您這是妨害別人的自由，我不能答應！」

「那您答應就是了。」

「讓我考慮到明天早上再說吧。」

「不行，再睏也要做個決定！」

「對不起，今晚就放過我吧。」

他們無論如何不放過我，我只好對他們說：「這樣好了，我馬上要去找奧中將幫忙，如果奧中將同意將我寫給達賴喇嘛的請願書交給尼泊爾國王轉達，那我就不去尼泊爾拿回我的書籍，聽從各位的建議馬上回國。」

即使如此藤井先生還是不肯罷休，不過大谷、井上兩氏則認為日本軍人態度親切而講義氣，這種事情即使以個人身分也都會義不容辭地伸出援手云云，講完之後大家就睡了。隔天早上七點多起來，大家吃了早飯，準備去朝謁菩提迦耶。和他們一起吃飯的時候，他們還是不放過勸誡我的機會，不過這是我已經決定了的事情，不會再動搖，還好馬車來了，我們就聯袂前往菩提迦耶，以一整天的時間朝禮聖蹟。夜裡井上博士和我一起別過大谷先生一行，前往瓦拉那西。

在瓦拉那西有一位俄羅斯來的麥欽森博士，他在大吉嶺曾經和我談了許多佛法相關的事，也略通藏語，兩個人變得很熟；我們到他的住處打攪了一晚。麥欽森博士在這裡研究梵文，不過大吉嶺那邊很多人都說他是俄國的情報員；但他個人非常熱中於佛教的研究，我很佩服他，總是盡可能對他詳加說明，他非常高興。在瓦拉那西他熱誠地接待了我們。翌日我和井上博士一起去佛陀成道後第一次說法的鹿野苑參謁，歸途我們和奧爾科特氏[1]一起去聽著名的英國女性演說家貝贊特女士[2]的演講；演講結束後我們和貝贊特女士也做了交談。

井上先生當晚逕赴孟買，我則在隔天從瓦拉那西搭車前往德里；抵達德里時已是深夜兩點。外地到德里來的人非常多，很難找到住的地方，即使有也貴得離譜，一個晚上最便宜也要六十盧比，而貴的一晚要一百五十盧比。我身上根本沒什麼錢，所以沒辦法住旅館。

也不管它時間是半夜，我決定到奧中將的住處去，但得雇輛馬車，一問要價二十盧比；實在太貴了，我跟車伕商量能否便宜點，結果他根本不理我。我去找一名巡警幫忙，他幫我叫了個挑伕，挑伕說要五盧比，巡警和他大聲吵了半天，結果降為三盧比成交。

到奧中將住的地方只要三公里多一點，由於我身穿藏袍，即使我用英語跟挑伕說我要去日本將軍的住處，他卻自作聰明一直帶我到方向完全不一樣的錫金國王行館，因為英屬錫金人都是穿藏袍的緣故。從車站到那邊有八公里遠，我們一直走到天亮七點才到，到那裡一看，卻張著錫金王的大帳幕。

我知道搞錯了，但我不會說印度話，於是向懂得英語的人說：「我要去日本人住的地方，請幫忙跟我的挑伕說清楚。」

話雖然說清楚了，但挑伕卻累得說他走不動；我答應多給他點報酬，他勉強又挑起來；距離只有五、六公里，但挑伕走得非常慢，我自己飯也沒吃茶也沒喝，肚子餓得難受，一直到十一點左右才抵達中將所住的帳篷前。那邊成為臨時軍營，門口有英屬印度的兵士站崗，要見奧中將並不容易。我跟著裡面的人去見一個姓伊藤的上尉，到了他的辦公室，他說：「您就是河口先生嗎？實在很抱歉，我們接到間島君的信知道您的來意後，立刻給您回了封信，不過大概還來不及送達您手上。我們已經做了決議，讓您特別跑這一趟真的很不好意思，請您稍等，我們必須給您一個正式的答覆。」說著就走了出去。

【注釋】

1 奧爾科特氏：指Henry S. Olcott，一八三〇—一九〇七年，美國作家、律師、哲學家，為融合佛教、婆羅門教和基督教神祕主義的神智學會創始人之一，並自任會長，定居印度；他協助在瓦拉那西成立中央印度學院，又在斯里蘭卡從事佛教教育事業。

2 貝贊特女士：指Annie Besant，一八四七—一九三三年，英國社會改革家，受蕭伯納影響而成為英國社會主義思想主流費邊主義（Fabianism）者，後改信宗教神祕主義，晚年擔任國際神智學會主席，大部分時間居住在印度，從事教育和慈善事業，並參加印度的獨立運動；一九一六年創立印度自治同盟。

145・日本軍營的應對

不久伊藤上尉領著由比少校進來，由比少校也是以伊藤上尉講過的話當作開場白，然後說道：「我們實在不方便幫您處理這件事，因此沒辦法把您介紹給尼泊爾國王成全您的願望，理由是這樣的，第一，我們只是為了祝賀印度皇帝的加冕遠道而來的客人，並不是外交官身分，實在沒辦法在外交事務上置喙，而且我們也沒有那樣的地位。您的狀況確實很令人同情，中將閣下很想發揮他個人的俠義心為您做點什麼，但這畢竟是國際問題，事情就變得很複雜，這是我們無法幫忙的第二個理由。

「其次事情有輕重之分，您也知道現在日本與英國同盟，關係非常友好密切，如果透過尼泊爾國王與西藏聯繫、交涉，一定會引起英屬印度政府的不悅，這種事絕對不能發生。這是不能幫您這個忙的第三個理由。還有，就算不忌諱英印政府的觀感，但做這件事值得嗎？維持與英國之間的同盟關係是今天我國最重要的問題，而營救西藏冤獄中的受害者對我國而言一點都不重要。

「從國家的利益為考量，事情必須分緩急輕重，這是我們應當遵守的方針，所以您所託之事礙難照辦。我們就是將這個意思寫了封公函寄給間島先生託他轉給您。另外您做為一個日本人卻穿著西藏袍子，怎麼看都像個密探，這樣一定會引起英印政府有關當局的注意，所以我也不想和您說太久。

「就技術上而言我們也不宜直接和尼泊爾政府接觸，必須經由英印政府處理才比較妥當。英印方面雖然沒有明講，但他們認為他們的保護國或印度附近的國家都是他們的勢力範圍，如果與尼泊爾毫無正式關係的日本官吏直接找尼國政府交涉，恐怕會遭到英印政府的懷疑而造成誤會。種種方面考慮的結果，完全沒有答應您請求的可能。」

我聽了對他說道：「我的意思並不是這樣，我只希望奧中將以個人身分，而不是政府代表的身分幫我轉達這個訊息。」

少校以否決的語氣說道：「對您而言這或許是非常難過的事，因而您採取這樣的行動也是情有可原，不過奧中將已經表示不接受您的請求，而我們也決議贊成他的意見，所以不管再怎麼說都無法同意。外頭有印度士兵駐守，您待太久的話會引起他們的懷疑，所以很抱歉必須請您馬上離開。」

看他們的樣子是無論如何不會答應了，而且即使個人願意考慮，但為了國家的利益也必須拒絕，於是我說：「既然如此我就回去了，不過我昨天趕了好長一段路來這裡，至今滴水未進，由於我過午不食，現在已經十一點半了，如果再不吃點東西我根本餓得走不動，能拿點吃的給我嗎？」我竟向他乞食。

他說：「這種地方沒別的東西，紅茶和麵包可以嗎？」於是進房拿了兩塊麵包和一杯茶給我。

我吃了後肚子還是餓得發慌，而且不吃還好，越吃肚子反而越餓，逕自咕嚕咕嚕叫，但再要多拿也很難，於是對他說：「我恐怕走不太動，能不能幫我叫輛馬車？車資我會付。」

「您真的很會強人所難。」兩個人都很困擾的樣子，和他們商量了半天，他們終於說：「至少這件事不會有什麼嫌疑吧。」於是幫我叫了輛馬車。大概是同情我的緣故，也沒有向我要車費。

到車站已經過了下午一點，但必須等到晚上十點才有車班，其間必須在車站茫然等待。肚子很餓，目的又沒有達成，但我不想像個凡夫般接受這個事實。不過也不能就這樣直接去尼泊爾，必須先辦好去尼泊爾的手續，於是我又大老遠回到加爾各答，四處奔走的結果，花了不少錢總算柳暗花明，終於取得尼泊爾的入境許可。

146・謁見尼泊爾國王

我聽說有一位住在加爾各答的孟加拉老先生是加德滿都一所學校的校長，他頗得尼泊爾國王的信賴，於是前去拜訪他，對他說：「我很想去尼泊爾朝聖，能否請您幫我寫封介紹信給尼泊爾國王，請他發給我通行證。」他一聽就爽快地答應，立刻寫了介紹信給我。

照規定，西藏人、不丹人和錫金人要入境尼泊爾不需要尼泊爾國王所發的通行證，只要到畢爾剛濟向當地的司令官申請即可，但其他外國人不一樣，必須有國王的通行證，所以我才去找這位老人幫忙。我拿著介紹信，於一月十日從加爾各答出發，並於次日傍晚抵達印度、尼泊爾國界上的勒克索（Raxaul）車站。

下午六點我雇了個挑伕，很快就走出印度國境，渡過位於尼泊爾境內的錫曼河，往上走一段路後遇到一座巡邏派出所，裡面的巡警不許我通行。我問他為什麼，他說：「最近國王要從德里回來，因此沿途管制得非常嚴密，你很難再往前走。等我詳細調查後再放你走，請在這裡稍等。」尼泊爾人在這種時候語氣很低調，大概只要給點賄賂就會放行，我也有這個打算，但我是外國人，無論做什麼都沒有幫助。無可奈何我只好將從加爾各答取得的那封給國王的介紹信拿給他看，請他讓我過去；他看了後就領我去見他的長官。

我問他的長官接下來該怎麼辦，他說要我盡快把介紹信送往畢爾剛濟的關哨，請那邊處理比較好。於是我把我的個人資料詳細填寫好，和介紹信一起送去畢爾剛濟，照說很快會有命令下來，但左等右等就是等不到，一直到晚上十一點，我冷得受不了，只好燒茶來喝，這時國王身邊的警衛來了，要我立刻跟他去畢爾剛濟。雖然很不想動，還是起身跟他走了。

派出所和畢爾剛濟之間只有兩公里路，我們十一點半就到了；我借住在醫院對面的一間小屋。隔天為了領通行證前往司令官住的地方，從一大早開始等，直到下午五點左右才見到他。我向他大略說明入境的目的，他告訴我，十四日那天國王回加德滿都途中會經過這裡。

尼泊爾有兩位國王，其中掌有實權的一位算是總理，真正的國王則沒有任何權力，只從總理那裡領取俸祿，不涉及任何政務。尼泊爾人一般只知道這位有實權、相當於總理的國王，唯有官吏才知道還有一個真正的國王存在。現在馬上要歸國的就是這位有實權的國王，直接面見他向他申請通行證就行了。我請這位司令官替我引見，獲得他同意後我就離開了。

十四日傍晚總理在隆重的歡迎儀式中回到境內，除了大砲十二、三響之外，沿途還撒了許多鮮花。整個行列有不少大象，上面乘坐著許多公主和王子；尼泊爾是施行一夫多妻的國家，所以國王的小孩為數甚多。司令官要我第二天早上十點鐘過去，等到傍晚五點總理在庭院散步的時候安排我跟他見面。

聽說對第一次面見的人而言，不能直接進入他的行館；還好可以在庭院見到他。我帶了日本的美術品為見面禮，他接過後說，這是很貴重的禮物，要我告訴他價碼，他好給我錢；我說這是送給他的禮物，不需要他付我錢。他於是邀請我跟他進去。

總理看到我像看到十年前認識的老朋友那樣，領著我走到他的行館會客室。他就座後，旁邊一個很像底下大臣模樣的人也坐了下來；後來我才知道這位才是真正的國王。不過從外表、氣勢看來，還是那位總理比較像個國王，而真正的國王反而像他的臣下。

總理問我：「我聽說你去了西藏，你去那個神祕國度有什麼目的呢？」

我答道：「我去是為了佛法修行。」

他又說：「聽說你和那裡的許多貴族高僧都有密切交往，那麼你告訴我，如今西藏政府裡誰的權力最大？」

我說：「我是個僧侶，專注於佛法修行，政府方面的事並不清楚。」

總理聽了立刻接口道：「你不用隱瞞，我國和西藏之間關係非常密切，你對我明講沒什麼關係，我也只是做為參考罷了。我很早就知道你很熟悉西藏的內情，也知道你從西藏出來的事。」

我對他說：「我當然知道貴國和西藏是邦交國，但我怕我所知道的事情並不正確，告訴您的反而是錯誤的訊息。」

「沒關係，你說就是了，正不正確我不在乎。」

聽他這樣講，我於是告訴他：「現今西藏最高權力者是達賴喇嘛，諸位大臣中權力最大的是首席大臣倫青霞札。」

總理又問：「如今中國駐藏大臣對西藏政府還有影響力嗎？」

「如今影響力日衰，什麼事也不能做。」

「為什麼影響力會下降？」

「一是北京政府的日漸無能，一是當今法王非常銳敏果斷、長於政略的關係。」

「你認識俄國的藏尼堪布德爾智嗎？」

「我不認識，我在拉薩的時候他並不在那裡。」

「你有沒有聽過什麼關於他的話？」

「聽過。」

「他和西藏政府裡什麼人關係最親密？我聽說他和達賴喇嘛非常親密，法王對他言聽計從嗎？所有的高官大臣都信任他嗎？」

「只有倫青霞札和法王信任他，其他人都對他很反感。」

這時總理旁邊那位很像臣下的國王以尼泊爾話對總理說：「這個日本和尚所說的和您得到的祕密報告一樣不一樣？」總理對他說兩者若合符節，然後又轉頭對我說：「西藏和俄羅斯締結祕密條約，你想條約最後會被履行嗎？」

「如果單就締約、換文的動作來看，密約是簽訂了，但將密約內容公布並加以履行的話，不是達賴喇嘛被毒殺，就是會引起人民內亂。」

「為什麼會這樣呢？」

「因為這件事只是兩、三人的意思，不是多數政府官員以及人民的希望。」重要的對話就談到這裡為止。

總理很好奇地問我：「你從哪一條路入藏的呢？」

我考慮要不要回答他，因為很可能連累一些尼泊爾人，所以我想還是等以後有其他機會再說，就答道：「這是一件非常錯綜複雜的事，我很難以英語表達，反正您有很多懂藏語的官員，等回到首都後，我再透過翻譯官向您詳細秉告。」

總理聽了說：「這樣也好。」

他又問我日本國勢日盛的主要理由，我告訴他：「這是讓人民受充分的教育，並發揮天賦愛國心的結果。不過我離鄉已久，這幾年的變化我完全不清楚。」

我們的交談到此告一段落，不過今天時間已晚，他要我隔天下午兩點再來領取通行證。

我感謝他然後告辭離去。

147・衛士的腕力

第二天我如約前往，但門口警衛非常兇，不讓我進去，好像如果我硬要進去的話就要揍我；一直到下午五點才讓我進去。當我見到總理，他對我說：「今天我很忙，明天你到朗朋獵宮來吧，到時我會把通行證交給你。」我不能說不。

回到住處，挑伕對我說：「我覺得這很奇怪，我想你拿不到通行證，總理已經不打算讓你前往尼泊爾內地了。明天你肯定到不了朗朋，半路上一定會被士兵擋下來的。」

「這可麻煩了。」我又連夜走四公里去找侍從長問個仔細，他說：「絕對不會發生這種事的。」他跟我仔細做了說明，我才回去。隔天十七日，我雇了一輛一人座的耶卡馬車，和挑伕一起前往四天路程的頻毗提山麓。朗朋獵宮位於喜馬拉雅山麓海子森林的入口，雖叫做獵宮，其實那裡並沒有永久性建築。

平常游獵的時候會搭蓋臨時性起居處，這一次因為同時要慶祝印度皇帝的加冕典禮，所以場面特別盛大，感覺上好像尼泊爾首都所有的帳篷都拿來架在這裡似的滿山滿谷，總有五、六百頂吧。其中國王和王妃所在的帳篷特別華麗，大臣的帳篷也不輸國王，紅、黃、白、藍各色點綴在濃密森林中，看起來非常壯觀。

軍隊有兩千名，看他們的操演完全是英國式的，服裝也是取法英國，都是特別挑選擔任國王的近衛隊，每一位兵士的體格都很壯碩。我想進去領取我的通行證，但衛兵就是不讓我通過。我在外頭等了四個鐘頭，終於看到總理扛著獵槍，正要爬上大象出去打獵。

我向前對他說：「請早點發給我通行證。」

他說：「啊，不好意思，明天一定給你。」說著大象站立了起來，我正想追問明天幾點，大象已經朝森林的方向走遠。我莫可奈何，只好前往一哩之隔、位於前往尼泊爾官道上的席姆拉小村，當晚就住在那裡。

挑伕又對我說：「他們一定不會發給你的，今天他這樣說只是哄哄你罷了。」

我很不耐煩地對他說：「你們的國王專門騙人的嗎？王者無戲言，你不要以小人之心度君子之腹，明天一定可以領到。」

第二天早上剛吃過早飯，我立刻前往獵宮，從沒有守衛的地方進入圍欄，但眼前都是帳篷，不知道總理會客的地方是哪一頂，必須慢慢找。我四處尋尋覓覓，裡面的軍官過來質問我：「你到處看來看去的到底在找什麼？」

「我在找總理的會客處。」

他說：「現在不是會客時間，你先到柵欄外面去。」叫了一名兵士把我送到圍欄外。

我想一旦走到外面就不可能見到總理了，於是還沒走出圍欄我就停下腳步不動，那個兵士問我：「為什麼不出去？」硬是要把我推出去。

我不理他，毫無反應，這時來了個警衛，大聲命令道：「出去！」

我還是動也不動，對他們說：「是你們總理要我今天過來找他的，我不出去。」就坐了下來，警衛一把抓住我的衣領將我拉起來，另一隻手在我背上打了一拳。

他就像在冥府的路上抓小孩的惡鬼那樣把我拖到圍欄外頭，外面那些士兵和看熱鬧的人都笑了，還有人講風涼話。即使身為一個出家人，在這種時候還是感到一陣不愉快。然而會覺得不愉快無非是我缺乏忍辱之心，於是坐在草叢中，檢討自己之所以會有不愉快的念頭，乃是修行上的不著力。

想了又想，最令我慨嘆的仍舊是自己忍辱心的不足，而不是兵士的無禮，如果連這樣的待遇都會覺得難過的話，那麼我那些在獄中受虐的西藏恩人們又該如何，一念及此，不禁熱淚盈眶。

我坐在那裡想到十一點左右，總理的侍從長走了過來，我心中一喜，趕忙過去對他說：「我依總理的吩咐前來見他，卻被士兵拖了出來，您能為我引見一下嗎？」

他先向我道歉，然後把士兵叫過來說：「立刻引導這位先生到總理的會客處去。」

我到了會客處外，又等了兩個鐘頭，下午一點總理終於出現在會客室。

我被叫進會客室，總理問我：「你現在最想要的是什麼？」

我說：「通行證。」

「通行證本來就要給你，我問的不是這個。你身上帶的旅費夠嗎？」

「是，目前沒有問題。」

「你身上有多少錢？」

「三百盧比左右。」

「這太少了，我再給你兩百盧比，總共有五百盧比的話就很夠用了。」

「不，這些已經夠用了，我不要您的錢。」我再三推辭，但他還是叫左右去拿錢出來。

我正色對他說：「我來到貴國不是為了錢，我是另有重要的目的才來的。」

「那又是什麼事呢？」

我沒有立刻告訴他要上書達賴喇嘛的事，因為怕連累其他無辜的人，於是答道：「我最想得到的是貴國所有的一部梵文《大藏經》。如果您能將這部珍貴的至寶賜贈給我，我就送您一部日本的《大藏經》。」

總理說：「那你就把經典的目錄寫下來，我二十五天後才會回到首都，在這之前把目錄交到代理國王手上，我會讓他依照目錄買齊。」接著他就命左右把通行證交給了我。

我拿著通行證，在一名巡警伴同下回到席姆拉村。看到挑伕一臉憂慮對我說：「馬車伕逃走了。」

「為什麼？」

「因為另外有人要雇他他就逃跑了，而且把車錢也拿走了。」

我不知道他們是不是串通好的，不過挑伕不像會做壞事的樣子。那位巡警聽到非常生氣，舉起拳頭就要揍我的挑伕，我立刻制止他。我們三人從席姆拉出發，慢慢向北走，挑伕說：「現在已經下午三點了，再走十六公里前面就是森林，沒有住的地方，而森林裡有老虎等猛獸出沒，我們明天再走比較好。」我想早一天抵達加德滿都，而且挑伕多半是隨口說說，應該不會有被猛獸襲擊的顧慮，於是繼續前進。

148・走向加德滿都

十六公里的森林通道中，每隔四公里就有一座大池子，水質清澈。池子之間接了鐵管，可以供應往來行旅飲水。這是尼泊爾王妃薨逝時特別為了她的功德而修的，因為過去這座森林一滴水也沒有，王妃留下遺言，希望每隔四公里挖一座池子，並以鐵管接水。其結構非常嚴整，可以想像花了不少經費，沿路在岩石上刻字說明造池供水的緣起，有的是藏文，其他還有尼泊爾文、印度文、英文和帕西語等共五種。傍晚抵達比恰戈里村，這裡我以前曾住過一夜，還聽到虎嘯；不禁想起上次所寫的詩。次晨起得很早，雖沒有遇到老虎，卻看到明月高掛天空，詩興大發。

我們渡河而行，遇到一個警戒關哨，必須檢驗通行證。關哨有五、六名士兵駐守，配備了五、六挺槍枝，聽說他們被授權如果發現形跡可疑的人即立刻加以射殺。沿途我又做了許多首詩。這一天走的路程真的很長，經過司帕爾達，直到巴依謝才停下來休息。次日又前進了十二公里，即抵達頻毗提驛站。牛車、馬車等都可以一直走到這個驛站，但從這裡開始山路變得非常陡峭，無論馬匹或車輛都無法通行。四年前攀登這段山路時，空著手還是走得很辛苦，現在帶著行李卻走得很輕鬆。慢慢往上走了六公里路，前方有軍隊駐守。這裡叫齊斯帕尼，也叫齊斯戈里。到這裡為止通行證共查驗了三次，現在則要把通行證交出去。

這裡也設有海關，為輸出入品課稅，所有人都要接受行李檢查、課稅，甚至必須停留一整天，由於國王方面事先通知我的到來，所以連行李都沒有檢查，僅僅三十分鐘就完成通關手續。一直跟著我的巡警只保護我到這裡，由另一名衛士接手。從齊斯戈里山口往北方遠望，前面是比大吉嶺更加壯觀的喜馬拉雅山群，白雪皚皚，巍然聳峙。這六年來我很少離開積雪的山峰，但來到這裡一看，仍舊產生很多新的感觸，吟詠了若干首詩歌。

我突然想到釋尊六年雪山修行就是在這一帶，我也曾有六年時間不離雪山，然而不要說成佛，連菩薩都不是，真是慚愧至極，心中又湧出兩行詩句：

雪山六歲身如何
曉星在上匆匆過

「曉星」典出釋尊於菩提樹下見曉星而悟道故事。我們又走下一段大斜坡，四公里多經過克利卡涅村，渡鐵橋，又前進八公里多在瑪爾庫村過夜。第二天二十一日凌晨三點把裝備、行李整理好，繼續往山中走去。我想今天如果走快點也許可以抵達首府加德滿都，所以起得特別早，不意走到山上一塊平坦的野原，草地上結了厚厚一層霜。

抬頭一看，銀色的玉兔在雲間若隱若現，彷彿在地上散播了一整片白花。我們每一步都發出沙沙的響聲，四野寒氣逼人。衛士和挑伕邊走邊發抖，走到上方，看到喜馬拉雅山著名的山杜鵑四處綻放，不知名的小鳥在嶔崎山岩間鳴囀，大家心情都變得很愉快。往上攀爬四公里後再向下走了四公里，看到遠方有一大片廣袤的平坦地帶，再過去仍舊是連綿雪山。

我們現在正走過月峰，從山上下來即抵達標高近兩千公尺的平野，走過平野再前進十二、三公里，前面就是尼泊爾加德滿都府。通過雜沓的市中心，到達當時代理總理（同時也就是代理國王）職務的總司令（Commander-in-chief）府邸。陪我一路走來的衛士把我交給總司令的下屬，結果又叫來兩個警衛跟隨我。他們說總司令今天很忙，要我明天再來。

我於是想先去拜訪自己的朋友覺金剛，剛走出門覺金剛師的兒子帶了僕役和一匹馬來迎接我。我騎上馬朝迦葉波佛陀舍利塔而去，到傍晚順利抵達。舍利塔的住持即是覺金剛師，他正在門口等我。我們上到第三層，熱烈地寒暄，然後享用他煮的美味酥油茶。覺金剛師屬於寧瑪派，但依尼泊爾風俗娶了兩個妻子；尼泊爾有很多人擁有三名乃至五名妻子，而西藏的情形正好相反。覺金剛師有十三個小孩。

當晚我就住在這個尊貴的勝地，特別供了酥油燈，並為我離鄉期間辭世的父親、多方照顧我的故人以及有緣無緣一切眾生的菩提成就而誦經回向。能夠在這樣一個尊貴無比的靈場弔祭故人，特別是恩人和友人，特別感到激動，禁不住流下悲欣交集的淚水。次日一早醒來，放眼窗外，旭日在雪山之間升起，並照在大塔的金輪上，景象非常迷人。

當天下午一時，我和覺金剛師一起騎著馬前往總司令畢姆．桑謝爾府邸，等沒多久總司令就從府邸內搭設的營帳辦公處回到房間來。我們在樓上的會客室見面，他的容貌溫厚篤實，但內在有一股凜然不可親的威儀，英語非常流利。

樓上會客室很寬敞，排列了十四、五張歐風座椅，上座的方位上擺設有上覆白布的尼泊爾樣式長方形厚坐墊；四面牆壁則掛了許多歐洲裝飾畫。可以說所有的裝潢都是歐洲風格和尼泊爾風格的折衷，以小見大，可以窺知這個國家目前的國策方向。

149・會見代理國王

主客席坐定後，總司令問我：「你這次來到我國，有什麼樣的觀感呢？」

「我只覺得歡喜無比。」

「為什麼？」

「好像回到了自己故鄉那樣的感覺，因為不只貴國的山水、植物之屬與我的國家非常相近，而且貴國國民和我同胞的長相也非常類似，所以我一下就忘記山路的艱苦，感到滿心喜悅。」

總司令微笑道：「那是因為我們都是同一個種族的關係，長得酷似也沒什麼可怪的，但如果連山水、植物也很類似，那就奇了，真的是這樣嗎？」

「相似的豈止山水景色而已，松、杉、檜、山毛櫸、柏、柳、櫻、桃、梨、橙、杜鵑、蜜柑等也都一樣，米、麥、豆、小米、稗、黍、蕎麥、玉蜀黍等也無一不同。其他類似的草木、花鳥還非常多，讓我彷彿回到故國。另外貴國國民不只充滿勇氣，對外國人也非常親切。」

總司令聽了非常高興，慢慢將話頭一轉，問道：「有什麼證據證明西藏政府和俄國政府締結了條約呢？」

「締約的證據我並未看見，從藏尼堪布的所作所為，以及達賴喇嘛接受主教法衣一事看來，也許大家還不太能確定，但是自從西藏派遣使者赴俄回來後，西藏政府的態度變得很強硬，好像和誰都能夠一戰似的，因此可以判斷雙方確實締結了密約。」

「那應該毫無疑問了，但西藏為什麼要與俄國締約呢？」

「我是個僧侶，對政治上的事情沒什麼研究，依我的淺見，西藏認為如今中國已經不可恃，並為防衛勁敵英屬印度而大傷腦筋的時候，藏尼堪布及時出現，勸誘西藏依靠俄國。」

「為什麼西藏以英印為敵？」

「我想西藏方面認為英國是異教、不同人種之國，如果接近他們的話，恐怕西藏的佛教將會滅亡，因此不敢和英印政府交往。」

總司令聽了大笑道：「俄國人不也是和英國一樣是異教徒、不同人種嗎？」

「沒錯。」

「那麼為何一個是敵人而另一個是朋友呢？」

我告訴他，西藏政府聽信藏尼堪布的說法，以為俄國斯是真正的佛教國，俄皇則是菩薩、大士的化身。總司令聽了說：「你認為這份密約將來對西藏有沒有好處？」

「短期內也許有一點好處，但長期而言將使西藏陷入危險之中。」

「西藏政府為什麼不接近同種、同教而且強盛的貴國呢？」

「西藏政府中絕大多數官員連日本這個名字都沒有聽過，遑論有什麼認識或建立邦交了。」

總司令聽了嘆道：「西藏政府對當今世局的陌生程度令我驚訝。」

這時我也改變話題，說：「這一次我來到貴國有兩個目的，其中一個是為我個人的原因，因為我聽說現在西藏正發生一樁冤獄事件，我想透過您的幫助，看能否說服西藏政府終止對犯人的迫害。整件事情是這樣的，當我離開拉薩不到一個月時間，我的日本人身分被發覺了，於是讓我通關出境的亞東稅關長為了避免被懲處，就向西藏政府告發說我是英國密探，致使西藏政府疑念加深，把與我交往的一些無辜的人下獄，並加以嚴刑拷打。

「當我聽到這件事後，我不能當作與我無關掉頭不理而跑回國去。我本來想拜託中國政府幫這個忙，但路途太遙遠在時間上來不及，因此我想到貴國與西藏關係密切，如果能夠透過貴國將我的上書轉到達賴喇嘛手中，也許可以救出獄中的無辜者，還他們自由之身，因此才特地又來到這裡。懇請您能理解這件事。另外一個目的，是總理在賓德拉邦（尼泊爾語「海子森林」）的朗朋指示我，關於請一部梵文佛典的事，要找您幫這個忙。」

總司令徐徐說道：「西藏的冤獄事件，我已經接到駐拉薩公使的報告。同種族、同宗教國家的日本國民來到自己國家，卻要懲罰西藏的國民，這種事聽了令人氣憤，也教人替那些受害者感到難過。幸好你抱持一顆善良的心，不願坐視，這是很難得的。就我個人而言，我絕對願意將你的上書轉呈達賴喇嘛，不過這件事的決定權還是在總理那邊，我想你只要誠心向他請求，他也會答應的，我會從旁幫你說話。」他的態度傾向於支持我，語氣很誠懇。

關於梵文佛典，他說：「請梵文佛典的事總理吩咐過了，我當然會盡力照辦。唯一的困難是，手寫本只有一部，必須另行抄寫。抄寫需要相當時間，不知道你預備在這裡停留多久時間？」

我說：「預計一個月時間。」

「這樣恐怕來不及，不過至少可以完成一部分的抄寫工作。另外圖書館裡如果有重複的典籍，我會設法讓你得到多出來的一部，不過要蒐羅齊全看樣子很不容易。」

我說：「這件事完全聽憑您處置，我兩年之內還會再度來到貴國，把日本佛教《大藏經》一部獻給貴國國王，我那時再取回梵文經典不遲。這次我離開前能蒐集到多少就算多少吧。」

總司令聽了把文化部門的高級官員叫來，對他詳細下了命令；高級官員又把指示轉達給圖書館館長。由於想說的事情告一段落，於是向總司令告退，他很客氣地一直送我到外面走廊，我請他留步，臨別時他說：「能夠和一個值得尊敬的日本人認識，我非常高興。」

當天傍晚我和覺金剛師並轡回去。

我本來打算在居留期間做些調查，寫一部尼泊爾國誌當作送給日本的禮物，但想了想還是作罷。因為已經有人傳言，說我表面上是個僧侶，其實是日本的官員，也就是特遣密探，所以才會深入西藏和尼泊爾。在這種氛圍下，本意是寫個東西將尼泊爾介紹給日本，說不定到頭來會大禍臨頭，最後還是放棄這個想法，反正以後也可以做這件事，而且已經有不少英國人做過這件事，足供參考了。如此一來我無所事事，每天放歌度日。

150・懷獄中友人

每年都有很多西藏人來迦葉波佛陀舍利塔朝聖，平常一年大概有兩、三千人之譜，但是今年特別多，因為正在進行舍利塔上金的大工事，許多人都想來參觀這件工程，同時捐獻供養。我常向他們打聽藏中種種消息，有人告訴我財政大臣也入獄了，但也有人說：「沒這回事，只是被審問過而已；我來的時候他還在家呢。」眾說紛紜，莫衷一是。

唯一確定的就是有好幾個人被捕下獄，但關於前財政大臣的遭遇，告訴我消息的人我一概不知道他們可不可靠，所以無法輕易相信。朝聖者裡有一位叫吉索．洛給的高僧，他曾經是拉薩府丹吉林寺第穆呼圖克圖手下的會計主任，在第穆仁波切攝政期間是個位高權重的人，不過他性格平和而練達，當時並不會貪贓枉法。因此當第穆仁波切失勢下獄死在牢中後，只有他安然無恙，仍舊回到他所屬寺院。他這次向西藏當局請求獲得同意到尼泊爾朝聖，並為第穆仁波切祈福。藏人一直都有前往尼泊爾、印度朝聖的習慣，到夏季暫時回到拉薩，然後又出來繼續巡禮；他這次從拉薩直接來到加德滿都，中間只花了一個半月時間。

我遇到他後，向他詢問了很多西藏發生的事情，他告訴我：「我出發之前，到處流傳有關前財政大臣被捕的消息，其實完全沒這回事。也聽人說我離開後他就下獄了，但拉薩人講話很誇張，他們說的很少是真的。我想你所擔心的事應該沒有發生吧。」我聽了稍感安慰，但教我悲不自勝的，是聽到吉索．洛給提到有一天他有事去拉薩的法院，正好遇到查龍巴被提審。

由於庭上還在審問其他嫌犯，所以查龍巴先在一個角落等著。洛給喇嘛不知道他是誰，隨口問他出了什麼事，查龍巴立即淚流滿面說道：「我既不是小偷，也沒有跟人家吵架，只是有事去看一個來路不明的醫生，後來才知道他是日本人，於是我就被當作這個日本人的手下，指控我和他共謀從事不利於西藏的行為，每天嚴刑逼供，我事先根本不知道，我能說什麼？我只知道他是一個很好的醫生才認識他的，其他一概不知，可是他們每天把許多我作夢也沒想到的事情推到我頭上，說是我做的，不管怎麼辯解都沒用。我想這都是前世的罪業吧，也只能這麼想了。」

我又問洛給喇嘛其他同案被捕的人情況如何，他說：「其他人我沒見到，詳細情形不得而知，但看查龍巴蒼白瘦弱的樣子，就可以推知其他人也好不到哪裡去。這是必然的，每隔一天就要被毒打一頓吶。」

我聽了他的話心痛如絞，因為吉索・洛給絕對不是一個隨便說話的人；那些我最不願意聽到的實情終於確定是真的了。當晚不知不覺做了一首「懷西藏獄中友人」的長歌，但仍無法釋懷，只希望早日再見到尼國國王，請他幫助我將我的請願書轉呈達賴喇嘛；能夠達成這個願望，總會有其他辦法可想的。國王在二月七日回到了加德滿都，那時我在尼泊爾首府已經引起相當的矚目，大家都說，這個喇嘛以前就來過尼泊爾，製作了一份地圖，後來又到西藏測繪了另一份地圖，現在再次回到這裡來。

二月九日午後兩點我得以拜見尼國兩位國王中掌握實權那位，也就是名叫昌卓・杉舍（Chandra Shamsher）的總理。我和覺金剛師一起前往他的官邸，這是他擔任總司令時期住的地方，房子並不大；現在另外為他蓋一棟豪華的新居，但尚未完成。即使如此還是很大，占地長寬各三百多米。大門一側有警衛看守，進入大門後即是磨刀石般的寬闊石階一路深入約兩百多米，石板路左方設有兵營和小操場，右方則有賽馬場。石板路的盡頭就是內殿的會客室，我們被領入會客室中。會客室的正面有三張椅子，以及尼泊爾製長方形白色厚坐墊；在歐洲風格黑檀木茶几上擺設了尼泊爾製馭獅女神像。兩側牆面的柱子上則掛了同國所製作的獅首浮雕。

入口分為兩個，兩個入口中間的牆壁上有一座大掛鐘，掛鐘兩旁各有一具表情分外勇猛的鹿首壁飾。從我們所坐位置透過落地玻璃窗往南面望過去，月峰、龍樹山等雪峰聳峙如在眼前。

151・國王的詰問

宮殿會客室中有很多高級軍官，其中也有一個外交部祕書長，但國王不在裡面。外交部祕書長首先問我：「您來這裡已經二十天了，都在做些什麼呢？」

我說：「打坐和作詩。」

祕書長把話鋒一轉，「您在日本有什麼樣的爵位、擔任何種官職呢？」

「我什麼都不是。」

「您不用隱瞞，您是高級官員，大概有什麼樣的爵位我們可以推想，所以不要費心隱瞞了，還是開誠布公告訴我們吧。」

「我只是個佛教僧侶，沒有任何爵位、官職、勳等。」

「那麼您又為了什麼花費大量金錢前往西藏又來到尼泊爾呢？」

「我到西藏以及貴國完全沒有什麼官方任務，唯一的目的就是為了佛教的研究，才甘冒一切困難來到西藏和尼泊爾。」

「您是打從哪一條路徑進入西藏的呢？」

「我取道瑪納薩羅瓦湖附近。」

祕書長聽了用很奇怪的語氣問道：「您是經由哪些地方前往瑪納薩羅瓦湖呢？」一副貓捉老鼠的樣子。

我泰然答道：「關於路徑的問題在告訴國王之前我不能先行透露。」

「為什麼？」

「我怕累及無辜，所以在這裡不方便說。」

看來尼國政府對我先前在尼泊爾國內的行蹤也有一定的掌握。結束這段對話後，外交部祕書長走出了會客室；後來我才知道他是前往國王跟前報告。其他軍官於是就西藏和日本軍人的習慣、士氣、軍紀等問了我許多問題。談話最後，他們以尼泊爾話耳語道：「這個人雖自稱僧侶，但他絕對是日本的高級官員。」

不久尼國國王在百餘名侍衛前呼後擁下走出內殿，前往大門側旁的別殿；我也走出會客室，跟著國王的行列一直往下走，直到正門的大臣候見室，看到許多地方官員正恭謹執禮。在行禮的隊伍中有一個人看到我大吃一驚，我看到他也是嚇了一跳。他就是叨拉吉里山麓土窟澤地方的知事哈爾卡曼．司巴，我曾借宿過他家。當時我就像個乞食和尚，現在卻進出國王的內殿，難怪他會驚詫不置。國王看過他們獻上的馬匹之良莠後，即在一張長椅上就座。我稍稍向前，國王於是問我道：「你對我有什麼要求嗎？」

「我最切盼的要求，就是想請殿下為我轉達寫給達賴喇嘛的請願書；其次就是前些日子也向您報告過的，我想恭請一部梵文佛典。我的要求就是這樣。」

國王說道：「先不談這個，我聽說你四年前曾經到過我國，這是真的嗎？」

「四年前我確實來過。」

國王語氣一變，質問我：「為什麼在畢爾剛濟見面的時候不告訴我這些事呢？依照正常的程序不是應該先讓我知道這件事嗎？」

我說：「當時我也很想向您坦白，但仍不免滿懷憂心和恐懼。」

「你擔心什麼，又害怕什麼呢？」

「有一個理由讓我不敢妄言，我確實在四年前經由貴國前往西藏，可是將這件事講出來的話，我怕貴國許多關哨的官員以及其他與我稍稍有所接觸的人，都可能會觸怒殿下，受到法律上的制裁，因此不得不加以隱瞞。如果我無所顧忌地放言，讓貴國的官員與國民受到跟西藏友人一樣的不幸待遇，我不知道我將會如何哀痛。我但願關於我在貴國旅行的事，不會波及貴國無辜的臣民。如果您能接納我的建議，我將向您實話實說。」

由於我態度懇切，國王殿下也感覺到我的真心，於是說道：「好，我絕對不會因為你在尼泊爾旅行的事懲罰我的臣民，你放心。」

國王的話一經出口，事情就那麼說定了，我聽了打從心裡欣喜難抑，溢於言表，說：「殿下的命令確實教我不勝歡喜，謹此感謝您的寬宏大量。」國王聽了也很高興。我想世上沒有比真心接納更大的喜悅了。

此時國王又問我：「到底是誰派遣你來我國和西藏的，是貴國的外交部長還是大將軍呢？你將真正的祕密告訴我吧。」這樣的問題無疑將我當作日本的密探，而如此一來關於我身分的說法已經不只是謠言，連國王都抱持這種疑惑還公然詢問我；如果是西藏也就罷了，連尼泊爾這樣一個積極學習世界先進文明的國家尚且如此，可見不管一個國家的文明進步到什麼程度，永遠不會消失的就是對他國的猜疑心。

每個國家都猜忌對方，俄國怎麼怎麼了，英國又怎麼怎麼了，永無終止之日，真是令人慨嘆不已，何況把我這個與國際政治毫無瓜葛的出家人說成政府密探，這種離譜的看法，讓我一時說不出話來，國王於是問道：「這個祕密你還是不方便說嗎？」

「我沒有任何祕密，我說的就是肺腑之言。我從日本前來這裡，完全出自我個人的意願。」

國王聽了大笑道：「這種長途旅行需要很大一筆經費，更不要說你還送我和總司令很多禮物，請問這些錢是從哪裡來的？六年的長旅不可能只用一點點錢就達成，而大筆經費肯定不是一個貧僧所能負擔。另外從你的學識以及對世界情勢的認知看來，也絕非一個方外的修道人所能具備的。今天你在我面前不需要再隱瞞了，如果需要，我可以明天在內殿摒擋其餘的人，只和你一對一交談，但實話實說對你是最有利的。如果你明天還是吞吞吐吐，我將完全不接受你的任何請求，也不再保證你的安全。」

我說：「我是一個遵守佛陀訓誡的僧侶，絕對不說妄語，如果殿下不相信我的真話，我仍舊信守我的真實並以此安慰自己，此外我已經沒有任何方法證明我所言不虛。我想總有一天殿下將會明白我今天所說的一切沒有一絲欺瞞。」

國王對我說道：「只要你說的是實話，沒有人會懷疑你的。這樣吧，你後天上午十點半再過來這裡，我想好好聽你講真話，你今天晚上回去慎重考慮一下吧。」會見到此結束。

我和覺金剛師一起走出門外，騎上馬回家。如果向國王謊稱我是日本高官，一定會受到優渥的待遇，而不講謊話實話實說很可能我所有的期待都將落空。無法取得佛典我尚能忍受，所無法放下的是西藏石牢中友人的命運。難道已經沒有其他營救他們的辦法可想了嗎？

152・再度到宮殿請願

在回寓居處的路上，從馬背遙望天際，看到世界有名的高里商卡[1]雪山群巍然聳峙雲表，展現千古不滅之姿，不禁感慨萬千。如今人間界的煩惱之雲正遮蔽我誠實的心，不過不管我未來將如何失敗與不幸，堅持誠實的決心一定不會改變。心意一定，整個人輕快起來。

這些日子我忙著為購買梵文的出版物而奔走，總共蒐集了三部經典，另外還有其他參考書籍，可說相當完整了。住在加爾各答的日本人也匯了一百盧比來讓我購買銀雕佛像，我總共用了一一五盧比買到三尊銀雕佛像以及一座佛龕；後來我才知道匯錢的本意其實是要充當我的旅費。

我在加爾各答的時候，中國的康有為先生以及不少英國人、印度人，以及旅居非洲當時正來到加爾各答的日本人等，也贈送我相當一筆錢。我用那筆錢買了許多參考書籍，而致贈尼泊爾國王的禮物也花了我不少錢，不過最後還剩下三百盧比，我就是以這筆錢當作赴尼泊爾的旅費。我並未開口向任何人要錢，這全是各位大德親切慈悲的喜捨金。

這筆錢在尼泊爾用掉不少，主要是購買書籍和參考資料。各位知道我一向不會把錢用在食物和衣著上，這方面只要滿足最低需要即可，我既不喝酒、抽菸，也不吃肉，另外借住別人家裡時，他們會一併提供我吃的東西，所以這方面的花費少之又少。不過用到後來，身上只剩下十盧比，我想：「這下可麻煩了，即使不買國王幫我蒐集的梵文經典，但行李變多了，只有這點錢是回不到加爾各答的。」於是請在加爾各答的同學大宮孝潤先寄一百盧比給我。大宮君當時身上沒有那許多錢，聽說是臨時向別人調借的。幸好有這筆錢，我後來才能順利回到加爾各答。

隔日也就是十日那天，和覺金剛師談了許多話，後來他勸我說：「我固然相信你是日本的純粹僧侶，但遇到如今這種狀況，要是你不說是日本高官，恐怕對你很不好。梵文經典能否購得還是其次，最重要的是營救你在西藏獄中的朋友，如果因為你的堅持而無法對他們伸出援手，不是太不值得了嗎？為了一時方便你還是暫且放下身段吧。」

我說：「這件事讓我非常痛心，也想了許多，但畢竟這個時候我沒辦法講假話。如果誠實無偽事情卻不能成的話，我只有改道中國另外想辦法。」

覺金剛師說：「在你辦理那些種種煩瑣手續的當口，說不定在西藏的受害者已經被處死了。這樣做很花時間的，而且雖然說你現在堅持不作假，可是你這一路下來，講的謊話還會少嗎？比方你去西藏的時候，不是騙人家說你是中國人？有時為了某些目的不得不說謊，你現在就當作是為了救人的方便，明天見到國王時就說點假話吧。」

我說：「對我而言，一旦下定決心就不會改變。處於亂世的時候，為了不加害別人、也不讓自己遭罹災難，也許需要運用權謀術數，現今既非亂世，而尼泊爾又是個講道理的文明國度，貪圖一時方便而作假是不可以的。要進入銅牆鐵壁般的西藏，沒有權謀術數的話真的無法可想，向人表明我是日本人的身分，誰還會讓我入境？所以當時有不得不的苦衷，但現在無此必要。如果尼泊爾國王不相信我的話，我只好另求其他誠實的途徑。叫我在和平的時代使用亂世手法，我真的無法考慮。」覺金剛師自己也是正直的人，能夠瞭解我的意思，不過還是止不住為我擔心。

十一日上午十點半我如約抵達國王內殿的會客室，裡面有四、五名高級將領和一個祕書在等我。祕書先以英語問了我和父母的姓名以及地址，並登記下來。這位祕書又問了我許多問題，無非圍繞我是否日本的密探發問。這時突然有一個英語也很流暢的高官來到我面前，說：「好像您製作了西藏和我國的地圖，能否拜見一下呢？您是否帶著呢，還是放在什麼地方？」

我說：「我是個佛教僧侶，佛法的修行者，我沒有空去製作什麼地圖。」

他又說：「不不，這不是事實，我知道您製作了地圖。」

「你要那麼認為那是你的事，眼睛有病的人看天空都是花，心中害怕的人會把繩子當蛇，調查人員總是把別人當作小偷強盜，所以我不在乎你把我看成什麼。」

「聽您這麼說似乎很有道理，但並不是只有我一個人這樣認為，大家都這麼說。」

「大家愛怎麼說就怎麼說嘛。」他說一句我就頂他一句，這時國王出來了，我們一起作禮迎接；國王一直往內殿走去。

這時祕書不見了蹤影，應該是進去向國王報告剛才對話的內容。不久傳令官出來宣我和覺金剛師到內殿去。我們往上走了四層樓，來到一間非常精美華麗的房間。正中央最上位坐了一個人，國王兼總理坐在他旁邊，兩、三個高級將領坐在稍靠外的地方，其餘侍從官站在最外側。總理指示我靠近點坐，我以西藏方式在總理跟前盤腿而坐，抬頭一看正中央坐的那人，竟然是在畢爾剛濟被我誤認為低階大臣的真正國王，把我嚇了一跳。

【注釋】

1 高里商卡（Gauri Shankar）：海拔七一四六公尺，位於加德滿都東北方一百公里與西藏交界處。

153・總算達到目的

坐定之後總理說話了，他問我：「前天提到的那件事，你說你最想祕密告訴我的事情到底是什麼？」

我說：「我沒有任何祕密可以奉告，我最大的願望，一是經由您的協助，把我的請願書轉交達賴喇嘛，二是請您幫忙蒐羅梵文佛典。」

他好像有什麼落空的樣子，但馬上隨機反應道：「為什麼事要上書達賴喇嘛？請你完整說明一下上書的主要內容。」

我先告訴他們在拉薩的恩人入獄的傳言，接著說：「上書的主要內容，說明我是佛教國日本的僧侶，前往西藏的目的完全是為了佛道修行；我聽說西藏政府將與我有交往的人一一下獄，開預審法庭要治這些無辜的人以重罪。他們並不是知道我是日本人然後才與我交往，他們對我真正的身分從頭到尾都不清楚。

「這些無辜的人並沒有被懲罰的理由，如果一定要治罪的話，絕不應該歸罪於他們，而應該全部由我承擔，因為要不是我私闖西藏，西藏臣民也不會因為我而被連累。我懇請西藏政府不要處罰自己的臣民，大可對我施加相當的處分。如果法王殿下因此傳喚我的話，我將再度前往西藏；若是不允許我重訪西藏，則請求法王在懲罰那幾個臣民之前，派遣最有學識的博士（格西）數名到日本去，徹底瞭解一下日本的國情，並確認我到底是政府官員或是單純的佛教僧侶，並逐一調查我平生的為人處事。

「經過嚴密而精確的瞭解與調查後，法王殿下就會知道有沒有必要治他們的罪了。要是有傳喚我的必要，可以向人在尼泊爾的我下令；要是有派遣博士前往調查的必要，我一定提供往返旅費並全程協助。我請求達賴喇嘛在這兩個建議中選擇其中之一，以上就是我上書的主要內容。」

兩位國王非常安靜地聽我說明，待我講完，我看他們已經不太懷疑我是日本密探了。

擔任總理的國王說道：「那麼就請你用藏文和尼泊爾文各寫一份你的請願書，藏文那一份由我送到西藏去，尼泊爾文那一份則由我留存。」

聽他這麼說，我真是興奮極了，內心流下感激的淚；我向殿下的厚意致謝。這時殿下又問我：「你居留西藏期間，完全沒有對任何人透露你的日本人身分嗎？」

我說：「不，我臨走前曾經向一個人透露這件事，也許您也聽過這個人，就是我在拉薩期間非常照顧我的前財政大臣。」

這時殿下雖然對我的密探身分不再那麼疑心重重，但對我這次在加德滿都停留的二十天時間都在做些什麼不甚瞭解，因此好像還有些許懷疑。這也是很可理解的，因為所有人都自由心證地認為我是日本派來的情報員，當這種想像幾乎快變為事實的時候，要讓疑心冰釋並不容易。不過我的說明的確消除了殿下對我的疑慮。

殿下問道：「你來到我國已經過了二十多天，這麼長一段時間你都在做些什麼呢？」

我說：「喜馬拉雅山壯麗的風光讓我深深感動，每次有靈感我就寫幾首詩。」說著我就從懷中取出我所買的書籍以及希望擁有的梵文經典目錄，說：「這個目錄中從民間可以購得的我希望盡快買齊，另外必須抄寫的經典明年十一、二月左右才能完成，請到那時再交給我就可以了。」然後把目錄交到殿下手上。

殿下仔細看了目錄，然後拿給傳令官，交代他：「這份目錄上民間有的，十五天內盡可能找齊。」接著以英語對我說：「部分梵文佛經會從民間蒐羅，十五天內交到你手上；也許會慢個幾天，但基本上就是這樣的時間。」

殿下講起英語非常熟練，我完全不到那個程度，於是變成殿下說尼泊爾語，我講藏語，而由覺金剛師居中翻譯，我們又談了許多事情，突然殿下說道：「接下來我要談一些很機密的話，我們都使用英語吧。不過談話的內容完全是機密，所以既不要寫在日誌上，也絕對不要透露出去，可以這樣約定嗎？」

「是的，我會遵照您的吩咐。」

列席的其他人沒有一個懂得英語，殿下自始就有心這樣處理。後來我用英語和殿下繼續談了兩個多鐘頭，不過為了遵守我跟他訂下的約定，我既未將談話內容寫在日記上，也不能在這裡發表出來。

午後三點過後，我和覺金剛師騎馬回家，走的路雖然和前天一模一樣，但因為來尼泊爾的目的達成了，內心充滿喜悅，看到巍巍的高里商卡最高峰好像沐浴在祥和的妙光中。我的願望能夠圓滿成就，正是被接引在佛陀世尊的妙光裡有以致之，衷心充滿感恩念想，又吟詠了幾首詩歌以資紀念。

我在馬背上低吟，覺金剛師對我說：「今天的事我本來擔心得要命，沒想到一切都很順利。從你來了以後聽你前後所說的話，只能說這都是佛陀的引導。當然你一向信心堅固，不改其道，所以才會獲得如今的功德，但也可以說是諸佛菩薩的庇佑。」

154・龍樹菩薩坐禪的巖窟

我很快就將藏文的請願書寫好了，接著要翻譯成尼泊爾文；最理想的翻譯人選就是覺金剛師，於是我就請他幫這個忙。覺金剛師很快就把尼文版翻譯完成，二月十五日他一個人把兩份請願書拿去給國王。晚間他回來的時候，說：「今天過得很愉快。」

我問他原因，他說：「當我把您的請願書呈上去的時候，國王問我藏文請願書是誰寫的；我當然如實告訴他是您寫的。國王說這麼長的文章竟然能寫得這麼好，我說我的翻譯比起您的藏文原版差多了。即使如此也能夠充分瞭解您藏文請願書寫得好不好。」他說國王一直讀到請願書的結尾：

西藏的達賴喇嘛是觀世音菩薩化身，乃一切智者。日本的僧人慧海能夠拜見這位一切智者，並親聆教誨，這不僅是佛陀世尊所樂見，也得到法王內殿鎮守四方的佛法外護諸神支持。在貴國厲行鎖國政策二十餘年間，只有我得以深入藏地，顯然也獲得衛護貴國國境諸神的允許。尤其法王以遍知一切的智者之身，對於慧海入境一事並不計較，還將密法教授予我，這也是我們久遠以來的因緣吧。

現在世界上信奉大乘佛教的國度，說是只有我們日本和西藏兩國也不為過。當然其他也有信仰大乘佛教的國家，但都是一片委靡不振，幾乎已失去了佛法真面目。

這正是當今世界兩個大乘佛教國相知相交、攜手將真實佛教光輝普傳全球的恰當時機；際此時節因緣，我才能夠進入難入之國西藏，得值難遇之達賴喇嘛，獲授法王難得密法。請法王殿下深謀遠慮，期能理解並接受我的祈願。

「看完之後，尼泊爾國王把請願書放下，然後擊掌並三次大聲說道：『愉快、愉快，真的愉快極了！』他接著又說：『他的筆鋒真的很銳利，就好像一顆子彈貫穿西藏法王的胸部那樣。這樣一來法王肯定不能懲罰他的臣民了，自己是一切智者，見到一個日本僧人卻到很晚才知道他是日本人，最後又要懲罰其他與日本僧人交往的臣民，這當然說不過去。這等於在要害上輕輕一擊，這個僧侶真不簡單吶。我覺得很過癮，這件事就交給我來處理吧。』接著他要我轉知您這個決定。」

我在尼泊爾獲得一位最大、最有影響力的知己，完全出乎意料，我不能不感謝佛陀的妙助。之後一直到三月十日為止，我除了等尼泊爾國家圖書館館長幫我把書籍買齊外，沒有其他的事，但要是到處走走看看，怕又會被人懷疑，於是特地去找總司令，獲得他的允許我才登上龍樹（Nagarjuna）山。龍樹山的背景不必詳細介紹，簡單講這是龍樹菩薩[1]修行的地方，也是釋迦牟尼因位說法之處；說法的山頂上建有一座小塔，從那裡往下走十二公里，即可抵達龍樹菩薩坐禪的巖窟，他就是在這個巖窟中觀照大乘佛法的妙理。又古來傳說龍樹菩薩入龍宮而得《大般若經》，其龍宮之洞穴正在巖窟稍東的山上，即尸棄佛陀舍利塔側面同一條線上，平日以岩石封住，每十二年開放一次。

龍樹乃是在此巖窟中禪坐觀想，然後將如來所說法理敷衍為《大般若經》的甚深義海，後人大概是將他的禪坐觀想比擬為入龍宮吧，或者另有宗教上不可知的真理，可以讓他禪坐時得神通力往他方世界取回《大般若經》，這不是我所能斷言；不過可以確定的是，在藏文的《龍樹菩薩傳》中特別提到，大乘乃釋迦牟尼所說法。

從龍樹山回來後，夜裡我寫了《登龍樹菩薩山賦》，一方面歌頌大乘妙法，一方面在雪山憶悼亡父、緬懷仍在故里等我的慈母。一直到三月十日，除了閑居賦詩我沒有其他事好做。如果從事地理的勘查等馬上會受到懷疑，我想沒有必要為了調查國情而惹麻煩，所以盡做自己喜歡的事。

【注釋】

1 參見本書第十二章注釋。

第九部

大團圓：回歸故里

三月十二日尼國國王傳喚我過去，並把所蒐集的梵文佛典交到我手上。我也把從日本帶來的高級紅白文樣絲綢獻贈國王以示慶祝，但國王認為不宜一再受禮而堅辭，我向他解釋這個禮物在日本表示有值得慶賀的事，請他一定要收下。國王今天特別透過英語譯官，以尼泊爾語對我說：「這次所蒐集到的典籍並不多，總共只有四十一部，我就把這些當作你送禮給我的回贈，你就拿去吧。」我再次鄭重感謝他，行禮如儀後向他告辭。

書籍分量頗重，我請了兩個挑伕好不容易才搬回覺金剛師宅，接著趕緊打包行李，打算在十四日離開加德滿都，不過稍有延遲。一般情況行李要先運到齊斯帕尼驛站，在那裡接受查驗、課稅並繳交稅金。我知道那會很囉唆，而且常常會有東西丟失，於是特別請求在出發前先行查驗。有關官員也認為有此必要，於是安排在三月十五日進行查驗。所以我是在三月十六日出發，隨行的有三名挑伕，我則騎著覺金剛師送的馬。

馬匹在半日行程後循原路回去，此後我們每天從天亮趕路到天黑，於二十一日晚間抵達勒克索停車場。把行李托運，然後搭火車於次日夜裡終於回到加爾各答大宮孝潤君的寓所，此時的我已經再度一文不名。大宮君很為我擔心，他說：「像您這樣有多少就花多少，真的很傷腦筋呢。」「有些東西不能不買，結果錢一下就用光了。」他還是勸誡了我一番。

然後我必須把在尼泊爾買的銀雕佛像交給旅居加爾各答的日本人，這是他們拿錢讓我買的；於是我選定一個日子為三尊佛像開光，並向他們講述佛法做為供養。我不管在加爾各答或孟買，都認為向當地的日本同胞說法是我的職責，因此一有機會就不放過。那天舉行過佛像供養後，他們對我說：「我們原先並不期望您會真的為我們購買這麼珍貴的佛像，真的太令人感動了。」於是又供養了我許多錢，總數約一百四十、五十盧比；另外又有其他人給了我不少喜捨金。

當時旅居加爾各答的一些日本紳士希望找個名目給我一筆錢，但我不接受有特定名目的供養，讓他們很傷腦筋。有時他們遇到我，就說：「我們很想供養您一筆錢慶賀您從西藏歸來，但如此一來您就不願意接受，而我們也覺得這樣做好像有恩於您，簡直不知如何是好。您能不能把拿我們的喜捨金這件事忘掉呢？」

我說：「原來如此，好，那麼各位也把供養我這件事忘掉吧。」

對方聽了大笑，說：「我真是敗給您了，禪宗僧侶遇到您恐怕也莫可奈何哩。」

所謂彼忘、我忘的喜捨金，所以數額也不宜明講。我拿著這筆錢又去買參考書，大宮君知道了當然又講了我一頓，說我是個花錢如流水的男人。搞到後來，我想去孟買的時候又沒錢了，但還有一本《藏英字典》非買不可，於是硬著頭皮向大宮君借了五十盧比；行李送孟買的運費則請間島先生先幫我付了。我到達孟買已經是四月上旬。

三井物產的間島先生為了慰勞我，也想聽我說說西藏見聞，於是安排到正金銀行分行經理松倉吉士府上作客，與旅居該地的日本商紳談了一個晚上的西藏；另外也應亞細亞學會會員之邀，通過英譯向他們發表了一場演講。在間島先生發起下，為我募集了四百五十三盧比的贈款，我把其中的一百五十盧比還給加爾各答的大宮君，其餘充當回國的川資。由於日本郵船公司的分公司經理和船長的優待與照顧，我一路上都非常順利。

在孟買購齊該買的東西後，我在四月二十四日搭上從孟買出發的「孟買號」郵輪啟程返國。當初辭鄉的時候，我以和泉國出身的人搭乘「和泉丸」南下，如今則從孟買搭乘「孟買號」北返。在海上期間我也照例為船員、乘客說法，其餘時間則閱讀各種書籍，心情非常輕鬆愉快。以前常有人說，只要船上有一個和尚，大海就會洶湧狂暴，也有人真的為此而擔心，不過一路上海面平靜異常。

船漸漸接近日本，我一時感慨甚深，覺得這樣子回到日本實在慚愧萬分。因為當初我出發的時候，所立下的大願是在西藏充分完成佛法的修行，至少也要成為一個大菩薩再回到日本，然而現在的我仍是以前那個凡夫，不僅愧對江東父老，也不知如何面對故鄉的山河大地。所以當船駛離香港，離日本越來越近時，我的心越發陷入傷痛中，所幸寫了一首詩而稍稍感到安慰。

雖然回到了日本，就把自己當作還是在喜馬拉雅山中修行吧，日本社會上也許有比喜馬拉雅山中惡魔還嚇人的凶神惡煞，而其陷阱說不定比雪山的斷崖還可怕，我決心在此修羅[1]的通道中繼續我的佛法修行一往無前。這首詩是這樣寫的：

普照日出之國曜曜朝陽
無異喜馬拉雅煌煌光芒

佛性之光遍滿宇宙虛空，因此世界任何角落都可以是修行道場，只要將日本當作我修行的道場，也就沒有什麼好害怕的了。抱著這種想法，我在五月十九日經過門司港，於二十日抵達神戶。從汽船上眺望碼頭，那些在我出發時含淚送別的親人、好友和信眾，現在還是壓抑著喜悅和感傷，無言但真情滿溢地在那裡等著我。由於太激動了，面對面時有一刻彼此都說不出話來。

【注釋】

1 修羅：即梵文阿修羅（asura）的略稱，為一種血氣旺盛而好鬥的鬼神。

附錄一

關於河口慧海

吳繼文

河口慧海慶應二年（一八六六）生於泉州堺（今堺市），本名定治郎。於錦西小學六年級時退學，從事家族桶樽製造業，同時上夜校就讀。十五歲讀釋迦傳，感動發心，從此禁酒、禁肉食、戒淫。二十五歲（一八九〇年）得度，法號慧海仁廣，並任東京本所五百羅漢寺住持；二十六歲起過午不食。

他天生具有反體制傾向，青年時代曾為反對徵兵令的改訂而向天皇請願，一八九四年因主張黃檗宗的改革而一度被取消僧籍，加入京都同志社、到小學執教皆未滿一年即離去；唯曾在井上圓了所創哲學館（東洋大學前身）苦讀三年。他一生持戒謹嚴，與娶妻、喝酒的一般日本僧侶成明顯對比。他更在還曆之年（一九二六）宣布還俗，以反抗組織性的佛教，並提倡以釋迦牟尼為中心的純粹佛教、在家佛教。

他自二十歲起即自學英文、梵文和巴利文，並對世界局勢、各種新知充滿好奇心；二十八歲決定前往西藏求法，三十二歲（一八九七／明治三十年）成行。第一次西藏之旅返國時已是三十八歲（一九〇三／明治三十六年）。返國兩個月後，以《西藏旅行記》為題在《東京時事新報》和《大阪每日新聞》連載，獲得一般民眾熱烈迴響，風靡一時，但佛教界和學術界反應頗為冷淡，甚至有許多人公開指摘河口慧海的西藏之行乃是虛構。但本書英譯本

《西藏三年記》（*Three Years in Tibet*）一九〇九年在印度出版後，獲得非常正面的高度評價，尤其深獲民族學家、歐洲探險家和西藏學者的肯定。本書在近代史和比較文化研究上，也留下了大量又獨特的素材，包括他的偏見，以及令人印象深刻的細膩和誠實無偽。

河口慧海在結束第一次西藏之旅返國後次年，即一九〇四（明治三十七）年秋，再度自神戶首途，前往印度；次年至尼泊爾待了將近九個月後又回返印度。之後在印度長期逗留，直到一九一三年底才又驛馬星動，經由錫金翻越隆冬的喜馬拉雅山，重返久違的西藏。雖然這次旅程比第一次短甚，但主要滯留拉薩（約五個月）和日喀則（約九個月），而且是公開以日本人身分進出，不像第一次那樣必須偽裝成中國人。此行也有《第二次西藏旅行記》記錄出版。兩次旅行完全是徒步於海拔四、五千公尺的無人地帶，艱苦備嘗，最後卻還能帶回大量佛經、佛像、佛具，以及貨幣、飾品、數千種高山植物標本，確乎不可思議。其中梵文古寫本如今藏於東京大學，藏文資料保存在東洋文庫，唐卡和手工藝品等則放在東北大學；另有少數佛像、佛具則寄贈東京上野國立博物館。第二次旅行歸國後，他致力於藏文和佛經的教授、研究、翻譯和出版，編纂《藏和辭典》，並宣揚在家佛教。他逝於二次大戰結束前夕，一九四五年二月，享年八十；當時手頭正在編纂《藏語辭典》。

附錄二

河口慧海旅行概要

日期	行程	備注
一八九七年		
六月二十六日	神戶	搭「和泉丸」出發
七月十二日	新加坡	
七月二十五日	加爾各答	
八月四日	大吉嶺	學習西藏語文，滯留一年餘
一八九九年		
一月五日	加爾各答	
一月二十日	菩提迦耶	
一月二十六日	畢爾剛濟	第一次入境尼泊爾
二月一日	加德滿都	滯留一月餘，研究入藏路徑
五月中旬	查藍	修學藏傳佛教經論，滯留近一年

一九〇〇年

六月十二日	馬爾巴	為人誦經祈福近一個月
七月四日	多耳波州某山口	進入西藏境內
八月六日	瑪旁雍錯	轉剛仁波齊山朝聖
十一月二十二日	拉孜	
十一月二十四日	薩迦	
十二月四日	那塘寺	
十二月五日	日喀則	

一九〇一年

一月十三日	摩尼哈康寺附近村落	為人誦經祈福兩個月
三月十五日	白地、羊卓雍錯	
三月二十一日	拉薩	滯留一年兩個多月，至一九〇二年五月二十九日離去
七月二十日	覲見十三世達賴喇嘛	

一九〇二年

五月三十一日	恰桑渡口	
六月一日	白地	

六月五日	江孜	
六月十一日	帕里	
六月十三日	碑碑塘	
六月十四日	卓木·仁進崗、亞東	
六月十五日	納塘	離開西藏國境，進入錫金
六月十九日	噶倫堡	進入印度境內，在此等待行李十餘天
七月三日	大吉嶺	染患瘧疾，在此修養四個多月
十一月下旬	加爾各答	

一九〇三年

一月二十一日	加德滿都	見尼泊爾國王請求協助營救西藏友人，滯留約兩個月
四月二十二日	孟買	搭上「孟買號」返國
五月二十日	神戶	返抵國門

一九〇五至一九一三年

加德滿都、加爾各答、瓦拉那西：再度渡印，並遵守與尼國國王之約，三訪加德滿都，獻上《大藏經》一部，同時蒐羅佛教典籍；又前往加爾各答、瓦拉那西等地修學梵文，並曾與班

		禪喇嘛、達賴喇嘛及泰戈爾會面。
一九一四年		
一月十二日	錫金	由錫金二度入藏
一月二十一日	日喀則	滯留六個多月
八月七日	拉薩	
一九一五年		
一月一日	拉薩	與其他三名在藏日人多田等觀（1890-1967，曾在色拉寺修學近十年）、矢島保治郎（1882-1963，退休軍人，冒險家，曾任藏軍教官）、青木文教（1886-1956，曾在拉薩修學西藏文史三年餘）舉行新年會；十九日離開拉薩
二月一日	日喀則	在那塘寺印經，滯留三個半月
五月四日	大吉嶺	
八月七日	加爾各答	首途返國
九月四日	神戶	返國

附錄三

河口慧海著作一覽表（據河口正《河口慧海》一書）

《日本的元氣》，一八八九年

《大祕密國．西藏探險》（口述．林久壽男編），又間精華堂，一九〇三年

《河口慧海將來西藏品圖錄》，東京美術學校校友會編，畫報社，一九〇四年

《西藏旅行記》上、下，博文館，一九〇四年

《生死自在》，博文館，一九〇四年

《西藏三年記》（*Three Years in Tibet*），神智學會（The Theosophist Office），馬德拉斯（Madras），一九〇九年

《美術資料／西藏．尼泊爾．印度》，美術工藝會，一九一七年

《佛教和讚》，佛教宣揚會，一九二一年

《西藏傳印度佛教歷史》上，貝葉書院，一九二一年

《佛教所見長生不老法》（長生不老研究錄），一九二三年

《佛教日課》，佛教宣揚會，一九二三年

《梵藏傳譯法華經》上、中、下，世界文庫，一九二四年

《印度歌劇夏昆塔拉公主》上、下，世界文庫，一九二四年

《漢藏對譯勝鬘經》，世界文庫，一九二四年
《在家佛教》，世界文庫，一九二六年
《菩薩道》，世界文庫，一九二六年
《漢藏對照國譯維摩經》，世界文庫，一九二八年
《那塘版西藏大藏經甘珠目錄》，日本藏梵學會，一九二八年
《釋迦一代記》，金星社，一九二九年（古今書院，一九三六年）
《喜馬拉雅山之光》，日本藏梵學會，一九三一年
《世界的祕密國西藏》（世界現狀大觀第二十卷），新潮社，一九三一年
《梵藏和英合璧淨土三部經》（共著），大東出版社，一九三一年
《藏文和譯大日經》，西藏經典出版所，一九三四年
《正真佛教》，古今書院，一九三六年
《西藏文典》，大東出版社，一九三六年
《西藏語讀本第一》，大日本藏梵學會，一九三七年
《西藏文化與我國之關係》，啟明會，一九三九年
《西藏旅行記》（改版），山喜房佛書林，一九四一年
《第二回西藏旅行記》，河口慧海之會（金星社），一九六六年

附錄四 河口慧海西藏之行示意圖

藏
0
100km
200km
300km
納木湖
拉薩河
拉薩
甘丹寺
大竹卡
曲水
桑耶寺
日喀則
仁布強欽寺
扎什倫布寺
仁布東楚
剛巴拉
白地
那塘寺
薩迦
薩迦大寺
江孜
4
白居寺
浪卡子
羊卓雍錯
康馬
拉姆湖
帕里
錫
8585m
甘托克
廷布
春丕谷
不
丹
金
亞東
納塘
大吉嶺
噶倫堡
西利古里
布拉馬普特拉河
提斯塔河
往加爾各答
孟加拉

西
阿里（羌塘）
獅泉河
象泉河
大金
托欽
紐克則
公珠湖
姜葉馬
1
2
3
1岡仁波齊峰
2瑪旁雍錯
3拉昂湖
4寧金崗桑峰
納木那尼峰
7728m
普蘭
馬甲藏布
馬泉河
羌曲
折規藏布
扎東
白巖窟
薩嘎
庫拉
杰多
桑桑
雅魯藏布
查爾卡
查藍
三達
馬爾巴
魚尾峰
6993m
土窟澤
叨拉吉里峰
8167m
波卡拉
希夏邦馬峰
8012m
聶拉木
加德滿都
歌利恆河
畢爾剛濟
齊斯帕尼
勒克索
瓦拉那西
←往 德里 孟買
巴特那
迦耶
菩提迦耶
印度
往加爾各答→

附錄五 一九〇四年的拉薩略圖

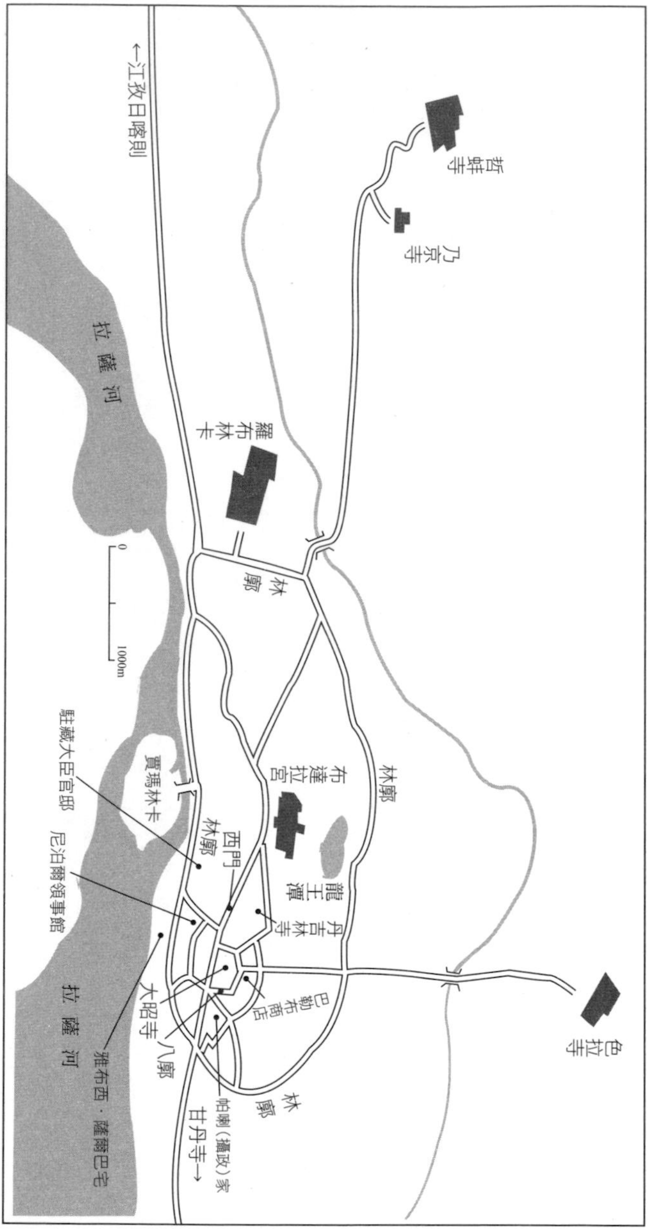

探險與旅行經典文庫 011 ML014

西藏旅行記
チベット旅行記

作者 河口慧海
譯者 吳繼文
封面設計 兒日
排版 張彩梅
校對 魏秋綢
策劃選書 詹宏志
總編輯 郭寶秀
編輯協力 廖佳華
行銷業務 許芷瑀

發行人 涂玉雲
出版 馬可孛羅文化
104台北市民生東路2段141號5樓
電話：886-2-25007696
發行 英屬蓋曼群島商家庭傳媒股份有限公司城邦分公司
104台北市中山區民生東路2段141號11樓
客服服務專線：(886)2-25007718；25007719
24小時傳真專線：(886)2-25001990；25001991
服務時間：週一至週五9:00—12:00；13:00—17:00
劃撥帳號：19863813 戶名：書虫股份有限公司
讀者服務信箱：service@readingclub.com.tw
香港發行所 城邦（香港）出版集團有限公司
香港灣仔駱克道193號東超商業中心1樓
電話：(852)25086231 傳真：(852)25789337
E-mail：hkcite@biznetvigator.com
馬新發行所 城邦（馬新）出版集團 Cite (M) Sdn Bhd.
41-3, Jalan Radin Anum, Bandar Baru Sri Petaling,
57000 Kuala Lumpur, Malaysia.
電話：(603)90563833 傳真：(603)90576622
讀者服務信箱：services@cite.com.my
輸出印刷 中原造像股份有限公司
二版一刷 2022年3月
定　價 800元

ISBN：978-986-0767-77-3（平裝）
ISBN：9789860767797（EPUB）
城邦讀書花園
www.cite.com.tw

國家圖書館出版品預行編目（CIP）資料

西藏旅行記／河口慧海著；吳繼文譯. -- 二版. --
臺北市：馬可孛羅文化出版：英屬蓋曼群島商家庭
傳媒股份有限公司城邦分公司發行，2022.03
面； 公分--(探險與旅行經典文庫；11)
譯自：チベット旅行記
ISBN 978-986-0767-77-3（平裝）
1. CST：遊記 2. CST：西藏自治區
676.669 111000874